Erwin Neustädter

AF206290

Im Glanz
der Abendsonne

Wie ich wurde, was ich bin

Original: Typoskript 13.10.1976, 188 Seiten, in Familienbesitz
Digitalisierung: Georg Aescht, im Auftrag des IKGS, München
(Institut für deutsche Kultur und Geschichte Südosteuropas)
http://www.ikgs.de
Herausgeber: Pfarrer Ortwin Galter, Linz

Bibliografische Information der Deutschen Nationalbibliothek:
Die Deutsche Nationalbibliothek verzeichnet diese Publikation in
der Deutschen Nationalbibliografie; detaillierte bibliografische
Daten sind im Internet über http://dnb.de abrufbar.

© 2019 Inge Galter
Herstellung und Verlag:
BoD – Books on Demand, Norderstedt
ISBN: 9783748140580

Gewidmet den Eltern

Heinz Galter und
Inge Galter, geb. Neustädter

Linz
Herbst 2019

"Erst im Alter erfahren wir, was uns in der Jugend begegnet."
J.W. von Goethe[1]

---

[1] *Aus: "Briefwechsel zwischen Goethe und Zelter in den Jahren 1796 – 1832"(Anm. des Herausgebers)*

Inhalt

Vorwort

E.N. im April 1952

Ich weiß es wahrhaftig nicht, wie oft ich mich schon genötigt sah, den Zickzackkurs meines Lebenslaufs nachzuzeichnen. Jawohl, "genötigt", und zwar von außen her, nicht etwa dem eignen Triebe folgend! Ja, denn es gab da im Lauf der Zeit allerlei Umstände, Institutionen, Behörden, die sich, aus sehr verschiedenen Gründen, dafür interessierten und daraus – wie etwa der Arzt aus dem

Urin oder Blut – ersehen wollten, ob oder inwieweit ich beruflich, politisch, moralisch, je nachdem, für dieses oder jenes Pöstchen genügend unbescholten und geeignet sei. Kurz: Ich musste um ganz bestimmter Zwecke willen mal dies, mal jenes aus dem Kunterbunt meines Curriculums ins rechte Licht oder unter den linken Scheffel, d.h. in eine zweckbestimmte Perspektive stellen.

Dass dies nicht immer einfach war, brauch ich wohl nicht besonders zu beteuern, zumal *dem* gegenüber nicht, der einigermaßen Bescheid weiß darüber, was sich, etwa seit der Jahrhundertwende, im Wetterwinkel Siebenbürgen abgespielt hat. Einem der *nicht* Bescheid weiß, dies klarmachen zu wollen, würde ein ganzes Buch erfordern, und wer weiß, ob mich der Leser, wenn er es brav durchgeackert, nicht für einen Münchhausen hielte! Wenn ich ihm auch nicht zugemutet hätte, an einen Ritt auf der Kanonenkugel aus *einem* Lager in das andere, und zwar das des Feindes, zu glauben, so doch daran, dass es möglich war, gleichsam über Nacht, Heer und Front und Staatsform zu wechseln, und zwar sozusagen "legal", oder aber es hinzunehmen, dass man am

7

Abend in einem Königreich zu Bette gehen, am nächsten Morgen aber, ohne sich vom Fleck gerührt zu haben, in einem "Hammer und Sichel"-Staat aufwachen konnte. Dabei konnte es geschehen, dass die, meist mehr nolens als volens, davon Betroffenen von der *einen* Macht für etwas belobt oder gar ausgezeichnet wurden, was die nächste als ärgsten Frevel verdammte und bestrafte – oder umgekehrt, was hin und wieder auch geschah. Dann aber meist posthum!

Ist es zu verwundern, dass mir bei dieser höchst unfreiwilligen Quadrille mit wiederholtem Partner- und Perspektivenwechsel (wobei der "Große Unbekannte" die Kommandos gab!) allmählich schwummerig wurde und ich den Wunsch verspürte, endlich mal so etwas wie festen Grund unter die Füße zu kriegen, d.h. zunächst mal mir selbst klar zu werden, ob in all dem Hin und Her und auf Auf und Ab sich so etwas wie eine Grundrichtung oder ein Sinn entdecken lasse?

Dies war das eine Motiv, das andere: herauszufinden, welches die *Mächte* waren, die mich formten zu dem, der ich eben geworden bin, und welches die Hauptabschnitte und Wendepunkte waren in diesem metamorphosenreichen Entwicklungsgang, – wobei es mir weniger auf Vollständigkeit und genaue zeitliche Abfolge, als vielmehr aufs Herausarbeiten des Wesentlichen ankam.

Den ersten dieser Versuche wagte ich schon 1955, als ich nach Internierung in den Lagern Târgu-Jiu, Turnu-Măgurele und Slobozia und Evakuierung aus Wohnung und Vaterstadt, sowie Verlust meiner gesamten Habe und Anstellung wähnte, das Schlimmste überstanden zu haben und so etwas wie ein neues Leben beginnen zu können. Nun, wenn ich auch die wichtigsten Abschnitte als Wendepunkte des Vergangenen im Wesentlichen schon damals richtig erkannte und aufzeigte, so kam doch das menschlich Belangvolle, die innere Entwicklung, die Einwirkung der Umwelt zu kurz. Es war das Ganze eigentlich mehr ein Entwurf, ein Rahmen, der noch der Auffüllung bedurfte. Ich hatte ihn "Rückschau und

Rechenschaft" betitelt, – vermutlich mehr von der Alliteration als von einem inneren Muss verführt, denn heut wüsst' ich wirklich nicht mehr anzugeben, was ich mit der "Rechenschaft" eigentlich meinte; wem sollte ich denn solche schulden? Es sei denn meinem ominösen "bessern Ich"? Ob der von dem "anderen Ich" begangenen Torheiten?!

Das getippte Manuskript von 1960 ist nichts weiter als eine Auffüllung des Rahmens, in dem ich den Umwelteinflüssen darin mehr Raum gab.

Die Handschrift von 1961 hingegen verdankt ihre Entstehung anderen Gründen und vor allem dem Gefühl des inneren Abschiednehmenmüssens von der Heimat und allem Gewohnten und des Auskunftgebensollens über all das, was bis zu diesem Punkt geführt hatte. Es schien sich nämlich die Möglichkeit einer Umsiedlung in die BRD anzudeuten, und zwar im Zusammenhang mit der sogenannten "Familien-Zusammenführung". Dass diese bloß für meine Frau zutraf, wog damals für mich nicht zu schwer, schien sie doch geradezu der Rettungsring, um dem allmählich unerträglich werdenden Sog geistigen und materiellen Absinkens zu entrinnen. Auf Grund falscher Informationen in völliger Unkenntnis der tatsächlichen Lage der Dinge in der BRD, und zwar sowohl in puncto meiner materiellen Aussichten (Pension, Haftvergütung, Lastenausgleich usw.) als auch jener als Schriftsteller, konnte ich Hoffnungen hegen, lange zurückgestaute Pläne endlich verwirklichen und nicht nur ein gesichertes, sondern auch erfülltes Leben in der "freien Welt", zusammen mit meiner Frau, leben zu können. Ich wähnte, noch eine Aufgabe zu haben, noch etwas sagen zu können und zu sollen.

All dies ließ mir das Endgültige der Entwurzelung nicht so recht ins Bewusstsein dringen, erleichterte mir das Abschiednehmenmüssen von der Welt des Einst. Aber beim Wandern durch die alten Gassen, beim Betrachten all der Stätten frühen Erlebens und der Grabsteine so vieler Menschen, mit denen ich einst eng verbunden gewesen, begann eben diese Welt des Einst immer mehr an Macht zu gewinnen, das Wichtignehmen des eigenen kleinen Ich zurückzudrängen, zu überwuchern, d.h. es wurde allmählich vom Subjekt zum Objekt und fast zur Funktion jener Welt. Einem Keimling gleich, der noch des Ausreifens bedurfte, senkte sich mir die Frage ein: Wie hat die Eigenart und Formkraft dieser Umwelt sich auf die eigengesetzliche Art meines Ich ausgewirkt? *Welches waren die prägenden Kräfte?*

Anscheinend aber hatte ich, nach Meinung "höherer Instanzen", noch nicht genügend Material oder Erfahrung zur Verfügung. Mit meiner Verhaftung, dem Prozess und Gefängnis, dem Elend nachher und schließlich mit all dem Drum und Dran der Übersiedlung sollte es mir offenbar geliefert werden. Ich musste also nochmal auf des Lebens Schulbank, um endlich "reif" (lies: mürbe!) und "versetzt" zu werden.

Fünfzehn Jahre sind seither vergangen, seitdem zwei Kommissare mich der Mühe enthoben, mir weiter den Kopf darüber zu zerbrechen, wie viele verschiedene Wahrheiten es eigentlich gebe. In der Zelle lernte ich noch einige kennen. Klar, dass es heute, nach 15 solchen Jahren, nicht möglich ist, einfach dort, wo ich damals abbrechen musste, fortzufahren, und ebensowenig in der Art, wie damals. Ich bin ein anderer geworden und mit mir meine Schau.

Wenn ich meine früheren Versuche, einen Leitfaden und Sinn in meinem Leben zu entdecken, durchlese, so kann ich nur den Kopf schütteln und lächeln. Ein Leben analysieren und gar schematisieren wollen? Du lieber Himmel! Ich fürchte, das führt immer nur zu Konstruktionen, denn es ist ganz unmöglich, all das, was auf einen Menschen einwirkt, diese Vielfalt von Umwelt, Menschen, Ereignissen, als Einflussfaktoren überhaupt bewusst wahrzunehmen, sodann zu entwirren und schließlich hinsichtlich der Rolle, die ihnen zukommt, richtig einzuschätzen. Ein Leben ist kein lösbares Rechenexempel, da zu viele "Unbekannte" mitbestimmen.

Dazu kommt noch, dass die, wenn auch ehrlich angestrebte Objektivität, besonders sich selbst gegenüber, meist auf Selbsttäuschung beruht.

Wenn die Jahre einem auch viel nehmen, so geben sie zuweilen doch auch einiges, z.B. statt Aussichten Einsichten. Man darf bloß nicht, wie gebannt, immer nur dem Entschwinden nachstarren, sondern muss sich umschauen, ob nicht vielleicht irgendwo was Anderes, Neues quasi als Ausgleich auftaucht.

So beschloss ich also die Verlagerung des Schwergewichts oder die Verschiebung der Schau von mir auf die Umwelt, und der Verzicht auf vermeintliche "Objektivität" gewann nun die Oberhand und verwandelte sich zum Entschluß: Die Welt von anno dazumal, d.h. die von der Jahrhundertwende bis zum ersten Weltkrieg, gesehen und erlebt durch mich, den ganz bestimmten und einmaligen E.N., so gut ich das eben vermochte aus *meiner* Sicht, also subjektiv, darzustellen. Dennoch nicht "Dichtung", sondern "Wahrheit".

War das aber nicht etwas vermessen? Wer war denn *ich*, dass ich mich dessen unterfing, selbst wenn es sich dabei bloß um den winzigen, abseitigen Erdenwinkel Kronstadt in Siebenbürgen und einige Dörfer drum herum handelte? Und überdies: Wen mochte es schon interessieren, wie dieser – außer einigen Landsleuten seiner Generation – kaum bekannte E.N. seine Umwelt von damals und dort sah? Was qualifizierte ihn dazu, sich an so etwas zu wagen?

Nun, ganz gewiss nicht dies, dass er sich als etwas Besonderes und in irgendeiner Weise "Berufenen" einschätzte, sondern im Gegenteil dass er, je weiter er sich in jene Zeit und Umgebung zurücktastete, umso mehr merken musste, wie sehr er *Glied einer Gemeinschaft* und "Durchschnitt" war, selbst dort und dann, wenn er Einzelgänger zu sein schien.

Gerade durch ihre Durchschnittlichkeit scheinen mir die Erlebnisse meiner Kindheit und Jugend geeignet, für Viele zu stehen und das erkennen zu lassen, was sie vom heutigen

Durchschnitt unterscheidet. Da somit Vieles, *was* ich erlebte und *wie,* auch für viele andere gilt, birgt sich darin vielleicht eine gewisse Rechtfertigung, mich überhaupt daran zu wagen.

Obgleich es somit vor allem um das geht, was dieser ganz bestimmte E.N. mit x anderen gemein hatte, so wird, da er nun mal aus seiner Haut nicht heraus kann, doch noch genug, vielleicht sogar zu viel des Besonderen und Persönlichen drin bleiben. Er ist halt kein Computer, der die Daten, die ihm das Leben eingetrichtert hat, unbeteiligt wieder ausspuckt. Nein, wahrhaftig nicht, ganz abgesehen davon, dass es einem solchen nicht gegeben ist, seine "Schau" und Aussage zu ändern, auch unter dem Druck der Jahre nicht.

Just das aber ist, ich erwähnte es schon, mir widerfahren.

Ich bin auf meiner Wanderschaft an einem Punkt angelangt, wo es nur noch abwärts geht, steil abwärts und wo der Blick sich nochmal zurück wendet. Ja, der Tag neigt sich, die Zeit wird knapp! Wenn ich noch etwas ein- und fertigbringen will, muss ich mich zusammenraffen oder von Stein zu Stein springen, im Grenzbach, um ans andere Ufer zu gelangen. All dies zusammen bestimmt, *was* ich noch zu sagen habe und *wie.*

Mein Eintritt in diese Welt

Im Glanz der Abendsonne erscheint manches anders als im grellen Licht des Tages; sie mildert die Kontraste, fasst zusammen, was getrennt schien; dies und das, was übersehen wurde, blinkt in den schrägen Strahlen, die schon zum Untergang sich neigen, auf und erhält einen Schimmer, wo man bloß Alltagsgrau erblickt oder vermutet hatte. Sinnestäuschung? Selbstbetrug? Oder bloß andere Sicht des Alters? Wer vermag das zu entscheiden?

Mein Eintritt in diese Welt entbehrt nicht einer gewissen sinnbildhaften Bedeutsamkeit. Er erfolgte nämlich – in schöner Übereinstimmung mit dem Namen des Wochentags – unter solch düsterem Gewölk, Blitz und Donner, dass nicht einmal die Mittagssonne eines Julitages und das Mittagsläuten durchdrang, und unter solchen Fluten des Wolkenbruchs, dass der Hebamme und Großmutter Eintreffen bedenklich verzögert wurde. So blieb nicht anderes übrig, als dass mein Vater vorerst das Nötigste tun musste. Er war glücklicherweise zur Hand, da wir im Stock über der Apotheke, seinem Bereich, wohnten, und er bloß abzusperren und zur Wohnung hinaufzusteigen hatte. Wer sollte schon bei solchem Wetter, und obendrein um Ernte- und Mittagszeit in einer Dorfapotheke etwas zu bestellen haben? Nun, im Endergebnis ging alles gut, zumal ich, gemäß dem Kalender der Natur, durchaus termingerecht, bloß hinsichtlich der augenblicklichen Umstände etwas unzeitig eingetroffen war.

Nun, wenn dergestalt Natur selbst der Natur entgegenwirkt, ist's offenbar nicht gerade leicht, ihren eigentlichen Willen zu enträtseln, somit "*dem* Gesetz zu folgen, nach dem man angetreten". Dies aber zu ergründen sollte, wie sich im Lauf der Jahre herausstellte, zu einem Leitmotiv meines Lebens werden, – mal mehr, mal weniger deutlich vernehmbar.

Als das Gewitter sacht vergrollte und erste Sonnenstrahlen das abziehende Gewölk durchblitzten, hatten wir's geschafft und ich "das Licht dieser Welt" erblickt, etwa gegen 14 Uhr des 1. Juli 1897, also mit der großen Zehe noch im 19. Jahrhundert, mit der Nase fast schon im 20. Hätte ich geahnt, was Astrologen etwa 40 Jahre später aus meinem Horoskop meinten herauslesen zu können, – wer weiß, ob ich nicht dankend darauf verzichtet hätte, die Nase in diese Welt zu stecken. So aber gab's nach dieser Turbulenz, als alles gut vorüber war, ein großes Aufatmen im Apothekerhaus zu Tartlau, – war ich doch das erste Kind der jungen Ehe. Dass ich auch das einzige bleiben und ein Sorgenkind werden würde, das war damals noch nicht abzusehen.

Wie ich so in meinen frühesten Kindheitserinnerungen krame, kommt's mich an, dass die ein recht wunderliches Kaleidoskop ergeben. Was mag es wohl gewesen sein, dass gerade diese, voneinander in jeder Hinsicht so grundverschiedenen Begebenheiten in meinem Gedächtnis haften ließ? Im Gedächtnis eines knapp Dreijährigen, wohlgemerkt, da wir bereits 1900 nach Kronstadt übersiedelten, wo Vater die "Schutzengel"-Apotheke auf der Kornzeile gekauft hatte; die in Tartlau hatte er nur als Pächter geführt, nun wollte er unabhängig und – im Hinblick auf meine Zukunft – näher an guten Schulen sein. Was also mit dem Apothekerhaus am Tartlauer Marktplatz, dem ehemaligen Gemeindewirtshaus gegenüber, zusammenhängt, muss ich *vor* der Vollendung meines dritten Lebensjahres erlebt haben.

Da war also zunächst ein – für meine Begriffe – riesengroßes, helles Zimmer, dessen zwei Fenster Ausblick in eine Weite und Welt boten, mit der ich vorerst noch nichts anzufangen wusste; es war die des Marktplatzes bis zum Kirchenkastell und den Schulen hin. Ein drittes, schmales, von wildem Wein umranktes Fenster, in dem es immer von Spatzen schilpte, ging rechts gegen das Gassentürchen, unsern Hof und den Schmiednachbar hinaus. Mein Lieblingsplatz scheint jedoch zunächst unter dem Tisch gewesen zu sein, einem massiven Ungetüm, dessen Beine diagonal durch Stege verbunden waren, an deren Kreuzung eine Holzkugel eingezapft, die mir, da sie recht locker saß, alsbald als Spielball diente. Dort saß ich wie in einem Häuschen, stand niemand im Wege und fühlte mich sicher, sodass ich auch später noch, als ich schon längst auf allen Vieren überall umher wieselte, mich dorthin zurückzog, wenn Besuche kamen, die ich nicht kannte oder mochte.

Zwei Ereignisse aus jener ganz frühen Zeit haben sich mir besonders eingeprägt und beide Male wurde ich von Mutter auf das Fensterbrett gestellt, um von dort aus, sicher in ihre Arme geschmiegt, sehen zu können, was sich draußen begab.

Das Eine war ein wohllautendes Tönen, das, obgleich es mich unsagbar anzog, mir doch zugleich Tränen entlockte durch den seltsamen Zwiespalt von Lust und Schmerz. Natürlich wollte ich wissen, wo das herkam, und was ich dann zu sehen bekam, war erst recht dazu angetan, mich aufzuregen. Quer über den riesigen Platz kam von der Kirche her ein dunkler Zug gekrochen, Männer, Frauen, anders gekleidet als sonst, und vorne, wie ein dicker Kopf, ein Haufen, der seltsame, blinkende Dinge trug. Diesen, so schien's, entquoll das wunderbare Tönen, erregend zugleich durch ein dumpfes Gleichmaß von Bumm! Bumm! – wie Herzschlagpochen. Ich wusste nichts von Tod und Leichenzug, aber der Trauermarsch hatte es in sich! Er vermochte, das Leid der Welt mich derart erfühlen zu lassen, dass ich losheulte, fortgebracht werden musste und lange nicht zu trösten war.

Das andere Mal war's Nacht, als gelles Tönen, Klirren, Brüllen mich aus dem Schlaf schreckte, meine Mutter mich auf den Arm nahm und ans Fenster des Schlafzimmers trug, das gegen den Hof des Nachbars zur Linken, des Bäckers Kurmes, ging. Dort schlugen Flammen aus dem Dach, das nur noch ein glühendes Gitterwerk von Balken und Latten war, aus dem ganze Schwärme goldener Funken gegen den Nachthimmel stoben, wenn prasselnd ein Balken zusammenbrach, und Wolken graulichen Dampfes, wenn ein Guss Wassers aus Eimer oder Schlauch hineinzischte. Dazu das Schreien der Menschen, das Brüllen, Wiehern, Quieken der Tiere, die aus den Ställen gezerrt wurden, das Hin und Her schattenhafter Gestalten – oh, war das schön! Wild! Aufregend! Ganz anders, als das mit der Musik! Aber dann war auf einmal Vater da in der Schlafstube, schwarz im Gesicht, dass ich mich erschreckte, und sein Hemd war zerrissen und angesengt, und er ließ sich schwer keuchend auf einen Stuhl fallen. Mutter stellte mich schnell ins Bettchen, kniete vor Vater hin, zog ihm einen Schuh aus, schlug die Hände zusammen, sprang auf und holte Wasser und weiße Binden, und das Wasser in der Schüssel und die Binden um den Fuß wurden rot, denn Vater hatte sich einen glühenden Nagel in den Fuß getreten. Und von draußen zuckte der Feuerschein durchs Fenster, in der Stube aber das Kerzenflämmchen, und riesige Schatten tanzten an den Wänden auf und nieder, und auf einmal war alles nicht mehr schön, sondern schrecklich, besonders als ich sah und hörte, wie weh Vater der Fuß tat, sodass ich für ihn weinen musste. Dass all dies stimmte, bestätigten mir die Eltern, als ich einmal einen Aufsatz über Kindheitserinnerungen schreiben musste.

Dann: schneebleiche, frostige Winternacht. Ich werde, bis zur Nasenspitze dick eingemummt, auf einen sog. "Schweineschlitten" gepackt (ein niederes, breites Schlittengestell, dessen Kufen durch Latten verbunden sind, und das in diesem Fall sogar eine Lehne aufweist), und fort geht's, von Vater gezogen, durch leise knirschenden Schnee über die Weite des nachtstillen Platzes bis zu dessen jenseitigem Ende, wo die Großeltern wohnen, der Kirche gegenüber im Pfarrhaus.

Dort werde ich ausgepackt und durch mehrere herrlich nach Backwerk und Tannen duftende Stuben geführt, bis wir vor einer verschlossenen Tür haltmachen, um die sich Alfred und Erich, meine Onkels, sowie Hilde, meine Tante, alle damals noch im Schüleralter, in Paradeadjustierung, geschniegelt und gebügelt, merkwürdig steif und erwartungsvoll herumdrücken, kurz, sich ganz anders betragen, als ich's von ihnen gewohnt bin. Dazu noch das geheimnisvolle Getue der "Großen", Getuschel, Geraschel, Gerede von einem "Christkind", von dem ich nichts begreife – dann auf einmal ein silbriges Gebimmel hinter der Tür, die lautlos aufgeht – und dahinter etwas Riesengroßes, Glitzerndes, Leuchtendes, bis an die Ecke Hinaufreichendes ... Mutter schiebt mich durch die Tür zwischen Alfred und Erich und damit näher an dies unheimlich blendende, knisternde Ding heran, neben dem auf einmal ein kugelrundes schwarzes Männchen steht, mit dem einen Arm sich etwas unter das Kinn schiebt, mit dem anderen ein Stöckchen drüber hin streicht, worauf es zu tönen beginnt, ganz zart und heimelig, und dann singt es auch neben und hinter mir, alle Großen singen und starren in das Glitzern... Da plötzlich Alfreds ausgestreckter Arm neben mir und seine aufgeregte Stimme: "O – die Schlittenhunde dort!" und aus der Reihe bricht, mit schrillem Schrei, Hilde: "Mein Puppenwagen!" und zerrt ihn unterm Baum hervor, Oma erwischt noch gerade ihren Zopf und zieht sie in die Reihe zurück, Ota klopft ärgerlich auf die Geige, die Jungen versuchen, irgendetwas aufzusagen, verschlucken und verheddern sich, weil die Augen immer Neues entdecken, was mit dem zu Sagenden nichts zu tun hat, es zerbröckelt, die Ordnung löst sich auf, geht unter in Ohs und Ahs, Geraschel und Geräuschen verschiedenster Art, während man mir einen großen roten Ball mit weißen Punkten in die Hände drückt, mit dem ich nichts Besseres anzufangen weiß, als ihn klirrbatsch!, mitten auf der festlichen Tafel landen zu lassen. Was diesem Knalleffekt folgte, entzieht sich meiner Erinnerung an diesen, meinen ersten Weihnachtsabend; vermutlich hat man mich schlafen gelegt, was wohl einige Mühe und Geduld erforderte, da ich völlig durcheinander war. Die späteren Weihnachtsfeste sind schon durch die von den Erwachsenen genährten Vorstellungen und Erwartungen verfälscht. Es war dies wohl das einzige, wo ich völlig arglos war.

Treni und die Tiere

Während ich mich menschlicher Gespielen aus jener frühen Zeit nicht entsinne, sind mir sehr wohl verschiedene Vierbeiner erinnerlich, mit denen ich mich gut verstand und die mir anscheinend vollauf genügten. Da war zunächst Schnurri, die schwarzweiße Katze, die sich mit erstaunlicher Geduld herumschleppen und ins Wägelchen packen ließ, dessen Räder wie Vögel piepsten und so schöne Spuren in Sand und Staub hinterließen. Sodann ein schwarzer Hund, der im Hof an langem Laufdraht hin und her jagte und aufs schnatternde und gackernde Federvieh zu achten hatte, damit nicht etwa streunende Zigeuner das Gassentürchen sacht aufdrückten oder von hinten, vom Feld her, durch Obst- und Gemüsegarten hereinschlichen und irgendetwas klauten.

Ja, der Garten, der mich Knirps mit all seinen Bäumen, Sträuchern, Beeten riesengroß dünkte, wurde für mich nicht nur zum Inbegriff des Erstrebenswerten, sondern auch des Geheimnisvollen, da ich dorthin nie allein durfte, – vermutlich weniger um das Genasche zu verhüten, als vielmehr einen verdorbenen Magen, vor allem aber das Ertrinken in dem unheimlich dunklen Teich oder Weiher ganz hinten am Gartenzaun gegen das Feld hin. Hinter dem Komposthaufen verborgen lag er, von Himbeergestrüpp umstanden, von Schneeballen, Goldregenbüschen, krüppeligen Weiden und langhaarigen Birken überschattet, der dunkle Glanz eines Spiegels, hin und wieder von Libellenschwirren überblitzt, von unsichtbaren Unken umquarrt.

Was es war, was mich unwiderstehlich zu diesem stillen Winkel zog, vermag ich nicht zu sagen; das Verbot der Eltern, mich ihm zu nähern, erhöhte seltsamerweise, da ich sonst doch keineswegs unfolgsam war, seine unheimliche Anziehungskraft, bis ... nun ja, bis es mir eines Tags gelang, der Obhut Trenis, der kleinen Dienstmagd, die irgendein Gemüse aus dem Garten holen sollte, zu entwischen. Bevor sie meine Abwesenheit auch nur richtig bemerkte, stak ich schon drin im Moder, und zwar kopfüber, da ich nach den gespiegelten Blüten des Goldregens gelangt hatte. Wessen Schreck größer war: meiner, der Trenis oder der meiner Eltern – wer vermag das zu entscheiden? Jedenfalls war er bei jedem von anderer Art und bei mir das Schlimmste schon überstanden, während er bei ihnen so richtig erst einschlug, als Treni ihnen ein schwärzlich triefendes, japsendes, koboldartiges Wesen heranschleppte.

Was mich an diesem Ereignis am Tiefsten beeindruckte, war weder der Sturz in den Porl[2], noch die Klapse, die ich nachher erhielt, sondern das, was ich damals nicht begriff: Warum nämlich Treni, die ich sehr gern hatte, so herzzerbrechend weinte und Haus und mich verlassen musste. Wahrscheinlich dachten meine Eltern, dass es nicht gut sei, ein Kind zum verantwortlichen Wächter über ein anderes Kind zu setzen, für keins von beiden gut! Von da ab kam ich unter die Fuchtel der Altmagd Zirr[3], die Augen und Ohren überall hatte, – auch wo sie's besser hätte lassen sollen!

So kams, dass ich Treni sehr nachtrauerte, denn unter anderem war sie es doch gewesen, die tiervertraute Bauerntochter, die mir durch ihr Verhalten beigebracht hatte, wie mit dem Viehzeug umzugehen war, vor allem: Keine Bange zeigen! Dafür aber die Peitsche! Ja, die war ein richtiger Zauberstab! Und solch einen hatte sie mir eigenhändig gemacht: den kurzen Stiel geschnitzt, die lange Schnur am oberen Ende zu einem kurzen Zopf geflochten, dann immer dünner auslaufend zu einer schmissigen Quaste gedreht – mit *einem* Wort: eine richtige Hirtenpeitsche, die herrlich knallte, – wenn man's nur mal heraushatte! Da wichen auch die stursten Büffel dem knallenden Knirps aus, wenn er sich ihrer schleppfüßigen, staubaufwirbelnden Heimkehr in den Weg stellte oder sie von den Alleebäumen vertrieb, an denen sie ihre schlammverkrusteten Rücken

---

[2] *Kleine Wasserpfütze, Wassertümpel*
[3] *Sächsische Abkürzung des Namens Sara*

scheuerten. Gefährlicher als diese schwarzen Ungetüme war aber der harte Galopp der grunzenden, quiekenden Borstentiere, am schlimmsten jedoch die Gänse, die, völlig respektlos vor der Peitsche, mich selbst mit langgestreckten Hälsen, schrill trompetend und mit weit gespreizten Schwingen, als wollten sie mich einhüllen, angingen. Da nicht Reißaus zu nehmen, war allerhand, doch brachte ich's, dank Treni, fertig, da sie mir bewies, dass nichts die Angriffslust mehr reizte, als Angst und den Rücken zu zeigen; wer der Gefahr jedoch ins Auge blickte und gar noch die Zähne wies, konnte aufatmend meist erleben, dass *die* den Rücken kehrten. Hoffentlich hat dir, du tapfere, kleine Treni, diese Einsicht nachmals im Leben auch so gut geholfen wie mir!

Nachbarn

Seltsam, dass jene Zeit und Welt in Tartlau mir wie ein einziger langer Sommertag erscheint, als hätt es nie die Ödnis grauer Regentage, Schneematsch und Schlackerwetter gegeben! Und keine Langeweile! Dort gab's doch immer Neues zu entdecken! Dort, wo mich jeder in der Nachbarschaft wie einen "schlechten Kreuzer" kannte, durfte ich nach Herzenslust herumstreunen. Von rechts lockte ein stählern gelles Klingen in aufregendem Dreitakt auf und abschwellend, von links das wunderbar-anregende Duften frischgebackenen Brotes und Hanklichs. Rechts ging es laut und gewaltsam zu; dort werkten dunkle Gestalten in düsterer Höhle vor rotgolden zuckender Glut mit gewaltigen Hämmern und Stangen, es fauchte und zischte, Dampf paffte auf, Funken sprühten, rotglühende Reifen wurden Rädern angeschmiegt und Eisen an die Hufe schnaubender Gäule genagelt. Links schleppten weiße Gestalten mächtige weiße

Säcke hin und her, schütteten weißes Mehl in riesige Tröge, Wasser dazu, begannen mit nackten, weißen Armen das Zeug zu vermischen und zu kneten, auf weiße Tische hinzuklatschen, zu drehen, zu formen zu sonderbaren bleichen Gebilden, die dann auf lange Schieber oder in schwarze Bleche gelegt und schließlich ins dunkle Maul des Backofens geschoben wurden. Und wenn über all diesem Treiben auch meist lustiges Pfeifen und Singen schwebte, mit dem Gedröhn von rechts konnte es sich nicht messen, und was bedeutete schon ein noch so köstlich duftender Kipfel oder Brezen gegen die Lust auf dem Rücken eines Gaules thronen zu dürfen, solange der beschlagen wurde! Nein, die friedliche weiße Kunst zog gegenüber der abenteuerlichen schwarzen bei mir entschieden den Kürzeren!

Dann gab's noch etwas, das mich durch seine Undurchschaubarkeit anlockte. Der Apotheke schräg gegenüber, dort wo die Kroner Straße zum Marktplatz einbiegt, zog sich ein langgestrecktes Anwesen mit weitem Hof, Ställen und Schuppen hin, wo sich zuweilen allerlei Absonderliches tat. Tagsüber lag es meist recht still und wie verschlafen da, doch wenn die Dämmerung sank, schien es aufzuwachen. Dann sickerte aus seinen Fenstern trübes Licht und allerlei Getöne drang herüber: Tiefes Gebrumme oder Knurren von mächtigen Tieren, Gequieke, wie von Schweinen, Geklimper, wie von unserem Klavier, dazu Johlen, Brüllen, Kollern und Klackern, das ich mir lange nicht zu deuten wusste, bis Vater mich einmal hinüber führte und mir die *Kegelbahn* zeigte. Es war das Gemeinde-, Gast- und Einkehrhaus. Manchmal freilich war auch tagsüber dort viel Kommens und Gehens von fremdartigem Volk mit Wagengerassel, Gewieher, Geschrei, kurz allerlei buntscheckig wüstem Treiben, das von der sonstigen Stille aufregend abstach. Dass dies Rumoren meist nur an Wochenenden, Markt- oder Feiertagen und gelegentlich bei Hochzeiten stattfand, fiel mir natürlich nicht auf; die abenteuerlichen Ausnahmen waren es, die sich mir eingeprägt und dem so nüchternkahlen Bau den Anhauch des Absonderlichen verliehen, sodass mir immer bangte, wenn ich Vater hinüber gehen und dort verschwinden sah. Ihn abzuholen aber kam einer Bewährungsprobe gleich, – schlimmer, als dem Angriff der Gänse standzuhalten, denn hier half keine Peitsche!

Übersiedlung

Mit all diesen Herrlichkeiten eines Lebens in Weite und Freiheit der Bewegung hatte es eines schönen Sommertags ein Ende, als ein Riesentrumm von Wagen, fast wie ein kleines Haus so groß, in unseren Hof einfuhr und Stück um Stück all dessen, was ich kannte, zwischen und mit dem ich gelebt, in sein Dunkel zu schlucken begann. Fassungslos irrte ich in den immer kahler und fremder werdenden Räumen zwischen den Beinen der schleppenden, schnaufenden Männer und bauschigen Röcken der Frauen umher, besorgt, meine paar Habseligkeiten vor dem Untergang zu retten. Die einzige, die mich zu begreifen schien, war offenbar Schnurri, die gleich mir ganz verstört durch die Räume schlich, bis wir schließlich, eins beim anderen Trost suchend, im Dämmer des Holzschopfens eine Zuflucht fanden. Dort muss ich wohl, Schnurri im Schoß, eingeschlafen sein, sodass ich all das Rufen und Suchen nach mir nicht mitbekam und sehr bestürzt war ob all der Aufregung mit Schelten, Tränen, Küssen, als wir endlich aufgestöbert wurden. Aber das Schlimmste kam noch! Aus mir unbegreiflichen Gründen wurde Schnurri meinen Armen entwunden, in einen Sack gesteckt, dieser ins Dunkel des Möbelwagens geschoben, die Türen knallten zu und ab ging's, der Stadt, dort unter den blauen Bergen, der neuen Heimat zu!

Ich aber, ein untröstlich heulendes Häufchen Elend vor Trennungsschmerz, wurde in den "Koberwagen" Großvaters verfrachtet, in dem fahren zu dürfen sonst eines der größten Vergnügen war, diesmal aber versagte sowohl sein leises Schaukeln als auch sein schummriges, von altem Leder-, Staub- und Heugeruch durchwobenes Dämmer, mich einzulullen. Erst als wir kurz vor der Stadt an einem Zigeunerlager mit Tanzbären vorüberzockelten und ganz nah ein Eisenbahnzug, schwarz und gewaltig daherschnob und klirrte, dass die Pferde scheuten, begann das Neue den Kummer zu verdrängen.

Ja, das war für mich ein tiefgreifender Wechsel des ganzen Weltbildes, der ganzen Lebensgewohnheiten, den diese Übersiedlung mit sich brachte. Es war ja nicht nur die vom Dorf zur Stadt, sondern auch die aus Weite in Enge. Dort hatte ich aus dem Fenster über der Apotheke das Wandern der Sonne über den Himmel hin sowie das der Gänse über den Anger verfolgen können – hier kroch mein Blick aus Erdgeschossfenstern in eine enge Gasse, in der sich so gut wie nichts tat, und das Vorhandensein der Sonne machte sich nur für kurze Zeit an den gegenüberliegenden Häuserwänden bemerkbar. Im düsteren Hof aber konnte ich bestenfalls etliche Frauen und Mägde mit Besen und Eimern hantieren, Wäsche waschen, tratschen oder armselige Hendel in einer ebensolchen Hühnersteige füttern sehen! Dazu die Übersiedlung aus Vagabundenfreiheit des rundum Bekannten in die des anonymen, stadtunkundigen Fremdlings; einem aus dem Nest gefallenen Spatz, der obendrein auch noch in einen Käfig gesperrt wird, mochte ähnlich zumute sein, wie mir damals war, – wenigstens in der ersten Zeit. Schnurri und ich, wir waren sterbensunglücklich, und schlichen wie zwei aus dem Paradies Verbannte in der ebenerdigen, engdunklen Hofwohnung herum.

Ausgerechnet in die Burggasse, in die am längsten vom Zinneschatten überlagerte Straße der Stadt, hatte das Schicksal uns verschlagen! Wenn in den übrigen Straßen der

Stadt schon längst die Morgensonne in den Fensterscheiben blinkte, hockte in der Burggasse, besonders auf der hangwärts gelegenen Straßenseite, noch lange feuchtkühles Dämmern in allen Ecken, und in die Gärten an der Stadtmauer guckte die Sonne erst am späten Vormittag; so kam's, dass auch der Winter hier länger und härter herrschte, als ein paar hundert Schritte westwärts auf den Hängen um den "Schwarzen" und "Weißen" Turm. Doch von denen wusste ich dazumal noch nichts; die musste ich sehr viel später erst für mich entdecken, als wir schon längst in den Stadtkern umgezogen waren und ich mir Schul- und Spielkameraden gefunden hatte.

Vorerst galt's aber die nähere Umwelt zu entdecken, was mit einigen Schwierigkeiten für mich verbunden war. Vor unserer Haustür floss damals nämlich noch ein Bächlein, oder richtiger Kanal, hier und dort mit dicken, aber ziemlich morschen und wackligen Bohlen bedeckt. Auch in der Schwarzgasse floss so ein Bächlein, das dort den Lederern zum Waschen ihrer Tierhäute diente, während hier die Tuchmacher ihre Tuche wuschen, bzw. früher gewaschen hatten. Wenn dieses Bächlein auch nur e i n e n guten Schritt breit, kaum ein Meter tief war und selten mehr Wasser führte, als einem Erwachsenen etwa bis zum Knie reichte, so hätte es doch – wenn schon nicht dem Leben, so doch den Kleidern eines Knirpses von drei Jahren gefährlich werden können. Was dort nämlich vor Einführung der Kanalisation dahinfloss, ließ nicht vermuten, dass eine knappe Stunde zu Fuß talauf sich noch Forellen in seinem kaltklaren Gebirgswasser tummeln konnten. Und dann: es wimmelte von feisten Ratten! Gewöhnlich, d.h. am lauten, lichten Tag, bekam man sie kaum zu sehen, doch wenn die Dämmerung sank und es still wurde, begann es schattenhaft zu huschen zwischen Kanal, Kellern und Gossen, und wenn vollends ein Wolkenbruch das Bächlein und die Gasse zu strudelndem Wildbach anschwellen ließ, der die deckenden Bohlen aufhob und mit sich riss, dann mussten die Bewohner dieser

Unterwelt ihre Schlupflöcher verlassen und um ihre Leben kämpfen, und zwar nicht nur gegen die wirbelnde Flut, sondern auch gegen die Lehrlinge und Gesellen der anliegenden Werkstätten der Tuchmacher, Seiler, Lederer, die mit Stangen und Haken zwar vor allem die davontreibenden Bohlen bergen sollten, aber lieber auf die aufgescheuchten eklen Schädlinge Jagd machten.

Dies turbulente Ereignis und die unableugbare Tatsache, dass einer der an der wilden Hatz beteiligen Lehrlinge, ein vierschrötiger Bursch, durch einen Rattenbiss auf den Tod erkrankte und fast ein Bein verlor; dies brachte fertig, was die elterlichen Warnungen und Verbote nicht vermocht hatten, nämlich mir das Spielen an dem so harmlos scheinenden Bächlein zu verleiden und die Gassenjungen nicht mehr darum zu beneiden.

Es gab aber auch bald keinen Grund mehr, sie dieserhalb zu beneiden, denn ähnliche Vorkommnisse und allgemeinere Erwägungen über gesundheitliche Gefahren, sowie endlich die gänzliche Einstellung der letzten häuslichen Tuchmacherei- und Ledereibetriebe, bzw. ihr Übergang zu fabriksmäßiger Herstellung, ließen die Bächlein nicht mehr nötig erscheinen, und so verschwanden sie, die einst auch zum Feuerlöschen gedient hatten, aus dem Straßenbild der Burg- und Schwarzgasse. Mit ihnen auch die Holzgestelle auf dem nach ihnen benannten "Rahmenberg", unterhalb des sog. "Königswegs" zwischen "Weißem und Schwarzem Turm". Dort hatten die Tuchmacher jahrhundertelang in friedlichen Zeiten ihre berühmten Kroner Tuche gespannt und getrocknet. Jetzt erinnern nur noch die schmalen Terrassen oberhalb des Ilie-Pintilie-Spitals an die einstigen Rahmengänge.

Einstweilen ist es aber noch keineswegs soweit; das Bächlein fließt und stinkt noch; mir unbekannte Jungen, meist größer als ich, toben draußen und schauen mich scheel an, wenn ich mich blicken lasse, was zunächst aber selten geschieht, denn erst gilt es Hof und Garten mit seinen mancherlei Bewohnern zu erkunden und Mutter bei ihren Einkaufs- und Besuchsgängen zu begleiten. Dazu kam noch, dass meine Eltern nach unserer Übersiedlung in die Stadt nicht mehr sächsische, sondern ungarische Dienstboten hielten, – warum, ist mir unbekannt. Jedenfalls bedeutete all dies zusammen für mich eine gewaltige Umstellung, die mir sehr zu schaffen machte, mich wie man heut' zu sagen pflegt: verunsicherte.

Nicht wenig trug dazu noch bei, dass Schnurri, mein bester Spielkamerad, nach 2-3 Tagen verstörten Herumschleichens plötzlich verschwand und trotz allen Suchens und Lockens nicht mehr zum Vorschein kam. Es war der erste Schmerz um den Verlust eines geliebten Wesens, dessen ich mich entsinne. Das Versprechen meiner Eltern, mir eine andere Schnurri zu beschaffen, vermochte mich nicht nur nicht zu beschwichtigen, sondern empörte mich geradezu, – vermutlich weil ich's als Verrat empfand, bis, nach etlichen Tagen, aus Tartlau die erstaunliche Kunde kam, Schnurri sei in der alten Wohnung aufgetaucht, zaundürr und struppig, und habe zwar ihr altes Plätzchen im Holzloch unter dem Küchenherd bezogen, doch gänzlich verwandelten Wesens, verwildert und abweisend gegen jedermann! So also war das! Sie hatte mich verlassen! War nicht gestorben! Nun hatte ich gegen eine Nachfolgerin nichts mehr einzuwenden. Um jedoch nicht neuerlich Kummer und Enttäuschung heraufzubeschwören, vertrösteten mich meine Eltern auf die Zeit nach dem Umzug in die neue Wohnung auf der Kornzeile, im Hof der "Schutzengel-Apotheke", die Vater, mit Unterstützung seiner Eltern und Geschwister, gekauft hatte.

Wie ahnungslos doch Kinder in ihrer Welt reiner Herzensbeziehungen neben der meist von Verstand und Zweck bestimmten der Erwachsenen dahinleben! Und wie selten geschieht es, dass diese sich ihrer Nöte von einst erinnern, sich zurückversetzen können in die Gefühlswelt der Kleinen und – sie ernst nehmen! Dass meine Eltern das, trotz ihrer damaligen Sorgen, konnten, muss ich ihnen hoch anrechnen. Ging es doch für sie, wie ich sehr viel später erfuhr, um völlige Neugründung ihrer Existenz, nicht nur unter dem Druck beträchtlicher Schuldenlast, sondern auch dem Zwang, den Ruf der Apotheke zu verbessern, der unter dem Schlendrian des Vorgängers sehr gelitten hatte.

Da ich von alledem natürlich nichts mitbekam, hing ich bloß meinen "Problemen" nach. Eines davon war: Wie hatte Schnurri es fertig gebracht, den Weg nach Tartlau zurückzufinden?! Ich hatte doch selbst gesehen, wie man sie in einen Sack gesteckt und diesen in den dunklen Möbelwagen verstaut hatte! Mir machte es Mühe, mich in der neuen Umwelt mit ihren vielen Gassen und Gässchen zurechtzufinden, geschweige aber den Weg zur Stadt hinaus, Richtung Tartlau! Dabei hätte ich notfalls auch noch jemand fragen können und mich nicht vor jedem Hund zu fürchten brauchen! Nun, dass ich damals des Rätsels Lösung nicht finden konnte, obgleich die Eltern sogar den Lieben Gott in der Sache bemühten, brauch' ich wohl nicht ernstlich zu versichern, aber – bin ich ihm heute eigentlich näher gekommen? Ist es nicht vielmehr so, dass die Welt mich heute mit fast ebenso vielen Fragezeichen umstellt, wie den Knirps von damals, – wenn sie auch meist von anderer Art sind?!

Expeditionen

Wie wahr ist doch das Goethewort, dass man erst im Alter begreift, was einem in der Jugend begegnete! Weiter oben habe ich erwähnt, dass ich in jener ersten Kronstädter Zeit Mutter bei ihren verschiedenen Gängen, sei's in Geschäfte, sei's zu Bekannten, meist begleiten musste. Für mich bedeuteten das Expeditionen in Unbekanntes, die mit sehr gemischten Gefühlen verbunden waren. Nicht nur, weil ich dann mein Spielen unterbrechen und umgezogen werden musste in Kleidchen, in denen man dies und das nicht tun durfte, was man sonst gern getan hätte; und um dies ganz sicher zu verhindern, hieß es "brav" an Muttis Hand gehen, was wiederum äußerst unangenehm war, da ich dabei achtgeben musste, nicht auf ihre langen, hin und her schwingenden Röcke zu treten. All dies hatte es in Tartlau nicht gegeben! Waren die Geschäfte imstande die Freiheit von einst, die Schmiede und Bäcker Kurmes aufzuwiegen?! Gewiss, es gab da Manches, was durch Gerüche oder Aussehen verlockte, z.B. die Heringstonne, die so herrlich "wild" roch, oder die flachen Kästchen mit den in goldnem Braun schimmernden Sprotten drin, die Feigenkränze und Dattelstäbchen, die Säcke, Kisten, Laden mit allerlei Zeug drin, das nicht einmal Mutti immer zu benennen wusste – oh, gewiss, das lohnte sich, oder die Nase plattzudrücken an den Schaufenstern der Spielwarenhandlung "Brüder Gebauer" – dort waren Herrlichkeiten, von denen man nur träumen konnte, gewiss! War das aber nicht etwas viel verlangt von einem Knirps, sich bloß mit dem Träumen begnügen zu sollen?

Ach, und dann die Besuche bei allen möglichen Onkels und Tanten, wo man immer "brav" sein (o, wie ich dies Wort zu hassen begann!), d.h. meist Stillsitzen und Red' und Antwort stehen musste, auf Fragen, die mich unendlich töricht dünkten, statt herumstöbern oder mit Hund und Katz spielen zu dürfen.

An Kinder erinnere ich mich, merkwürdigerweise, kaum, bis auf zwei Vorfälle, die beide mit der Familie des "Schnaps-Neustädter" zusammenhängen (nicht etwa, weil er solchen konsumierte, sondern produzierte, damals noch in kleinem Umfang im Keller seines Hauses, Ecke Brunnengasse und Schulmeistergasse, später in der Spirituosenfabrik in Tartlau).

Der hatte zwei Söhne, der eine etwas älter, der andere jünger als ich, und zwei Töchter. Es muss bei der Taufe der jüngeren gewesen sein. Ihren Höhepunkt bildete das Auftragen eines wahren "Kunstwerks" von Torte aus leuchtend rotem Zuckerguss, der sich in gewagten Schnörkeln, nach oben sich verjüngend emporschwang zu einem golden schimmernden Ding, das mit durchscheinenden Libellenflügeln über dem Ganzen zu schweben schien. Atemberaubend schön! Und dieses Wunderwerk möglichst schnell zu zerstören und sich ins Maul zu stopfen, konnten sich meine Vettern, Carla und Walterchen, gar nicht genug beeilen! Ich war zunächst empört und dann nicht wenig enttäuscht, als die wunderschönen roten Schnörkel im Mund wie Glas splitterten und eigentlich recht irdisch wie andere Zuckerl schmeckten.

Bei einer anderen Gelegenheit geschahs, dass Walterchen mir, vermutlich ob einer Meinungsverschiedenheit, mit der Lokomotive seiner "Schu-schu-"Bahn den Schädel fast einschlug. Als das Blut mir übers Gesicht lief und ich losbrüllte, flüchtete er durchs Fenster auf das fast flache Dach des Schuppens darunter, und bald gab es, zu meinem nicht geringen Ärger, um *ihn* bald mehr Aufregung als um mich. Es war so schön, doch allzu kurz gewesen, alle Erwachsenen um mich herum tanzen zu sehen! Mittelpunkt der Besorgnis zu werden, war wohl einige Schmerzen wert; man konnte sie ruhig ein wenig übertreiben und damit dem feigen Flüchtling Schuld anlasten. Sich hinabzulassen auf das Dach hatte er fertig gebracht, aber sich selber wieder heraufzuziehen oder ziehen zu lassen, gelang ihm ebensowenig wie in den Hof hinabzuklettern. Man musste irgendwoher eine Leiter beschaffen, um ihm vom Hof her beizukommen. Da ich der Rettungsaktion mit viel Interesse vom Fluchtfenster her zusah, beruhigten sich die Gemüter ob meiner zuerst so gefährlich scheinenden Verletzung, die mir bloß eine tüchtige Beule und einen Turbanverband eintrug, Walterchen aber, nach seiner Rettung, eine Tracht Prügel. Während ich diese, vor allem seiner schnöden Flucht wegen, mit einer gewissen Genugtuung quittierte, empfand ich die Forderung, mir nun auch noch Abbitte leisten zu lassen, genau so übertrieben, wie er, und so zog ich den verbockt Dastehenden kurz entschlossen zum Spielen fort. Möglich, dass diese beiden Vorfälle sich nur der besonderen Umstände halber mir eingeprägt haben; jedenfalls entsinne ich mich keiner anderen mit Kindern aus dieser frühen Zeit in der Umwelt des neuen Heims.

Ja, die neue Umwelt! Binnen weniger Monate die zweite Umpflanzung! Und zwar eine von äußerlich einschneidender Bedeutung wie die vom Land in die Stadt. Man sollte es kaum für möglich halten, aber Burggasse und Marktplatz, nur wenige hundert Schritt voneinander entfernt, beide zum alten Stadtkern gehörig, waren damals zwei verschiedene Welten!

Dort lockte ein Wagengerassel noch Köpfe an die Fenster, in denen Bettzeug bis in den späten Vormittag zum Lüften lag; Geräusche waren nur gedämpft aus den langen schmalen Höfen zu vernehmen – Hämmern aus irgendeiner Werkstatt, Surren oder Klappern irgendeiner kleinen Maschine, Teppichklopfen, zuweilen auch Hundegebell oder ein Kikeriki und Gesang ungarischer Mägde; die Gasse aber war in schulfreien Stunden Tummelplatz für die wilden Spiele aller "Lauser" der Nachbarschaft, und die Sprache, in der da herumgeschrien oder getratscht wurde, wenn wir oder Bürger einander begegneten, war die deutsche oder gar noch sächsische!

Ganz anders das Leben und Treiben auf dem Marktplatz und rings um ihn herum auf den "Zeilen", deren Namen bloß winters nicht von *dem* abgelesen werden konnte, was in den anderen Jahreszeiten jeweils dort verhökert wurde, als da war: Korn, Blumen, Obst, Flachs und Böttchereiwaren. In den Erdgeschossen der Häuser aber, die rings um den Markt und um die klobige Wucht des Rathauses sich reihten, stieß Laden an Laden, nur hier und dort noch durch eine der alten breiten Toreinfahrten voneinander getrennt. Stille gab's dort, d.h. auf dem "Platz", höchstens an Sonntagnachmittagen oder nach Mitternacht, wenn der letzte Zecher sich aus dem "Süßen Loch", der "Gabel", oder dem "Hirscherkeller", mehr oder weniger sachte heimverkrümelt hatte.

Rathaus mit Kornzeile

Aus den Fenstern der Patrizierhäuser guckte man dort aber höchstens am Sonntagvormittag, wenn nach den Gottesdiensten der evangelischen, katholischen und orthodoxen Kirchen die Militärmusik, manchmal auch die "Stadtkapelle" zwischen Rathaus und Kornzeile mit schmetterndem Trara den genießerischen Korso der "Jeunesse dorée" der Stadt und Garnison anfeuerte. Sonst aber klackerte es hier von Pferdehufen übers Kopfsteinpflaster, sei's der Fiaker, die ihren Stand auf der Ostseite des Platzes, der Polizei gegenüber hatten, sei's all der dörflichen Fuhrwerke, die Milch, Gemüse, Korn, Stroh und Brennholz, je nach Jahreszeit, in die Stadt karrten.

Auf die schmale Westseite des Platzes aber kroch aus der Klostergasse schnaubend, qualmend, klirrend ein schwarzes Monstrum, ein Wurm mit dickem kaffeemühlenartigem Kopf und etlichen schachtelförmigen Gliedern: die Trambahn! Einst Wunderwerk des Fortschritts, Kronstadt voran! Die erste Straßenbahn Siebenbürgens! Schrecken seiner Ackergäule und Herausforderer seiner Büffel, die in dem schwarzen Ungetüm einen Rivalen witterten. Wie sich die Zeiten wandeln! Vor wenigen Jahren noch ein Wunderwerk, wurden die beiden braven Dampfloks schon zu meinen frühen Schülerzeiten nur noch als "Kaffeemaschinen" eingestuft und schließlich von irgendwelchen Bosnickeln[4] getauft: die eine "Luther", die andere "Galilei" – unter Berufung auf des Einen schicksalträchtiges "Hier stehe ich ..." und des Anderen ebenso gewichtiges: "Und sie bewegt sich doch!"

Wie staunten aber die Lästerer, als diese beiden Veteranen es 1916, als die Rumänen unversehens über die Grenze hereinbrachen, fertigbrachten, nicht nur sich selbst dem Zugriff des Feindes zu entziehen, sondern auch noch die Eisenbahner mit ihren Familien und wichtigsten Habseligkeiten, sowie die Kasse ihrer Gesellschaft wohlbehalten nach mehrtägiger Fahrt in Budapest abzuliefern. Trotz dieser Glanzleistung wurde die Tram dann aber allmählich, als "modernen Anforderungen nicht mehr entsprechend", zunächst aus dem Stadtkern verdrängt, d.h. vom Marktplatz auf die "Promenade", von dort an den Stadtrand zu den Fabriken, zu und von denen sie noch jahrelang die Arbeiter aus den "Sieben Dörfern" beförderte. Als dann die Bus-Verbindungen überhandnahmen, hatte sie endgültig ausgedient. "Luther" und "Galilei" verschwanden aus der Landschaft mitsamt Gepfeife, Geklirr und Rauchfahne, mir unbekannt, ob auf einen Schrottplatz oder in ein Museum; einen Platz in einem solchen hätten sie verdient, als Zeugen für eine Zeit, die auch mit primitivsten Mitteln Beachtliches geleistet hat. Von ihren Zeitgenossen in ihrer Jugend bewundert, von uns schon gutmütig belächelt, wäre sie für die Heutigen nur mehr zum Gespött geworden.

---

[4] *österreichisch/bayrisch für: boshafter Mensch*

Ja, damals, als wir auf den Marktplatz, genauer: auf die Kornzeile Nr. 7, umzogen, da trug die Tram durchaus noch dazu bei, das Leben dort noch bunter zu gestalten, ihm geradezu etwas vom "Duft der großen, weiten Welt" zu verleihen. *Sie* war es doch, die, unter anderem auch die Reisenden, die sich keinen Fiaker leisten konnten, vom Bahnhof weit draußen, am Ende der "Blumenau", hierher ins Zentrum beförderte, wo immer einige "hordárs" (Last- oder Gepäckträger) herumlungerten. Konnte der Fremde sich mit ihnen auf Rumänisch oder Ungarisch verständigen, war es nicht allzu schwierig, mit einem von ihnen handelseins zu werden, dass er ihn und sein Gepäck für ein paar Kreuzer zu einem der wenigen Gasthöfe mit Fremdenzimmern führe (Hotels gab es, meines Wissens, dazumal noch nicht; sowohl Hotel "Krone", als auch "Continental" wurden erst später gebaut.), schlimm aber stand es um den der Landessprachen Unkundigen! Der wurde nach Strich und Faden gerupft, wenn er nicht das Glück hatte, dass sich ein zufällig des Weges daherkommender Bürger seiner annahm.

Wenn ich da schlichtweg von "Bürger" spreche, so war darunter nach damaligem Sprachgebrauch eigentlich nur der sächsische gemeint, als derjenige, der damals noch Gesicht und Leben der Stadt vornehmlich prägte, seine Kaufleute, Handwerksmeister, Unternehmer und Beamten stellte und somit für Wohl und Wehr der Stadt verantwortlich war. Diese Vielfältigkeit der Berufe und Verpflichtungen brachte es mit sich, dass die meisten dieser Bürger, nolens volens die Sprachen ihrer Kunden, Arbeiter, Dienstboten, Lehrlinge, kurz, all derer, mit denen sie tagtäglich zu tun hatten, mehr oder weniger beherrschen mussten. Da überdies in vielen Familien schon die Kinder durch Umgang mit Dienstboten in diese Mehrsprachigkeit hineinwuchsen, ergab sich wie von selbst für die sächsische Bevölkerung eine Art Dolmetscher- und Vermittlerrolle zwischen den Nationen.

Was man am häufigsten zu hören bekommt, das prägt sich am besten ein, nicht wahr? So war's denn kaum verwunderlich, dass ihnen zunächst ein erstaunliches Repertoire an Flüchen und Schimpfwörtern zu Gebote stand da solche zum Alltag der beiden Mitnationen ebenso gehören, wie Treibstoff und Öl zum Autofahren.

Ja, auf dem Marktplatz gab's also immer was zu sehen und zu hören, und zwar letzteres in allen drei Landessprachen, ja, manchmal sogar noch in etlichen anderen dazu. So etwa, wenn im Winter die italienischen Maronibrater mit ihren Eisenöfchen anrückten und an den Straßenecken ihre heiße Ware ausriefen, oder im Sommer Türken mit ihren Bauchläden, darauf sich Halva[5] in fettigen Holzspanschachteln türmte oder Würfel von weißem, rosa oder dunkelrotem Rahat[6], Kränze grünlichgrauer Feigen, goldbraun glänzende Datteln, Tässchen mit Rosenscherbett[7], Johannisbrotschoten, kurz, für uns Knirpse alle Herrlichkeiten des Morgenlandes.

In den "Gewölben" aber, wie die Kaufläden dazumal nicht nur hießen, sondern was sie meist auch noch waren, drängte sich ebenso wie auf den Zeilen *vor* ihnen ein Gewimmel, das mich, der solche Menge und Betriebsamkeit nicht gewohnt war, gleicherweise anzog wie abschreckte, obgleich ich eigentlich weder misstrauisch noch ängstlich war, auch Fremden oder gar Tieren gegenüber nicht.

Kornzeile Nr. 7, Apotheke

All das ging mir natürlich erst sehr viel später allmählich auf; vorerst stand ich dem bunten Treiben ähnlich hilflos staunend gegenüber, wie etwa Gulliver dem im Lande der Riesen. Ich brauchte bloß vor unser Tor hinaus auf die Kornzeile zu

---

[5] *Süßwarenspezialität, Grundmasse aus Ölsamen und Zucker*
[6] *Süßware aus geliertem Sirup*
[7] *Vom türkischen şarba, Sorbett, süss, eine Art Konfitüre*

treten, was mir zunächst freilich nur in Begleitung eines Erwachsenen gestattet war, oder bei Eders (im ersten Stock über der Apotheke) aus dem Fenster über die Weite des Marktplatzes zu schauen, wenn Mutti mich dorthin zu einem Plausch mit Mariechentante mitnahm. Was alles gab es dort für einen Knirps wie mich zu sehen und zu hören! Dass hier das Herz der Stadt pochte, verspürte ich schon damals, sowohl Lockung, als auch leises Gruseln vor all dem Fremden, bisnoch Unverständlichen weckend. Diese Welt außerhalb von Haus und Hof und Apotheke von Kornzeile Nummer 7 blieb mir aber vorerst noch vorenthalten; zunächst galt es den Innenbereich zu entdecken, der wahrhaftig genug des Sonderbaren bot!

Es war ein uraltes Gebäude, dies Walbaum-Ederische Haus, dessen Mauerwerk, Gebälk und Grundeinteilung anscheinend bis in die Wiederaufbauzeit nach dem Großen Brand von Kronstadt, 1689, zurückreichte. Die Gründung der Apotheke erfolgte, wie dokumentarisch belegt, 1712, im Ederischen Teil des Hauses, d.h. dem rechts von der Toreinfahrt gelegenen, wenn das Gesicht ihr zugewendet ist. Es gehörte zu den wenigen Häusern der Inneren Stadt, die noch doppelte Aufböden und mit Schindeln gedeckte Dächer hatte. Dass seine Erdgeschossräume, also Apotheke, Labor, Kammern und Keller gewölbt waren, unterschied es indessen nicht von den Erdgeschossräumen der meisten alten Häuser im Stadtkern, von denen man daher fast immer als von "Gewölben" sprach, besonders wenn darin Geschäfte oder Läden untergebracht waren. Ja, diese Bezeichnung war damals die dort ortsübliche und hatte sich sogar aufs Ungarische ausgewirkt, da "bolt" für Laden oder Geschäft nichts anderes bedeutet als "Gewölbe".

Kornzeile Nr.7 (2. Haus von rechts, schmal, 2 Fenster,
unten Apotheke (seit 1712)

Was mochte Vater bewogen haben, sich just für diesen alten
Kasten zu entscheiden? Viel, viel später erst drängte sich
diese Frage mir auf, erst dann nämlich, als ich bei Vater als
Apothekerlehrling praktizierte und mich im Labyrinth des
alten Kastens zurechtfinden musste. Die Lage war's, die allen
Bedenken zum Trotz den Ausschlag gegeben hatte. Dort,
dem Rathaus gegenüber, wurde dazumal noch der größte Teil
des Wochenmarktes und zweimal im Jahr der Große
Jahrmarkt abgehalten. Durch die Tartlauer Jahre den Umgang
mit der Landbevölkerung gewohnt, konnte Vater hier den
ländlichen Kundenkreis erweitern und vermochte allmählich
durch geschickte Modernisierung der Einrichtung, Einführen
neuester Heilmittel und rastlosen Dienstes auch die Städter zu
gewinnen. Es muss eine schwere, sorgenvolle Zeit für ihn
und Mutter gewesen sein, besonders bis er die Darlehen
zurückerstatten und sich Angestellte leisten konnte. Wenn ich
jener frühen Jahre gedenke, sehe ich Vater eigentlich immer
nur unten, in den Räumen der Apotheke, in der Wohnung fast
nur zu den Mahlzeiten und abends, wenn es für mich zu Bett

gehen hieß. Und gar nicht selten schrillte noch die Nachtklingel und holte ihn aus dem Bett. Nicht einmal die Sonn- und Feiertage waren für ihn immer frei, Ausflüge selten und Urlaub oder Ferien gab es, soweit ich mich zurückerinnern kann, eigentlich immer nur für Mutter und mich, meist in der *Noua*[8], wohin er mit der letzten Tram zu uns heraus kam. Aber es hatte sich gelohnt. Bis zum ersten Weltkrieg hatte er's geschafft, aus der fast noch mittelalterlichen Alchimistenküche seines Vorgängers, die einen Dr. Eisenbarth und jedes kulturhistorische Museum entzückt hätte, die beste Apotheke der Stadt zu machen. Fast ohne eigenes Kapital, von Schulden belastet, hatte er 1900 angefangen und bis 1914 nicht nur sämtliche Schulden getilgt, sondern noch ein Joch Gartengrund in der Schützgasse (ein Stück des großen Bachmaierschen Gartens) erworben und darauf ein dreizimmeriges solides Haus erbauen lassen, in das wir nach dem Krieg ganz übersiedelten.

Was hatte ich von all dem Sorgen, Planen, Mühen, ja Rackern mitbekommen? So gut wie nichts! Nutznießer war ich davon, in das Entdecken und die Problemchen meiner kleinen Welt verstrickt, und Vater war nicht der Mann, andere mit seinen Schwierigkeiten zu belasten und viele, oder gar große Worte zu machen. Mutter musste wohl mehr erraten, wo jeweils der Schuh drückte, und wo es mitzutragen galt, als dass sie von ihm darum gebeten wurde, doch bin ich gewiss, dass sie das Ihre tat, und zwar weit über ihre Kräfte, denn als der schweren Jahre Ende abzusehen war und die Zeit des Erntens zu nahen schien, da waren ihre Kräfte zu Ende und die Früchte des Friedens konnte sie nicht mehr genießen.

Der Maulbeerbaum

---

[8] *von rum.: neu, neuer Stadtteil, Noua, im Süd-Osten von Kronstadt, Richtung Bukarest*

Doch ich habe weit vorgegriffen. Einstweilen galt es ja, mit all dem Neuen, was die Übersiedlung auf die Kornzeile, ins Eder-Walbaumsche Haus, mit sich brachte, fertig zu werden, und das war für solch einen neugierigen, phantasiebegabten Knirps wie mich wahrhaftig nicht wenig.

Da war also zunächst das uralte, weitläufige Doppelhaus der beiden verwandten Familien in der Mitte der Kornzeile, dem Rathausturm gerade gegenüber. Durch eine rundbogige, düstere Toreinfahrt, die unter dem Stockwerk der Straßenfront durchführte, waren die beiden langen, bis zum "Rosenanger" durchlaufenden Trakte getrennt, durch zwei Schwibbögen aber auch wieder verbunden, – es sei denn , dass man deren Aufgabe anders rum deutete, nämlich, dass sie verhindern sollten, aufeinander zu fallen. Jedenfalls war ihr baulicher Zweck nicht recht einzusehen; die einzigen Nutznießer waren Katzen, die aus den Fenstern des Stockwerks der einen Seite zu jenen der anderen hinüber balancieren konnten.

Die Toreinfahrt war so breit und hoch, dass auch Fuhren mit Scheitholz und Mehlsäcken, notfalls auch der Pumpenwagen der Feuerwehr, durchfahren konnten. Dumpf polternd wie Donnergrollen rumpelten aber auch kleinere Fuhrwerke, wie z.B. der Handkarren der Apotheke, über die Katzenköpfe unter dem Stockwerk und dann unter den Schwibbögen hin gute 30 Schritt weit, wo dann die rechte Hauswand endete, sodass die Torenge sich dort zu einem geräumigen Binnenhof ausbuchtete.

In seiner Mitte ragte ein mächtiger alter Maulbeerbaum, voll vom Geflatter und Gezwitscher der Spatzen und Stare sowie vom Geschrei sämtlicher Buben der Nachbarschaft, wenn seine raupenähnlichen Beeren zu reifen begannen, d.h. schön dunkelviolett, saftig und süß wurden, und zur Verzweiflung der Mütter so wundervoll waschbeständige Flecken auf Händen, Hosen und Jacken zauberten. Aber auch seiner Blätter wegen hatte der einsame Riese, als die Mode der Seidenraupen-züchterei bei uns aufkam, viel zu dulden. Dann tobten richtige Raufereien mit Fäusten und Knütteln um das begehrte Futter, und der Arme sah oft schon vor dem Herbst, wenigstens in seinen erreichbaren Regionen, erbarmungswürdig herbstlich aus.

Da hatten es die vier krüppligen Kugelakazien im hintersten Winkel des Hofes vor dem Pferdestall besser; von denen wollte niemand etwas, die taugten nicht einmal für Kletterübungen, – der ganz respektablen Dornen wegen! Es sei denn für Katzen, wenn sie vor einem Köter dort hinauf flüchteten; und dann und wann spannte der Kutscher zwischen ihnen, die schön im Viereck standen, Seile, um die Pferdedecken darauf zu trocknen, oder Frau Vajda tat das Gleiche, wenn sie große Wäsche hatte.

In beiden Fällen ergab das, wenn rundum die großen Stücke herunter hingen, so etwas wie ein Zelt, was natürlich wieder zu Spielen anregte, es etwa als Wigwam zu benützen.

Skizze E.N., Hof hinter der Apotheke, Eingang vom Rosenanger

Die ebenerdige Behausung der Frau Vajda, der Tapeziererfrau, schloss – quer zur Achse des Hofes – diesen gegen den Rosenanger hin ab und bot zugleich das

39

Widerlager für das Tor, das zu ihm hinausführte, ähnlich mächtig, wie das vordere zur Kornzeile hin, sodass man den ganzen Hof von vorn oder hinten her mit großen Fuhrwerken durchfahren konnte, ohne wenden zu müssen.

An dieses Tor schloss sich dann der linke Trakt, der Walbaumische, des Doppelhauses an, in dessen Erdgeschoss der alte Hiemesch seine Buchbinderwerkstatt hatte.

Zwischen dieser Werkstatt und der Buchhandlung Hiemesch (die nur durch die vordere Toreinfahrt von der Apotheke getrennt, wie diese auf den Marktplatz hinaus sah), zogen sich im Erdgeschoss Magazine hin, beginnend mit einem Vorraum und dem Treppenhaus zum 1. Stockwerke, wo über der Buchhandlung die Urahne, die alte Walbaum, Hausbesitzerin, und gegen den Hof über den Magazinen hin, wir wohnten. Das eine, oft recht übel duftende, gehörte der Rothischen Lederei, im anderen stapelten sich die Mehlsäcke der Bäckerei Siegens, kgl. rumän. Hoflieferanten des berühmten Kronstädter Ibacks. Beide hatten ihre Läden in der unmittelbaren Nachbarschaft.

Über der Buchbinderei hauste damals das kinderlose Ehepaar Ljubinkovitsch, er einstiger kuk. Ulanrittmeister, damals Bankbeamter, kugelrund, mit lang ausgedrehtem, schwarzgewichstem Schnurrbart, Allerweltsfreund, fast berstend von gepfefferten Witzen und Anekdoten; sie, Schwester des Bankdirektors Eder, somit Tante von Hans und Mariechen Eder, blond, stattlich, personifiziertes Nachschlagwerk in Bezug auf Kochkünste und andere hausfrauliche Tugenden, bei ihres Gatten Witzen – wenn sie diese verstand – schamhaft errötend; meist schien sie es aber vorzuziehen, sie nicht zu verstehen.

Zu Ljubinkovitschs führte, dem Maulbeerbaum gerade gegenüber, eine steile Treppe – von ihm immer nur die "Hühnersteige" benannt – hinan, sodass unsere Wohnung zwischen der ihren und der der alten Walbaum lag.

In diesen langgestreckten, schmalen, alten Gebäuden waren alle Räume im "Waggonsystem" gebaut, d.h. in einer Reihe

40

hintereinander, und zwar so, dass man die Zimmerflucht meist durch die Küche betreten musste. Diese Anordnung scheint den meisten alten Häusern dieser Stadt eigentümlich gewesen zu sein und hängt wohl mit den mittelalterlichen Lebensgewohnheiten zusammen, als in den Haushalten noch viel Gesinde mit lebte, fast zur Familie des Brotherrn oder Meisters gehörte, also auch an den Mahlzeiten teilnahm, doch zu den inneren Gemächern keinen Zutritt haben sollte. So betrat man denn auch unsere Wohnung durch die Küche, an die sich 3 Zimmer reihten: neben der Küche, sinngemäß, das Speisezimmer, das später *mein* Zimmer wurde; dann das große Wohnzimmer mit Klavier und Bücherschrank, und schließlich das Schlafzimmer der Eltern, dessen Rückwand an den "Salon" der Ljubinkovitschs grenzte. Dieses hatte seine Fenster nicht nur gegen den Hof, und zwar gegen dessen geräumigsten Teil, wo das hohe Schindeldach der Eders uns mehr Licht verwehrte, sondern auch eines gegen den Rosenanger hin. Guckte bei uns die Morgensonne, samt Zinnengipfel und Maulbeerbaum ins Zimmer herein, so bei jenem die Abendsonne und die vergoldete Kuppel der rumänischen orthodoxen Kirche.

Zu uns und der alten Walbaum gelangte man aus dem schmalen Teil des Hofganges durch ein altertümliches, düsteres Treppenhaus, dessen leicht gewendelte Treppe zu einem Podest zwischen unsern Wohnungen anstieg, von dem aus es auch weiter hinan zum gemeinsamen Dachboden ging. Unter der Treppe wölbte sich ein dunkler Hohlraum mit allerlei Gerümpel – bevorzugtes Versteck nicht nur von uns, bei unsern Spielen, sondern auch von den Liebhabern der verschiedenen Mägde auf diesem Hof, um beim Stelldichein von den Herrschaften nicht zu früh entdeckt zu werden.

Ja, dies Treppenhaus mit seiner gewölbten, rauchgeschwärzten Decke, dem offenen gemauerten Herd mit dem klobigen Rauchfang darüber in der einen Ecke, der schweren eichenen Falltür, die jeden Schritt so unheimlich widerhallen ließ aus dem Kellerdunkel darunter, in der anderen Ecke; mit den schwarzen Eisentüren zu den Magazinen und zu den Senkgrubenaborten in den Wänden rundum – ließ mir anfangs zwar das Gruseln über den Rücken laufen (insbesondere wenn ich im Dämmer die Stiegen rauf oder runter musste – die brennende Kerze, welche die begleitende Magd dann trug, ließ so unheimliche Schatten über die Wände geistern!) – wirkte aber allmählich geradezu erzieherisch, mich für weitere Streifzüge in all dem alten Gemäuer rundum abhärtend.

Ja, moderne Wohnungen aus Fertigteilen, Stahl und Glas in wenigen Monaten zusammengestellt, licht und luftig, mit fließendem Wasser und elektrischem Licht in allen Räumen, Badezimmer, WC und Zentralheizung – Dinge, auf die heutzutage schon fast jeder glaubt Anspruch zu haben, die haben zwar viel für sich, aber was haben sie Kinderseelen zu bieten? Bergen sie Geheimnisse? Können sie erzählen? Zusammenhänge erahnen lassen zwischen Einst und Jetzt? Nein, nichts von alledem! Im Gegenteil! Sie isolieren und sterilisieren, züchten mit ihrer keimfreien Hygiene in Extremfällen gar so etwas wie Retortenwesen, "Homunculi", für die Natürliches hässlich und gefährlich ist! Also auch der Humus der Geschichte, der Moderstaub des Einst.

Nun, wenn uns Jungen von anno dazumal in mancher Hinsicht vielleicht auch etwas zu viel davon zuteilwurde, so hat er in anderer Hinsicht den Wurzeln unseres Wesens als Nährboden gedient und Halt gewährt, sodass es manchen Sturm überstehen konnte. Er regte jedenfalls zu Fragen und Forschen an. Wer mochten die gewesen sein, deren Füße diese schweren Eichenstufen so ausgetreten hatten und die rotgestrichenen Dielen in den Stuben oben, die in manchen Nächten so unheimlich knisterten und knackten, als schritten die Früheren ruhlos auf und nieder?! Und wer mochte die sonderbaren Öfen eingebaut haben, die mit der Mitte in den Wänden staken, von einem Zimmer her mit Holzscheiten gefüttert wurden, jedoch mit ihren runden Kachelbäuchen zwei Zimmer heizten? Auf ihrer Deckplatte stand immer ein

Reindel oder Topf mit Wasser zum Verdunsten oder auch Speisen, die warm gehalten werden sollten. Dass beide Räume solcherart in puncto Wärme wie Mithören so eng verbunden waren, mochte neben gewissen Vorteilen wohl auch Nachteile mit sich bringen – für Erwachsene!

Leider war es mir nicht vergönnt, in der ersten Zeit, also der aufregendsten, einen Kumpan für meine Streif- und Entdeckungszüge im neuen Revier zu finden. Gleichaltrige gab's weder auf dem Hof noch in der Nachbarschaft. Da Vater tagsüber gar keine, Mutter sehr wenig Zeit für mich hatte (gab es doch eine Menge im neuen Heim und Haushalt zu tun!), Kindergarten oder gar Kindermädchen damals noch kaum üblich waren, die Dienstmagd anderweitig benötigt wurde und, überdies, nun eine Ungarin war, mit der ich mich anfangs noch schwer verständigen konnte: Aus all diesen Gründen war ich fast ausschließlich auf mich allein gestellt. Und wenn ich so zurückdenke, glaube ich sagen zu können, dass ich das weder damals noch späterhin als besonders schmerzlich empfand. Ich konnte mich sehr gut allein beschäftigen und fand mir immer was zum Spielen, – freilich nicht immer zu reiner Freude der Erwachsenen.

Ob bei der Wahl gerade dieser Wohnung mit so vielen Mängeln neben den rein praktischen Erwägungen im Zusammenhang mit der Apotheke, auch das Vorhandensein dieses als Spielplatz geradezu ideal geeigneten Hofes eine Rolle gespielt hat, vermag ich nicht zu sagen, muss es aber annehmen. Hier in diesem rings abgeschlossenen Hof lauerten auch für solch einen Knirps, wie ich damals noch war, kaum Gefahren – d.h. nach den damaligen, wenig zimperlichen Begriffen! – und der Verlockung, etwa hinaus auf die Straße zu gehen, standen – außer dem Verbot der Eltern – nicht nur die mächtigen, schwer zu öffnenden Tore entgegen, sondern vor allem die Verlockungen des Hofes selbst! Dort gab es Tag für Tag so vielerlei zu entdecken und zu stöbern, das mein Bedarf vollauf gedeckt war und es mir nicht schwer fiel, "brav" zu sein und die Nase nicht auch noch hinaus auf die Straße zu stecken.

Der stärkste Magnet war und blieb Jahre hindurch der Pferdestall und all das, was mit ihm zusammenhing. Die Stunden in dem dämmrigen, vom scharfen warmen Dunst der mächtigen Tiere und dem Duft des Heus erfüllten Raum gehören zu den harmonischsten meiner Kinder- und frühen Knabenzeit. Tieren war ich von klein auf herzlich zugetan (siehe die Erlebnisse mit Schnurri und Treni!) und daher ohne Misstrauen noch Furcht im Verkehr mit ihnen; als Freunde nahm ich sie – und das müssen sie wohl erspürt haben: auch sie kamen mir freundschaftlich, vertrauensvoll entgegen und nie hat mich auch nur eines von ihnen enttäuscht!

Dem Kutscher (der – ganz gleich, wie er wirklich hieß – von Eders immer Jancsi gerufen wurde) war es anfangs gar nicht recht, dass ich den Stall betreten wollte; er befürchtete wohl, dass eines der jungen feurigen Tiere mich, wenn auch ganz unbeabsichtigt, treten könnte. Ich aber ließ nicht locker, schlich mich, wenn er nur den Rücken kehrte, immer wieder hinein, und als er merkte, dass ich mich, dank Treni, auf den Umgang mit Tieren verstand und ihm überdies – als ich meinerseits merkte, dass er sich, genau wie Vater, selbst Zigaretten drehte, – von dessen feinem Tabak und Zigarettenpapier ab und zu etwas brachte, ließ er mich gnädigst gewähren. O, Jancsi war ein Herr! Bezahlt wurde er zwar vom Herrn Bankdirektor Eder, den er ab und zu hinauszufahren hatte zu dessen Jagdgründen oder Herrenpartien irgendwo im Szeklerland, doch wenn sich das mit irgendwelchen Wünschen von dessen anspruchsvoller Tochter Mariechen spießte, verstand Jancsi es meisterhaft, die Sache zu ihren Gunsten zu drehen. Sie war es nämlich, die ihm, dem altgedienten Husaren, zu seiner schmucken Livree verholfen hatte, rehbraun mit goldnen Knöpfen war sie, die allen Mägden die Köpfe verdrehte, während Papa Eder die bäuerisch-derbe graue Joppe der Szekler für genügend erachtet hatte. Den halben Tag lang stolzierte er mit der Schnurrbartbinde auf herum, sei's beim Pferdestriegeln, sei's beim Wagen- oder Geschirrputzen, sobald Ausfahrt bevorstand, und wenn er dem Herrn Ex-Rittmeister begegnete, nahm er zwar Haltung an, wie sich's gehörte – bei uns von der Kavallerie – doch *wie* er's tat, ließ klar erkennen, dass gegen seine Schnurrbartspitzen die Konkurrenz nicht aufkam! Und wenn er dann in voller Gala auf dem Kutschbock der Equipage thronend vorfuhr, die blankgestriegelten feurigen Füchse an kurzem Zügel bändigend, die lange Bogenpeitsche elegant zum Gruße neigend, selbst aber in Würde erstarrt, sobald Frl. Mariechen, die langen Röcke raffend, aus dem Tor trat. Dann hätte er mit keinem König getauscht!

Ja, und bei diesem König des Hinterhofes war ich also gut angeschrieben, hatte Zugang zum Stall, durfte den Pferden von meinem Frühstücksbrot und Würfelzucker bringen und brachte es allmählich dahin, dass er mich nicht nur gewähren ließ, sondern auch in manchem unterwies, z.B. wie man ihnen die Leckerbissen darbieten musste. Nur auf der flachen Hand, damit sie mit den langen scharfen Zähnen einem nicht unversehens die Finger verletzten. Von der flachen Hand aber nahmen sie, sanft schnobernd und mit vorsichtigen weichen Lippen auch die kleinsten Brocken auf. Welch Glücksgefühl wenn sie, die Mächtigen, dann mit klugen Augen und leise mampfend und nickend ihren Dank abstatteten! Bald war es so weit, dass sie mit leisem Wiehern mich begrüßten, wenn ich in der Tür erschien, und eifersüchtig drängelten und schnoben, wenn ich dem einen mich mehr widmete als dem anderen. Ich wusste bald, wann und wieviel von Heu, Hafer und Wasser sie bekamen, wie man sie striegeln, ihnen die Hufe säubern, die Streu wechseln und das Riemzeug anlegen musste. Und noch etwas lernte ich – eine gute Weile bevor mir der Sinn der Worte aufging –: Weise ungarische Volks- und Soldatenlieder, die "König Jancsi" vor sich hin sang, pfiff oder in Mußestunden auf seiner Maultrommel oder Mundharmonika dudelte. Und alsbald kam die Antwort aus offenen Küchenfenstern oder aus den Holzschopfen, wo sich dann mit Vorliebe die Mägde zu schaffen machten. Dörfliche Idylle mitten in der Stadt!

Dem Stall gegenüber aber, auf der anderen Hofseite, werkelte der alte Hiemesch, kahlköpfig, griesgrämig und verschrumpelt in seiner Buchbinderwerkstatt. Es nahm sich seltsam aus, wenn er am Hebel seiner Presse oder am großen Rad der Schneidemaschine hing. Hätte ich damals schon Äffchen gesehen, wie nachmals auf dem Jahrmarkt, so hätte er mich an jene erinnert, – auch durch die Laute, die er ab und zu von sich gab: es war nicht viel mehr als ein Fiepen, Fauchen, Krächzen. Dies alles zusammen erregte, begreiflicherweise, meine Neugier, sodass ich, teils vom Stall aus ihn im Auge behielt, teils mich um die Werkstatt selbst herumtrieb, insbesondere seitdem ich bemerkt hatte, dass er allerlei Abfall bunten Papiers und Leinens achtlos hinausbeförderte in ein Kistchen, das neben dem Eingang stand. Als er eines Tages ein Eisenöfchen auf den Hof herausbrachte, mit Spänchen und mit Abfallpapier ein Feuer drin zum Brennen brachte und schließlich einen Topf daraufstellte, ließ es mir keine Ruhe und ich wagte die Frage, ob er sich da eine Suppe kochen wolle. Erst sah er mich erstaunt an, dann verzogen sich die unzähligen Runzeln seines Gesichtchens – wie Haut auf der Milch, wenn sie zu kühlen beginnt – zu einem belustigten Grinsen und er kicherte: "Suppe? Ja, für die Bücher ... damit sie dicke Bäuche kriegen!" Es wurde ein wunderliches Gespräch, das sich daran schloss, doch es endete mit der Erlaubnis, mir von den Papierschnitzeln so viel zu nehmen, wie ich nur wolle, und er zeigte mir auch gleich, wie durch geschicktes Falten und Kneifen sich allerlei herstellen ließ – zunächst mal Schiffchen, die in dem Regenwasserbottich unter der Traufe fahren konnten. Damit hatte sich ein Verhältnis angebahnt, das mir, wenn der Stall leer oder verschlossen war, reichlich Ersatz bot, – freilich ganz anderer Art. Die "Suppe für die Bücher", die übrigens bald ganz fürchterlich gen Himmel stank, sollte zu Leim werden; eine Prozedur, die etwa jeden Monat vorgenommen wurde und dem Veranstalter bei der Nachbarschaft allerlei anrüchige Namen eintrug.

Ähnlich wie Herr Hiemesch seine Leimsiederei aus der Werkstatt in den Hof hinaus verlegte, tat der Tapezierer und Matratzenmacher Herr Vajda mit seiner Werg-Seegras- und Wollzupfmaschine, – jener des Gestanks, dieser des Staubes wegen. Wenn er die Trommel drehte, stiegen ganze Wolken davon, die zum Husten reizten, draus empor. Obgleich er sich dieserhalb ein Tuch vor Mund und Nase band, was ihm ein höchst befremdliches Aussehen verlieh, wurde er von dauerndem Husten- und Spucken-Müssen geplagt. Ob es nun dies war, oder der Blick seiner oftmals wie verglasten starren Augen, oder das Zetergeschrei seiner Frau, das dann aus der hingeduckten dunklen Wohnung hinter den Akazien drang – es wird wohl alles zusammen gewesen sein, was ihn mir unheimlich machte und mich ihn meiden ließ.

Soviel fürs Erste über die Bewohner des Hinterhofs, die seinen Charakter und meine kindliche Vorstellungswelt nachhaltig prägten. Außer diesen gab's aber noch etliche Gestalten, die zwar bloß zeitweilig auftauchten und doch allerlei dazu beitrugen, ihm recht bunte, ja abenteuerliche Tönungen zu verleihen.

Nikolo und Entzauberung

Den Zauber des Geheimnisvollen, Hintergründigen strahlte eine aus, die erstmals in der Vorweihnachtszeit in Erscheinung trat, als mein Sinnen und Träumen ohnehin ganz auf Wunder eingestellt war. Verriet denn nicht etwa ein goldenes "Engelshaar" auf meinem Kopfpolster, dass mich der Himmel eines Besuchs gewürdigt hatte?! Freilich wurde dies Zeichen seiner Gunst bedenklich in Frage gestellt durch eine kleine Reisigrute, die ich in meiner Spielzeugtruhe entdeckte. Dass etwas Goldflitter dran hängen geblieben war von der himmlischen Herrlichkeit, war wenig tröstlich. Allerlei Sünden, die ich begangen haben mochte, tauchten auf, und Zweifel bedrängten mich, ob es nicht ratsam sei, den Eltern den fatalen Fund zu verheimlichen. Bei solchem Stand der Dinge geschah es nun, dass eines düsteren Nachmittags, als ich gerade aus dem warmen Dunst des Stalles trat, aus dem flockendurchwirbelten Dämmer eine mächtige Gestalt aufgeisterte, zottiges Vlies um die Schultern, unter hoher Lammfellmütze langes Haar und langen Bart, kaum entwirrbar, hervorquellend, in der einen Hand einen langen Stab, mit der anderen ein hochbepacktes Eselchen an kurzem Seile leitend! Hilf Himmel! War das nicht...?! Mir stockten Herzschlag und Atem.... Aber wo war der mit dem großen Sack, der Rute und klirrenden Kette?! Wie hieß er doch nur gleich?... Ja, Knecht Ruprecht, der gehörte doch dazu, war aber nirgend zu entdecken! Da stimmte etwas nicht! Die Gestalt indes schien es nicht auf mich abgesehen zu haben. Sie lehnte den Stab an eine Schuppenwand, nestelte unter dem Pelz einen gewaltigen Schlüssel hervor – wie er etwa fürs Himmelstor gepasst hätte – und schloss eine der Schuppentüren, die recht irdisch knirschte und quietschte auf. Dann entnahm er einem der Säcke, die an dem Langohr baumelten, etwas was ich nicht erkennen konnte, und tat etwas, das mein ohnehin schon ratloses Staunen bis zum Gruseln steigerte: Er schlug seine Hände mit scharfem Klicken so zusammen, dass Funken spritzten und irgendetwas, das einem Wurm glich, zu glimmen begann. Das steckte er dann in ein Wasserglas, wo alsbald ein Lichtlein aufblinkte, rötlich und zuckend, wie ein ängstlich

Herz! Mit diesem in der Hand verschwand er, das Eselein nach sich ziehend, im Dunkel des Schuppens.

Ich traute meinen Augen nicht! Mein Herz pumperte... Wenn Nikolo höchstpersönlich hier aufkreuzte, hatte das was zu bedeuten! Gutes? Kaum! Das galt wohl dem Verheimlicht-haben! Also raus damit! So schnell wie möglich!   Nun, meine Eltern werden sich nicht wenig gewundert haben über den plötzlichen Bekennerdrang ihres Sprößlings, durch welchen schon aufkeimender Verdacht gegen die Magd wegen des Verschwindens von so viel Zucker, Tabak, Zigarettenpapier und Lockenwicklern – sie hatten die Pferdemähnen wellen sollen – noch rechtzeitig entkräftet wurde.

Als nach und nach die Mär von Nikolos Einzug zum Vorschein kam, wollte es mir nicht eingehen, dass dies Ereignis bloß Heiterkeit auslöste, statt einer feierlichen Wallfahrt zum Schuppen im Hof, die ich recht zwiespältig ebenso befürchtete, wie ersehnte. Was dann am nächsten Morgen folgte, brachte mir die – soweit ich mich erinnern kann – erste große Ernüchterung meines jungen Lebens. Als Vater mich nach dem Frühstück an der Hand nahm, ahnte ich noch nicht, was er vorhatte; erst als er im Hofe sich statt nach rechts – zur Straße oder Apotheke hin – nach links, dem Hinterhof zuwandte, begriff ich – in freudigem Schreck! Nach wenigen Schritten schon sahen wir das Eselchen, – also hatte ich nicht geträumt! Gesenkten Kopfes stand es vor dem Schuppen, mit dem Halfterstrick ans Gitterfensterchen gebunden. Was ich dann aber im Halbdunkel des Schuppens zu sehen bekam, ließ mich aus allen Wolken fallen! Das zottige Vlies – jawohl, dort hing es an der Bretterwand! Und der Alte mitsamt dem Bart, der es getragen, war auch noch da, – dort stand er. Diesmal in einem groben, langen Hemd, von breitem Ledergürtel zusammengehalten, in weißen engen Tuchhosen und riemenverschnürten Opanken[9], wie die rumänischen Hirten und Bauern sie trugen, deren ich welche

---

[9] *rumänisch* opincă, *Bundschuh*

schon in Tartlau gesehen. Aber was tat er? Erst konnte ich's nicht genau erkennen, doch als das Auge sich etwas gewöhnt, gruselte mir: Vor ihm hing, kopfunter, ein Schaf, schon abgebalgt; armes Schaf, hässlich in seiner violetten Nacktheit, an dem er mit einem unförmigen Messer herumhantierte! Sowas konnte doch Nikolo, der Heilige, nicht tun! Niemals! Ich brüllte los, untröstlich über eine Welt so voll von Täuschung, Grausamkeit, Hässlichkeit! Bis ins tiefste Herz gekränkt, wollt und konnte ich lange nicht begreifen, dass Vater mit dem Alten ruhig, ja freundschaftlich verhandelte und zwar in dessen Sprache, die ich nicht verstand, bis der sich schließlich die Hände abwischte und aus einem Sack etwas hervorholte, was ich noch nie gesehen. Zunächst sah es mir wie ein Buch aus, ein ziemlich großes, – der Einband mattgold und merkwürdig gemustert und – seltsamerweise, von schmalen Brettchen eingerahmt. Nach vielem Hin und Her zog Vater sein Taschenmesser, stach in eine Ecke des Buches und – oh Wunder! Es quoll daraus hervor wie flüssiges Gold! Er nahm davon ein wenig auf die Klinge, kostete, nickte und bot dann mir, der atemlos dem Unbegreiflichen da zugesehen hatte, davon an. Wie wunderbar das schmeckte! So lernte ich den Wabenhonig kennen und den alten Tudore, der, wie ich allmählich erfuhr, alles andere als ein Betrüger oder grausam war! Jeden Freitag kam er winters aus seinem Bergdorf herab zum Wochenmarkt in der Stadt, und hatte am Rosenanger seinen Stand für Wabenhonig und Schafkäse. Diesmal hatte er nicht nur Honig und Käse gebracht, sondern auch zwei Schafe, die ihm nachts zuvor Wölfe im Pferch gerissen hatten, und die er nun, so gut wie möglich, verkaufen wollte. Er wurde nachmals unser ständiger Lieferant, vor allem für den würzigen Gebirgsschafkäse (Burduf), der in Blase genäht oder in Fichtenrinde gepresst war. Zu Ostern brachte er meist auch ein Milchlamm zum Festbraten.

Die Auffrischung dieses Erlebnisses, das zur Erschließung einer Lieferantenquelle für Schafkäse, Honig und gegebenenfalls, auch Hammelfleisch führte, lässt mich erkennen, dass solche "Direktversorgung" durch den "Produzenten" an den "Verbraucher" damals und dort anscheinend das Übliche war. Da ratterten z.B. fast noch im Morgendämmer, unzählige Wägelchen von den Gemeinden des Burzenlandes und der "Siebendörfer" her der Stadt zu und verteilten sich von den beiden Hauptzufahrtsstraßen, der Langgasse und Brunnengasse aus, in die verschiedenen Gassen und Gässchen des Stadtkernes. Dort hielten sie an bestimmten Punkten und machten sich bemerkbar, durch Schellen, Kannenklappern oder Rufen, oder lieferten auch direkt in Haushalte ihrer Stammkunden, oft Generationen lang, die frischgemolkene, unentfettete Kuh- oder Büffelmilch, sowie Rahm, Butter, Topfen, je nach Wunsch. Für die nicht so bevorzugten Kunden war der Treffpunkt bei den Wägelchen, wo man sich mit den Gefäßen anstellte und es zur Milch auch gleich den neuesten Klatsch gab; besonders für die Dienstmägde eine gern benutzte Gelegenheit. Im Übrigen war zuverlässige und unverfälschte Belieferung Vertrauens- und Ehrensache.

Am Tag des Wochenmarktes aber thronten die Milchfrauen in langer Reihe, Rock neben Rock weitaufgeplustert, auf der Burggässer Seite des sog. "Kotzenmarktes" ("Kotzen" = eine grobe, langhaarige Wolldecke) und boten neben all den flüssigen und festen Milchprodukten meist auch Eier feil, die feste Ware meist portionenweise appetitlich auf frischen grünen Salatblättern ausgelegt.

Der übrige Markt zeigte ein buntes Durcheinander von Obst-, Gemüse- und Blumenständen der "Auswärtigen", während die "Städtischen" die ihren auf den entsprechenden Zeilen des Marktplatzes rings ums Rathaus hatten.

Für mich war's immer ein Vergnügen, wenn Mutter mich zum Einkauf auf den Markt mitnahm, gab es doch immer allerlei zu sehen und manchmal auch zu lernen, z.B. worauf zu achten war, damit man nicht bemogelt werde, sei's mit minderer Ware, sei's mit sehr großzügig gehandhabtem Maß oder Gewicht, was besonders bei den damals noch gebräuchlichen Laufgewichtwaagen leicht möglich war.

Sobald ich nur heraushatte, was auf dem "Rosenanger" (unklar, wieso dieser kleine Platz zwischen Kornzeile und Michael-Weiß-Gasse, erreichbar durch den "Dunklen Gang", zu diesem idyllisch duftigen Namen kommen konnte!) an Markttagen sich tat, nützte ich jede Gelegenheit, beim hinteren Tor hinauszu- flitzen. Was mich so anzog, das war all das Wassergetier, das damals dort noch feilgeboten wurde: vom schnurrbärtigen, breitmauligen Waller (Wels) von fast Meterlänge, dem plumpen, rötlich schimmernden Karpfen bis zur munteren Gebirgsbachforelle und dem unheimlich widerlich scheuernden Gekrabbel der Krebse. Es roch so seltsam aufreizend wild; Schuppen blinkten wie Silber; in riesigen Schäffern und Bottichen schob es sich – qualvoll japsend, schwänzelnd, glitzernd übereinander bis Hiebe schwerer Messer mit dumpf knirschendem Schlag ihnen so Kopf wie Schwanz abhackten und blutige Finger, ritschratsch, ihnen das Eingeweide aus dem Leibe rissen. In flachen Körbchen häuften sich merkwürdig geformte kleine rosa Fleischstückchen, die oft noch zuckten und die ich zunächst nicht enträtseln konnte – Froschschenkel waren's, wie man mir dann sagte. Den noch Lebenden glatt abgeschnitten und diese dann zurückgeworfen ins Wasser von Zigeunern! Ja, diese waren die Hauptlieferanten dieser "Leckerbissen" sowie der Krebse.

Die Zigeuner

Sie sind nicht wegzudenken aus dem damaligen Leben der Stadt, und schon gar nicht aus meiner Kindheit. Zu allen Jahreszeiten konnte man diese braunhäutigen, schwarzmähnigen Gestalten, orientalisch bunt und schlampig gewandet, durch die Gassen nicht nur streifen sehen, sondern auch hören, wenn sie ihre jeweilige, meist jahreszeitlich bedingte Ware oder Arbeit ausriefen, und zwar Männer und Weiber gleicherweise. Diesen folgten, meist in einigem Abstand, stumm und möglichst unauffällig, etliche andere, oft sogar Kinder, die zwar nichts zu verkaufen und dennoch etwas zu erwerben trachteten. Im wahrsten Sinn des Wortes lebten sie vom Wald und den Gewässern. Sobald der Schnee schmolz, die Lüfte lauer wehten und die jungen Triebe der Weiden, Birken, Pappeln kräftig genug waren, zogen sie mit Kind und Kegel hinaus, um sich die Ruten zu schneiden, die sie für Körbe, Reisigbesen, Reusen und Bürsten brauchten. Später kam dann deren Stammholz dran, aus dem sie "Moltern" (Tröge) zum Teigkneten höhlten, Löffel, Quirle und dergleichen einfaches Hausgerät schnitzten. Vom Frühsommer ab, wenn die Beeren zu reifen begannen, wurde vollends der Wald für all die Sippen zur Heim- und Arbeitsstätte und bald hallten ihre Rufe durch die Gassen: "Erdbeeren kauft! Kauft Erdbeeren!" Dasselbe geschah dann in der Reihenfolge ihres Reifens mit Him-, Heidel-, Brom- und Preiselbeeren, zwischendurch mit den verschiedenen Sorten der Schwammerl (Pilze) um schließlich, wenn schon der Herbststurm die Blätter von den Bäumen fegte und Reif über die Matten fiel, mit den Hetschenpetsch (Hagebutten) zu enden. In großen Kandeln (Holzkannen), die sich nach oben verjüngten und meist mit frischem Farnkraut abgedeckt waren, schleppten sie die duftenden Früchte heran, die Hausfrauen aber kramten die großen Töpfe und Reindel heraus, winkten die Rufer von der Straße in die Höfe herein, und alsbald begann das große Feilschen. Das gehörte so dazu, wie das Amen zum Gebet, und verlief kaum ohne Anrufung aller himmlischen und höllischen Mächte, und Verfluchung von Eltern und Ahnen, die einen in diese miserable Welt gezeugt und geboren! Wenn dann aber etwa ein paar alte Kleidungsstücke oder gar ein Stamperl selbstgebrauten Schnapses am Horizont auftauchten, wurden alsbald die gleichen Mächte zwecks Segenerteilung mit gleicher Inbrunst bemüht, bis man – jeder im Hochgefühl, den Anderen hineingelegt zu haben – befriedigt voneinander schied.

Ähnlich, wenn auch nicht ganz so dramatisch, ging's auch beim Handel mit der nächsthöheren Kaste derer zu, die gelegentlich arbeiteten, eine Art Handwerk betrieben und in den mageren Jahreszeiten aufkreuzten: im Frühjahr die schon erwähnten Korbflechter, Besenbinder, Löffel- und Schneeschaufelschnitzer, die Topf- und Kesselflicker und schließlich die Kohlenbrenner mit den Reisigkohlen für die Bügeleisen und Bratroste.

Ja, und dann gab's noch zwei Kasten, gleichsam am oberen und unteren Ende der sozialen Stufenleiter: oben die der "Künstler", der Mitglieder der Musikkapellen, unten diejenigen, die sich selbst zwar hochtrabend als "Beamte" bezeichneten, aber sogar von ihren Stammesgenossen abgelehnt und gemieden wurden: Die Gilde der Hundefänger, Abdecker – vom Volk gemeinhin "Schinder" oder auch "Henker" geschimpft, und dies nicht ganz zu Unrecht, denn solange die Stadt eigene Gerichtsbarkeit, auch die "hochnotpeinliche" üben durfte, führten diese die Folterungen und Hinrichtungen durch. Sie mussten deshalb ursprünglich, als "Unehrliche", außerhalb der Stadtmauer hausen – wovon die auch zu meiner Zeit noch bestehende "Ziganie" zeugte. (Ich selbst habe noch, Ende der 30er Jahre, Rex, unseren Wolfshund, als er gebissen worden war, dort in eine 3-wöchige Quarantäne geben müssen, bis festgestellt war, dass keine Tollwutgefahr bestand.) Noch damals, – wie eh und je in meinen Lausbubenjahren – brach ein Höllenkonzert von Pfeifen und Johlen in all den Gassen los, wo der Gitterkarren, von zwei armseligen Kleppern gezogen, und die Knechte auftauchten: barfüßig, lautlos mit den langen Stangen, an deren dünnem Ende eine Drahtschlinge sich rundete, hinhuschend. Durchs Gebrülle und Gefuchtel wurden nicht nur die ahnungslosen Streuner gewarnt, sondern auch ihre etwaigen Besitzer, und nicht selten wurden schon Gefangene, nach kurzer Rauferei, aus ihrem Käfig noch befreit. Der

Polizist, der sie begleitete, zog es meist vor, nichts von alldem gesehen zu haben.

Ja, und dann gab's noch die sogenannten "Budars", die Abortentleerer, Senkgrubenreiniger – auch "Beamte", die nachts mit ihrer Tonne durch die Gassen rumpelten und unter Fackelbeleuchtung ihr anrüchig unheimliches Unwesen trieben. Nach Einführung der Kanalisation fanden sie nur noch in den Gärten der Vorstädte Beschäftigung.

Die bisher genannten Berufe wurden sämtlich von den sesshaft gewordenen und meist in sog. "Ziganien" am Rande der Ortschaften angesiedelten Zigeunern ausgeübt, die von ihren Artgenossen, den "Wander-" oder "Schatter"- (von sátor = (ungarisch) Zelt) Zigeunern meist zutiefst verachtet wurden. Eine zwischen diesen beiden Gruppen pendelnde gab's noch: die Pferdehändler und Teppichhändler, die Verbindung nach beiden Seiten hin hielten.

Der Apothekerberuf von anno dazumal und dort brachte es mit sich, dass mit der Gruppe der Waldgänger bzw. Beerensammler geschäftliche Beziehungen gepflegt werden mussten, denn diese allein waren imstande, den nötigen Bedarf an Himbeeren und Heidelbeeren zu liefern, aus denen der Apotheker damals noch selbst die Säfte und Extrakte herstellen musste. Dadurch wurde er zum "Großabnehmer" von ganzen Sippen, mit deren "Kapos" er Lieferungsverträge – mit Daumenabdruck und einem Stamperl Schnaps besiegelt – Jahr für Jahr abschloß.

Hatten die Beeren ihre volle Reife erlangt, so erschienen die Sippen mit Kind und Kegel und vollen Kandeln, welch letztere sie unter unglaublichem Geschnatter ob ihrer Güte und den Schwierigkeiten des Sammelns in die im Hof bereitgestellten Hofschäffer entleerten, wobei jeweils der Literinhalt jeder Kandel von Vater unter den mißtrauischen Blicken des Kapos, der zwar weder lesen noch schreiben, wohl aber rechnen konnte, aufgeschrieben wurde. War eines der Schäffer, deren jedes ca. 50 l fassen mochte, gefüllt, so wurde es ins letzte der Magazine, das zementiert und kühl war, geschafft, und das nächste kam dran, bis die vereinbarte Menge beisammen war. Dann wurde abgerechnet und ausbezahlt. Meist besorgte all dieses Vater selbst, um gleich schlichtend eingreifen zu können, wenn es etwa zu Mißhelligkeiten kommen sollte, deren häufigster Grund der war, dass die eine oder andere Kandel aufs Konto einer falschen Sippe gesetzt sein sollte.

Obgleich das Gespenst der Geldentwertung damals noch unbekannt war, gab es doch immer unter diesen Naturkindern irgendwelche, die statt des abstrakten Geldes, besonders wenn's sich um Papiergeld handelte -, Sachwerte vorzogen. Dabei wurden manchmal recht sonderbare Wünsche vorgebracht; Wünsche, aus denen hervorging, dass für viele von ihnen die Apothekerei keineswegs nur mit Arzneien, Heilkunst und dgl. zu tun hatte, sondern noch sehr viel mit so etwas wie Alchimie, also Geheimwissenschaft.

Wie sich allmählich herausstellte, trug dafür nicht geringe Schuld Vaters Vorgänger, der (vermutlich um sich ein gewisses Ansehen bei diesen Kunden zu erwerben und ihren Kreis nicht nur zu erweitern, sondern auch fester an sich zu binden) diese vorhandene Neigung geschickt durch allerlei Zugeständnisse an ihren Aberglauben mit fragwürdigem Hokuspokus genährt hatte, denn immer wieder beriefen sich "alte Kunden" auf ihn, wenn sie mit solch merkwürdigen Ansinnen Vater zusetzten. Zu den harmlosesten gehörten noch ihre hartnäckigen Angebote von Schlangen, Molchen, Kröten, Igeln, Spinnen, aus deren "Fett" sich angeblich besonders kräftige, wundertätige Salben, Tränklein usw. bereiten ließen, – wenn man nur die jeweils richtigen Sprüche und Zeichen "aus dem großen Buch" darüber beachte! Es brauchte viel Geduld und lange Jahre bis es Vater gelang, diese unerwünschten und mit mancher Tierquälerei verbundenen Lieferungen und Zumutungen abzustellen.

Schwieriger als diese Fälle, wo er, als ausersehener Käufer, das unbestreitbare Recht hatte, abzulehnen, was er nicht haben wollte, waren die Fälle, wo man von ihm, als

Geschäftsmann, Wissendem usw., etwas kaufen wolle, was er gar nicht hatte, seinen diesbezüglichen Versicherungen aber keinen Glauben schenkte, sondern ihn böswilliger Vorenthaltung, Benachteiligung, Preistreiberei u.ä. ehrenrühriger Ansichten verdächtigte. Als besonders kennzeichnendes Beispiel erzählte Vater einmal Folgendes: Eines Tages tauchte in der Apotheke ein Vater noch unbekannter "boss" auf, der sehr geheimnisvoll tat, sich vorerst nach Vaters Vorgänger erkundigte und als er hörte, dass der verstorben sei, zunächst mit der Sprache nicht recht herauswollte und dazu sich erst bequemte, als Vater ihm eine Aussprache unter vier Augen im Labor gewährte. Da kam's nun allmählich heraus: Er habe von einem in der Türkenzeit vergrabenen Schatz erfahren, den er mit seinen Leuten ausgraben wolle. Die fragliche Stelle sei jetzt aber baumbestanden und stark verwachsen. Um sich nicht unnötige Arbeit zu machen und keine Zeit zu verlieren – die Grabung könne nämlich nur nachts, und zwar zur Zeit des vollen Mondes, vorgenommen werden – benötige er unbedingt ein so und so beschaffenes Zaubermännchen, das den Ort genau angeben könne. Der Mann habe so um den Brei herum geredet, so sonderbare Ausdrücke gebraucht, dass er, Vater, zunächst gar nicht wusste, was jener meine. Erst nach und nach, aus der Beschreibung, die jener nur zögernd gab, erriet er, dass es sich um die Mandragora-Wurzel handeln müsse, der – ihrer seltsamen, menschenähnlichen Form wegen – von Urzeiten her allerlei geheime Kräfte zugeschrieben wurden und die im Volksmund "Alraunmännchen" genannt wurde. Allen Versicherungen, dass eine Apotheke dergleichen nicht führe, hielt er entgegen, der alte Sch., Vaters Vorgänger, habe vor Jahren ihm eines verkauft, das ihm auch zu Erfolg verholfen habe. Ja, der alte Sch. der sei ein guter Mann gewesen! Ein Mann mit viel Erfahrung und Verständnis, der auch einem Anderen etwas gönnte! Nun, über die Menschenfreundlichkeit und Hilfsbereitschaft des alten Sch. sich mit dem Rom in einen

Disput einzulassen, hatte Vater weder Zeit noch Lust, aber gefragt hatte er, wie das Ganze denn nun eigentlich vor sich gegangen sei? Nun, das Männchen, etwa daumengroß, mit winzigen Händchen und Füßchen, sei in einer Art Gurken- oder Einmachglas, gefüllt mit einer rosafarbenen Flüssigkeit geschwommen oder geschwebt, d.h. nein, richtiger: anfangs sei es auf dessen Grund gesessen! Aufgestiegen, geschwebt, ja getan habe es erst ... nun ja, dann erst, als es über dem richtigen Ort angelangt sei! Das sei ein Zeichen! Da begann es Vater zu dämmern, dass er beim Aufräumen und Sichten des uralten Plunders des Herrn Sch.'s Nachlaß im hintersten Keller auf etwas gestoßen war, das er nicht hatte enträtseln können und deshalb vorläufig beiseite gestellt habe, um es näher zu untersuchen, und auf das diese Beschreibung so ziemlich passte. Also vertröstete er den Rom, er wolle sehen, was sich tun lasse und er solle sich am nächsten Abend nach Ladenschluss einfinden. Genau dasselbe habe der alte Sch. getan, frohlockte und kopfnickte der Langgelockte, dass die Ohrringe klirrten. Der nächste Abend sah zwei sehr zufriedene Menschen: Den Rom, weil er das Ding nun doch erhalten hatte, und zwar ohne auch nur einen roten Heller dafür berappen zu müssen, da er – wie er sich dünkte – so schlau gewesen, den "Studierten" im Unklaren über seinen Wert zu lassen und obendrein die Bezahlung vom Auffinden des Schatzes abhängig zu machen; Vater aber, weil er das Ding, das er tatsächlich noch gefunden, auf so gute Art hatte loswerden können, d.h. ohne die Sippe zu vergrämen, – wenn auch um den Preis, von ihr für einen Einfaltspinsel gehalten zu werden. (Das Ding hatte sich übrigens als ein sog. "Kartesischer Taucher" herausgestellt, ein Trickstück, wie es "Zauberer" auf Jahrmärkten seinerzeit dem Landvolk gern vorführten.)

Nun, wenn auch der Schatz, zu dem das Alraunmännchen hatte verhelfen sollen, wohl für immer dem Mann im Monde vorbehalten blieb, so hatten wir doch Teile eines anderen, die wirklich und wahrhaftig einem Zigeunerschatz entstammten, tagtäglich vor Augen. In der Nische unserer etwas altertümlichen Kredenz, wohin sie trefflich passten, standen sie unter den anderen Silbersachen: In der Mitte der etwa 25 cm hohe Pokal aus leicht gehämmertem Silber, das dadurch wie Fischschuppen schimmerte; unterhalb des Randes und oberhalb des Fußes zog sich je ein Kranz oder Gürtel aufgelöteter Silbertaler oder Gulden verschiedenster Herkunft, meist aus der Zeit Maria Theresias. Daneben bauchte sich eine Teekanne in sog. Zwiebelform (ähnlich den in Bayern häufigen Kirchturmkuppeln), deren Rundung durch leicht spiralförmige Eindellungen geradezu eleganten Schwung erhielt. Dann, ebenfalls aus Silber, innen leicht vergoldet, ein schlichter Becher, und endlich eine Zuckerzange in Storchenform. Als einmal, – ich ging schon in die Schule – ein Gast den Münzpokal erblickte und ihm Seltenheitswert zusprach, erfuhr ich erst durch Vaters Erzählung, wie er zu uns gelangt war: Danach waren eines Tages, als Vater noch in Tartlau Pächter der Apotheke war, drei Zigeuner von einer Karawane, die dort durchzog, erschienen und hatten, mühselig radebrechend und mehr durch Zeichen und Gesten, als durch eine ihm bekannte Sprache, ihm zu verstehen gegeben, etliche ihrer Pferde seien erkrankt; mit ihren gewohnten Mitteln hätten sie nichts erreicht; ob er nicht Rat wisse? Er wies ihnen den Weg zum Tierarzt, da er für sie nicht zuständig sei. Doch der war über Land, ganz ungewiss, wann er zurückkomme. Sie aber hätten's eilig; sie dürften nicht zu spät kommen – zur Wahl ihres neuen Königs! In Polen! Es waren ernste, gewichtige Männer; Ringe in den Ohren, Ringe an den Händen, silberbeschlagene breite Ledergürtel mit ebensolchen Dolchen darin. Einer der einheimischen Zigeuner hatte sich als Dolmetsch eingefunden, erstarrt fast in Ehrfurcht vor diesen und brachte dieses alles vor. Nach langem Hin und Her, Besichtigen der kranken Gäule, Nachschlagen in Büchern und Überlegen, hatte Vater schließlich etwas zusammengebraut, was tatsächlich half. Die Dankbarkeit war groß, doch ließ sie sich nicht in Münze umsetzen. Die Landfahrer waren von weit her gekommen – aus Kleinasien, der Türkei, Syrien....die Ortsnamen waren bei ihrer Aussprache nicht zu verstehen – und mit der Landeswährung standen sie so schlecht, dass sie den Vorschlag machten, Vater solle, nach Abzug seiner Kosten, ihnen noch so viel Bargeld leihen, wie der Wert der Dinge ausmache, die sie ihm als Pfand überlassen wollten, bis sie zurückkehrten. Nur verkaufen dürfe er sie unter keinen Umständen, denn die gehörten zum unveräusserbaren Schatz des Stammes. Nun, man war übereingekommen. Sie hatten die Pfänder gebracht, man hatte sie gemeinsam geschätzt, Vater zahlte ihnen auf die Hand, was ihnen zukam und gab ihnen eine Quittung für die übernommenen Gegenstände, nebst seiner Anschrift, legitimiert durch seinen Daumenabdruck, der ihnen mehr galt als die Unterschrift, die sie nicht lesen konnten. Der Capo aber ritzte seines Stammes Zeichen in den Boden der Gefäße. Unter Segenswünschen zogen sie ab, – die Pfänder wurden niemals abgeholt.

Peperl und Schwarz-Gelb

Während ich die Erkundung meines nächsten Wohn- und Spielbereichs meist allein hatte durchführen müssen, verbindet sich die der weiteren Umgebung mit dem Namen Peperls (Kreuzer), meines ersten Spielkameraden. Ich vermute, dass die Bekanntschaft durch meinen Vater vermittelt wurde, und zwar um Mutter wenigstens hinsichtlich ihrer ewigen Besorgnisse meines Umherstreunens wegen etwas zu entlasten.

Marktplatz, Blumenzeile, Foto im Nachlass von E.N.

Durch Umfragen bei seinen Bekannten wird er erfahren haben, dass die Wirtschafterin Depners, der kürzlich auf die Blumenzeile, also ganz in unsere Nähe, gezogen war, einen Sprößling in meinem Alter hatte, den zu beaufsichtigen ihr Mühe machte, so dass ihr die Aussicht, ihn bei Apothekers sicher zu wissen, nur willkommen sein konnte.
Wie, unter welchen Umständen und wo unsere erste Begegnung sich abspielte, weiß ich nicht mehr, doch das Ergebnis dieser von den "Großmächten" arrangierten Begegnung übertraf wohl alle ihre Erwartungen.
Wir passten zusammen wie Max und Moritz, verstanden einander ohne Worte vom ersten Augenblick an und waren bald in der ganzen Nachbarschaft und Umgebung bekannt als

unzertrennlich. Im Gegensatz zu Buschs "Helden" waren wir aber nicht darauf aus, die lieben Leute durch boshafte Streiche aufzubringen und Schaden zu stiften, sondern – von einer unbändigen Neugier, die man beschönigend auch Wissbegier nennen könnte, getrieben – zunächst nur darauf aus, unsere Umwelt zu erkunden, sodann überhaupt den Dingen, welcher Art auch immer sie auch sein mochten, auf den Grund zu gehen. So kam es denn, dass das von uns wohl am häufigsten gebrauchte Wort das "Warum?" war, was uns nicht nur den Spitznamen "die beiden Fragezeichen" eintrug, sondern auch manch unerwartete Reaktion von Seiten der Gefragten, – denn die Grenzen, bis zu denen man – anständigerweise – die Schleier des Nichtwissens heben und Fragen stellen durfte, waren uns Knirpsen noch lange Zeit höchst unklar. *(Anmerkung E.N.: Beispiele: Manuskript S. 26)*

Völlig rätselhaft blieb uns damals das Betragen der Erwachsenen bei folgendem Vorfall. Aus irgendeinem Grund war einmal *ich* zu Peperls gegangen, statt wie gewöhnlich er zu uns gekommen. Vermutlich bei der Suche nach irgendeinem Spielzeug waren wir an eine Kommode geraten, die, unter allerlei Zeug, das für unsere Zwecke sich nicht eignete, auch eine kleine Blechschachtel enthielt, deren Inhalt uns zunächst Rätsel aufgab: Stecknadeln mit hellergroßen, flachen, schwarzgelb gestreiften Knöpfchen oder Schildchen; daneben noch andere Nadeln, die so etwas wie einen ruppigen Vogel mit zwei Köpfen und riesigen Krallen erkennen ließen. Wenn wir auch nicht wussten, was es mit diesen merkwürdigen Nadeln auf sich hatte, so wussten wir doch von unsern Müttern her, was sie mit Stecknadeln zu tun pflegten. Also versuchten wir's mit Anstecken. Ich trug damals einen Matrosenanzug: Marineblaue Bluse mit breitem weißem Kragen, Peperl eine jägergrüne Joppe. Wie herrlich nahm sich auf solchem Grund das Schwarz und Gelb der Knöpfchen und das Gold der Vögel aus! Bald waren wir über und über bunt, wie Stieglitz oder Pirol, und da niemand daheim war, der uns hätte bewundern oder aber hindern können, beschlossen wir, diese Pracht der Umwelt nicht vorzuenthalten. Also tappten wir los, die Stiege hinunter und zum Tor hinaus auf die vom Nachmittagskorso belebte Straße.

Nun, über mangelndes Aufsehen hatten wir uns wahrhaftig nicht zu beklagen! Im Nu waren wir umringt von einer sich höchst unterschiedlich und absonderlich gebärdenden Menge. So gemischt sie auch hinsichtlich Stand, Alter und Geschlecht sowie der 3 Landessprachen war, schien sie doch darin einig, uns alles andere als Bewunderung oder auch nur Anerkennung zu zollen. Wir wussten nicht, wie uns geschah, als auf einmal etliche größere Jungen, die ungarische Schülermützen trugen, über uns herfielen und ruck zuck uns die Abzeichen abzureissen begannen. Im Nu aber warfen sich andere – solche mit den Tellermützen unsrer Schulen – ihnen entgegen, und augenblicks war die schönste Keilerei im Gange. Würdige Herren mit Halbzylinder, Zwicker und Rohrstöckchen mischten sich ein, pro und contra, Damen in bauschigen Schleppkleidern fuchtelten mit Sonnenschirm und Pompadours dazwischen, ein heilloses Durcheinander in Diskant und Bass aller drei Landessprachen wirbelte um uns, als Mittelpunkt, herum – und das alles keine 10 Schritt von unsrer hochlöblichen Polizei entfernt!

Auf einmal schob sich ein dicker Bauch, von gleißender Uhrkette umspannt, vor mich, ein knisternder, duftender Seidenrock, gleich einem Vorhang hinter mich, jemand hob mich am Matrosenkragen in die Höhe, wie die Katz ihr Junges, und eh ich zur Besinnung kommen konnte, wurde ich durch den Knäuel hindurch in einen Fiaker befördert, in den gleich darauf auch Peperl und der dicke Herr plumpsten, und dann ging's mit klackernden Hufen auf und davon, um etliche Ecken herum, bis wir, denen vor Schreck und Staunen auch noch das Heulen vergangen war, in einem stillen Hof mit Blumenbeeten und Kletterrosen vom dicken Herrn herausgeholt wurden. Die ganze Fahrt über hatte er nichts anderes gesagt, als – gleich am Anfang: "So, jetzt klaubt mal schleunigst das Zeugs da runter!" und uns dann nur noch stumm und schmunzelnd betrachtet. Jetzt schob er uns fürs Erste in seine Ordination, wo er die paar Schrammen und Beulen an unsern Köpfen und Knien säuberte und bepflasterte, während ein weibliches Wesen das Gleiche mit unsern Jacken tat. Dann erst, und nachdem er jedem von uns noch eine Brauselimonade gerichtet hatte, quetschte er uns nach Strich und Faden aus: Wer wir waren, wo zuhause, wie wir an die Dinger geraten und was wir uns dabei eigentlich gedacht hätten. Da seine Art Vertrauen weckte, hielten wir nicht hinter dem Berg, sodass er nach einigem Hm! Hm! und belustigtem Glucksen uns an den Flügeln nahm und – möglichst unauffällig – heimbugsierte, was ganz in unserem Sinne war. Als er mich Vater ablieferte und der etwas entgeistert seinen derart ramponierten Sprößling in Empfang nahm, wurde die peinliche Erörterung, wie es dazu gekommen, durch ein paar Worte des Doktors, die ich nicht begriff, in Bahnen gelenkt, die Vater offenbar mehr beschäftigten, als meine paar Schrammen.

Erst nach und nach, als für mich im Lauf der Jahre Kaiser und Könige aus der Welt der Märchen in die unsere zu treten und auf Münzen und Marken sichtbar zu werden begannen; als sich die Völker um uns herum für mich nicht mehr nur durch ihre Sprachen und Kappen voneinander unterschieden, weil Vater auf mein bohrendes Fragen hin dies und das aus der Geschichte verlauten ließ; begann sich das rätselhafte Dunkel um diesen Vorfall zu lichten: Peperls Eltern stammten – wie auch der Kinder Aussprache und Namengebung verriet, aus Österreich. Der Vater hatte offenbar irgendeinem streng habsburgisch-kaisertreuen Verein angehört, vielleicht als Kassier oder dgl. Nach seinem Tod hatte die Witwe, sei's aus Pietät, Gedankenlosigkeit oder Vergeßlichkeit, keinesfalls aber, um damit politische "Agitation" zu treiben, diese Vereinsabzeichen aufbewahrt. Auf jeden echten Ungarn aber wirkten diese Farben, –

64

besonders wenn sie innerhalb ihrer Landesgrenzen zur Schau gestellt wurden, wie auf den Stier das rote Tuch. Nur dem geistesgegenwärtigen Eingreifen des Doktors war's zu danken, dass Peperls Mutter peinliche Verhöre erspart blieben und der Sturm im Wasserglas abflaute – übrigens sehr zum Mißvergnügen des ungarischen Lokalblattes, das sich das spurlose Verschwinden "politischer Agitatoren" nur durch die ebenso "unverständliche wie unverantwortliche Komplizenschaft gewisser sächsischer Mitbürger" erklären konnte, – sehr zum Gaudium aber einiger sächsischer Stammtischrunden, denen der wahre Sachverhalt alsbald bekannt wurde.

Mir aber, der ich weder diesen, noch die Zusammenhänge und Hintergründe damals durchschauen konnte, diente das Ereignis immerhin zur Warnung, bei den lieben Mitmenschen nicht unbedingt die gleichen Gefühle wie bei mir selbst vorauszusetzen, insbesondere dann nicht, wenn sie nicht meine Sprache sprachen und andere Mützen und Abzeichen trugen, als die unserer Schüler!

Schulbeginn

Ja, die Mützen, die Schülermützen, die anno dazumal dort in den siebenbürgischen Städten getragen wurden, die bedeuteten nicht nur – mehr oder weniger zufällige - Zugehörigkeit zu dieser oder jener Schule, sondern geradezu ein Bekenntnis zu diesem oder jenem Volkstum, das eben diese Schule erhielt und sich durch sie einen volksbewussten Nachwuchs sicherte. Obgleich ich von diesen Zusammenhängen natürlich keine Ahnung hatte, sondern in der roten Mütze mit dem Silberstreifen ringsum als Band nur eine Art Ausweis oder Bestätigung dafür erblickte, dass ich auf einer Stufenleiter zur Welt der "Großen" endlich eine

Sprosse erreicht hatte, die einiges Ansehen verschaffte, galt sie mir doch, als es soweit war, als das augenblicklich Erstrebenswerteste und war imstande, all die damit verbundenen Einschränkungen und Unannehmlichkeiten, – von denen ich mir ohnehin keine klaren Vorstellungen machen konnte -, aufzuwiegen, wenigstens vorläufig, d.h. solange der Reiz der Neuheit währte.

Weitere Attribute, die diesen anfänglichen Stolz erhöhten, waren: die Schultasche, die Fibel, die Schiefertafel, nebst Griffel und Schwamm. Es war ein denkwürdiger Anblick, als Vater mich, ganz ungewohnt feierlich, an der Hand nahm und die paar Schritte von der Apotheke zu Nachbar Hiemeschs Buch- und Schreibwarenhandlung hinüberführte und diese Dinge mir übergab. Ob er dabei auch etwas sagte, ist mir nicht erinnerlich, da – abgesehen von diesem aufregend Neuen, Besitzer solch wichtiger Dinge zu sein, noch etwas anderes, mir völlig Ungewohntes, meine ganze Aufmerksamkeit fesselte: Das Gedränge anderer Knirpse meines Alters, an der Hand ihrer Väter oder Mütter, offenbar mit dem gleichen Anliegen. Noch nie hatte ich so viele Altersgenossen beisammen gesehen! Und als Vater nun mit einigen der anderen Väter ein paar Worte wechselte und mich drauf anwies, mich mit diesem oder jenem von deren Sprößlingen bekannt zu machen, da wir in die gleiche Klasse kämen, begannen mich recht gemischte Gefühle zu beschleichen, – nicht nur der vielen neuen Gesichter wegen, sondern auch und vor allem, weil keiner von ihnen auch nur das geringste Entgegenkommen erkennen ließ, sondern mich meist nur recht kritisch abschätzend oder gleichgültig von oben bis unten musterte.

Der Grund für diese Zurückhaltung ging mir erst nach und nach auf, als ich allmählich in die Klasse hineinwuchs. Die meisten meiner künftigen Klassenkameraden kannten einander schon, – sei's vom Kindergarten, sei's von nachbarlichen Spielen in den alten Gassen der Inneren Stadt her. Mochten die auch meist, Gasse gegen Gasse, miteinander in Fehde liegen: kriegten sie's mit einem, der aus einem anderen Stadtviertel stammte, zu tun, so verhielten sie sich geradezu wie gewisse Köter, die, wenn sie einem unbekannten Artgenossen begegnen, erst mit gesträubten Haaren umeinander herumgehen, ohne einander in die Augen zu sehen, bis sie – hier unter Auslassung der Zwischenstufe des einander Beschnupperns – sich zu einem herablassend freundlichen Wedeln entschlossen. Auf dem Marktplatz aber war ich – bis auf Peperl – so ziemlich allein auf weiter Flur; die Rangen, die in meiner Nähe, vor allem auf dem "Rosenanger" hausten, waren sämtlich älter und hatten meist schon andere Interessen, als wir "Knutzer" der ersten Klasse. Dadurch nun, dass ich, wenn auch nur vorübergehend, in der Burggasse gehaust hatte und die Neustädters seit "Urzeiten" Burggässer waren, kam es, dass ich schließlich in die Bande der Mittleren Burggasse in Gnaden aufgenommen wurde. Doch das brauchte, wie gesagt, seine Zeit, musste erst heranreifen.

Vorerst galt es anderes, nämlich mit dem für fast alle von uns – außer den paar Sitzengebliebenen (Pickasch) – so beklemmend Neuen der Umgebung und deren Anforderungen fertigzuwerden. Diese Zeit der Eingewöhnung übte auf uns Neue eine wohltuend gleichmachende Wirkung aus, da wir uns unter anderem gemeinsam gegen die Übergriffe der Sesshaften zu wehren hatten, die darin ihre Chance sahen, uns durch das Einzige, was sie, die Veteranen, uns voraushatten, zu imponieren: ihre Kenntnisse und Erfahrungen in Bezug auf Gepflogenheiten, Ge- und Verbote, Strafen, Ausdrücke und dergleichen im Schulbetrieb.

Damit habe ich aber wieder mal, ungeschickterweise, vorgegriffen, d.h. richtiger wäre wohl zu sagen: es hat sich etwas vorgedrängt, was noch nicht an der Reihe ist, aber vom Vorhergehenden gleichsam nachgezogen wird, – wie das beim Erzählen, wenn man nicht aufpasst, manchmal geschieht. Ja, vorerst war doch noch die

Einführungszeremonie zu überstehen, wo die Sprößlinge dem Herrn Lehrer übergeben, richtiger: ausgeliefert wurden!

Trotz roter Mütze auf dem Kopf und Schultasche samt klapperndem Inhalt mit baumelndem Schwämmchen am Rücken, war mir etwas beklommen zumute, als wir, Vater und ich, quer über den Marktplatz hin den Kirchhof ansteuerten. Dass auch andere Altersgenossen mit ihren Vätern oder Müttern offenbar dem gleichen Ziel zustrebten, machte die Sache nicht besser, und als wir vollends in das Gewimmel aller Altersklassen mit roten, schwarzen oder blauen Mützen gerieten, das zu Füßen der riesigen Bronzegestalt des Honterus, die mit ausgestrecktem Finger zu drohen schien, brodelte und mit viel Geschrei die alten Schulbücher zu kaufen oder verkaufen versuchte, da fehlte nicht viel, dass ich dem ABC und Einmaleins den Rücken gekehrt und im vertrauten stillen Hof und Pferdestall Zuflucht gesucht hätte!

Aber die Schande durfte ich Vater und der roten Mütze natürlich nicht antun, im Gegenteil! Gute Miene musst ich machen zum bösen Spiel und wenn auch mit angehaltenem Atem die enge, dustere Treppe hinansteigen zur Schulstube im ersten Stock. (Die 1. Klasse war damals in keinem der eigentlichen Schulgebäude, sondern in einer der späteren Lehrerwohnungen, dem "Alumnat"[10] schräg gegenüber, untergebracht, wo nachmals Rektor Groß und Netoliczkas wohnten, freilich erst nach gründlichen baulichen Veränderungen, denn das Haus war – schon für damalige Begriffe! – in einem "unzumutbaren" Zustand!) Nun, lichte, luftige Räume mit großen Fenstern waren im damaligen Kronstadt anscheinend noch unbekannt; ich jedenfalls kann mich weder einer Wohnung, noch einer Behörde jener Zeit (um die Jahrhundertwende) entsinnen, wo dgl. zu finden gewesen wäre, – unsere Wohnung natürlich mit eingeschlossen. Wenn mich trotzdem beim Anblick dieser Stube ein leises Grauen befiel, muss ihr Anblick ziemlich arg

---

[10] *Schülerwohnheim*

gewesen sein. Was es im Besonderen gewesen sein mag, was diesen Eindruck machte: die niedere Balkendecke, der dunkle, geölte Dielenfußboden, die klobigen, braunen Bänke rechts und links des schmalen Ganges, die riesige schwarze Tafel am Ende des düstern Raumes oder das beklommene Gedränge meiner künftigen Kameraden – ich weiß es nicht; es wird wohl alles zusammengewirkt haben. Sein spärliches Licht erhielt der Raum durch drei kleinscheibige Fenster gegen das Alumnat hin und eines gegen den Roßmarkt. Dass hier die hohe Brandmauer des Nachbarhauses dem Licht kaum Zugang gewährte, dafür aber üblen Düften aus dem schachtengen Höfchen mit seinen Aborten, Keller- und Schuppenfensterchen umso mehr, das schien niemand zu kümmern, – ebenso wenig der Umstand, dass wir Knirpse zur Befriedigung kleiner und großer Bedürfnisse hinüber ins "Gymnasium" laufen mussten, dessen primitive Pinkelanlage und Aborte schon für dessen eigne Schüler kaum ausreichten. Nein, zimperlich war man offenbar nicht, und auch der Umstand, dass in diesem uralten Kasten mit Holztreppen, ölgetränkten Dielen und Balkendecke einem mächtigen eisernen "Kanonenofen" die Heizung anvertraut war, schien keinerlei Bedenken zu erregen. Hatten die Vorfahren es geschafft, werden die Nachfahren wohl auch noch damit fertigwerden, schien die Devise. Ob die folgende Tatsache auch auf diese Anschauung zurückging oder auf eine "Privatinitiative" des Lehrers, oder aber einer Überlieferung aus Honteri Zeiten entstammte, vermag ich nicht zu sagen. Jedenfalls aber mussten wir Schüler an besonders kalten Tagen reihum Brennholz von daheim, ein, zwei Stück untern Arm geklemmt, mitbringen zur Fütterung des Bullerofens, neben dem sich dann ein recht ansehnlicher Haufen Spaltholz türmte. Ja, unsere Schulverwaltung schien von einem geradezu rührenden Gottvertrauen beseelt zu sein!
Nun, da wir schon beim Holz sind: Vorne, neben dem Katheder, vor unser aller Augen, lagen zwei, je ca. 1 m lange Holzscheite von dreikantiger Form. "Veteranen" der Klasse

forderten uns Neulinge hämisch grinsend auf, uns mal auf deren scharfe Kanten hinzuknien! Desgleichen auf eine Handvoll auf den Boden verstreuter Erbsen, die sie einer Schachtel neben der Kreide entnahmen. Als sie dann noch auf ein Lineal hinwiesen, das friedlich neben Schwamm und Waschlappen vom Gestell der großen Tafel baumelte, und erklärten, dass dies weniger zum Ziehen gerader Linien diene, als vielmehr zu Hieben auf Handflächen und Fingerspitzen, da fehlte nicht viel, dass die meisten von uns nur zu gern diesem Tempel der Weisheit den Rücken gekehrt hätten; des Hinweises auf den Rohrstock, der verdächtig dünn und biegsam in der Ecke lehnte, hätte es da gar nicht mehr bedurft!

Derjenige, dem dies Instrumentarium zur Verfügung stand, schien seiner jedoch kaum zu bedürfen, – wenigstens vorläufig nicht. Es war ein derber, rotgesichtiger Mann, der mit einem Blatt Papier und einem Bleistift in Händen in der Tür zur Schulstube stand, gleich dort die Väter, Mütter oder sonstigen Begleitpersonen der Ankömmlinge mit ihren verschiedenen Anliegen, Empfehlungen, Bitten abwimmelte, die Namen auf dem Wisch anhakelte und deren Träger in die Stube hinter sich beförderte. Dort nahmen die Sitzengebliebenen sie in Empfang und gleich, auch wie oben beschrieben, ihre Einweihung vor, zu der allerdings auch noch manch anderes gehörte, dessen Bedeutung uns weniger klar war.

Gar so schlimm, wie das zunächst aussah, wurde es glücklicherweise dann doch nicht, wenn auch das Gebot des Stillsitzens mit auf dem Pult gefalteten Händen und das Verbot des Schwatzens mir anfangs reichlich zu schaffen machten und ihr nicht Einhalten mir manchen Klaps eintrug. Die Pratzen des Herrn Lehrers mit ihrem gekonnten Ohr- oder Haareziehen oder zielsicher geschleuderten Schwamm oder Kreidestückchen, machten die Anwendung des übrigen hochnotpeinlichen Instrumentariums meist überflüssig.

Das Lernen bereitete mir keine Schwierigkeiten, wohl aber die Hausaufgaben manchen Ärger, weil sie mich vom Spielen abhielten, d.h. "Spielen" nannten es die "Großen", weil ihrer Ansicht nach dabei nichts "Nützliches" herauskam und es nur Spaß machte. Ich aber war da gänzlich anderer Ansicht. Schule und Lernen – nun ja, es hatte ja auch manches für sich, vor allem als ich zu merken begann, dass sich das Lesenkönnen nicht nur auf die Fibel beschränken musste, sondern auch anderes mir allmählich zugänglich wurde! In der Hinsicht war mir ähnlich zumute wie beim Schwimmenlernen, als ich wahrnahm, dass mich, bei richtigem Verhalten, das Wasser trug und ich den Gurt nicht mehr benötigte! Das herrliche Gefühl des unabhängig geworden Seins durchströmte mich und ließ mich das mancherlei Ungemach, das mit dem Übrigen verbunden war, geduldiger hinnehmen als ein Muss, dem man leider nicht entrinnen konnte, mit dem man aber innerlich nichts zu tun hatte.

Spielen jedoch, ganz gleich ob allein betrieben oder mit anderen und welcher Art es war, das war inneres Anliegen, erforderte ganzen Einsatz und Bestleistung! Daher wirkte alles, was damit nichts zu tun hatte, als Eingriff in persönlichste Belange, als empfindliche Störung, und wurde meist mit leidenschaftlichem Aufbegehren beantwortet. Von Schulaufgaben weg konnte man mich aber ohne weiteres zu irgendeinem belanglosen Botengang wegschicken oder zu einer Hilfeleistung rufen, – das nahm ich in keiner Weise übel.

Dies änderte sich aber gründlich, als ich die Stufe des "Freischwimmers" in puncto Lesen von Druckbuchstaben erreicht hatte; da begann nämlich das Lesen weithin das Spielen zu verdrängen. Rückschauend will mir scheinen, dass es nicht nur eine der frühesten, sondern auch fruchtbarsten Erkenntnisse meines Lebens war, als es mir erstmals gelang, selbständig ein Firmenschild und dann den Titel eines Märchens im neuen Märchenbuch zusammen zu buchstabieren; nämlich, dass mir damit ein erster Schritt in die Unabhängigkeit von den Erwachsenen gelungen, ein Schlüssel zu einer neuen, viel weitern Welt und Freiheit zuteilgeworden sei! Ein wahrer Zauberschlüssel! Nicht weniger wert als Aladins Wunderlampe oder Ali Babas "Sesam öffne dich!" Jetzt brauchte ich nicht mehr zu fragen: Was steht denn hier? Und was dort? Und nicht mehr zu betteln: Bitte, lies mir doch vor! Jetzt würde es bald nur noch an mir selbst liegen, was und wann ich lesen wollte!

Lungenentzündung

Es liegt nahe, solche Gedankengänge einem Knirps von 6-7 Jahren nicht zuzutrauen und für hinterher unterschoben oder angedichtet zu halten; ich selbst würde bestimmt auch zu diesen Zweiflern gehören, wenn ich mich nicht so deutlich dieser beiden Tatsachen erinnerte und dessen, was kurz nachher kam, nämlich meine schwere Lungenentzündung, durch welche diese Errungenschaft dann so richtig auf die Probe gestellt wurde. Da diese mich für mehrere Wochen ins Bett zwang, gefährdete sie nicht nur meine Versetzung in die nächste Klasse, sondern – wie ich sehr viel später erfuhr – bewirkte beinahe meine endgültige "Versetzung" in das bessere Jenseits. Meine Eltern, die nur zu gut wussten, wie es um mich stand, müssen damals schlimme Tage durchgemacht haben, während ich ahnungslos meist dahindämmerte von seltsamen beklemmenden Träumen oder Visionen geplagt, in denen ein winziges, rötliches, ängstlich zuckendes Flämmchen in einem Wasserglas neben meinem Bett unheimliche Schatten über die Wand geistern ließ – das Nachtlicht, wie ich später erfuhr. Nur dann kam ich einigermaßen zu Bewusstsein unter greinendem oder empörtem Protest, wenn mein fieberglühender Rumpf in eiskalte Laken gewickelt oder gar in ein Schaff kalten Wassers getaucht wurde. Etliche Mal verspürte ich dabei auch ein merkwürdiges Prickeln, das den ganzen Körper überlief und die Kälte durch wohlige Wärme vertrieb. Es soll Vaters letzter, verzweifelter Versuch gewesen sein, durch ein Champagnerbad meine ermatteten Lebensgeister aufzurütteln. Was es nun auch gewesen sein mag, jedenfalls gelang es den Ärzten und der aufopfernden Pflege meiner Eltern, meinen vorzeitigen Einzug in die Gefilde der Seligen zu vereiteln und damit diese Rückschau zu ermöglichen. Fordert dies Ereignis aber nicht die Frage heraus, wie es da um das sogenannte "Schicksal", "Gottes Willen", "Vorsehung" usw. eigentlich steht? Anscheinend war "vorgesehen", des E.N. Erdenwandel im Stande der Unschuld von 7 Jahren enden zu lassen. Wie ist es dann aber zu verstehen oder auszulegen, dass ein paar Menschlein imstande sind, diese Planung zu durchkreuzen und den Lebensfaden gleich ums Zehnfache zu verlängern? Wie die Prädestination?! Sind auch solche "Varianten" einkalkuliert? Nun, wie dem auch sei: Klein-Erwin blieb vorerst, wenn auch etwas angeknackt, im irdischen Jammertal und ahnte nicht im Entferntesten, was diese Umstellung des Planes ihm alles einbrocken solle.

Zunächst, d.h. solange Krankheit und Rekonvaleszenz währten, etwas an sich ganz Angenehmes, nämlich Ferien, deren erste Phase ich allerdings kaum begreifen und schon gar nicht genießen konnte, da ich so geschwächt war, dass ich alles um mich herum nur wie durch einen Schleier, gedämpft und unwirklich, wahrnehmen konnte. Die zweite war dann wie ein Erwachen, und zwar in einen Zustand dauernden Hungerns und Aufnehmenwollens sowohl leiblicher, wie geistig-seelischer Nahrung, alles viel eindringlicher, bunter erlebt, als früher. Das war die Zeit, da eine ganze Reihe neuer oder bisher kaum bekannter Gesichter aufkreuzten, vor allem "Tanten" (wie sich später herausstellte, um Mutter zu entlasten, die fast am Zusammenbrechen war). Schon durch meine Fieberträume waren allerlei Schemen gegeistert, die mich damals dem Hindämmern immer wieder durch Fiebermessen, Medizin Einflößen, Einwickeln in kalte Laken oder auf den Topf Setzen entrissen, also alles in allem sich meist unliebsam bemerkbar gemacht hatten. Das wurde nun, als sie statt mit solchen Dingen, sich mit Leckerbissen aller Art in Päckchen, Körbchen, Schüsselchen einstellten, anders; die bösen Feen verwandelten sich in gute, seltsam aufgetakelt mit Rüschenhäubchen, "himmlischhohen Prachtpopös"[11] und merkwürdig bunten Pompadours und allerlei Düften. Damals zerbrach ich mir wahrhaftig nicht den Kopf darüber, was diese Invasion veranlasst haben mochte, sondern bemühte mich nur, sie je nach ihren Mitbringseln oder nach etwas Auffälligem ihrer Erscheinung zu benamsen und auseinanderzuhalten, z.B. die Süppchen-, die Soufflé-, die Ikretante (Ikre = Fischrogen), die mit dem Lorgnon, die mit dem Tablettbusen, die mit der Fistelstimme usw. , was freundlicherweise so ausgelegt wurde, dass es mir augenscheinlich besser gehe. Ja, das tat es, denn nun durfte ich nicht nur endlich wieder essen, sondern musste es sogar, um wieder zu Kräften zu kommen! Schade, dass es kein Foto von mir aus jener Zeit gibt! Es scheint damals nicht viel mehr von mir übrig geblieben, als ein jämmerliches Gestell aus Haut und Knochen, ähnlich den Gerippen aus Bangladesch oder Abessinien. Als ich nach zwei Monaten Bettlägerigkeit wieder aufstehen durfte, knickten mir die Beine ein, mir schwindelte, ich musste wieder gehen lernen. Daher mein etwas schwankender "Seemannsgang".

Ja, wenn ich auch keineswegs ein Kostverächter war und mir nach den wochenlangen Grieß- und Reispaps nun die abwechslungsreichen Herrlichkeiten bestens schmecken ließ, so verlangte mich doch eigentlich mehr nach geistiger Nahrung und ich habe, fürchte ich, meine Umgebung nicht

---

[11] *Ausdruck W. Busch für die frz. Mode-Erscheinung Cul de Paris oder Cul de ouatte*

wenig geplagt mit diesbezüglichen Wünschen, besonders als ich noch zu schwach war, aufrecht im Bett zu sitzen und ein Buch zu halten. Da mussten nun die verschiedenen Tanten ran, um Mutti ein wenig zu entlasten mit Vorlesen oder Erzählen.

„Tantchen"

Und da gewann nun im langsamen Zug der Wochen allmählich ein gänzlich unscheinbares Wesen, grau, zierlich und lautlos huschend wie ein Mäuschen, mein Herz: die Marie (Löw)-Tante, allgemein aber nur einfach "Tantchen", von mir im Besondern aber "Papperl-Tante" benamst. Die saß nicht pompös aufgeplustert ihre Zeit ab, erteilte nicht unerwünschte Ratschläge oder Ermahnungen, stellte keine unnützen oder peinlichen Fragen nach Schule, Sitzenbleiben und dergleichen, zupfte und stupfte nicht betulich Decke und Kissen zurecht (d.h. was sie für recht hielten!), nein, nichts von alledem tat sie, sondern nickte mir nur mit all den Runzelchen ihres Schrumpeläpfelchengesichts lächelnd zu, wenn sie eintrat, legte ihren riesigen schwarzsamtenen Pompadour ab, entnahm ihm die simple Stahlbrille, setzte sie auf die Nasenspitze und sich selbst auf den Stuhl neben dem Bett und fragte mit ihrem mäusepiepsigen Stimmchen: "Na Bubi, was soll's denn heute sein?"
Wenn andere sich zum Vorlesen einfanden, war ihnen meist anzumerken, dass es ihnen aus irgendeinem Grunde wider den Strich ging, – sei's weil's ihnen bloß ungewohnt war, sei's weil es sie langweilte oder töricht dünkte, dass und was sie einem Erstklässler vorlesen sollten, Tantchen aber schien selbst ihren Spaß dran zu haben, und dies nicht nur, weil wir uns meist auf Wilhelm Buschs Bildgeschichten einigten. Ich konnte diese zwar auch allein genießen und tat es oft auch, vor allem der Bilder wegen, sie aber von Tantchens

piepsigem Stimmchen unter dem, vor unterdrücktem Lachen wackelnden, dürftigen grauen Dutt[12] und der riesigen Brille auf der Nasenspitze präsentiert zu bekommen, gleichsam von Witwe Bolte selbst, das war ein ganz besonderer Spaß. Merkwürdigerweise waren es aber weniger "Max und Moritz", "Das Bad am Samstag Abend" und die übrigen, vor allem für Kinder gedachten Geschichten, die ich bevorzugte (ich fand sie meist zu unwahrscheinlich und grausam), sondern etwa "Maler Klecksel", "Bählamm" und die mit Tieren in der Hauptrolle: "Plisch und Plum", „Fips der Affe", „Huckebein ... "

Mit diesem hatte es übrigens seine besondere Bewandtnis: Seine raffinierte Bosheit erinnerte mich an Tantchens "Papperl", den grauen Papagei, der in seinem fast mannshohen Käfig herumturnte und – wenn er gut aufgelegt war – die absonderlichsten Dinge in die Welt krächzte.

Es ist höchst seltsam, was die Erwähnung eines Namens manchmal alles nach sich zieht! Nicht viel anders, als habe man mit einem Pflänzlein, das man aus dem Boden zog, in seinem Wurzelwerk zugleich allerlei Vermodertes, Ameisen, Würmchen, Käfer, kurz: einen anderen Teil seines sonst verborgenen Lebens mit ans Licht gehoben. Tantchen und das "Papperl", – wie waren die beiden zueinandergekommen?!

Das hing irgendwie, auf eine schwer ausdeutbare Art, mit der "Webertant" zusammen, die im Hinterstübchen bei Tantchen hauste, nur ab und zu dies – wie ein Drachen seine Höhle – verließ, um jene mit ihren Schimpf- und Drohtiraden in aschgrauen Schreck zu versetzen und ihren "Tribut" einzuheimsen. Mit diesem hatte es – wie mit allem, was mit Webertant zusammenhing – eine recht seltsame Bewandtnis: Er bestand hauptsächlich aus Naturalien, wie Obst, Gemüse, Milch, Eiern, denn alles Zubereitete konnte von Tantchens "Bösem Blick" verhext sein! Deshalb musste der "Tribut" auch immer von einem weißen Tuch vor ihm verdeckt am

---

[12] Haarknoten

selben Ort der Küche, d.h. vor der Tür zu ihrer Stube, zur selben Zeit bereitstehen, woher er dann mit einem raschen Griff durch den Türspalt hineingeholt wurde. Wöchentlich einmal musste auch eine Packung Kaffeebohnen, ein Päckchen Pfeifentabak, sowie eine große Flasche stärksten Kornschnapses dabei sein!

Dies und noch manches andere enthüllte sich mir allmählich, als ich später einmal für einige Zeit bei Tantchen untergebracht wurde, weil Mutti ins Krankenhaus musste. Für mich, der damals noch in einer Art Märchenwelt lebte, wurde auch das, was ich mit eignen Augen zu sehen, mit eignen Ohren zu hören bekam, irgendwie "märchenhaft", ordnete sich ein in das, was nicht zu er- oder begründen, sondern einfach hinzunehmen war. Damals kam ich nicht darauf, zu fragen, wer diese Webertante eigentlich war, woher und wie sie her- und dazu kam, sich so seltsam aufzuführen und was ihr solche Macht über Tantchen zu verschaffen vermochte. Ich stellte einfach, wenn auch etwas verblüfft fest, dass Tantchen hier, im eigenen Haus, ganz anders war, als sie bei uns gewesen, so etwa, als ob hier erst, vor dem breiten Katzengesicht der Webertant mit den grünen Gluraugen, dem Schnurrbartanflug um den breiten Mund, dem rauchigen Bass, ihre zirpende, bebende Mäuschennatur so recht zum Vorschein komme.

Für mich war es fast selbstverständlich, dass zwischen der "Weber" und dem "Papperl" irgendein Zusammenhang bestehen musste, besonders wenn ich sie in ihrer Stube zwischen Kirchenliedern auch andere wüste Lieder grölen hörte, die Papperl mit ebenso wüstem Flügelschlagen und Gekrächz wie "Sauf nit, Lump!", "Spitzbub!", "Hoch die Buren!" u. a. beantwortete, das ich nicht verstand, weil es, wie Tantchen sagte, amerikanisch war. Dass ich mit meiner Vermutung der Wahrheit ziemlich nahe kam, sollte sich aber erst viel später erweisen, nämlich als Tantchen nach dem Tode der Weber endlich wagte, den Mund aufzutun.

Aus all dem, was bis dahin bloß gemunkelt wurde und dann allmählich zum Vorschein kam, ging hervor, dass die Weberin Tantchens Schwägerin gewesen, die vor langen Jahren mit ihrem Mann, einem Springinsfeld und Tunichtgut, – als ihnen die missbilligenden und verächtlichen Blicke der braven Bürger zu dumm wurden – eines schönen Tages das Weite gesucht (heute würde man sagen: "sich abgesetzt") hatten und irgendwo in den USA untergetaucht waren – ob mit oder ohne Ladenkasse ihres Bruders, konnte anscheinend nie ganz geklärt werden. Als nach etlichen Jahren ein Brief eintraf, dessen schrecklichem Kauderwelsch nur soviel zu entnehmen war, dass sie – obgleich es ihnen als Besitzern einer Hafenkneipe in St. Louis eigentlich ganz gut gehe – doch von Heimweh geplagt würden und gern wüßten, womit sie rechnen könnten, wenn sie heimkämen. Nun, auf Löw-Onkels lakonische Antwort: "Mit nichts, als mit einer Strafanzeige!" war nur noch eine Karte gekommen: Auf der einen Seite eine Karikatur "John Bull", als dickaufgeblasene hässliche Kröte, die sich eben anschickt, einen Buren, dargestellt als Wespe, zu schlucken; auf die andere, ungelenk hingeschmiert: "Wenn Du, Brüderlein, glaubst, auf die Art mein Erbteil schlucken zu können, wird's Dir ergehen, wie dem dicken Jonny da! Platzen wirst Du! Und Deine schrumpelte Hex, die Dir das eingeredet hat, mit!" Statt der Unterschrift nur ein seltsames Zeichen. Was das bedeuten sollte, verursachte Löws viel Kopfzerbrechen. Als sie nach mancherlei Umfragen schließlich in Erfahrung brachten, dass es wahrscheinlich ein "Drudenfuß", das angebliche Erkennungszeichen oder Siegel der Hexen, sein solle, wurde die Sache aber noch rätselhafter. Endlich wurde die Karte, als eine Art corpus delicti, unter Verschluss und dem unguten Gefühl einer Bedrohung aufbewahrt, um sie gegebenenfalls als Trumpf ausspielen zu können. Doch da weiterhin kein Lebenszeichen mehr kam, geriet die Sache allmählich in Vergessenheit. Eines aber hatte sie, gleich damals, bewirkt, nämlich, dass Löw-Onkel Tantchen, seine Frau, testamentarisch als Alleinerbin einsetzte, da sie keine Kinder hatten. Somit schien alles rechtens und bestens geordnet und ihr ein friedlicher Lebensabend gesichert, wenn ... ja, wenn es eben keine Wenns und Abers gäbe und die menschliche Seele sich in Paragrafen einfangen ließe!

Auf welche Art die Weberin vom Tode ihres Bruders erfahren haben mochte, blieb – wie so manches andere – für immer ungeklärt; desgleichen, wie sie die Überfahrt von den USA bis in die alte Heimat, angeblich völlig mittellos, bewerkstelligt hatte. Böse Mäuler munkelten: als "blinder Passagier". Nun, jedenfalls etwa ein Jahr nach Löw-Onkels plötzlichem Verscheiden, als längst schon Gras auf seinem Hügel wuchs und Tantchen sich in den nun vereinsamten Alltag wehmütig lächelnd und gleichsam geleitet von den ergebungsvoll praktischen Worten ihres Leibphilosophen Busch: "... Von nun an, liebe Madam Pieter, bitt ich nur um ein Viertel Liter..." hineingefunden hatte: Da schepperte also eines düsternebligen Wintermorgens, ungewohnt heftig und zu ungewohnter Zeit, die Flurglocke. Als Tantchen, unwillig murmelnd: "Was hat die denn heut, die Rosi?" nach dem Milchtöpfchen langt und die Tür öffnet, da steht davor nicht die Rosi, die Milchfrau, sondern ein unförmiges Etwas, das bei dem dürftigen Licht der Ölfunzel auf dem Treppenabsatz nicht einmal hinsichtlich seines Geschlechts eindeutig auszumachen ist. Wär' unter der Kapuze des Ölzeugs nicht Haargesträhn in Lockenform hervorgequollen und unter seinem Saum unverkennbar Frauenröcke über ausgelatschten Knöpfelschuhen: sie hätte nach Statur, Fuselduft und Raucherstimme nicht gezweifelt einen Mann, und zwar einen Seemann oder Landstreicher vor sich zu haben.

Nun, die Weberin ließ sie nicht lang im Zweifel, nützte den Vorteil der Überraschung, schob flink ein klobiges Gepäckstück in den Türspalt und fuhr Tantchen an: "He, was glotzt du so, Frau Schwägerin?! Wirst schon bald merken, dass ich kein Gespenst bin! Ein solches braucht bekanntlich weder Bleibe noch Fressen, – ich aber werd in meines

Bruders Haus wohl noch beides kriegen – von der, die an meiner Statt drin sitzt, im Warmen, und mich um mein Erbteil betrogen hat! Los, los! Mach Platz! Ich zieh ins hintere Stübchen!" Gesagt, getan, und schon war Tantchen, eh es auch nur ein Sterbenswörtchen hervorstammeln konnte, beiseite geschubst, und die Weberin mit Sack und Pack drin in der Küche.

So hatte sich, laut Tantchens spätem, doch keineswegs verblasstem Bericht, Ankunft und Einquartierung der Weberin abgespielt. Dass es mit diesem ersten Nachgeben und seiner Scheu, als skrupellose Erbschleicherin verschrien, sich immer unrettbarer ins Netz der schlauen Erpresserin verstrickte, wurde ihm erst bewusst, als es schon zu spät war. Warum denn hatte es, wenn's wirklich so im Recht und guten Gewissens war, all die Schikanen und Bosheiten so lange hingenommen?! Kein Mensch hätte es ihr etwa als Gutmütigkeit, Schüchternheit, Wehrlosigkeit gutgeschrieben, sondern als Folge schlechten Gewissens ausgelegt.

Im Nachhinein erst kann ich ermessen, welch ein Martyrium dies jahrelange Katz- und Maus-Spiel, diese gnadenlose Tyrannis der Weberin für Tantchen gewesen sein muss, das sich im eigenen Hause kaum zu regen wagte, immer nur auf Filzsohlen, vorngebeugt und mit langen Schritten, wie ein Schiläufer, herumglitt und auf jeden Laut aus dem Hinterstübchen, jenseits der Küche, lauschte, bevor es sich auch nur ein Löffelchen zu holen getraute.

Inbegriff des Seltsamen, das ich Knirps dazumal zwar spürte, aber natürlich nicht zu deuten wusste, war für mich das Papperl. Es gehörte zu den wenigen Habseligkeiten, welche die Weberin aus ihrem USA-Leben mitgebracht hatte, – ihr angeblich von ihrem Ehgespons als besonders wertvolles Erbstück anvertraut (neben ledernem Tabaksbeutel und Pfeife, beides indianischen Ursprungs, sowie großen metallenen Ohrringen, die ihr die Läppchen lang zogen). Als sie bei ihrer Ankunft es (das Papperl) der mit Luftlöchern versehenen Pappschachtel entnahm, war es zunächst, wie leblos, ihren steifen Fingern entfallen, auf die Dielen geplumpst, dann aber plötzlich, schrill krächzend aufgeflattert, hatte sich erst in deren merkwürdige Flügelhaube verkrallt, dann, von ihrem wütenden Gefuchtel und Gezeter verscheucht, in Tantchens dürftigen Dutt, woher es erst durch ein übergestülptes Tuch hatte entfernt werden können, nicht ohne als Trophäe ein Büschel ihres ohnehin spärlichen Haares mitzunehmen.

Das war Papperls Einstand. Was lag da näher, als eine Parallele zu Hans Huckebein, einem – wenn auch nicht Art- so doch Gesinnungsgenossen?! Wenigstens aus meiner damaligen Sicht.

Als wir einander erstmals zu Gesicht bekamen, hockte Papperl hoch oben unter der Kuppel seines Käfigs auf der Schaukel und äugte schrägköpfig misstrauisch auf den ihm neuen Knirps herunter, der zu ihm aufstaunte, besonders zu den weißlich umrunzelten grausamen Augen. Vom ersten Augenblick an war Spannung, ja Feindschaft zwischen uns, die sich bei ihm durch heftiges Flügelschlagen und laut geschnarrtes: "Raus! Spitzbub!" kundtat. Eigentlich rätselhaft, da wir einander ja noch gar nicht kannten und ich doch allem, was da kreucht und fleucht – Insekten und Reptilien ausgenommen – von jeher zugetan war. Nun, wie dem auch sei – das ganze Verhalten Papperls, der sich als ausgekochter Quälgeist entpuppte, rechtfertigte diese instinktive Abneigung in vollem Maße und ließ eine Art Seelenverwandtschaft zwischen ihm und seiner Herrin, der Weberin, erkennen. Umso unbegreiflicher, dass Tantchen dies Ungeheuer, das schon im Morgengrauen, trotz eines Tuches über seinem Käfig, es mit schrillgepfiffener Tagwache aus den Federn riß, weiterhin mit Gurgellauten wie beim Zähneputzen, dann mit Teekesselgezisch, Gemauz und Kreischen aller Art nicht mehr zur Ruhe kommen ließ, dennoch bei sich im Zimmer duldete, fütterte und pflegte. Nun, so war eben Tantchen, das sich über jedes Ungemach mit einem Buschwort tröstete, und wenn's daheim zu ungemütlich wurde, reihum aufkreuzte, überall gern gesehen, da es in seiner unaufdringlichen Art sich bei jedermann nützlich zu machen verstand. –

Ja, dies war nun ein etwas langer Exkurs von meinem Krankenbett fort in Bereiche, von denen ich damals nur die heitere Seite zu sehen vermochte, aber wo und wie sollte ich Tantchen unterbringen, das eben damals seine Rolle in meinem Leben spielte und zugleich zwei Geister in es einführte, die mir nachmals noch viel Freude bereiten sollten: Wilhelm Busch und Fritz Reuter. –

Die Schwalben

Zur selben Zeit begann auch meine Neigung zum Bildbetrachten und Zeichnen zutage zu treten, bereitwilligst gefördert von meinen Eltern, da es für sie eine weitere Entlastung, für mich aber eine weniger anstrengende Beschäftigung bedeutete, als das Lesen es damals noch war. - War ich auch dieser Dinge müde und niemand zum Vorlesen oder Erzählen da, so hieß es eben, sich in Geduld üben, Hindämmern oder auf die mancherlei Stimmen und Geräusche in Haushalt und Hof zu lauschen und ihnen zu entnehmen, was jeweils geschah. Es herrschte reges Leben auf dem Hof, teils durch die schon erwähnten Werkstätten und ihre Kunden, teils durch die verschiedenen dienstbaren Geister, die Mägde, den Kutscher, den Laboranten, manchmal auch durch Händler, die ihre Ware ausriefen, zuweilen auch Gespräche über den schmalen Hofgang hinweg zwischen Mutter und Mariechen Eder, der "Urahne" Walbaum und der "Hanni-Tante"; Hufe klackerten, Wagen holperten über das Katzenkopfpflaster, Waldi, der Dackel der

Ljubinkowitschs kläffte – kurz, es gab allerlei, worüber zu raten und zu grübeln war.

Wie glücklich aber war ich, als ich eines Tages von meinem Bettchen aus ein Schwalbenpärchen bemerkte, das gegenüber, unter der Dachrinne des Ederschen Hauses, sich zu schaffen machte. Durch sein aufgeregtes Zirpen, Zwitschern und Hin- und Her-Schießen war es mir aufgefallen. Was hatten die bloß miteinander? Pfeilschnell sausten sie an, krallten sich dicht an die Wand unter der Rinne, das Gabelschwänzchen als Stütze benutzend, mal hier, mal dort, die Köpfchen hin und her drehend, als ob sie die Stelle prüften, aufgeregt zwitschernd, als gebe es Meinungsverschiedenheiten. Dann schienen sie sich endlich geeinigt zu haben; das lautstarke Räsonieren wich einer zwar stummen, aber unglaublich flinken Geschäftigkeit, deren Zweck ich mir zunächst nicht zu deuten wusste. Sie kamen angeflitzt, doch nie beide zugleich, wie vorher – krallten sich fest, wetzten den Schnabel an der Wand und – flitz! waren sie wieder fort. Es dauerte eine Weile, bis ich wahrnehmen konnte, dass dort, wo sie den Schnabel wetzten, etwas wie ein höckriger grauer Fleck auf der gelblichen Wand zu wachsen und sich heraus zu wölben begann. Jetzt erst ging mir ein Licht auf: Die Schwalben "mauerten"! Sie bauten ein Nest auf! Niemand hatte bisher noch etwas davon gemerkt, und niemand sollte etwas merken! So sehr mich's auf der Seele brannte, die Entdeckung mitzuteilen, darüber mit jemand zu sprechen, hielt mich auch etwas zurück, – so etwa, als hätten wir, die Schwälbchen und ich, ein gemeinsames Geheimnis zu hüten. Was dabei eigentlich in mir vorging, – ich weiß es nicht; umso verwunderlicher aber war es, da ich sonst doch vor meinen Eltern keinerlei Geheimnisse hatte, ja mit jeder Neuentdeckung gleich gelaufen kam und sehr auf Teilnahme an meinem Erleben erpicht war. Hier nichts von alledem ! Dafür aber eine spannungsvolle Lust am Beobachten, am Registrieren auch der geringsten Veränderungen. So z.B. als ich merkte, dass die Arbeit nicht aufhörte, als die

Körbchenform erreicht war, sondern dass sie emsig fortgesetzt wurde, bis eine Art Kugel mit seitlichem Schlupfloch zustande kam. Dann schien es an die "Inneneinrichtung" zu gehen. Jeden Augenblick kam eines angeschossen mit einem Hälmchen Stroh oder Heu, irgend einem Fädchen oder Federchen, verschwand damit im Nest und erschien erst nach geraumer Weile wieder, während oft genug der Partner mit seinem Beitrag draußen warten musste; für beide zugleich war offenbar kein Platz drinnen. Dann war es eines Tages auch damit zu Ende. In größeren Abständen flog eines das Nest an, krallte sich vorm Schlupfloch fest, steckte das Köpfchen hinein, worauf ein leises Zwitschern zu vernehmen war, als unterhielten sie sich; manchmal reckte sich auch ein Köpfchen mit geöffnetem Schnabel aus dem Inneren entgegen und schien etwas zu schlucken, was der Ankömmling ihm zusteckte.

Was da vorging, machte mir einiges Kopfzerbrechen. Dass Vögel Nester bauten, Eier legten, brüteten, denen dann Junge entschlüpften, das wusste ich zwar von den Hühnern her und ebenso, dass dazu Hahn und Henne irgendwie gehörten, aber wie war das hier? Wer war hier Hahn, wer Henne? Und nie hatte ich bei denen gesehen, dass die einander fütterten! Hm, und mit den Nestern war das doch eigentlich auch anders, – die Hühner bauten jene doch nicht selbst; die setzten sich doch bloß in die, die man ihnen gerichtet hatte aus Stroh oder Heu; denn dass sie sich vor dem Eierlegen ein wenig drin herumdrehten und scharrten, konnte man doch wohl nicht als Nestbauen bezeichnen! Nein, Vögel hin, Vögel her – da war doch eigentlich alles anders! Und fliegen konnte auch der schönste Gockel eigentlich nicht, bloß etwas flattern und mit den Flügeln schlagen, bevor er krähte! Es blieb doch wohl nichts anderes übrig, als zu fragen. Hoffentlich nahmens die Schwälbchen nicht übel und verschwanden nicht! Nein, das taten sie mir nicht an, im Gegenteil, bald tönte vielstimmiges Piepsen aus dem Nest, und Herr und Frau Schwalbe hetzten den ganzen langen Tag umher, kleine, zackige Blitze,

Mücken zu haschen und die 5 hungrigen Schnäbel zu stopfen. Wie gut war's doch, dass ich gefragt hatte! Jetzt fügte sich alles ganz leicht zusammen. Jedes Warum fand sein Darum, bloß Herrn und Frau Schwalbe zu unterscheiden und ihre Sprößlinge nach Buben oder Mädeln, das brachte weder ich noch meine Eltern fertig, – vermutlich weil sie weder Höschen noch Röckchen trugen. Wie lustig war's, ihnen zuzusehen, als sie zum ersten Mal das Nest verließen und ängstlich bis zum nahen Schwibbogen im Hof herabtaumelten! Und dann die Flugübungen! Ja, alles muss gelernt werden! Dies war ein guter Anschauungsunterricht!

Nachhilfe und „Hätsel"

Wie musste ich daran denken, als ich das Schwimmen lernen musste! Aber bis dahin war's noch weit – erst musst' ich wieder gehen lernen! Und für die Schule nachholen! Muttis schönste Geschichten um die Schwalbenfamilie und ihre weite Reise ins Morgenland hatten mir zwar über manche lange Stunde hinweggeholfen und lagen als Saat für spätere Zeiten bereit, aber das, was ich in der Schule versäumt hatte, konnten sie nicht ersetzen.

Die langen Wochen meines Krankseins mit der durch sie bedingten Absonderung von Schule und Kameraden und dem Umsorgt- und Verzärteltwerden durch meine Eltern scheinen mich nicht nur über mein Alter hinaus gereift, sondern auch etwas, was man heute wohl "innere Strukturveränderung" nennen würde, bewirkt zu haben. Aus dem bis dahin leicht lenkbaren, folgsamen Bübchen war ein Wesen geworden, das nicht mehr kritiklos autoritätsgläubig alles Angeordnete hinnahm, sondern nach Gründen und Zwecken fragte und sich weitgehend selbst bestimmen wollte.

Offen zutage trat diese Wandlung allerdings erst, als ich in die Außenwelt, die Schule und den Kreis der Kameraden zurückkehrte. Eine Übergangszeit von einigen Wochen, wo ich Privatunterricht bei zwei ältlichen Lehrerinnen erhielt, um die Versäumnisse in der Schule nachzuholen und den Anschluss zu gewinnen, erwähne ich nur deshalb, weil er, der die Isolierung und Verzärtelung eigentlich nur fortsetzte, Ursache einer bitteren Enttäuschung wurde, indem er die Illusion weckte, mit dem Nachgeholthaben des Lernstoffes sei nun alles getan und in Ordnung.

Was die Anforderungen des Unterrichts betraf, konnte ich ihnen zwar tatsächlich vollauf genügen, da ich bei den Fräuleins den Lernstoff geradezu gierig, wie ein ausgetrockneter Schwamm das Wasser, aufgenommen hatte, aber in puncto Kameraden, was mich viel wichtiger dünkte – war leider nichts in Ordnung! Während daheim sich alles nur zu sehr um mich gedreht hatte, musste ich nun erleben, dass ich hier so gut wie gar nichts mehr galt, dass meine "Freunde" andere Bindungen eingegangen waren und ich geradezu wie ein Fremdling dastand, der sich erst wieder einleben musste. Erschwert wurde dies aber durch zweierlei: Zunächst durch mein Aussehen! Dass es damit nicht recht stimmte, hatte ich zwar selbst schon daran gemerkt, dass meine Kleider von vor der Krankheit nun an den dünn gewordenen Ärmchen und Beinchen herumschlotterten, die Strümpfe sich wie Korkenzieher um die Reste der Waden drehten, der Hemdkragen viel zu weit für den Pokerlhals geworden war, aber ich hatte mich an diesen Anblick gewöhnt, und die Menschen meiner Umgebung schienen nichts Außergewöhnliches daran zu finden. Nun aber – was hatten sie nur?! Die Einen wichen betreten aus, wenn ich mich ihnen näherte, andere betrachteten mich verächtlich von oben bis unten, boxten einander in die Rippen und grinsten und bald lief es um, – anfangs nur hinterrücks gezischelt, dann aber in allen Tonarten und Stärkegraden:

"Krispindel![13]... Hätsel!... Hatschler!..." usw. und dass der Lehrer, als er den Unfug merkte, sich für mich einsetzte, machte die Sache nicht besser – im Gegenteil!

Doch nicht genug damit! Verschlimmert wurde meine Lage noch dadurch, dass das Verbot von Arzt und Eltern, mich anzustrengen, mich zu erhitzen, mich zwang, den Spott hinabzuwürgen und bei den wilden Spielen der anderen abseits zu stehen und zuzusehen. War's zu verwundern, dass ich mit meinem Schicksal und meinen Eltern zu hadern und auf Abhilfe zu sinnen begann?!

Wollte ich wieder in den Kreis der Kameraden aufgenommen werden, und zwar als vollwertiges Mitglied, nicht nur gnadenhalber, und mittun dürfen und können, so musste ich alles dran setzen, möglichst bald wieder zu Kräften zu kommen, – nötigenfalls auch unter Umgehung elterlicher Ge - und Verbote! Und das bedeutete: Üben, Abhärten und Fressen – auch was ich nicht mochte! Soviel nur in die Haut ging! Dies war das Eine. Das Andere aber war, das zu bewahren und weiter zu betreiben, was mich die Wochen der Vereinsamung gelehrt und was mich von Partnern unabhängig gemacht hatte: Lesen und Zeichnen! Nicht nur für alle Fälle, quasi als Notanker, sondern auch weil ich wirklich Freude daran hatte.

Es lief also im Grunde auf einen Kampf um Selbstbehauptung und Unabhängigkeit hinaus, und zwar an zwei Fronten: Daheim und in der Schule, und auf zwei Gebieten: dem der körperlichen Ertüchtigung einerseits, und andererseits dem, was man heute wohl "kreative" Beschäftigung nennen würde. So stellt sich mir der Fall aus heutiger Sicht dar; dass ich ihn damals so klar gesehen haben sollte, ist unwahrscheinlich; vielmehr glaube ich, dass ich meine Lage und meine Möglichkeiten instinktiv erfasste und demgemäß handelte.

Es war eine vertrackte Situation! Um meiner Gesundheit willen sollte ich auf all das verzichten, was nicht nur das

---

[13] *österreichisch für sehr schmale, magere Person*

Vergnügen, sonder auch die Geltung, ja die "Ehre" eines richtigen Jungen meines Alters ausmachte! Denn in vielen Fällen wurde doch mein Abseitsstehen oder Ausweichen, wo Leistung oder Zuschlagen erwartet wurde, als Ängstlichkeit (Feigheit) ausgelegt. Dass meine Eltern, nach all dem, was sie mit mir hatten durchmachen müssen, meine körperliche Gesundheit für das Wichtigste hielten, war zwar begreiflich, gefährdete mich jedoch seelisch, da es mein Selbstbewusstsein schädigte, was ihnen begreiflich zu machen ich aber nicht imstande war. So fühlte ich mich denn unverstanden und daher berechtigt, gleichsam aus Notwehr, eigene Wege zu gehen, und zwar um Auseinandersetzungen und Behinderungen möglichst zu vermeiden, in aller Heimlichkeit oder unter dem Anschein beflissenster Bravheit. Meine Eltern werden sich nicht wenig gewundert haben, als ich auf einmal begann, Speisen, bei deren bloßem Anblick es bisher mich schon geschüttelt hatte, nun ohne jedes Zureden hinabzuwürgen wie etwa Grießpapp, Haferbrei, Beuschel und dergleichen – und dass ich immer häufiger, wenn etwas in einem Laden zu besorgen oder bei Bekannten auszurichten war, an Stelle der Dienstmagd mich erbot, den Auftrag auszuführen. Kaum war ich nämlich aus den Augen, überließ ich das anbefohlene Schneckentempo den Schnecken und setzte mich in Trab oder Galopp, wohlweislich aber vor der Heimkehr noch einen Abstecher einschaltend, um zu verschnaufen und abzukühlen und nicht zu verdächtig früh einzutrudeln. Auf gleiche Weise ging es zur Schule hin und von ihr heim. Zweck: Lauftraining! Denn was bei den Spielen der Kameraden am häufigsten gefordert wurde, war das Laufen können, ganz gleich ob's um das gewöhnliche "Fanges" ging, um "Räuber und Gendarm", "Auslaufes" oder dgl. An zweiter Stelle kam das Werfenkönnen – weit, hoch, gezielt, mit Stein oder Ball oder Lanze, je nachdem. Dort kam der Schnellste oder Ausdauerndste am besten weg, hier der Geschickteste und in den Armen Kräftigste. Also begann ich mich im häuslichen Bereich auf ungewohnte Weise zu betätigen. Wenn unsre Magd Holz aus dem Schopfen holen oder gar spalten, Kartoffeln oder Krautköpfe aus dem Keller oder die schweren Körbe mit Wäsche auf den Boden schleppen sollte, war ich zur Stelle – innerlich grinsend ob des allgemeinen Staunens und Lobes über diese Hilfsbereitschaft. Das eigentliche Training im Werfen erforderte weniger Heuchelei, da es für weniger anstrengend galt, und Gelegenheit dazu bot sich schon in unserm geräumigen Hof mit seinen verschieden hohen Dächern, Bäumen, Dach- und Kellerluken in Hülle und Fülle.

Neben Rosskastanien, von denen man sich im Herbst – für verschiedene Zwecke – einen genügenden Vorrat sammelte, gehörte zur "Standard"-Ausrüstung an Wurfgeschossen jedes richtigen Buben ein etwa faustgroßer Lederball, hartgefüllt mit Rosshaar oder Wolle, mit dem man Treff- oder Schlagball spielen konnte. Einen solchen anzuschaffen, trugen meine Eltern keine Bedenken, ja sogar eine Schleuder, hierzulande "Katapult" genannt, bekam ich, und so konnte ich ohne weiteres üben, unbehindert, ungegängelt und – was nicht unwichtig war: unbeobachtet von Klassenkameraden! Ging es doch hier um nicht weniger als um eine Art geheimer Aufrüstung!

Und sie begann allmählich Früchte zu tragen. Immer häufiger konnte ich mittun, kleine Erfolge erringen, mich herausarbeiten aus dem beschämenden "Abseits".

Und da ich nun schon mal dies Thema angeschnitten habe, will ich, da dies nur einen ersten Anfang eines langen Kapitels bedeutet, wenigstens einen kurzen vorläufigen Ausblick auf dessen weitere Entwicklung geben, da es für mein ganzes weiteres Leben bis auf den heutigen Tag eine wesentliche Rolle spielte: Das Kapitel Selbsterziehung, besonders im Hinblick auf Leibesertüchtigung. Hätte ich damit nicht so früh, und zwar aus eigenstem Antrieb, begonnen, und hätt' ich sie nicht durchgehalten, in allen, auch denkbar ungünstigen Lebenslagen, – ich säße wahrscheinlich nicht hier und könnte dies nicht schreiben!

Jiu-Jitsu, das Mädchen und Sport

Ja, es ist merkwürdig, wie eine vom Wesenskern bedingte, also vermutlich mehr unbewusst als willentlich erfolgte Einstellung dem Leben gegenüber, und zwar im Dienste der Selbsterhaltung, allerlei Kräfte zu wecken und Ereignisse oder Umstände in ihrem Sinne sich nutzbar zu machen vermag. Er zieht gleichsam die in ihnen ruhenden Möglichkeiten für seine Zwecke aus ihnen heraus und an sich, wie der Magnet das Eisen.

So hatte ich also Botengänge und andere kleine Dienstleistungen "umfunktioniert" – wie man heute sagen würde - zu etwas, wozu sie nicht bestimmt, aber mir nützlich waren, oder zu sein schienen. All das war aber zu sehr vom Zufall abhängig, zu unregelmäßig, als dass es wirklichen Kräftezuwachs hätte verbürgen können. Ich musste etwas ausfindig machen, was den Eltern ähnlich unbedenklich schien wie der kleine Lederball, sie nicht viel kosten durfte und möglichst unabhängig von Witterung und Raum zu betreiben war. Ziemlich viel auf einmal und kein Wunder, dass ich ratlos war.

Da kam mir ein "Zufall" zu Hilfe, – oder waren's drei "Zufälle"? Nämlich, dass 1. der große Herbstjahrmarkt kam, mit ihm 2. ein Wanderzirkus und 3., dass mein Vater, – vor allem um mich zu "bilden", d.h. mich Tiere, die ich bisher nur vom Hörensagen oder von Bildern her kannte: Löwen, Tiger, Elefanten, Kamele usw. in natura sehen zu lassen – mich am Flügel nahm und in selbigen Zirkus führte. Nun wahrhaftig, für einen Knirps wie mich, der nicht durch Film und Fernsehen und unzählige Fotos aller Art verwöhnt und "gebildet" war – wie gleichaltrige Knirpse von heute es sind – gab's mehr als genug zu staunen und Mund und Augen aufzureißen! Aber seltsam: Nichts von den verwegenen Künsten der Feuerfresser, Tierbändiger und unter der Kuppel seiltanzenden oder hinfliegenden Menschen, war es, was mich am meisten beeindruckte und beeinflusste – das alles war zu märchenhaft unwirklich und für mich unerreichbar, – nein, nichts von alledem, sondern, zunächst, ein mickriger, kleiner Japaner, sodann – freilich in ganz anderer Art – ein Mädchen, wie ich noch nie eines gesehen!

Beim Japs war es nicht sein Aussehen, was mich beeindruckte – so sonderbar es in dem losen Kittel und den kurzen Unterhosen auch sein mochte -, sondern was er tat: Mit gänzlich unscheinbaren, ja geradezu harmlos wirkenden, aber blitzschnellen Wendungen, Griffen, Schlägen, entwaffnete er nicht nur jeden der auf ihn eindringenden, mit Knittel oder Dolch bewaffneten Angreifer, sondern brachte es auch noch fertig jeden, mochte er auch wie ein Riese gegen ihn wirken, glatt aufs Kreuz zu legen! Darunter auch einen, der kurz zuvor durch seine gewaltigen Muskeln und seine Leistung im Gewichtestemmen geglänzt hatte. Nun, soweit dies Zirkusleute waren, konnte es sich ja um einen Schwindel, eine abgekartete Sache handeln. Als er aber auch Gegner aus dem Publikum, darunter stadtbekannte Kraftmeier und Raufbolde, ebenso rasch, scheinbar mühelos, immer lächelnd und elegant abservierte und aufs Sägemehl der Manege beförderte: Da schien mir, das sei genau das, was ich brauchte! Ich fuhr vor Begeisterung fast aus der Haut und – beschloss meine "Aufrüstung" umzustellen auf "Jiu-Jitsu", wie die Kunst der japanischen Selbstverteidigung damals hieß. Ich ließ Vater keine Ruhe, bis er mir das Bändchen der Miniaturbibliothek unter diesem Titel bei Nachbar Hiemesch, der es im Schaufenster hatte, besorgte.

Als bei diesem Anlass nun allmählich meine bisherigen "Aufrüstungsbemühungen" ans Licht und zur Sprache kamen, da erlebte ich die freudige Überraschung und Genugtuung, endlich auf Verständnis zu stoßen und – mehr als das – von nun an auch Förderung zu finden.

Ja, das Zauberbüchlein mit der Anleitung, ein unbesiegbarer Kämpfer zu werden, hatte ich nun zwar, konnte es auch lesen und kapieren, musste aber, trotz allen guten Willens und Eifers, schon bei den unbedingt nötigen Vorübungen ohne Partner einsehen, dass die Anforderungen an Leib, Seele und Willen so hoch waren, dass nicht nur ein Knirps wie ich sie unmöglich erfüllen könnte, sondern vermutlich auch ein älterer E.N. nicht. Nie würde ich es fertig bringen, durch Handkantenschläge einen Ziegelstein oder ein Brett entzwei zu schlagen! Meine Handkanten waren schon nach zwei Wochen Übens in einem Zustand, dass ich kaum noch schreiben konnte! Nein, mit Jiu-Jitsu war's wohl nichts; leider! Es wäre zu schön gewesen, den klobigfrechen Getz Lutsch bei einer seiner Rempeleien mal unversehens auf die öligen Bretter oder in den Sand zu feuern!

Immerhin hatte ich aber sowohl durch die Zirkusvorführung als auch durch das Büchlein einiges von wirksamen Griffen, Schwüngen, Schlägen mitbekommen, sodass ich mich fortab besser zu wehren wusste. Wichtiger aber war, dass mir an diesem Beispiel ein für allemal aufgegangen war, was sich durch zielbewusste Leibeserziehung und tägliches Üben alles erreichen ließ! Ging's mit dem Jiu-Jitsu nicht, musste ich's eben auf andere Art versuchen.

Dies war das eine Erlebnis von weittragender Bedeutung, das mir dieser frühe Zirkusbesuch bescherte; das andere hing, wie schon erwähnt, mit einem Mädchen zusammen. Es hatte zwar auch mit einer Glanzleistung, ermöglicht durch Übung und Geschicklichkeit zu tun, doch war es nicht diese, die mir zum Erlebnis wurde, sondern dass ich hier zum ersten Mal die natürlichen Formen des weiblichen Körpers zu schauen bekam. Dass es vermutlich die eines recht anmutigen, reizvollen Wesens waren, tut in diesem Fall nichts zur Sache, da ich noch nicht so weit war, die richtig würdigen zu können. Nein, es war etwas anderes, etwas, was sich erst dann begreifen lässt, wenn man sich vergegenwärtigt, in welch körperverhüllender und ihn verunstaltender Kleidung dazumal die Weiblichkeit sich sehen ließ, und zwar vom Kleinkind bis zur Matrone hin! Das Wesen, das dort in enganliegendem Trikot so zierlich auf einer Riesenkugel balancierte, das hatte ja Beine! Beine, Schenkel, wie wir! Nein, nicht ganz wie wir! Nur ähnlich den unseren, seltsam erregend anders! Ich konnte nicht begreifen, was an dieser Entdeckung, auf die ich Vati lauthals und fingerzeigend hinwies, so komisch sein sollte, dass unsre ganze Umgebung losprustete. Atemraubend war das, wie diese schönen, geschmeidigen Beine die Riesenkugel Zoll um Zoll eine schräge Planke hinan traten zu einem Podest, wo sie sich wie zu einem schlanken Kelch zusammenschlossen und – nach einer zierlichen Verbeugung der Blüte, die sich aus ihm erhob – verschwanden. Ich war wie verzaubert, träumte und sprach auch noch daheim des Öfteren davon bis ich merkte, dass irgendetwas daran oder an mir (?!) die Erwachsenen belustigte und zu Bemerkungen veranlasste, die ich nicht verstand, worauf ich fortab meine Grübeleien für mich behielt.

Ja, das mit dem Mädchen kam für mich fast der Entdeckung einer neuen Dimension gleich, eines Bereichs, mit dem ich allerdings noch nichts anzufangen wusste.

Wichtiger aber war mir in meiner damaligen Lage die Erkenntnis, dass bei Streitigkeiten nicht unbedingt protzige Muskelbündel siegen müssten. Der körperlich Schwächere konnte, wie sich gezeigt hatte, diesen Nachteil durch Schulung und Zusammenfassung seiner Kräfte, sowie Einsatz seines "Köpfchens" ausgleichen.

Wie ich nun in meinem "dunklen Drange" zu körperlicher Ertüchtigung just auf Hanteln, als das geeignete Mittel, in Verbindung mit Freiübungen, verfiel, oder wer mir dies empfohlen hatte, ist mir entfallen. Tatsache ist aber, dass ich schon als "Knutzer" mit diesen Übungen – zunächst mit den kleinsten Hanteln von ca. ½ kg – begonnen habe und ihre

Schwere etwa von Jahr zu Jahr steigern konnte. Dank dieser zähe fortgesetzten Übungen und jenen in Laufen und Springen, hatte ich 's allmählich erreicht, mich vom gehänselten Klassenschwächling emporzuarbeiten zur durchaus anerkannten Mittelklasse bei Spiel und Rauferei. "Sport" im heutigen Sinn wurde in den Volksschulklassen nicht betrieben; ab und zu schaltete der Klassenlehrer Freiübungen auf dem Schulhof ein oder auch Spiele, wie etwa Barlauf, Dritten-Mann-Abschlagen, Völkerball und dergleichen – meist kurz vor dem Honterusfest, damit wir dort auf der Festwiese nicht allzu sehr von anderen Klassen abstächen.

Das wurde etwas besser, als wir ins Gymnasium aufrückten, wo immerhin zwei Turnstunden im Lehrplan standen und wir in die Turnhalle und auf den Turnschulplatz (am Ende der Waisenhausgasse, Ecke Burgpromenade) durften. Was da allerdings geboten, bzw. gefordert wurde, hatte mit Sport auch wenig zu tun, sondern war eine Mischung aus Turnvater Jahns Frisch-, Fromm-, Fröhlich-, Frei-Turnerei und Kasernenhofdrill, denn unser Turnlehrer war ehemaliger Husarenrittmeister, der versuchte, seine Pension durch den Lehrergehalt zu verbessern. Er pflegte im Zivilanzug, hinter einem hochgeschraubten Bock zu stehen, den er als Schreibpult für sein Notizbuch benützte, in das er die Anzahl der Klimmzüge, Knickstützen, Bauchaufzüge, die Weite und Höhe der Sprünge usw. jedes Einzelnen eintrug. Dass er uns jemals etwas vorgeturnt hätte, dessen kann ich mich nicht entsinnen; besten Falles neben dem Gerät stehend, gab er Anweisungen, wie diese oder jene Übung zu machen sei, sie aber vorzuführen überließ er den Vorturnern. Dass es solche gab, hatte er dem Leiter des Alumnats zu verdanken, der – obschon mindestens ebenso bejahrt wie der Turnlehrer – noch vorzüglich turnte und seine Zöglinge nach allen Regeln der Kunst in ihrer Freizeit zu wahren Turnkanonen hochtrimmte. So war es denn kein Wunder, dass die "Alumnaten", denen alle Geräte in ihrem Hof jederzeit zur

Verfügung standen, uns anderen turmhoch überlegen waren und immer die ersten Plätze in den Riegen innehatten. Das wurmte mich. Das war doch ungerecht! Wieder mal wurde vordemonstriert: Übung macht den Meister! Nun denn, üben! Wenigstens in puncto Anzahl der Klimmzüge und Knickstützen musste sich doch etwas machen und die Benotung verbessern lassen! Aber wie? Nun, wer sucht, findet!

Wir hatten daheim schwere Eichenstühle mit ziemlich hoher Lehne; zwei von diesen schob ich mit den Lehnen so gegeneinander, dass zwischen ihnen etwa soviel Raum blieb, wie zwischen den Barrenholmen; dann beschwerte ich die Sitze mit Büchern, Brennholz oder sonst was Schwerem und – schon konnte ich die Knickstütz üben! Für die Reckstange einen brauchbaren Ersatz ausfindig zu machen, war nicht so einfach, aber schließlich fand sich auch dafür eine Lösung. Neben der Tür zum Schlafzimmer stand der Wäscheschrank, ein solides Stück; ebenso groß und auch solid war unsre damalige Magd Rebi, – von uns meist "der Grenadier" benamst. Dritter im Bunde wurde der derbe Stiel des Hofbesens. Die Reisigseite wurde auf den Schrank gelegt, das andere Ende stemmte Rebi mit ihren kräftigen Armen in Schrankhöhe, – ein Schwergewicht war ich ja nie -, und so hatten wir beide Abend für Abend, zur allgemeinen Gaudi, unser "Fitnesstraining" oder Trimm dich! Ergebnis: Von Semester zu Semester konnte ich die Anzahl meiner Klimmzüge und Knickstützen steigern und so allmählich, zum nicht geringen Staunen der Klasse und des Turnlehrers in die erste Riege vorrücken, was mir nicht nur eine bessere Note im Zeugnis, sondern auch besseres Ansehen in der Klasse verschaffte.

Wie es zum Schwimmunterricht kam, den ich auch in diesen Jahren erhielt, vermag ich nicht zu sagen, glaube aber nicht, dass die Anregung dazu diesmal von mir ausging, da es mich jedesmal Überwindung kostete, ins kalte Wasser zu gehen, denn bei meinem Klappergestell drang die Kälte mir gleich bis an die Knochen. Es wird da wohl Verschiedenes mitgespielt haben, vor allem aber die Tatsache, dass es damals offenbar zum "guten Ton" gehörte, das von unserer Kirchengemeinde errichtete "moderne", heizbare Hallen- und Schwimmbad auf dem Rossmarkt zu unterstützen. Schwimmbäder hatten sich damals schon fast alle Dorfgemeinden des Burzenlandes geleistet, da musste die Stadt doch wohl auch ran und jene, die als Freibäder ja nur im Sommer benutzbar waren, dadurch übertrumpfen, dass es eben als heizbares Hallenbad angelegt, wurde, obendrein noch mit Wannenbädern im Seitentrakt.

Da wir von der Schule extra noch zum Besuch angeregt wurden, Ermäßigung erhielten und da die meisten meiner Kameraden dies als neues Betätigungsfeld ihrer Kräfte erkannten und sich in Kurse einschrieben, blieb mir, wenn ich nicht wieder Außenseiter werden wollte, nichts anderes übrig, als die Zähne zusammenzubeißen und ins kalte Wasser zu springen! Brr!

Um den Schwimmunterricht war's womöglich noch schlimmer bestellt als um den Turnunterricht! Erteilt wurde er vom Bademeister Krapps, der eigentlich Faktotum für den ganzen Betrieb war, für richtige Heizung, Wasserwechsel, Kabinenzuteilung, Badewäsche, Kartenkontrolle und Ordnung zu sorgen hatte. Dies alles gehörte zu seinen dienstlichen Obliegenheiten; den Schwimmunterricht betrieb er nebenbei zur Aufbesserung seiner Einkünfte. Gelehrt wurde nur das Brustschwimmen, – die anderen Schwimmarten waren, bis auf das Rückenschwimmen, damals und dort unbekannt – es sei denn das "Hundeschwimmen" – und zwar zunächst auf dem Trockenen. Dazu kriegte man eine Art breiter Bauchbinde umgeschnallt, an der ein Seil befestigt war, das an einer Art Galgen hing. An dem wurde man so hoch gehievt, dass die Knie den Boden nicht berühren konnten, wenn man beim Tempomachen die Beine an den Bauch zog. Was im Wasser verhältnismäßig leicht zu machen war, wurde so in der Luft hängend, fast zu einer Folter. Hatte man diese Vorübung überstanden, kriegte man einen etwa handbreiten Gurt um die Leibesmitte umgeschnallt, der wieder mittels Seil an einer Stange hing, die der Bademeister in Händen hielt und aufs Geländer des Schwimmbassins stützte. In dieses musste man dann steigen, sich aufs Wasser legen und – los ging das Gestrampel! Anfangs natürlich meist mit dem Kopf unter Wasser, mit viel Geschlucke und Gepruste, dass man die Kommandos: E i n s – zwei! Drei! gar nicht mitbekam. Ja, kommandieren konnte Herr Krapps mindestens ebenso gut wie sein Herr Kollega vom Turnen, aber im Wasser und etwas vormachen haben wir ihn ebensowenig gesehen wie jenen an seinen Geräten! Nein, für Feuchtigkeit von außen hatte Herr Krapps entschieden nichts übrig, umso mehr aber für die von innen. Immer bauschte sich die Tasche seiner weiten weißen Hose von der Pulle, die griffbereit dort stak; dorther konnte er sie auch ziehen, während einer an der Leine hing, da er die Stange inzwischen unter seinen Wanst und einen Schenkel klemmte. Dabei geschah es nun einmal, dass ihm die Flasche entglitt und er, zu hastig nach ihr grapschend und zu weit über das Geländer sich beugend, kopfüber samt der Stange über den armen Schwimmkandidaten ins Wasser plumpste, sich dabei noch ins Seil verheddernd! Na der Kladderadatsch! Zum Glück waren ein paar gute erwachsene Schwimmer zugegen, die zunächst den unter Wasser gedrückten Knirps und dann den kaum noch japsenden "Meister" herausziehen konnten. Dies war das erste und einzige Mal, dass er im Wasser gesehen wurde! Bald danach wurde er von einem jungen, drahtigen Mann abgelöst, der mehr im Wasser als draußen war.

Wer nicht nur Wasser, sondern auch Sonne wünschte und nicht viel Zeit zu Ausflügen an die Bäche und Flüsse hatte, der konnte sommers das rumänische Freibad in der Schwimmschulgasse, hinter dem "Schaguna-Gymnasium" aufsuchen. Es war sehr klein und primitiv, damals nur noch mit Brettern verkleidet, an denen man abglitschen und sich

Schiefer einziehen konnte, aber neben dem kleinen Bassin war so etwas wie Strand, mit dürftigem Rasen, Sand und einigen Turngeräten.

Im Winter hatte man Gelegenheit, auf zwei Eisplätzen Schlittschuh zu laufen: Die Erwachsenen, die dem Kunstlauf und gesellschaftlichen Paarlauf huldigten, unter der Weberbastei; die Schüler, die ihre sommerlichen Spiele, wie Fanges, Barlauf usw. einfach aufs Eis und den Schlittschuh übertrugen, auf den damals noch vorhandenen Teichen des Turnschulplatzes, die dann später ausgetrocknet, aufgefüllt und zum Sportplatz umgewandelt wurden. Oben, d.h. unter der Weberbastei, ging es steif und förmlich zu; dort gab es ein "Künstlereck", wo der weißhaarige Apotheker Roth, in schwarzem Samtjackett und Barett, seine Figuren drehte, bewundert und nachgeahmt von einem ältlichen Fräulein mit rotem Fuchs-Pelzmuff, Boa und verwegen aufgestülpter Husarenmütze. Dort gab es Sessel auf Kufen zu mieten, auf denen gar zu bequeme Damen, in Decken gehüllt, Platz nahmen, um sich vom Lohndiener oder Kavalier am Rande der Eisbahn dahinschieben zu lassen, während unternehmungslustigere mit verschränkten Armen im Paarlauf dahinschwebten oder gar, wenn ab und zu eine Musikkapelle Walzer oder Polka spielte, ein Tänzchen wagten. Den Höhepunkt der Eislaufsaison bildete das "Kostümierte Eisfest" mit mehreren Musikkapellen, Lampions und abschließendem Feuerwerk sowie Preisverteilung für das originellste oder schönste Kostüm des Abends. Zu diesem hatten auch Kinder, allerdings unter Aufsicht ihrer Eltern, Zutritt.

Das Rodeln begann erst damals bei uns gesellschaftsfähig zu werden. Womit das zusammenhing, weiß ich mir nicht recht zu erklären. Vielleicht hing es mit dem Aufkommen der heute üblichen Form der Rodelschlitten zusammen. Die bis dahin benützten Gebilde, um irgendwie einen verschneiten Hang herunterzurutschen und zwar möglichst rasch und ohne umzukippen, die hatten mit der heutigen Form wenig gemein.

Industriell hergestellte, in Läden käufliche Schlitten kleinen Formats für sportliche Zwecke schien es damals und dort noch nicht zu geben; auch das Wort "Rodel" und rodeln war noch nicht bekannt. Was es gab – außer den von Pferden gezogenen zur Personen- oder Lastenbeförderung (Fiaker- und Bauern-Schlitten) – das war der – aus unerfindlichen Gründen – sogenannte "Schweineschlitten" und die "Tschakle": Jener bestand aus zwei Kufen (Bretter von ca. 20-25 cm Breite, 50-60 cm Länge, 2-3 cm Dicke) senkrecht gestellt, deren Gleitseite meist durch ein Blechband geschützt wurde; auf die obere Seite wurden von Kufe zu Kufe in ca. ½ m Abstand die Trag- oder Sitzbrettchen genagelt, manchmal sogar noch so etwas wie eine Rückenlehne, damit beim Aufwärtsziehen die Last nicht hinten abrutsche. Alles Mögliche habe ich darauf befördern gesehen, sogar Kleinkinder, dick zwischen Kissen und Decken verpackt, nie jedoch ein Schwein. Alles in allem hatten diese also etwa quadratische Form, eine Höhe von etwas über Handbreite, konnten also eigentlich nur auf gebahnten Wegen gezogen oder geschoben werden und erwiesen sich bei Versuchen, damit zu "rodeln" als gänzlich ungeeignet, – es sei denn, man beabsichtigte, komische Situationen herbeizuführen. Die "Tschakle" (cioacla) scheint eine Erfindung oder Spezialität der Obervorstädter Rumänen in Kronstadt gewesen zu sein; nirgend sonst hab ich dgl. zu sehen bekommen. Sie war nicht größer als ein normaler Popo oder Abortdeckel, jedoch nicht rund, sonder quadratisch und häufig auf ein Paar ausrangierter Schlittschuhe montiert; aufs Sitzbrettchen wurde ein mit Heu oder Wolle gefülltes Polsterchen aus grobem Sackleinen genagelt, manchmal noch rechts und links ein Griff aus Holz, damit sie einem unterm Hintern bei einem Hopser nicht wegrutsche und fertig war das Ding. Wie nötig solche Griffe waren, konnte man oft genug bei den Abfahrtsrennen auf der "Hopp-hopp", der beliebtesten Abfahrtsstrecke auf der "Schützenwiese" (zwischen den oben genannten Eisplätzen und der Oberen Vorstadt gelegen, wo jetzt noch der "Heldenfriedhof" von 1916 ist) sehen, wenn der Fahrer nach dem Hopser auf seine Backen krachte, während sein Untersatz im Bogen unter ihm wegschoss. Zwischen dieser Kroner Spezialität und der bekannten Sportrodel gab es noch etliche Misch- oder Übergangsformen; am verbreitetsten war ein Modell, dessen Kufen und Streben aus Eisen und der Sitz aus Holz, meist in Form einer Acht war, in der Mitte nur wenig eingezogen, sodass der Hintermann dort seine Knie einschmiegen konnte. Die hatten die normale Sitzhöhe von ca. 30-40 cm, konnten also auch auf nicht glatt gefahrener Bahn fahren. Allmählich entwickelte sich die Schützenwiese mit ihrer "Hopphopp" zu einer Art internationalem Tummel- und Wettfahrplatz für Rodler aller Modelle und Größen. Als schließlich Ungetüme letzterer Art, bemannt mit bis zu 5 Halbwüchsigen, auftauchten, die rücksichtslos mit ungeheurer Wucht alles über den Haufen fuhren, was etwa ihre Bahn kreuzte und beim Überqueren der Straße sogar Passanten und Fahrzeuge gefährdeten, versuchte die Obrigkeit einzuschreiten, aber was konnten die paar Stadtpolizisten schon ausrichten?! Sobald der behäbige Bubancu, der für diesen Stadtteil zuständig war, beim Waisenhausgässertor auftauchte, wurde dies durch Pfeifsignale sofort gemeldet, und bis er am Tatort erscheinen konnte, waren die Übeltäter längst verschwunden in all den Gässchen und Gärten des Umkreises.

Das war's im Wesentlichen, was uns damals an sportlichen Möglichkeiten bekannt war und betrieben wurde. Den Leser von heute wird es vermutlich wundern, dass ich weder das Skifahren, noch Radfahren oder gar das Fußballspiel erwähne, von anderen modernen Sportarten ganz zu schweigen. Ja, diese drei steckten damals bei uns noch sehr in den Kinderschuhen. Ich erlebte noch einen Hochradfahrer, d.h. fast mannshohes Vorder- und kleines Hinterrad, wobei die Pedale am Vorderrad angebracht waren. Das Skifahren wurde eigentlich nur als Skiwandern betrieben, um auch bei tiefem Schnee Ausflüge machen zu können; die dabei sich ergebenden Abfahrten wurden von Wagemutigen erwünscht, von Zaghaften gefürchtet, denn erprobte Abfahrttechniken waren kaum bekannt; man half sich mit Stemmbogen und dem Skistock, einer ca. 2 m langen Bambusstange, die man bei steiler Abfahrt als Bremse zwischen die Schenkel klemmte. Besondere Skiausrüstung gab es nicht, – anfangs nicht einmal Skihosen, ebensowenig Skischuhe, einigermaßen wetterfeste Schnürschuhe, die die einfache Riemenbindung (Huitfeld) aushielten, genügten; lange Hosen band man am Knöchel zu oder man nahm Kniehosen mit wollenen Wadenstrümpfen, – das war der "letzte Schrei".

An Stelle des Fußballs regierte damals als Mannschaftssport, besonders von den höheren Klassen der verschiedenen Schulanstalten leidenschaftlich betrieben, der Schleuderball; ein Vollball von c. 1 - 1 ½ kg Gewicht, der an einer ca. 30 cm langen Schlaufe gefaßt und durch mehrfache Arm- und Körperdrehung von der einen Partei geschleudert, von der anderen gefangen werden musste, um ihn nicht über die Mallinie fliegen zu lassen. Besondere Ausrüstung war auch da nicht erforderlich, wohl aber einiges an Kraft und Mut, diese fliegende Bombe aufzufangen! Nicht selten erhielt der Fänger von der Schlaufe einen Schlag ins Gesicht, der blutunterlaufene Striemen zurückließ.

Tennis wurde zwar gespielt, doch nur von einigen "Großkopfeten", die sich alle damit verbundenen Ausgaben für Ausrüstung, Platzmiete, Balljungen usw. leisten konnten und Zugehörigkeit zu den "upper ten" dokumentieren wollten. Das, was im Winter Eisplatz war, unter der Weberbastei, das wurde im Sommer "umfunktioniert" zum Tennisplatz, der seinerseits die erholungsuchenden Spaziergänger der Burgpromenade zu tratschsüchtigen Zuschauern hinter dem Drahtnetz umfunktionierte.

Will man etwa auch Kegeln oder Schießen noch als "Sport" bezeichnen, so war auch dafür bestens gesorgt und zwar gleich im nahegelegenen "Schützenhaus".

So gab es denn immerhin allerlei Möglichkeiten, sich zu ertüchtigen, doch einen Sportbetrieb in heutigem Sinne mit dem Streben nach Höchstleistung, möglichst nach internationalem Maßstab, und nach geschäftlicher Auswertung und "Profitum" gab es meines Wissens nicht. Was mich betrifft, so tat ich so ziemlich bei allem, was von der Schule und nebenher von den Kameraden betrieben wurde, mit, doch ohne besonderen Ehrgeiz; mir genügte es, auf diesem Gebiet durchschnittlichen Anforderungen gewachsen zu sein und möglichst gesund zu bleiben, was mir im großen Ganzen auch gelang. So hat auf seltsame Weise das, was ursprünglich bestimmt schien, meinem Leben ein Ende zu setzen, die schwere Lungenentzündung, dazu beigetragen es zu verlängern und mich in mancher Hinsicht früher reifen zu lassen als Gleichaltrige. –

„Bilanz"

Ja, wenn ich so zurückschaue, will mir immer mehr scheinen, dass damals durch die Krankheit die Weichen für die Richtung meiner künftigen Entwicklung ganz entscheidend gestellt wurden, und zwar in puncto Körper, wie gezeigt, auf dessen zielbewusste Ertüchtigung, um mich in der Gemeinschaft behaupten zu können; in puncto Geist, Seele und Selbständigkeit, d.h. auf das mit mir selbst auskommen Können in Zeiten der Einsamkeit, die sich leider nur zu oft, infolge häufiger Erkrankungen, einstellten.
Ja, das Mit-sich-selber-Fertigwerden und mit dem einem vom Leben zugemessenen Kapital "Zeit" ist etwas, was sogar Erwachsenen zu schaffen macht (ich erinnere da nur so nebenbei an das Problem: Freizeitgestaltung!) und die hatten doch immerhin Gelegenheit allerlei Erfahrungen zu sammeln; wie steht aber ein Junge im Volksschulalter da, wenn er,

durch die Umstände gezwungen, für seine Beschäftigung selbst zu sorgen, sich unter den beschränkten Möglichkeiten zu entscheiden hat? Ja, wieder einmal erwies sich, dass jedes Ding eben mindestens zwei Seiten hat! Ohne diese häufigen Erkrankungen (ich machte so ziemlich alle Kinderkrankheiten durch), die mich immer wieder von der Schule und den Kameraden fernhielten, hätten sich meine Anlagen zum Zeichnen und Lesen weder so frühzeitig entwickeln noch so kräftig ins Kraut schießen können. Da man den Ratten nachsagt, sie fräßen ziemlich wahllos alles, was ihnen vor die Nase kommt, hätte man mich damals mit Fug und Recht als Leseratte bezeichnen können. Das Futter lieferte, außer den mir geschenkten oder geborgten Märchen- und Sagenbüchern, in nahezu unerschöpflichem Ausmaß der Bücherschrank meiner Eltern. Anfangs waren's vornehmlich die illustrierten Werke oder Zeitschriften, die mich anzogen, später war nichts mehr vor mir sicher.

Wenn ich was zu lesen hatte, was mich interessierte, dann versank die gewohnte Umwelt für mich, und ich lebte in der Welt und dem Geschehen, das vom jeweiligen Buch mir vorgegaukelt wurde. Wie sehr ich darin lebte, das bezeugen die Zeichnungen, die, gleichsam als Früchte dieser Lektüre, im Lauf der Jahre entstanden. Die frühesten, die noch meinen ureigensten "Stil" aufwiesen: Männchen, die auf ihre einfachste Form reduziert sind: Leib eine schlanke Null, Gliedmaßen wie Spinnenbeine in heftigster Bewegung, die deutlich erkennen lässt, was es eben tut, kurz: in erstaunlicher Übereinstimmung mit vorgeschichtlichen Zeichnungen von Jagd- und Kampfszenen in spanischen und afrikanischen Höhlen, wie ich erst unlängst zu meiner nicht geringen Überraschung feststellen konnte!

Ganze Schlachten entstanden (auf den unbeschriebenen Rückseiten abgelegter Geschäftspapiere meines Vaters) von solchen ameisenartigen Wesen, die stürmten, schossen, fochten, fielen oder auch schon tot dalagen. Bald tauchten auch Pferde in dem Getümmel auf, in allen Gangarten, meist aber im Galopp, alles überrennend, oder auch, wenn erschossen, alle Viere gen Himmel streckend. Allmählich entwickelten sich diese fast abstrakten Zeichen zu immer kenntlicheren Wesen, wurden unterscheidbar durch verschiedene Uniformen, Helme, Fahnen, erhielten bestimmte Aufgaben im Rahmen des Ganzen; kurz: Die Zeichnungen spiegelten aufs Anschaulichste meine Bemühung und Entwicklung, mit angelesenem Stoff irgendwie fertig zu werden, ihn mir und anderen möglichst anschaulich "vorzustellen". Leider sind diese frühesten Zeugen meiner Tätigkeit, von denen meine Eltern einige der Kuriosität halber aufbewahrt hatten, verloren gegangen; leider, weil diese von äußeren Eindrücken oder Vorbildern gänzlich unbeeinflusst waren, was man von späteren, aus der Schulzeit, nicht mehr sagen kann.

Papiersoldaten und Krieg 1870/71

Ich war da nämlich in eine merkwürdige und lange – bis weit in meine Soldatenzeit hinein – nachwirkende Strömung geraten, die offenbar vorhandenen Anlagen und Neigungen zu Kriegerischem förderte. Zu den Beschäftigungen oder Spielen nämlich, die nicht unbedingt einen Partner brauchen (wie z.B. Geduld-, Zusammensetz- und Bausteinspiele) gehörten auch solche zum Ausschneiden gedruckter Vorlagen. Mit den ersten konnte oder mochte ich nicht viel anfangen, denn sie waren für Mädchen gedacht: Anziehkleidchen für Puppen aus Papier! Wer dann eines Tages einen Bogen mit Papiersoldaten brachte, weiß ich nicht, aber das weiß ich nun, dass damit etwas begann, was nicht nur unzählige Stunden meiner Einsamkeit füllte, sondern auch meine Vorstellungswelt nachhaltigst beeinflußte.

Vermutlich hat die neuere Psychologie, die ihre Aufmerksamkeit in letzter Zeit in ungewöhnlichem Maße Kindern und Jugendlichen zuwendet, schon festgestellt, welch bedeutenden Einfluss Spielzeug und Lektüre auf ihr Seelenleben nehmen kann, und zwar ganz besonders auf die Phantasiebegabten unter ihnen. Unter diesem Gesichtspunkt ist es zu begrüßen, dass die Papier-, Papiermaché-, Blei- und Zinnsoldaten weitgehend aus den Schaufenstern und dem Handel verschwunden zu sein scheinen. Ich jedenfalls habe keine mehr entdecken können. Ob freilich das Angebot von Revolvern, Pistolen, Dolchen in reichster Auswahl in Verbindung mit Krimis und Western in Buch und Film friedlichere Gesinnung zu fordern oder gar zu wecken imstande ist, bleibe dahingestellt.

Ja, da hatte ich nun also den ersten Bogen Papiersoldaten geschenkt bekommen, und zwar in den mir wohlbekannten Uniformen unserer Infanterie: Vorne der Offizier, mit gezogenem Säbel, hinter ihm der Fahnenträger, dann Hornist und Trommler und schließlich die "Bakas", alle steif und feierlich im Paradeschritt, wie ich sie x-mal beim Kirchgang und sonstigen feierlichen Anlässen hatte durch die Straßen marschieren gesehen – alles stimmte: vom Tschako[14] bis hinab zu den "Bakantschen" (Schnürstiefel). Dass Abbild und Wirklichkeit übereinstimmten, war für mich insofern wichtig, als es Vertrauen erweckte, mit ihnen werde nicht nur "etwa für Kinder", unverbindlich, gleichsam "Märchenfiguren", einem angeschwindelt. Dieser Eindruck verstärkte sich mit jedem weiteren Bogen, den ich erhielt oder mir bald selbst aussuchte. Ja, denn damit hatte etwas begonnen, das ungeahnte Kreise ziehen sollte. Zunächst mussten nun auch die anderen Waffengattungen unseres Heeres, die ich schon bei verschiedenen Ausrückungen gesehen hatte, her: Die Artilleristen, mit ihren roßschweifgeschmückten Tschakos, die einen auf den Zugpferden der Geschütze reitend, die

---

[14] *"Schackelhaube", eine vorwiegend militärische Kopfbedeckung von zylindrischer oder konischer Form.*

anderen auf der Protze[15] und neben dem Geschützrohr sitzend; dann die Husaren ... Ja, so waren sie durch die Straßen geklackert und gerasselt, dass einem das Herz vor Lust erbebte! Etwas nicht in Worte zu Fassendes schwang da mit, das die Leute und zwar keineswegs nur Kinder und Mägde – in die Fenster und Türen und auf die Straße zwang, wenn der Marschtritt durch sie klirrte, gar noch verstärkt durch Trommel und Trompete in regelmäßigem Wechsel! Aber was taten sie, wenn sie nicht eben marschierten?! Damit hatte ich den Anfang eines Fragenknäuels erfasst, der meine Umgebung, je nach Gemütsart, zur Verzweiflung, Belustigung oder kopfschüttelndem Staunen brachte. Da kam also z.B. auf obige Frage die Antwort: Sie exerzieren. Was heißt das? Nun, sie üben! Was denn? Marschieren, reiten, fechten, schießen. Und wozu das? Nun, so wie du übst, um für den "Ernstfall" gerüstet zu sein, wenn dir jemand an den Kragen will. Wer soll ihnen denn an den Kragen wollen und warum? Nicht nur ihnen, sondern uns allen, unserem Vaterland! "Vaterland"? Was ist das? Und wer sollte ihm Böses antun? Und warum?

Ja, so zog eine Frage, mit ihrer begreiflicherweise, noch nicht ganz verständlichen Beantwortung immer neue Fragen nach sich und verlor sich in immer weitere Kreise verschiedenster Art. Es war mit diesen Papiersoldaten gleichsam ein Stein in den stillen Teich meiner Seele oder meines Geisteslebens gefallen, der immer weitere Kreise zog. Der Begriff Vaterland zog den der Grenze nach sich, der Abgrenzung gegen anderes, Fremdes, und damit den des Feindes; zu dessen Abwehr war das Heer nötig. Wie konnte das seine Aufgabe erfüllen? Was war dazu nötig? Waffen! Nun ja, die hatte ich gesehen: Säbel, Bajonett, Gewehre, Kanonen... Und da die einen mehr mit dieser, die anderen mit jener Waffe kämpften, musste es eben die verschiedenen Waffengattungen geben! Diese hatten wieder besondere Aufgaben, jede die ihren aber nur nach gemeinsamem Plan

---

[15] *zweirädriges Fahrgestell zum Transport eines Geschützes*

und in Zusammenarbeit mit den anderen. Und wie das zu geschehen hatte, das bestimmte der Generalstab, letztlich aber der Kaiser und König! Wie? Zwei? Nein: Einer! Für Österreich heißt der höchste im Staat Kaiser, für Ungarn König und beides ist in einer Person jetzt Franz Josef der Erste! Das war eine harte Nuss für mich, aber als Vater mir ungarische Briefmarken und Münzen mit der Stefanskrone und österreichische mit der Kaiserkrone auf demselben Kopf zeigte und dann mit mir zu "Onkel" Hiemesch ging, sich die vorrätigen Papiersoldaten vorlegen ließ und daraus nun selbst die österreichischen Waffengattungen auswählte: die Infanterie mit langen "Pantalonhosen", statt der enganschließenden ungarischen mit den Schnörkelverzierungen, die "Kaiserjäger" mit ihren Federhüten, die Dragoner mit ihren Helmen, die Ulanen mit den Lanzen und Tschapkas – an Stelle unserer Husaren – da hatte nicht nur meine Papierarmee eine überraschende Bereicherung erfahren, sondern auch mein Wissen, oder, richtiger gesagt: mein Gespür für die Hintergründigkeit von Dingen, die auf den ersten Blick ganz klar und einfach schienen. Aber dies war, wie gesagt, nur der Anfang eines Fadens, der – anders als der der Ariadne – aus dem Labyrinth nicht hinaus, sondern hinein führte!

Da war ja, unter anderem der Begriff "Feind" aufgetaucht. Wer war als solcher anzusehen? Und warum? Ungefähr zur selben Zeit, als mir diese Enthüllungen über das kk. und k.u.k. Heer zuteil wurden, geriet mir in unserem Bücherkasten ein dickes Buch mit vielen Bildern kriegerischer Szenen, mit Soldaten in mir unbekannten Uniformen, in die Hand: "Der deutsch-französische Krieg 1870/71" von G. Hiltl. (Merkwürdig, dass sich auch noch der Name des Verfassers dem Knirps so eingeprägt hat.) Natürlich führte das zu neuen Fragen: Wer waren diese, wer jene; wo hausten sie? Die Franzosen? Die Preußen? Wer hatte gesiegt und warum? Ja, das "Warum-auf-zwei-Beinen" war wieder mal in voller Fahrt! Da gab es eine Menge Worte, die ich nicht verstand – und zwar nicht nur, weil viele davon französisch waren – militärische Fachausdrücke. Nun, Vater hatte zwar eine Engelsgeduld, aber manchmal wurde ihm das Gefrage doch zu viel, und da kam er auf den Gedanken, mich damit an "Onkel" Ljubinkovitsch, einen ehemaligen Ulanrittmeister und Mann der "Gusti-Tante", geborene Eder, deren Wohnung an die unsere anschloß, zu weisen. Damit hatte er gleich zwei Fliegen auf einen Schlag getroffen: Dem "Onkel" einen Mordsspaß bereitet und mir eine lustig und unerschöpflich sprudelnde Quelle der militärischen Information erschlossen. Als kurz darauf Hans Eder jun. (Bruder Mariechen Eders, der Freundin meiner Mutter) nach bestandenem Abitur sein Einjährigenjahr beim Kronstädter Artillerieregiment abdiente, kam er noch als Experte für artilleristische Fragen hinzu, – für mich noch durch eine andere Fähigkeit sehr bedeutsam: durch sein Verständnis für meine zeichnerischen Versuche und durch die Klarheit seiner eigenen zeichnerischen Erläuterungen, die er oft statt umständlicher Worterklärungen zu geben verstand. Dies waren die Wurzeln unserer, schon durch den Altersunterschied bedingt, etwas ungewöhnlichen Freundschaft in späteren Jahren.

So erwuchs aus dem kindlichen Bedürfnis nach spielerischer Betätigung, wenn ein Partner für diese (z.B. für die damals bekannten Spiele Mühle, Halma, Dame, Schach und einfache Kartenspiele) fehlte, und aus dem ursprünglich bloß aus Zeitvertreib gedachten Ausschneiden von Papiersoldaten etwas, das schwer richtig zu benennen wäre, da es zu verschiedenartige Komponenten umfaßt.

Einerseits war es durchaus noch Spiel, in seinen Hauptantrieben von der Phantasie bestimmt, anderseits, in den Formen seines Ablauf, schon sehr von Wissen her beeinflußt. Da ließ ich doch z.B. meine Armee, die jeder Luftzug umwehte, sei's in den Falten meiner Bettdecke (wenn ich bettlägerig war), die Hügel und Mulden darstellten, aufmarschieren, oder aber (wenn ich aufstehen durfte) auf dem Fußboden unter dem Klavier, wo sie am sichersten vor den wehenden Röcken der Weiblichkeit schienen. Geschossen wurde, in schöner Unparteilichkeit, mal von der einen, mal von der anderen Seite, mit Erbsen aus einem Blechkanönchen, das ich, als "spiritus regens" bediente. Nach dem jeweiligen Vorbild der Schlacht (Spicherer-Höhen, Vionville, Gravelotte, Sedan...) verschob sich sowohl Kräfteverhältnis als auch Aufstellung meiner Truppen, sei's zum Frontalangriff, sei's zur Umgehung. Nach geschlagener Schlacht packte ich Freund und Feind, Gefallene und Überlebende in die gleiche "Kaserne". Dies war aber eine von den Schachteln, in denen Vater seinen "Purzicsan-Tabak" zu kaufen pflegte. Ich hätte auch andere haben können, doch schien diese mir die geeignetste, da ihrem Deckel das ungarische Staatswappen eingeprägt und ihre Farbe weiß war, so kalkweiß, wie unsere Infanteriekaserne in der Schwarzgasse, über deren Tor auch ein Wappen prangte, allerdings ein anderes, als auf der Schachtel; auf dieser hielten zwei schwebende Engel eine Krone mit einem geknickten Kreuz zwischen sich, hier ein zweiköpfiger Adler, schwarz auf gelbem Grund.

Zweierlei Wahrheit?

Ungeachtet der neu erworbenen Kenntnisse hinsichtlich der kriegsgeschichtlichen Tatsachen bereitete es mir keine Skrupel, die Rothosen und Käppiträger der französischen Armee, samt Turkos und Zuaven, neben den Trägern von Pickelhaube und Knobelbecher der preußischen einzuquartieren, ohne mich um die ursprünglichen Inhaber dieses Raumes: die k.k. und k.u.k. Armee, zu kümmern. Ich war unumschränkt Oberster Kriegsherr aller, mochten sie nun so oder so uniformiert sein und brachte – je nachdem, ob ich gerade schießende, stürmende Infanterie oder attackierende Kavallerie brauchte (denn es gab, wie sich herausstellte, nicht nur im Parademarsch einherstolzierende, sondern auch gefechtsmäßig dargestellte Truppen), so die seltsamsten, quasi internationalen Truppenverbände zusammen.

Aber was für verzwickte Zusammenstellungen ergaben sich erst, als der russisch-japanische Krieg ausbrach (1904)! Das war nun nichts mehr, was sich in ferner Vergangenheit abgespielt hatte und schon fast zur Sage geworden war, sondern war nur räumlich fern, jeden Tag aber berichteten die Zeitungen und wöchentlich die Zeitschriften, diese oft sogar mit Fotos, was sich dort im Fernen Osten, in der Mandschurei, tat! Das erweiterte diesmal nicht nur meinen geografischen Horizont und mein Wissen um weitere Völker oder Nationen und das Aussehen ihrer Armeen, nein, was da beschrieben und gezeigt wurde, drohte so ziemlich alles, was der Anschauungsunterricht durch das Buch vom 70er Krieg und die Auskünfte meiner "Informanten" erbracht hatten, in Frage zu stellen! Dort und jetzt wurde offenbar nicht mehr so gekämpft, wie in dem Buch zu sehen und von den beiden Großen zu hören war! Da gab's keine geschlossenen und tiefgegliederten Formationen mehr beim Angriff, Offiziere und womöglich noch Fahne vorneweg mit Trommelwirbel und Trompetenklang, nein, da war nun von Schützenketten oder Schwarmlinien die Rede und von "Deckung suchen" in Schützengräben! Und was dann nachher auf dem Schlachtfeld herum lag, das waren formlose dreckige Bündel, denen man nicht ansah, dass es einst stürmende Soldaten gewesen!

Das zeigten die raren Fotos, die man ab und zu in Zeitschriften und im "Kino" zu sehen bekam.

Und dann tauchte eines Tages wieder der "Bildermann" in unserem Torgang auf, der sich bei jedem Jahrmarkt einzustellen pflegte. Nun, das war an sich nichts Neues; er blieb diesem Torgang, der eben so gut gegen Sonnenbrand wie gegen Regen schützte und obendrein so günstig am Hauptmarkt und dem Rathaus gegenüber gelegen war, wo so ziemlich jeder Jahrmarktbesucher mal vorüber kam, treu, neu war aber, womit er diesmal seine Waren bereichert hatte. Da lagen auf den mächtigen Kisten zwar wie sonst die "Hundertjährigen Kalender", die Traumbücher, Wahr-Sagungen, Deutungen und Ratschläge für alle Lebenslagen; da hingen wie sonst an den Schnüren die bunten Farbdrucke von Gott-Vater, mit mächtig wallendem, silberweißem Bart, und der Heiligen Dreieinigkeit und alle Heiligen nach katholischem wie orthodoxem Ritus, samt Papst, denen in schöner Abstufung die "Großen" der irdischen Welt folgten: die Kaiser und Könige nebst Erzherzögen; auch die Kleinen der Welt waren da wie sonst vertreten: der Bauer, der Bettler, der Jäger, die böse Schwiegermutter, die Tratschbase, der Taschendieb und die "Lebensalter" – die Stufen vom Säugling bis zum Greis hinauf- und hinabsteigend – nebst Folgen von Trunksucht, dargestellt in Moritaten; auch die Bogen mit sämtlichen möglichen Krankheiten von Pferd und Rind, aufgezeigt an einem armseligen Klepper und einer ebensolchen Kuh, fehlten nicht: Neu waren aber, und darum, als Augenfang, quer über die ganze Breite des Ganges aufgehängt, Bilder vom russisch-japanischen Krieg! Ein Pfeil wies von ihnen noch auf das Ende der Bildergalerie hin, wo sie nochmal, und zwar zwecks besserer Betrachtung, in Augenhöhe der Erwachsenen hingen. Nun, obgleich ich es nicht leicht hatte, mich durch die schaulustige Menge, zwischen all den nach Schweiß, Knoblauch, Wolle, Leder duftenden Kollern und Kitteln durchzudrängeln, gelang es mir, und zwar nicht nur einmal, sie recht genau zu betrachten – auf meine Augen konnte ich mich verlassen, – und doch wollte ich ihnen zunächst nicht trauen! Was bekamen sie denn da zu sehen?! Genau das, was laut Berichten und Fotos nicht stattfand: Sturm in dichten Kolonnen, vorneweg mit geschwungenem Säbel die Offiziere, dazu Fahne, Trommel, Trompete – kurz, das ganze Repertoire von anno 1870! Bloß die Uniformen entsprachen den Schilderungen der Berichterstatter: Die Russen in lehmbraunen Blusen, Tellermütze, gerollten Mantel quer über Brust und Rücken, und in Stiefeln; die Japse in dunkelblauen Uniformen, Käppi, Schnürschuhen und kurzen weißen Gamaschen. Über jenen flatterte die weißblaue Fahne mit Adler und Andreaskreuz, über diesen das weiße Banner mit der roten Sonne in der Mitte. Aber nicht genug damit! Da hingen z.B. zwei Darstellungen der Schlacht um Mukden friedlich nebeneinander. Auf der einen stürmten in wundervoller Ordnung, wie gesagt, Offiziere voran und die Fahne über ihren Köpfen, die Russen, lauter Prachtkerle, blond und rosig, und vor ihnen rissen die Japse, zwergartig verkrüppelt, gelb und hässlich, aus wie ein Gewimmel von Ungeziefer, etwa wie Küchenschaben. Auf der anderen war die Sache umgekehrt: Hier stürmten die Japse, voran das flatternde Sonnenbanner, und die Russen rissen aus oder warfen Gnade flehend, die Hände in die Höhe, waren plump und ungefüge, wie Mehlsäcke oder Mastschweine, und wo etwa ein Samuraischwert oder Bajonett einen anbohrte, da spritzte auch das Blut so heraus, wie bei einem angestochenen Schwein! Wie war das nun? In ein und derselben Schlacht zwei Sieger?!

Allmählich fiel mir auch noch Anderes auf. Nicht nur, dass die Schriftzeichen auf den so widersprüchlichen Darstellungen (die ich nicht entziffern konnte), sehr verschieden waren, sondern auch die Darstellung der Menschen. Auf den Bildern, wo die Japse als Sieger gezeigt wurden, war alles seltsam fremdartig; die Bewegungen übertrieben, ja verzerrt, die Gesichter aber, seltsamerweise, fast unbewegt, ja geradezu maskenhaft und wie nach einem Muster! Was da jeweils abgebildet war, d.h. welche Schlacht, das stand handschriftlich in den drei Landessprachen, recht fehlerhaft übrigens, unter den Drucken, sonst hätte niemand draufkommen können, dass es sich um das gleiche Geschehen handeln sollte. Wie konnte das auf so verschiedene Art gesehen werden?! Dass "Wahrheit" nicht das oberste Gesetz der Darstellung war, oder aber dass es offenbar verschiedene "Wahrheiten" gab, – je nachdem von welcher Seite her man die Dinge betrachtete – das versetzte meinem Vertrauen in das, was da in Wort und Bild gedruckt wurde, einen argen Stoß.

Überhaupt, wie war das mit der "Wahrheit" und "Wahrhaftigkeit"?! Ich hatte damit doch schon etliche merkwürdige Erfahrungen gemacht. Wie war das denn mit dem Christkindl? Mit dem Osterhasen?! Mit dem Storch?! Doch davon später, an anderer Stelle! Damals war die Zeit dafür noch nicht reif; es war bloß wie das erste ferne Grollen, das den großen, vorerst nur vage geahnten Kladderedatsch ankündigte – nämlich die Erkenntnis, dass es keine allgemein und immer gültige Wahrheit gibt, sondern nur von Zeit und jeweiligem Standort, bzw. Gesichtswinkel, bestimmte "Wahrheiten" – etwa die von und für Alt und Jung, Arm und Reich, Mann und Frau, Sieger und Besiegtem usw. Das Einzige, was es gab – und geben musste, wenn man miteinander auskommen und zueinander Vertrauen haben sollte –, das war und ist: Wahrhaftigkeit!

Doch nach diesem Abstecher in das, was damals noch ferne Zukunftseinsichten waren, zurück zu den Problemchen, die durch die Widersprüchlichkeiten des Anschauungsmaterials und Berichterstattung bzgl. Kriegführung, Art der Darstellung usw. heraufbeschworen wurden.

Allmählich schälte sich für mich als Wichtigstes heraus, dass nicht die bunten Bilder des Händlers in unserm Torgang Recht haben konnten, sondern die Berichte in den Zeitungen! Und was hatte mich zu dieser Einsicht geführt? Ja, sie geradezu erzwungen? Eigene Erfahrung! So absurd das zunächst auch klingen mag! Und noch absurder, dass ich diese Erfahrung bei meinen bisherigen Spielereien mit meinen Papiersoldaten gemacht hatte! Die übrigens für die später dazugekommenen Papiermaché- und Zinnsoldaten ebenso galt, nämlich, dass ihre "Verluste", wenn sie in geschlossenen Formationen, Mann neben Mann und womöglich auch noch in mehreren Gliedern hintereinander aufgestellt wurden (und zwar gleichgültig ob zu Verteidigung oder Angriff), sehr groß waren, da sozusagen jeder "Schuß" traf und jeder Fallende riß meist auch noch einen Neben- oder Hintermann mit um, – besonders wenn man möglichst flach "schoß". Das war ärgerlich, da nach den Spielregeln derjenige "Sieger" war, der nach der verabredeten Zahl von Schüssen mehr "Überlebende" hatte. Also sinnierte und probierte ich herum, wie dem abzuhelfen sei und kam allmählich drauf, meine Soldaten nicht in Reih und Glied, sondern möglichst unregelmäßig auf ihrem Gelände verteilt aufzustellen, und als letzten Trumpf: nicht mit ihrer Frontalbreite, sondern mir ihrer Schmalseite gegen den Feind! Ergebnis: Die so aufgestellten Truppen hatten im Vergleich zu denen in der alten Schlachtordnung kaum noch Verluste aufzuweisen. Diese neue Taktik bewährte sich auch, als das "Schlachtfeld" hinaus auf den großen Sandhaufen im Hof verlegt wurde und die Beschießung statt mit dem Erbsenkanönchen mit Roßkastanien oder Tonkugeln (mit denen sonst "Kugles" gespielt wurde) erfolgte. So war ich auf dem Wege meiner Spielerei zu dem gleichen Ergebnis gekommen, wie auf dem Wege blutiger Erfahrungen zunächst die Russen und Japaner in der fernen Mandschurei, die dann, zehn Jahre später, unsere eigenen Truppen noch auf den Schlachtfeldern Galiziens machen mussten. Hätten die Verfasser unseres Felddienstreglements und unsere Generalstäbler mit Zinn- oder Papiersoldaten Schießübungen im Sandkasten veranstaltet, bevor sie ihre nach den alten Vorschriften ausgebildeten Truppen gegen die schon nach der neuen Taktik und Kriegserfahrung kämpfenden Russen schickten, – wer weiß, ob die ersten Schlachten nicht ganz anders ausgegangen wären! Sicher aber nicht so verlustreich, wie sie tatsächlich ausfielen. Aber wir Rekruten übten ja noch anno 15 "Abwehr von Kavallerie-Attacken" durch "Karréebildung!

Aber ich bin wieder einmal weit vorgeprellt. Einstweilen habe ich's noch mit Schulkameraden und Erbsenkanonen geübt, wenn ich gesund war, und mich mit Ersatzspielen begnügt, wenn ich im Bett liegen musste, was leider allzu häufig der Fall war. Dann hatte ich Zeit, künftige Kämpfer auszuschneiden, oder aber kriegerische Szenen zu zeichnen, sei's ganz nach eigener Vorstellung, sei's nach Anregungen durch das Kriegsbuch, – oft schon gegen besseres Wissen, einfach weil mir die Darstellung zeichnerisch gefiel. Unzählige solcher Zeichnungen sind im Bett entstanden: den Rücken an Pölster gelehnt, harte Unterlage gegen die angezogenen Knie gestützt.

Skizze E.N., aus Skizzenbuch „1913-1915"

Spiele

Ja, und dann gab's noch – außer dem Lesen, das mich aber im Bett rasch ermüdete – die Geduld- und Zusammensetzspiele, die mich aber meist bald langweilten, da sie für eigene Erfindungen kaum Spielraum ließen und sich immer wiederholten. Fand sich ab und zu ein Partner, so wurden, – je nach Neigung, Fähigkeit und vorhandenem "Material" – entweder die altbekannten Brettspiele oder Würfelspiele oder, sehr selten, wenn's gar nichts Besseres gab, die primitivsten Kartenspiele gespielt. Ich entsinne mich nicht, jemals an einem der Spiele, die mit Glück und Zufall zu tun haben und wo auch Schwindeln möglich ist, wirklich Gefallen gefunden zu haben.

Alle diese aber wurden verdrängt vom Schach, als ich dieses, etwa als Untergymnasiast, kennenlernte, und zwar indem ich Vater und Großvater (Sindel) bei ihrem Spiel zusehen und Fragen stellen durfte. Während ich von Vater meist sehr sachlich und geduldig die gewünschten Erläuterungen erhielt, fielen die von Großvater oft recht unwirsch aus, besonders wenn er in der Klemme steckte. Nun, ich war auch kein guter Verlierer, doch richtete sich mein Ärger meist nicht gegen meinen Besieger, sondern gegen mich selbst, d.h. gegen mein Versagen in einer bestimmten Lage, die meist just dann eintrat, wenn ich mich im Vorteil wähnte; dann wurde ich nämlich unvorsichtig, ja leichtsinnig, übersah etwas und – schon lag ich auf der Nase! Nicht nur beim Schachspiel! Es ist bei weitem mehr, als nur ein Spiel! Es enthüllt auch Charaktereigenschaften, nicht nur Fähigkeiten logischen Denkens und Kombinierens. (*Über die anderen Spiele meiner Kindheit und Jugend habe ich in meiner "Rückschau und Rechenschaft" von 1961 (S. 17) berichtet und möchte mir die Wiederholung hier ersparen, Anmerkung E.N.*)

Die meisten der dort und damals betriebenen Spiele scheinen nicht nur hierzulande unbekannt, sondern auch in der alten

Heimat gänzlich abgekommen, weil von Fußball, Korb- und Volleyball verdrängt worden zu sein.

Eine Sonderstellung nahm das "Räuber und Gendarm"-Spiel ein, und zwar in verschiedener Hinsicht. Es war weder an einen in seinen Ausmaßen und Formen bestimmten Platz, noch an irgendwelche besondere Geräte und Regeln gebunden. Die Parteien fanden sich von Fall zu Fall und je nach Neigung zusammen; Bewaffnung? Was jeder eben hatte. Örtlichkeit? Je unübersichtlicher, schlupfwinkelreicher, desto besser! Erlaubt waren alle Kniffe und Griffe. Kein Wunder, dass es da meist recht wild und abenteuerlich zu- und kaum jemals ohne Schrammen, Beulen und Fetzen von Haut und Hosen abging. Aber das war's ja gerade, was diesem Spiel erst die richtige Würze verlieh und nach unserem Geschmack war, – freilich weniger nach dem der Mütter, die dann zu waschen und zu flicken hatten.

Da wir einst in der Mittleren Burggasse gewohnt hatten und meine Großeltern damals auch noch dort wohnten, wurde ich gnädigst in deren "Bande" (Spielgemeinschaft) aufgenommen. Ihr Revier erstreckte sich vom Kniegässchen (dem Hause meiner Großeltern) Nr. 118, gerade gegenüber, bis zum Kotzenmarkt. Es war der begehrteste Abschnitt der Burggasse, um dessen "Eroberung" immer wieder Kämpfe aufflammten, da sich hier die meisten "Durchhäuser" befanden, d.h. solche, die sowohl von der Burg-, als auch von der Schwarzgasse her einen Eingang hatten, und zu dem überdies auch noch der "Durchbruch" gehörte, ein sehr steiler, schmaler Zugang zu den sogenannten Burg-Promenaden hinauf, die damals noch keineswegs so kultiviert und begangen waren, wie späterhin und gar heutzutage.

Zwei tiefe Gräben zogen sich noch von der Weberbastei bis hinab zum Fleischerzwinger, begleitet von einem schmalen, zwischen Bretter gefassten Bächlein, das früher, wenn Gefahr drohte, diese Gräben mit seinem Wasser wenn auch nicht gerade füllen, so doch so schlammig, sumpfig machen sollte, dass man die Stadtmauern nicht ohne Weiteres stürmen konnte. Die Gräben wurden damals nicht mehr instand gehalten, sondern von den Anwohnern zu einer Art Müllablage "umfunktioniert", auf die der Abfall aus Wirtschaft und Garten still und heimlich bei den hinteren Gartentürchen, die durch die Stadtmauern gebrochen waren, hinausbefördert wurde. Es hatte sich auf diese Art ein recht nahrhafter Grund gebildet, auf dem allerlei Buschwerk und Gewächs wild wucherte, von Brennnessel, Nachtschatten und Schierling über Holunder, Hartriegel und Hasel bis zu wilden Rosensträuchern, – eine richtige Wildnis, die prächtige Schlupfwinkel bot. Das waren unsere bevorzugten "Jagdgründe", deren Zugang wir auf jede nur mögliche Art tarnten und gegen etwaige Eindringlinge auf Buschkriegart verteidigten.

Schwieriger war es, sich in dem Gewinkel der Durchhäuser zu behaupten, da wir's da mit den Bewohnern, die dort auch ihre Werkstätten, Schopfen und Keller hatten, zu tun bekamen. Wenn sie selbst auch oft zu behäbig waren, uns nachzulaufen und wenn sie's nicht bei bloßem Geschimpfe belassen wollten, geschah es zuweilen, dass bösartige unter ihnen den Hofhund losließen oder ihre Lehrlinge auf uns hetzten, was dann manchmal zu wüsten Prügeleien führte. Im Allgemeinen aber nahmen sie die Plage, wenn auch raunzend und drohend hin, da sie's in ihrer Jugend auch nicht anders getrieben.

Nach jedem größeren Regen war's noch geheimnisvoller im Dschungel der alten Gräben; da war's, als lugte es an allen tieferen Stellen mit dunkel glänzenden Augen durchs Blattwerk und Gerank nach uns, wenn wir durch sein Geraschel und Gegluckse streiften und das geruhsame Gequack unzähliger Frösche und Kröten, das friedliche Summen der Gelsen, Libellen und Mückenschwärme in, um und über all den Tümpeln störten. Zu manchen unserer Schlupfwinkel, die aus Laubhütten, "Kalippen" genannt (aus rumänisch: coliba), bestanden, konnte man zu solchen Zeiten nur über Laufbretter gelangen, wenn man nicht durch Sumpf waten wollte.

Zu solchen Kalippenzeiten wunderten sich daheim die Mütter nicht wenig, was alles an Vorräten und Einrichtungsstücken auf geheimnisvolle Weise verschwand. Es galt nämlich als Ehrensache, bzw. Kameradschaftspflicht, die "Jause" (hierzulande "Brotzeit" oder "Vesperbrot" genannt), die man von Hause mitbekam, nicht nach dem Rezept "Selbst essen macht fett" zu vertilgen, sondern ehrlichst aufzuteilen, sodass solche, die von Hause kurz gehalten wurden, nicht leer ausgingen.

Da die Hosen- und Jackentaschen meist anderen Zwecken dienen mussten, nämlich als Werkzeug- oder Munitionsarsenal, wurden die Jausenbrote sowie Äpfel, Nüsse und dergleichen meist in den damals beliebten blechernen "Botanisiertrommeln" – je bunter, desto besser – mitgebracht. Aus welchen Gründen wir dann darauf verfielen, die mitgebrachten Jausen zu "verarbeiten", ist mir nicht mehr erinnerlich; vermutlich, um sie gerechter verteilen zu können. Da wurden nämlich z.B. die mitgebrachten Äpfel, Birnen, Nüsse oder was es nun war, auf eigens zu diesem Zweck "requirierten" Holztellern oder Brettchen zerkleinert, feingehackt und mit etwas Zucker zu einer Art Brei zusammengerührt und dann löffelchenweise auf die Brotscheiben verteilt; auf gleiche Weise wurde mit Speck und Zwiebel verfahren, bloß kam dann statt Zucker eben Salz drauf. Ab und zu tauchte auch mal ein Einmachglas voll Hetschenpetsch (Hagebutte) oder Zwetschgenmus auf. Äpfel, Nüsse, Zwetschgen usw. stammten übrigens – zu unsrer Schande sei's gestanden -, meist keineswegs aus den elterlichen Gärten, Kammern oder Kellern, sondern aus den Gärten der "Oberen Vorstadt", die an den Zinnenwald grenzten und den "Fratschlerinnen"[16] gehörten, die ihr Obst auf dem Markt verhökerten. Dort am Waldrand auf die

---

[16] *Marktfrauen wurden in Wien oft Fratschlerin genannt (Felix Czeike: Historisches Lexikon Wien)*

"Kratz" zu gehen, galt nicht als Diebstahl, was es zweifellos war, sondern als Bewährungsprobe, die gewissermaßen zur Tradition jeder Lauser-Generation gehörte, da es mit mancherlei Gefahren verbunden war; Hundebisse, Salz oder Schrot im Hintern, Risse, Schrammen, Beulen in Haut und Hose waren keine Seltenheit, ja, sie gehörten dazu. Aber wie herrlich schmeckte dann die Beute!

Was uns zu diesen Streifzügen einerseits und zu jenem Hüttenbauen andererseits – das übrigens mit viel Geheimniskrämerei und Absonderung von der Welt der Erwachsenen verbunden war –, eigentlich drängte, ist mir rätselhaft, scheint sich aber keineswegs nur in unserer Generation ereignet zu haben, sondern in einem gewissen Alter immer und überall aufzutreten – eine Art atavistischer Erscheinung? Ein Rückfall auf eine primitive Entwicklungsstufe? Da man spürte, dass es irgendwie ungehörig war, versuchte man zwar, es zu verheimlichen, konnte aber der Versuchung nicht widerstehen.

Das Rauchen

Seltsam – aus heutiger Sicht! – will mich bedünken, dass damals, wo doch die Gelegenheit so günstig war, das Rauchen keine Rolle spielte, wo doch heute fast jeder Volksschulknirps schon qualmt und meint, auf diese Art sich selbst und anderen beweisen zu können, welch schneidiger Kerl er sei. Nein, Rauchen wurde für uns erst sehr viel später zum Problem, dann nämlich, als wir uns der Cötus-, Fuchsen- und Kneipenzeit einerseits, den Tanzstunden und Kränzchen andererseits zu nähern begannen.

Dass ich dem Laster nie verfiel, ist eigentlich zu verwundern, da die Voraussetzungen dafür denkbar günstig waren. Vater war nämlich damals noch ein starker Raucher und alles, was er dazu benötigte (der Tabak in der großen Schachtel, die Päckchen mit dem Zigarettenpapier – er rauchte nur selbstgedrehte Zigaretten -, die verschiedenen kurzen und langen Pfeifen aus seiner Burschenschaftenzeit) war mir ohne weiters zugänglich; überdies hätt ich mich auch noch an den qualmenden Großvätern und studierenden Onkels anstecken können. Was mich davor bewahrte vermag ich nicht zu sagen, denn dass der einzige Versuch, den ich unternahm und dessen ich mich ganz klar entsinne, mich für immer abgespänt haben sollte, halte ich für unwahrscheinlich; wäre das Verlangen – gleichviel aus welchem Grund – stärker gewesen, als die Abneigung, so hätte es diese überwunden, – so wie es das bei all denen tat, die zu Rauchern wurden, denn beim ersten Mal hat's ja keinem geschmeckt; wer Anderes behauptet, nimmt's mit der Wahrheit nicht genau oder kann sich nicht erinnern!

Jener Versuch muss noch in meiner Volksschulzeit erfolgt sein, denn es war ein Mitschüler dabei, oder richtiger: sogar Anreger der ganzen Sache, der nach der 4. Klasse abging und aus unserm Kreis verschwand, namens Kleverkaus, von uns aber nur kurz "Kauz" benamst. Er war etwas älter als wir, hatte ein Rudel älterer Brüder, die uns schon ihres blutrünstigen Berufes wegen imponierten, da sie – im väterlichen Metzgergewerbe tätig – mit langen Messern, Beilen und blutigen Schürzen zu sehen waren, somit für "Kauz" eine beachtliche Rückendeckung bei gelegentlichen Fehden bildeten. Dazu kam, dass er von ihnen allerlei Redensarten und Allüren angenommen hatte, die uns sehr männlich und erwachsen vorkamen, unter anderem das Rauchen.

Soweit ich mich erinnere, wurde das ganze Unternehmen durch einen Streit darüber ausgelöst, ob die Indianer beim Rauchen der Friedenspfeife Tabak oder Kukuruzhaar verwendeten. Die Verfechter des Letzteren beriefen sich darauf, die Rothäute hätten, da ihnen der Mais heilig war, für diese so wichtige Zeremonie eben nicht den Allerweltstabak, sondern das Haar des "heiligen Mais" bevorzugt. Die Gegner führten an, dass dieses sich für den Zweck, gleichviel ob heilig oder nicht heilig, überhaupt nicht eigne! Da ich in dieser Sache mich nicht für genügend sachverständig fühlte, hielt ich mich heraus, erbot mich aber, eine Pfeife, die dem "Kalumet" möglichst ähnlich sah, aus meines Vaters Sammlung zu beschaffen, damit die Probe aufs Exempel gemacht werden könne. Das Kukuruzhaar zu besorgen war nicht schwierig, da in den Spätsommertagen, wenn der Kukuruz reifte, fast an allen Straßenecken Bäuerinnen hockten, die aus Holzschäffern, wohl abgedeckt mit Tüchern, in Salzwasser gekochte, noch dampfende frühreife Kolben feilboten (der eigentliche "Speisemais" war damals bei uns noch nicht bekannt).

Da "Kauz" nicht zu unserer Kalippgemeinschaft gehörte, also auch gar nicht wissen durfte, wo die sich befand, wurde als quasi neutrale Örtlichkeit und immerhin noch genügend abenteuerlich und vor Störung durch Erwachsene ziemlich sicher, das Felsengewirr unterhalb des Schwarzen Turmes als geeignet ausersehen. In den Turm selbst konnten wir damals zu unserm Ärger nicht klettern, da die Löcher im Mauerwerk, die Fingern und Füßen Halt boten, bis zur Einstiegsluke frisch vermauert worden waren.

So hockten wir denn an einem schönen Spätsommernachmittag in einer der Mulden zwischen den Felsen, die beste Deckung gegen Sicht von allen Seiten her bot. Die Felsen strömten noch die sonnengespeicherte Wärme aus, obgleich sie schon im Schatten des Raupenberges lagen. Schwalben flitzten im Tiefflug über uns hin bei ihrer Jagd auf die noch müde tanzenden Mückenschwärme; Ameisen sorgten gleichfalls noch für ihr Abendbrot oder holten ihre Puppen ein, und ein verspäteter Tuchmacher sammelte mit seinem Gesellen die letzten Kotzen und Decken von den Rahmen, wo sie tagsüber zum Trocknen ausgespannt waren.

Trotz dieses Friedens ringsum fühlte ich mich nicht sonderlich wohl in meiner Haut, da mir bewusst war, dass

Vater wohl keine seiner Pfeifen für diesen fragwürdigen Zweck zur Verfügung gestellt hätte. Um aber nicht einem direkten Verbot zuwider handeln zu müssen, hatte ich lieber gar nicht erst um Erlaubnis gebeten und die mir am geeignetsten scheinende, ein Ding von etwa ½ m Länge, dünn und gerade mit einem geschnitzten Kopf und einer Troddel verziert, entführt. Ich hatte sie zu dem Zweck zerlegen und in meinem Schulranzen verstauen müssen, da ich mit einem solchen Ding in der Hand doch überall aufgefallen wäre.

Als sie da nun so von Hand zu Hand ging und begutachtet wurde, begann mir die ganze Lächerlichkeit dieses Unterfangens aufzudämmern. Wie sollten wir Knirpse, ohne jede Erfahrung in puncto Tabaksqualitäten einerseits und Gusto, bzw. Brauchtum der Indianer anderseits, da eine Entscheidung treffen?! Und noch etwas fiel mir ein: Als ich Vater mal gebeten hatte, zur Abwechslung doch einmal auch eine der Pfeifen zu rauchen, die da so unnütz herumstanden, da hatte er mit der Begründung abgelehnt, dazu benötige man einen besonderen Tabak, eben Pfeifentabak, nicht den für Zigaretten. Wenn man mit einem falschen Tabak Pfeife rauche, könne man ihr besonderes Aroma für immer verderben! Himmel! Und jetzt sollte da gar Kukuruzhaar hinein?! Siedendheiß schoß es mir ins Gewissen! "Halt!" fuhr ich dazwischen, gerade noch rechtzeitig, um Kauz vom Stopfen abzuhalten. "Höhö! Was soll das?!" Aufbegehren! Tumult! Blitzschnell überlegte ich: mit dem wahren Grund würde ich wahrscheinlich nicht durchdringen, mir nur Ärger und Spott einhandeln, also musste was Anderes her! Aber was?! Nur eins fühlte ich untrüglich: Ich musste im Stil der Zeremonie bleiben, aus ihr heraus argumentieren! Manitou hilf! Und – der Große Geist half! Während ich die Hand hob und der Lärm sich legte, war es mir geblitzt, was meine Pfeife vor der Entweihung retten konnte. "Brüder!", begann ich feierlich, "woher habt ihr das Kukuruzhaar?" "Woher? Was soll das?" krähte der dicke Willi. Ich ließ mich nicht beirren, ließ mir das Häuflein schwärzlich-brauner Fäden reichen, roch dran, schüttelte den Kopf und sagte mißbilligend: "Das stammt nicht vom Felde und ist nicht an der Sonne getrocknet, wie sich's gehört!" "Wie? Was?!" Große Augen, Fragen, was ich damit sagen wolle? Aber zunächst beharrte ich noch, da ich mir erst eine triftige Antwort überlegen musste: "Da habt ihr also dies Zeug wahrscheinlich in Salzwasser gekocht, die Kolben gefuttert, und es dann auf der Herdplatte oder in der Ofenröhre gedörrt, stimmt's?!" "Nun ja, freilich... aber was soll das? Hättest du's etwa anders gemacht?!" "Ich vielleicht nicht, wohl aber Uncas, Winnetou oder Sitting Bull! Habt ihr denn nicht gelesen, wie die es gemacht haben?! Das war für sie doch eine heilige Handlung! Das Zeug musste mit sauberen Händen, wenn die Sonne am höchsten stand, geerntet, geschnitten und an der Sonne getrocknet werden, nie aber von den Squaws gekocht! Und was den Tabak anlangt – habt ihr denn richtigen Pfeifentabak da?! Kauz wird doch wissen, dass man Pfeife nicht mit Zigarettentabak rauchen darf, da man damit den Geschmack verdirbt!" wendete ich mich an ihn, als allseits anerkannte Autorität auf diesem Gebiet. Und er, etwas verblüfft, doch zugleich geschmeichelt, um sich keine Blöße zu geben, tat entrüstet und fuhr den, der den Tabak hatte liefern sollen, an, wie er es wagen könne, ihm falschen Tabak unterzuschieben! Das sei doch nie im Leben Pfeifentabak, was er da habe! – Nun einiges Hin und Her, Maulen und Gemurre und schließlich etwas betretenes Nachgeben und der Entschluß, den mitgebrachten Qualmstoff nun wenigstens in Form von Zigaretten auszuprobieren. Da für mich damit die Situation, d.h. die Pfeife – wenn auch durch einen gewagten "Dreh" – gerettet war und ich nicht weiteren Ärger erregen wollte, mochte ich mich nicht ausschließen und konnte überdies meine Geschicklichkeit im Zigarettendrehen beweisen, da ich dies nicht nur Vater abgeguckt, sondern ab und zu, wenn er gerade mit etwas anderem beschäftigt war, auf sein Geheiß hin auch selbst geübt hatte. Das Ansehen, das ich damit, selbst bei Kauz, gewonnen hatte, verflüchtigte sich aber nur allzu bald, als ich die ersten Züge machte. Du lieber Himmel! Ich hatte zwar schon des Öfteren, wenn auch aus anderen Gründen, ausgeben müssen, aber so kotzübel wie diesmal war mir noch nie gewesen! Doch hatte es, wie ich alsbald mit einiger Erleichterung merkte, nicht nur mich erwischt. Ringsum, mit Ausnahme von Kauzens feixender Visage, nur grüne Gesichter, Grimassen, vorquellende tränende Augen, rülpsendes Gestöhne ... Doch damit nicht genug der Peinlichkeiten. Nun mussten für daheim noch Ausreden erfunden werden, die das etwas hergenommene Aussehen und die Ablehnung des Abendbrotes einigermaßen glaubhaft machten und einander nicht widersprechen durften. Man einigte sich auf allzu reichlich vertilgte grüne Zwetschgen, – die Beute einer "Kratz". Das war glaubhaft. Das Fehlen des "Kalumets" war nicht bemerkt worden und zu einer zweiten Probe kam es nicht.

Wehrbauten und Jugendkämpfe

Da ich nun schon mal mit dergleichen "Abenteuern und Streichen" jener frühen Jahre begonnen habe und sie hinsichtlich ihrer zeitlichen Aufeinanderfolge ohnehin kaum festlegen kann, will ich vorerst gleich dabei bleiben, auf die Gefahr hin, dass dadurch der Eindruck entsteht, diese Dinge hätten unsere Tage mehr erfüllt und geprägt als die Schule mit ihrem Alltag und seinen Forderungen. Nein, dem war wirklich nicht so, aber das gewohnte, meist als grau und uninteressant empfundene Einerlei des Schulalltags haftet eben nicht so mit Einzelheiten im Gedächtnis, wie die bunten Einsprengsel seltener Ereignisse.

Ich habe weiter oben den "Schwarzen Turm" erwähnt und unsern Ärger, dass uns die Möglichkeit einzusteigen genommen worden war. Aus dieser Bemerkung lässt sich zweierlei schließen: 1., dass es bis dahin möglich war in diesen Wehrturm hineinzuklettern, und 2., dass es irgendeine Instanz gab, die das verhindern konnte. Beides stimmt. Um es aber Orts- und Geschichtsunkundigen einigermaßen verständlich zu machen, muss einiges darüber gesagt werden, welche Rolle die alten Wehrbauten der Stadt damals noch im Leben der Stadtjugend aller Nationalitäten spielte.

Erbaut und verteidigt hatten sie die Gründer der Stadt, die Sachsen und zwar durch ihre Bürger, wobei die wichtigsten Basteien, Türme und Abschnitte den verschiedenen Zünften anvertraut waren und durch sie instand gehalten wurden, – bis tief ins 19. Jahrhundert hinein. Der Zugang zu den großen Basteien erfolgte durch jeweils ein stark befestigtes Tor direkt von der nächsten Gasse aus, zu den einzelnen Abschnitten der Stadtmauer jedoch und zu den in regelmäßigen Abständen (von ca.150 Schritten) errichteten quadratischen Wehrtürmen durch die Höfe und Gärten der an die Stadtmauer grenzenden Anwohner. Die Wehrgänge des Mauerrings waren zu meiner Zeit, soweit ich mich erinnern kann, nur noch in einem kurzen Abschnitt an der "Graft", dem "Schwarzen Turm" gegenüber erhalten; an den übrigen Abschnitten der Stadtmauer, auch dem in meines Großvaters Garten, waren nur noch die Spuren und Löcher für die Stützbalken zu erkennen. Für Nistkästen brauchten somit die dortigen Gartenbesitzer nicht zu sorgen, wenngleich die Bewohner dieser Löcher meist wenig erwünschte Gäste in den Gärten waren. Der eine oder andere Wehrturm war von dem Bürger, auf dessen Gartengrund er stand, von der Stadt abgemietet worden, um ihn als Magazin für Gartenwerkzeug, Futter, Rumpelkammer oder dergleichen zu benützen. Seltener Glücksfall, wenn der Vater eines Mitschülers Pächter eines solchen Turmes war und uns gestattete, in den dämmrigen von Fledermäusen, Spinnen, Ratten wimmelnden Gelassen herumzuturnen und zu stöbern.

Somit blieben eigentlich nur die außerhalb des Mauerringes liegenden Befestigungswerke für die Forschungen und Kämpfe der abenteuerlustigen Jugend übrig, und die waren der "Schwarze Turm" und der "Weiße Turm", beide dem Raupenberg auf seine allzu nahe an die Stadtmauer vorspringenden Felsnasen gesetzt, um dem Feind diese gefährlichen Stellungen zu verwehren. Von ihnen aus konnte man sogar freihändig Steine bis hinter die Stadtmauer werfen. Der "Schwarze Turm" hatte seinen Namen – so wie die "Schwarze Kirche" – erhalten, als ein Brand sein Mauerwerk durch Rauch und Ruß geschwärzt hatte. Dies soll aber nicht mit dem großen Brand der Stadt (1689) zusammenhängen, sondern erst im 19. Jh. geschehen sein, angeblich durch Blitzschlag.

Wie und wann der "Weiße Turm" zu seinem Namen kam, ist mir unbekannt; jedenfalls unterschied er sich nicht vor allem durch den kalkweißen Verputz von den übrigen Basteien, sondern durch seine Hufeisenform, und dadurch dass zu seiner Sicherung eine befestigte Brücke von der Stadtmauer über die Graft hin zu ihm geschlagen war. Im "Weißen Turm" waren dazumal die Wehrgänge noch erhalten und von außen durch die Schießscharten und Geschützluken ganz gut zu sehen; sogar das aufziehbare Treppchen, das, wenn aufgezogen, die eisenbeschlagene Tür des Einstiegs zusätzlich deckte, war noch vorhanden.

Diese beiden Türme waren also durch ihre Lage außerhalb des Stadtkernes und privater Interessen sozusagen "Freiwild" oder internationaler Tummelplatz der abenteuerlustigen Jugend der Stadt.

Was Wunder, dass sie da immer wieder aneinander geriet! Die sächsischen Jungen betrachteten sie gleichsam als das von ihren Vorvätern erbaute und durch die Geschichte ihnen anvertraute Gut, mit und in dem umzugehen nur ihnen zustand.

Kronstadt, Schwarzer (links) und weisser Turm (rechts)

Früher war das selbstverständlich gewesen; seitdem aber die magyarische und rumänische Bevölkerung und damit auch ihre Schuljugend so angewachsen war, dass sie zahlenmäßig die sächsische zu überflügeln begann, war das nicht mehr selbstverständlich, oder richtiger: erschien denen nicht selbstverständlich; die kannten oder anerkannten deren Geschichte nicht, sie – besonders die Magyaren – forderten nicht nur Gleichberechtigung, sondern, als das "Staatsvolk", sogar Vorrechte; die Rumänen, damals noch bescheiden, hatten für dergleichen wenig übrig und hatten genügend Bewegungsraum auf all den Hängen und in den Tälchen ihrer waldig-bergigen Vorstadt. Nur in einem Abschnitt der Stadtmauer und zwar in dem ihnen am nächsten gelegenen zwischen der Waisenhausgasse und der Burggasse, kam es gelegentlich zu Reibereien, die aber – im Gegensatz zu denen mit den Magyaren – meist friedlich endeten. In dem Abschnitt gab es nämlich einen äußeren und einen inneren Ring der Stadtmauer in einem Abstand von etwa 8-10 m voneinander. Zu meiner Zeit war der bis zu Stockwerk oder Schießschartenhöhe aufgefüllt mit Schutt, Erde und allerlei Abfall, auf dem Unkraut und Buschwerk aller Art üppig wucherte und somit ähnliche Schlupfwinkelgelegenheiten bot, wie die Stadtgräben gegen die Burgpromenade hin. Dies war zwar das Revier der Oberen Neugasse und Waisenhausgasse, wurde aber oft auch von anderen Jungen besetzt, die gerade in der Turnschule oder auf den Teichen ihr Wesen trieben. Zugang bot eine Bresche in geringer Höhe, sodass keine besonderen Kletterkünste erforderlich waren, um hinauf zu gelangen; sie lag dem Ende der Neugasse gegenüber.

Ich glaube, jeder, der in solch geschichtsträchtiger und ewig – auch von den Mitnationen, nicht nur von äußern Feinden – bedrohter Umgebung aufgewachsen ist, wird mehr als nur kühles Verständnis dafür haben, dass dies von unseren Vorfahren mühevoll aufgeführte und oft genug verlustreich verteidigte Gemäuer, uns mächtig anzog und dass wir nicht bereit waren, es ohne Weiteres mit anderen zu teilen oder gar es ihnen gänzlich zu überlassen. Wir fühlten uns als die "Ureingesessenen", die Anderen aber als die Zugewanderten oder gar Eindringlinge, diese hingegen – in nationalem Staatsdenken erzogen –, uns als Fremdkörper, der, überheblicherweise, auch noch Privilegien beanspruchte! Um ihrem Anspruch Nachdruck zu verleihen, hatten sie ihre Schulen möglichst ins Zentrum gesetzt: das Gymnasium hinter die Katholische Kirche in der Klostergasse, die Handelsschule auf den Rudolfsring in die Nähe der Reformierten Kirche. (Ich gebrauche absichtlich die damals noch üblichen deutschen Straßen- und sonstigen Orts- und landschaftlichen Bezeichnungen, auf die Gefahr hin, dass selbst mancher nach dem ersten Weltkrieg geborene Kronstädter Landsmann Schwierigkeiten hat, sich da ohne weiteres zurechtzufinden. Manche wurden seither schon mehrfach umbenannt, und in den heute gebräuchlichen kenne ich mich nicht mehr richtig aus.) Da der rückwärtige Ein-

oder Ausgang des ungarischen Gymnasiums an der "Graft", dem Bächlein, das sich entlang der westlichen Stadtmauer hinzog, lag, hatten dessen Schüler es leicht, zum Weißen- oder Schwarzen Turm zu gelangen: sie brauchten bloß dieses seichte, schmale Bächlein zu überqueren und ein wenig den Hang des Raupenberges hinan zu klimmen und schon waren sie dort. Wir hingegen mussten vom Kirchhof her über den Roßmarkt und um den Fleischerzwinger herum und dann den dort am tiefsten eingeschnittenen Graftbach überqueren. Das bedeutete, dass die Ungarn aus den Fenstern ihres Schulgebäudes den Hang bis zum Weißen Turm beobachten, wann immer feststellen konnten, was sich dort tat und notfalls durch Zuruf oder Winksignale Verstärkung heranholen konnten. Wir brauchten dazu eine ganze Kette von Posten oder Meldegängern, was nicht nur Zeit, sondern auch Kräfte beanspruchte. So kam es, dass meist sie zuerst dort waren, woher sie durch Belagerung und "Beschuß" (Steinhagel durch Schleuder, Pfeile und Lanzen) und schließlich durch Sturmangriff mit Knütteln und Fäusten vertrieben werden mussten. Nicht selten geschah es, dass zufällige Spaziergänger, Pensionisten, beider Nationen sich wenigstens durch anfeuernde oder warnende Zurufe an diesen "Schlachten" beteiligten. Beulen, Risse, Schrammen gab es fast immer; schlimm wurde es aber nur, wenn auch Lehrlinge zu Hilfe gerufen wurden, die sich den Teufel um "ritterliche" Kampfregeln kümmerten (das sportliche Wort "fair" war damals und dort noch unbekannt). Nicht ganz unberechtigt war die verächtlich anprangernde Bezeichnung "bicskás" für die ungarischen Lehrlinge der "Tschismenmacher" (von ungarisch "csizma" = Stiefel und "bicska" = Klappmesser, Stichmesser), da sie das "bicska" nur allzu schnell und gern zückten. Doch kam es bei diesen Kämpfen um die Türme selten zu ihrem Eingreifen, da sie von zu weit her geholt werden mussten; ihre Werkstätten und Behausungen, wie überhaupt die eigentliche Vorstadt der Ungarn, war die Blumenau, also der nordöstliche, jüngste Stadtteil, zwischen

Schneckenberg, Mühlberg und bäuerlicher "Altstadt" oder "Bartholomä" gelegen, also Bahnhof-, Kasernen- und Fabriksviertel. Wenn wir in der Gegend mal was zu tun hatten oder etwa über den Burghals oder Felsenweg zum Burggrund (Rakado) oder Honterusplatz wollten, oder in den Steinbrüchen der Zementfabrik am Schneckenberg und Galgenberg nach Mineralien buddeln, dann war's ratsam, die Schülermütze daheim zu lassen und auf der Hut zu sein, denn damit kamen wir in ihr Revier. Wenn sie uns entdeckten und Alarm schlugen – wörtlich zu nehmen, denn sie hatten an verschiedenen Punkten Bruchstücke von Schienen und Blechplatten aufgehängt, die, wenn angeschlagen, weithin gellten -, konnte es verdammt brenzlig werden, besonders wenn sich auch Arbeiter der Zementfabrik und Pensionisten der Trambahn, die dort ihre Siedlung hatten, einmischten, so dass schließlich der Gendarmerieposten von dort eingreifen musste. Wenn die "kakastollas", d.h. "die mit den Hahnenfederbüschen", auftauchten, dann riß alles aus, Freund und Feind, manchmal sogar auf den gleichen Pfaden, dicht hintereinander, denn mit denen war nicht zu spaßen!

Wollten wir aber zu weiteren Ausflügen in die Berge, etwa auf den Schuler oder in die Schulerau, über den Kreuzberg auf den Langen Rücken oder zu Hangestein und Rabenspitze usw., so kamen wir zwar den Rumänen ins Gehege, doch wurde es dort eigentlich nur zu den Zeiten gefährlich, wenn die Kirschen und Weichseln reiften und später dann Zwetschgen und Nüsse. Aber das hatte ja, wie schon erwähnt, andere Gründe.

Immerhin, für Abenteuer aller Art und für Gelegenheiten zu kämpferischer "Bewährung" war, wie man sieht, reichlich gesorgt, sobald wir bei unsern Spielen den Bereich der Inneren Stadt verließen.

Skizze von E.N., rechts oben ist der Weiße Turm zu sehen

Das einzige bis dahin ziemlich unbestritten sächsische Spielgebiet zog sich hinter den Gärten der Langgasse bis zur uralten Bartholomäer Kirche, um die noch Reste der einstigen Ringmauer zu sehen waren und gipfelte in dem sogenannten "Gespreng". (Warum übrigens dies ganze Gebiet von den Bewohnern der Inneren Stadt mit Vorliebe "Mexiko"[17] und seine Bewohner "Mexikaner"[18] benannt wurden, was die entschieden nicht gerne hörten, konnte ich nie ergründen. Das

---

[17] *Der Ursprung der Bezeichnung ist heute bekannt:*
https://adz.ro/artikel/artikel/150-jahre-eigenstaendige-kirchengemeinde-bartholomae

[18] https://adz.ro/artikel/artikel/unsere-vorfahren-haben-immer-ihre-pflicht-erfuellt

gehörte eben zu den mancherlei etwas rätselhaften Eigenheiten unsrer lieben Stadt von anno dazumal.)

Das „Gespreng" und seine Geschichte

Ja, nun also das "Gespreng". Das war zunächst ein etwa 100 m hoher Hügelbuckel, fast wie ein Laib Hausbrot, der sich hinter der Kirche und der bald anschließenden Artilleriekaserne erhob. Da er aus sehr gutem Kalkstein, vor allem Muschelkalk, bestand, wurde er als Steinbruch benützt, wo nicht selten auch gesprengt wurde, daher der Name. Er hatte die älteste, vermutlich noch vorgeschichtliche Befestigung auf dem Gebiet der späteren Stadt getragen und war erstaunlich quellenreich. Diese Quellen hatten weithin im Umkreis das Land in Sümpfe und Teiche verwandelt, in denen es von Fröschen, Kröten, Krebsen und Weißfischlein wimmelte. Was Wunder, dass all dies uns Jungen mächtig anzog: baden, fischen, Libellen jagen, nach Versteinerungen und Altertümern buddeln, in den Höhlen der Steinbrüche Räuber und Gendarm oder Wildwest spielen – Herz, was willst du mehr?! Überdies konnte man noch in den Hof der Artilleriekaserne hinunter gucken oder den Gefechtsübungen in dem zerklüfteten Gelände zuschauen und nachher die Patronenhülsen sammeln. Kurz: ein wahres Paradies für unsereinen. Aber wie geht es schon mit Paradiesen! Die Vertreibung hat nie lange auf sich warten lassen – wobei es fürs Ergebnis gleichgültig ist, ob aus eigenem Verschulden oder nicht. Nun, in unserm Falle wurden unsere paradiesischen Freuden immer häufiger durch – in der Gegend – recht fremdartige Eindringlinge gestört: durch Zigeuner! Was zum Teufel hatten die denn dort zu suchen?! Die "Ziganie", das ihnen behördlich, noch im Mittelalter – damals noch außerhalb der Stadtmauern, und zwar vor dem

Schwarzgässertor und den Fischteichen (wo die Hexen "geschwemmt" wurden) zugewiesene Ghetto, lag heute doch so ziemlich in der Mitte der Stadt, zwischen Gefängnis und Militärspital, also recht weit vom Gespreng, und "beruflich" hatten sie in dieser Gegend doch wahrhaftig nichts zu suchen.

Skizze von E.N., Blick vom Presbyterialsaalgarten
zum „Gespreng" und Bartholomä

Da gab's weder Beeren noch Pilze und kaum streunende Hunde; in diesem offenen Gelände hätten sie die ohnehin nicht fangen können. Die wenigen Pappeln und Weiden in den Sümpfen lohnten doch wohl nicht, und außerdem mussten die Ruten und Weidenkätzchen doch im frühesten Frühjahr geschnitten werden! Jagd auf Froschschenkel? Auch die waren nur im Lenz zart genug, um von Genüßlingen als Leckerbissen gewürdigt zu werden. Was also, zum Kuckuck, mochte sie, den Nachwuchs der "Unehrlichen" von einst, in diese Gegend geweht haben, die durch ihre Anwesenheit sehr verunsichert wurde; so richtig aufmerksam wurden wir erst, als des Öfteren Pausenbrote, Botanisiertrommeln, ja selbst Kleidungsstücke, die wir beim Baden oder Spielen abgelegt hatten, spurlos verschwanden. Den Dieben aber nachzuforschen, war eine mißliche Sache, denn die hielten zusammen wie Pech und Schwefel, und die Messer saßen bei denen auch verdammt locker! Die waren als Messerhelden auch den "bicskás"[19] (sprich Bitschkasch) über! Allmählich kriegten wir aber doch heraus, was für eine Bewandtnis es mit ihrem Auftauchen in diesem Revier, das wir uns mit den "Mexikanern" brüderlich, als Schutz- und Trutzgemeinschaft gegen jene Eindringlinge teilten, auf sich hatte. Erstens war vor einiger Zeit der Schindanger und die Müllablage in diese wüste Gegend herausverlegt worden, um die Sümpfe allmählich aufzufüllen, und zweitens war unter dem "Kleinen Hangestein" eine Ziegelei gegründet worden, die möglichst billige Arbeiter brauchte. Nun, das waren eben Zigeuner; außerdem gab es unter ihnen auch welche, die im Ziegelmachen einige Erfahrung hatten; allerdings nicht in maschineller Herstellung und Brennen, sondern Handanfertigung und an der Sonne Trocknen. Um sich nun den weiten Weg von der Ziganie bis zur Arbeitsstätte zu ersparen, waren einige Schlaumeier darauf verfallen, sich –

---

[19] *bicska, ungarisch: Klappmesser, bicskás:Klappmesserträger; den ungarischsprachigen Szeklern wurde in Siebenbürgen eine gewisse „Leichtigkeit" im Umgang mit besagtem Messer nachgesagt.*

zunächst nur in der warmen Jahreszeit – in deren Nähe am Waldrand der "Kulturen" niederzulassen und zwar in Laubhütten oder "Kalippen". Allmählich mauserten die sich zu Bretterbuden mit Dachpappe- oder Wellblechdächern, während in der Langgasse und bei den Bartholomäer Gemüsegärten und Ställen Zäune und Schuppen deutliche Zeichen von galoppierender Schwindsucht erkennen ließen, oder so etwas wie Haar- und Zahnausfall. Merkwürdigerweise waren es aber meist die gesündesten, die "ausfielen". Und da sie meist schon am nächsten Morgen in Kalkweiß, Rosenrot oder Himmelblau prangten, war ihnen ihre geringe Herkunft, die sich mit schlichtem Brunolinbraun begnügt hatte, nicht mehr anzusehen. Und da der Baugrund in der damals fast verrufenen Gegend – vermutlich wegen der Nähe des Seuchenspitals und seines verkommenen Friedhofs – ebenso spottbillig war wie die Ziegeln der nahen Ziegelei, wuchsen alsbald hier und dort wie Pilze kalkweiß, rosa oder himmelblau getünchte Ziegelhäuschen fast über Nacht aus dem Boden, so dass hier so etwas wie eine zweite Ziganie entstand, – diesmal aber wahrlich nicht auf Weisung der Stadtväter hin, die etwas spät aufwachten.

Uns nun verursachten die Hinter- oder Beweggründe dieser "Invasion" wenig Kopfzerbrechen, wohl aber ihre Folgeerscheinungen, denn das schon erwähnte Beklautwerden war ja nur eine von mehreren. Dies Territorium hielten wir und die Mexikaner für die uns durch Tradition aus Väter Zeiten zugestandenen "Jagdgründe", und zwar hier nicht nur bildlich gesprochen, denn all das schon genannte Quell- und Sumpfgetier, plus Raststation von Störchen, Haubentauchern usw. hatte unsre Jagdinstinkte geweckt, die zu befriedigen wir uns auf Trapper- oder Indianerart zwar mit viel Eifer, doch wenig Erfolg mühten, während die Eindringlinge uns an Geschicklichkeit und Skrupellosigkeit weit übertrafen. Für uns war's Spiel oder Sport, für jene Geschäft, – wenigstens in der Krebs- und Froschhaxensaison.

Jawohl, Geschäft! Denn es war keineswegs so, dass etwa Hunger sie nötigte, diese selber zu fressen, nein, es muss leider zugegeben werden, dass es meist Feinschmecker sächsischer Kreise waren, die diese schändliche Beute als Leckerbissen schätzten und gut bezahlten. Und ebenso darf nicht verschwiegen werden, dass es auch unter uns den einen oder anderen gab, dessen frühzeitig entwickelter Sinn für Geschäftliches ihn verführte, mit diesen "Kraddenschannern" (Krötenschindern) gemeinsame Sache zu machen, d.h. seine Beute jenen zu verschachern, während wir unsre Beute nach Beendigung der "Jagd" meist wieder schwimmen ließen, – allerdings nicht nur lauterem Sportsgeist oder reiner Tierliebe, sondern auch einigen, kaum mißzuverstehenden Andeutungen einiger Mütter folgend, wir sollten sie mit einer solchen Bereicherung des Speisezettels tunlichst verschonen! Aber es gab ja auch noch anderes, was uns immer wieder zum "Gespreng" hinzog, weniger in die Augen Springendes, weniger Wanst oder Beutel Füllendes, wohl aber Geist und Seele Anrührendes: Die kaum noch wahrnehmbaren Reste der einstigen Fluchtburg, die vermutlich noch in vorgeschichtlicher Zeit, bestimmt aber vor Gründung der Stadt oder auch nur der ersten Siedlung um Bartholomä angelegt worden war. Kreisrund und von Wall und Graben umgeben schien die gewesen zu sein. Woher mochten die gekommen, wohin entschwunden sein, die sie angelegt hatten? Was für einem Volk oder Stamm angehört haben? Fragen über Fragen geisterten aus dem verwitterten Gestein, wenn wir dort hockten und ins Burzenland hinaus schauten – über die erntegelben Felder, hinüber zum Buckel des Zeidner Bergs, zu den Hügeln des Althöhenzuges und gen Osten zu den Felsengipfeln der Karpaten -.... Wie mochte es dazumal hier ausgeschaut haben?!

Wie aber wurde uns erst zumute, als wir beim Buddeln in den Grotten und Höhlen der Steinbrüche auf Ammonshörner und Donnerkeile stießen, auf Bohrmuscheln, Seeigel und dergleichen, was unsre Väter und Lehrer als solche erkannten und benannten und uns somit klarmachten, dass all dies einstmals Meeresboden gewesen! So erwuchs uns aus dem Boden der Heimat ganz von selbst das gleiche Erleben, das der Dichter so schlicht und wahr in die Worte des Siebenbürger Liedes[20] zu fassen vermocht hatte. Er sprach aus, was wir erlebten, sodass wir dessen gar nicht recht innewurden, dass wir da etwas lernten, – ein "Gedicht" wie andere in der Schule. Gibt es wohl noch irgendwo eine "Hymne", von der man Ähnliches sagen könnte?

Nur mit der "Eintracht", die in der letzten Strophe "alle Söhne" der Heimat umschlingen sollte, wollte es nicht so recht klappen. Nun, das hatte verschiedene, meist in der Geschichte der Mitnationen liegende Gründe, auf die wir vielleicht noch zu sprechen kommen.

Das, was vorerst alle Landessöhne, – freilich oft mehr nolens als volens – vereinte, ja manchmal richtig zusammenschmolz, war das k.u.k. Heer. Es übte eine geradezu unglaubliche Anziehungskraft auf uns aus, gleichviel wann, wo und wie es in Erscheinung trat. Aber das dürfte ja wohl bei der männlichen Jugend aller Völker und Zeiten bei ihren Heeren so gewesen sein. Wer ist aber imstande anzugeben, was es nun eigentlich war, was diese Anziehungskraft hervorrief? Ist es der Zauber der Uniform? Der Waffen? Des präzisen Funktionierens mit Ruck und Zuck auf ein bloßes Kommandowort oder Zeichen hin? Des irgendwie mit Tod und Töten Verbundenseins? Wohl von alledem etwas, worüber wir uns aber wahrhaftig den Kopf nicht zerbrachen, welchem der Vorrang zu geben wäre; wir folgten einfach dem Zug, wie das Eisen dem Magnet, – ganz gleich ob das nun der Marschtritt in den Straßen war, das Geklacker der Pferdehufe oder das Dröhnen und Rasseln der Geschütze. Höhepunkte des Erlebens aber waren es, wenn es uns ab und zu gelang, Zeugen einer Gefechtsübung im Gelände zu sein! Wenn es allenthalben zwischen Buschwerk und Felsbrocken knallte und krachte, Befehle und Trompetensignale gellten,

---

[20] *Hymne der Siebenbürger Sachsen: Siebenbürgen, Land des Segens....*

die Bajonette aufblitzten und schließlich das Hurragebrüll beim Sturm aufbrandete! Seltsamer Zauber, der auch den Erwachsenen im Ernstfall immer wieder empor- und auch in den Tod reißt! Seit Urzeiten und immer wieder! Ja, und dann kam nachher das Suchen und Sammeln der Patronenhülsen, die man eigentlich hätte abliefern sollen, aber lieber behielt. Sie rochen so eigentümlich brandig herb und wild, – und man konnte so herrlich pfeifen mit ihnen. Und dann das Üben der Hornisten der Garnison! Die der Artillerie und Kavallerie übten auf dem Gespreng, die der Infanterie ihm gegenüber auf dem Hügel über der Ziegelei, und die der Honvédinfanterie auf dem Schneckenberg oder im "rakadó" (Burggrund). Es war, als webten die Töne ihrer Signale ein silbernes Netz von Hügel zu Hügel über die Stadt hin; es war nicht wegzudenken aus dem Leben des Vorkriegskronstadt, und jeder von uns kannte und konnte sie nachpfeifen vom Wecken bis zum Zapfenstreich! Lange bevor sie uns selbst dann galten! Verweht die Signale, verschwunden die Hornisten – und mit ihnen auch fast der ganze Gesprengberg! Verstreut als Schotter auf den Straßen des Landes oder zermahlen zu Zementgemisch in der Zementfabrik. Und wo einst über den Teichen Libellen surrten und in den Sümpfen Frösche quarrten, gellen nun Fabriksirenen und klirren Waggonettel ... und wer von den dort Arbeitenden weiß noch irgendetwas von der versunkenen Welt unter ihren Füßen?

Ja, wer weiß schon wirklich, worauf er bei seinen Alltagsgeschäften herumtrampelt? Bestenfalls wird ihm manchmal, wenn er unversehens auf eine Spur vergangenen Lebens stößt, eine dunkle Ahnung aufsteigen davon, dass er ein sehr spätes und winziges Glied einer unendlich langen Kette unbekannter Vorfahren ist, das für einen Augenblick der Weltzeit emportaucht ins Licht, um alsbald wieder im Dunkel zu verschwinden. Ja, geschichtsträchtig ist der Boden meiner Vaterstadt, und Berg und Tal um sie herum, und von klein auf hab ich das in Lust und Schauer verspürt, mehr als die meisten meiner Altersgenossen, und bin den Spuren, die sich ihm eingeprägt haben, nachgegangen, wo und wann ich nur konnte.

Mit „Krippes" zum Salomonsfelsen

Mein erstes Erlebnis in dieser Hinsicht reicht zurück bis in meine Volksschulzeit. Ein Bekannter Vaters, der stämmig-derbe, immer zu Scherzen und Witzen aufgelegte Schnaps- und Likörfabrikant sowie Besitzer des Schnapsbeisels "Zum Krebs" auf dem Roßmarkt (nach diesem auch meist nur "Krippes" benannt und als solcher besser bekannt, denn unter seinem bürgerlichen Namen Julius Teutsch), hatte meinen Vater eingeladen, an einem seiner Grabungsausflüge teilzunehmen. Sein Hauptinteresse galt nämlich – mehr als dem Beruf und Erwerb – eigentlich der Archäologie, in der er sich als Autodidakt im Lauf der Jahre nicht nur beachtliche Kenntnisse und Erfahrungen erworben, sondern die er auch durch eine Reihe interessanter Funde, Ankäufe und Veröffentlichungen bereichert hatte. Das alles sollte freilich erst viel später ans Licht der Öffentlichkeit treten und die verdiente Anerkennung auch in Fachkreisen finden; damals stand er noch ziemlich am Anfang seiner Forschungen und beschränkte sich auf die Stadt selbst und ihre nächste Umgebung. Seine Sammlung von Altertümern war noch unansehnlich und recht dürftig in zwei Gelassen oder Kammern hinter dem Labor, Ausschank und Laden des "Krebses" untergebracht. Da im damaligen Kronstadt niemand sein Steckenpferd unbemerkt reiten konnte; da Vater für diese Dinge auch viel übrig hatte und Krippes sich über jeden Interessenten ehrlich freute und überdies, als gesellige Natur, lieber jemand um sich hatte, mit dem er fachsimpeln, schwätzen oder auch "piepeln" konnte, als allein zu buddeln, war es vermutlich zu dieser Einladung gekommen, die sich auch auf mich erstreckte, da er für seinen Sohn, der bloß 1-2

Jahre jünger war als ich, einen ablenkenden Spielgefährten brauchte. Nun, in diesem einen Punkt hatte Krippes sich verrechnet, da er nun statt bloß einem Warumfrager gleich zwei auf dem Halse hatte. Ansonsten aber verlief dieser Ausflug wohl über sein eigenes Erwarten hinaus erfolgreich.

An einem Sommersonntagmorgen, als die Sonne gerade über den Zinnenrücken hinweg auf den unten noch friedlich dahindämmernden Marktplatz und Roßmarkt hinabzulugen begann, fanden wir, Vater und ich, uns vor dem "Krebs" ein, der um diese frühe Stunde auch noch friedlich schlummerte; er durfte erst nach dem Gottesdienst geöffnet werden. Vor ihm auf der Straße stand ein Korbwägelchen, wie die Kleinbauern und Gemüsegärtner sie benützen, mit zwei munteren Gebirgspferdchen bespannt und mit Spitzhacken, Spaten, Schaufeln, Brechstangen, Sandsieb und Säcken beladen. Gleich darauf traten Vater Krippes und Sohn aus dem dunklen Torgang, gefolgt von einem rüstigen Graubart, der einen großen, von einem groben Kotzen bedeckten Korb trug. Seinem Aussehen nach – auf dem struppigen Kopf ein glockenförmiges Lodenhütchen unbestimmbarer Schmutzfarbe, zottige Brust unter dem aufklaffenden groben Leinenhemd, das durch einen breiten, buntverzierten Ledergurt zusammengehalten wurde, weite Leinenhosen, kahnartige "Opintschen" (Bundschuhe) – hätte wohl niemand in ihm den Besitzer von Pferd und Wägelchen sowie verschiedener Kirsch- und Zwetschgengärten in der Oberen Vorstadt, somit einen Hauptlieferanten des Rohmaterials für des Krippes Edelkirsch und Ţuica[21] vermutet. Nach kurzer Begrüßung machten wir's uns im Heu, auf und neben all dem sperrigen Gerät, so bequem wie möglich, und fort zuckelten die Pferdchen der Oberen Vorstadt zu, zwischen die immer kleiner und bunter werdenden Häuschen und die einander immer näher rückenden Berge, die schließlich nur noch einer schmalen steinigen Straße neben einem wunderbar klaren und kalten Bächlein Raum ließen.

---

[21] *rumänischer Zwetschgenschnaps*

Unterwegs erzählten die Väter uns Jungen, einander ergänzend, die Sage von des Ungarnkönigs Salomon Kämpfen mit den Kumanen und Petschenegen in diesen Bergwäldern, und wie er dabei einmal von den Seinen abgekommen, verirrt und vom Feinde verfolgt an eben der Stelle, zu der wir jetzt fuhren, ihnen nur dadurch entronnen sei, dass er mit seinem Roß einen so ungeheuerlichen Sprung über eine Felsschlucht, zu der wir gleich kommen würden, gewagt habe, dass man dessen Gelingen nur einem Wunder zuschreiben konnte und die Stellen, wo dies geschehen, nach ihm benannt habe: "Salomons Felsen"; heut noch sei sie durch den Abdruck des Roßhufes auf der Felsplatte kenntlich! Das könnten wir bald mit eigenen Augen feststellen! Was Wunder, dass uns Jungen die Puste wegblieb, als wir zu dem Felsen von weit über Kirchturmhöhe hinaufstarrten!

Das war aber noch nicht alles! Als wir von der Straße, die in steilen Serpentinen zur Schulerau hinanführt, nach links gegen die schroff aufragende, schon von weitem sichtbare Felsengruppe abbogen, über ein Bohlenbrückchen rumpelnd, das über einen laut rauschenden Wildbach zur Schlucht hineinführte, da tauchte hinter allerlei Buschwerk fast verborgen, ein düsteres Gebäude auf: über grobem Bruchsteinunterbau altersschwarzes Gebälk, ein stillstehendes, plumpes Mühlrad, darunter das Wasser gischtend hin schoss, alles von zottigem, graugrünem Moos, wie von einem Pelz überhangen; im Hintergrund, hingeduckt unter die Felsen und von Efeu fast verdeckt noch etliche Schuppen, auch still und schwarz von Alter; statt Fenstern nur Luken, vergittert oder mit Holzladen verschlossen – alles in allem ein unheimliches Anwesen. Da brummte "Onkel Krippes", mit dem Kinn hinüber weisend. "Dort drüben hat sich der Graf der Schwarzburg – die Trümmer sind heute noch im Wald auf dem Zeidner Berg zu sehen –, versteckt gehalten, als sein Aufstand gegen den Woiwoden von Siebenbürgen mißglückt war und er fliehen musste. Der

Müller hier war sein Lehnsmann, der ihm Zuflucht gewährte. Ob er oder ein anderer ihn verriet, kam nie heraus, doch wurde eines Tags die Mühle hier umstellt und der Graf nach hartem Kampf verwundet, gefangen und später hingerichtet." Merkwürdig, dass Gruseln eine Lust sein kann! Etwas, das man, wenn auch zähneklappernd noch steigern möchte! Damals erfuhr ich es zum ersten Mal. Das mit dem Riesensprung dort oben – ich guckte schaudernd hinauf zur schwindelerregenden Höhe -, gewiss, das war allerhand! Da konnte einem das Maul aufklappen vor Staunen, – aber dies hier, dies altersschwarze Gebälk, stumm drohend hingekauert, wie ein Geheimnis hütend – das jagte einem Schauer über den Rücken! Was hätte das erzählen können! Nun, Krippes hatte sich mit der Bemerkung was eingebrockt! Es bedurfte recht nachdrücklichen Eingreifens meines Vaters, um den armen "Onkel" vor meinen hartnäckig ihn umsummenden Fragen zu bewahren, denn dass man nicht mehr wisse, als das eben Mitgeteilte, das wollte ich ihm nicht glauben.

Doch was Mahnungen und Versicherungen nicht vermochten, das bewirkte mit einem Schlage die Szenerie, als die enge, schattige, wasserdurchrauschte Felsschlucht sich plötzlich vor uns auftat, als gewähre sie Zutritt in einen mächtigen, lichtdurchfluteten Saal, oder zum Kessel eines Riesen. Wir standen auf seinem Grund, dessen Mitte in vielen Windungen der Gebirgsbach durchschnitt, und von dem ringsum, leicht terrassenförmig, Grashänge hinan stiegen zu den Felswänden, die wie unzugängliche Bastionen herunter drohten. Hier und dort klammerte sich Buschwerk in Felsspalten und bei näherem Hinschauen konnte man auch so etwas wie einen Ziegenpfad erkennen, der auf dem etwas weniger steilen Hang zur Felsenkrone hinan führte. (Er wurde Jahre später zu dem Wanderweg ausgestaltet, der zum sogenannten "Heldengrab" führt; wenige Schritte abwärts von dem Punkt, wo er aus dem Kessel austrat, wurde auch der Eingang zu einer Höhle entdeckt, die anscheinend in die Tiefe des Berges führt.) Damals war uns davon noch nichts bekannt; schwerlich dürfte sie aber den Steinzeitmenschen unbekannt gewesen sein, auf deren Spuren wir an jenem Tage dann stießen.

Kurz hinter dem Brückchen bei der alten Mühle, wo es so unwegsam wurde, hatten uns zwei Arbeiter erwartet, die, als wir abstiegen, dem Wägelchen mit Ruck und Zuck über die Felsbrocken und tiefen Rillen in den Talkessel und auf ein halbwegs ebenes und schattiges Plätzchen halfen.

Während wir, d.h. Vater, Krippes jun. und ich, uns zunächst mal dem Pfad zuwandten, der zu der angeblichen Absprungstelle König Salomons führen sollte, beäugte Krippes sen. die Gegend darauf hin, wo mit größter Wahrscheinlichkeit vorgeschichtliche Menschenwesen gelagert haben könnten, wenn sie dies für ihre Zwecke geradezu ideale Felsennest entdeckt haben sollten. Niemand war bisher darauf verfallen, solche Überlegungen anzustellen und so nahe der Stadt nach etwaigen Spuren vorgeschichtlicher Zeiten zu fahnden, – hatten doch schon die geschichtlichen genügend Rätsel aufgegeben.

Nun, so geneigt ich auch war, König Salomon und seinem Roß allerlei zuzutrauen, – als ich von der Kirchturmhöhe des Felsens erst in die Tiefe und dann hinüber zur Kuppe jenseits der Kluft spähte, da konnte ich nur den Kopf schütteln: das müsste Flügel gehabt haben! Und was da als Hufabdruck gedeutet wurde – du lieber Himmel! Als ich zweifelnd zu Vater aufblickte und er mir lächelnd über den Kopf strich: "Ja, Bub, so ist das mit den Sagen ... und den Wundern ... vorm Licht der Sonne zerfließen sie wie Morgennebel .. ", da wusste ich Bescheid und war – in seltsamem Zwiespalt – zugleich stolz, dass Vater mich der Wahrheit wert hielt, und traurig, dass damit der lustvolle Schauder vor dem "Wunder" schwand. "Aber das mit der alten Mühle dort unten und dem Grafen... das ist doch etwas anderes... ?!" stammelte ich, um doch etwas von diesem Schauder zu retten, – und atmete auf, als Vater ernst nickte: "Ja, das ist etwas anderes, Bub! Das ist nicht Sage, sondern Geschichte."

Als wir wieder unten landeten, hatte Herr Teutsch sich für die mittlere Terrasse der Sonnenseite entschieden und auch schon mit der Grabung beginnen lassen. Einiges von dem, womit er meinem Vater gegenüber seine Wahl begründete, ist mir hängen geblieben: 1) Warum Sonnenseite? Weil jene frühen Menschen in diesen Breiten sehr auf Licht und Wärme angewiesen waren, sich diese künstlich aber noch ziemlich schwer beschaffen konnten; 2) Warum just die mittlere Terrasse? Weil diese, verglichen mit den anderen, den Eindruck erweckte, künstlich angelegt worden zu sein, und 3), weil man hier durch die etwas überhängenden Felsen im Rücken am besten gegen Überfälle geschützt war. Wie sehr Herr Teutsch mit seinen Überlegungen Recht hatte, sollte sich am frühen Nachmittag erweisen. Bis dahin hatten die Stichgräben, die die Arbeiter auf sein Geheiß, rechtwinklig aufeinander stoßend, ausgehoben hatten, so gut wie nichts ergeben, bis auf einen zerbrochenen Kamm aus Knochen, der aber auch jüngerer Herkunft sein konnte. Das müsse nähere Untersuchung erweisen, meinte Krippes und ordnete Mittagsrast an, da die Sonne unbarmherzig auf den Hang hernieder brannte und einen zeitweiligen Rückzug in den Schatten der paar Bäume ratsam erscheinen ließ.

Dann wurde der Freßkorb aus seinem Laubversteck hervorgeholt und aus dem Bächlein das dort gleich nach der Ankunft eingekühlte Getränk. Zwischen ein paar Steinen wurde ein Feuerchen entfacht, aus Haselgerten winzige Spieße geschnitzt und auf diese deftige Speckschnitten geschoben und über der Glut gedreht, bis sie glasig zu werden, sich zu bräunen, krümmen, köstlich zu duften und schließlich zu tröpfeln begannen. Inzwischen hatte man auf Holztellern Gurken, Zwiebeln und knackige dunkelgrüne Ardé (Paprika) geschnitzelt, Salz aus einem Holzfässchen drüber gestreut und mächtige Scheiben kräftigen Schwarzbrotes auf einem sauberen Tuch gehäuft, und dann langte jeder zu. – Über uns leise raunende Baumwipfel, unten der murmelnde, glitzernde Bach, drüber hin Libellenblitze, Faltertaumeln, Gurren von Wildtauben .. Um nichts in der Welt hätte ich dies urwüchsige Mahl mit dem üblichen Sonntagsschmaus feinster Genüsse plus Tischtuch, Teller und Besteck vertauscht. Dass dann auch noch ein paar Stück – keineswegs steinzeitlichen – Apfelkuchens und hochgezüchteter Äpfel aus dem Korb auftauchten, wurde nicht als stilwidrig empfunden, rief aber Mütter und Gattinnen in Erinnerung für deren Fürsorge die Männer nun mit einem Prost! aus der gut gekühlten Flasche dankten. – Es war die Stunde Pans, – an einem der wenigen noch verbliebenen Orte, wo er sich hätte wohl fühlen können.

Und war das, was sich dann ereignete, als man sich aufrappelte und Spitzhacke und Spaten wieder knirschten, nicht so, als habe Pan sich gnädig erweisen wollen, weil wir seinen Frieden nicht mutwillig gestört hatten? Kaum war die Grabung an anderer Stelle etwa ½ m tief gedrungen, als ein Arbeiter auf etwas stieß, das weder Grundfels war, noch einer der losen Steinbrocken, deren man schon etliche herausbefördert hatte, sondern etwas, das wohl auch Stein, aber offenbar von Menschenhand geformt war. Alles hielt den Atem an, als das sonderbare Ding unter großer Vorsicht herausgebuddelt, oder richtiger herausgeschält wurde, aus der Umklammerung des Wurzelwerks. Kreisrund war es und schüsselförmig, mit ungewöhnlich dicker Wandung, aus grauem Sandstein und ziemlich schwer, so dass ein Mann es grad noch heben konnte. Man stand und hockte um den Fund herum und rätselte, wozu er wohl gedient haben mochte, da er sich weder zum Waschen noch gar Kochen geeignet haben konnte. Der einzige, der sich zunächst kaum äußerte, sondern nur versonnen und glücklich lächelnd das rätselhafte Ding von allen Seiten beäugte und befühlte, war Krippes. Insbesondere schien die innere Rundung, die Kesselform hatte, es ihm angetan zu haben; immer wieder ließ er nachdenklich seine Hand drin kreisen. Auf einmal hielt er inne, betrachtete seine Fingerspitzen und sagte langsam: "Ich glaub, ich hab's!" Dann wandte er sich an uns Buben: "Ihr zwei da, – sucht mal im Bach dort unten nach einem möglichst runden Stein, der da hineinpaßt!" Damit wies er in den Bach des Kessels. Nun, das brauchte er uns nicht zweimal zu sagen. Mit Feuereifer suchten wir im Bachbett, während Krippes die Arbeiter zu weiterem Graben anspornte. Nun, das was er erhofft hatte, ein Pistill[22] oder eine Mörserkeule, die in die Mulde passte, kam zwar nicht zum Vorschein, doch genügte auch ein Stein, wie er ihn gewünscht und wir gefunden hatten, um nachzuweisen, dass es sich um eine Handmühle handeln müsse, in der sich Steinzeitmenschen mühselig genug ihr Getreide, Kerne und dergleichen gemahlen hatten. Dass er hier tatsächlich auf eine solche Niederlassung oder doch einen Lagerplatz aus jener Zeit gestoßen war, wurde durch etliche Funde, die im Lauf des Nachmittags noch heraus gebuddelt wurden, erhärtet: Scharfkantig behauene Steine, die als Messer hatten dienen können oder zum Abschaben von Fellen, Nadeln oder Ahlen sowie Pfeilspitzenbruchstücke aus Knochen und schließlich ein dolchartig zugeschliffenes Gehörnstück eines Rehbocks – alles in allem eine über alle Erwartungen reiche Beute, die des Herrn Teutsch Spürnase da gewittert hatte. Das Glanzstück aber war unstreitig die steinzeitliche Handmühle, die Herr Teutsch nachmals mit vielen anderen Stücken seiner Sammlung zum Grundstock des von ihm mitbegründeten "Burzenländer Museums" schenkte.

Ach, welch ein Tag sank da hinab, als nach lustigem Geplansch im nachmittäglich angewärmten Bächlein und reichlich gespendetem "Țuica" der eine Arbeiter eine Maultrommel, der andere eine Okarina hervorholte und deren schlichte melancholischen Töne ins milde Dämmer aufsteigen ließ, während der Felsenrand des Kessels im letzten Licht aufglühte und gegenüber die Mondsichel silbern über die Höhe klomm. Dort lag die Handmühle auf einer

---

[22] *Steinwerkzeug, Reibkeule*

Decke, der Knochendolch, die Steinschaber, – Zeugen unendlichen Mühens, ein karges, immer gefährdetes Leben zu erhalten, – nach Jahrtausenden im Dunkel der Erde nun wieder ans Licht gefördert: Urzeit und Gegenwart vom gleichen Mondlicht überrieselt, vom gleichen Duft von Wald, Wiese, Wasser umfächelt – Sage, Geschichte, Gegenwart – einst und heute – wer entwirrte das?! Das Wägelchen rumpelte heimwärts. Wir lagen im Heu neben den uralten Dingen. Das Murmeln des Bächleins begleitete uns... es murmelte, wie es vor tausenden von Jahren anderen gemurmelt hatte... Über uns die Sterne, der Mond, zu denen auch die aufgeschaut hatten, deren Hände Werk wir da nun mit uns nahmen. Welch ein Tag ging da zu Ende! Er hatte mir ein erstes Ahnen von dem erschlossenen, was Heimat und Geschichte ist, und dass das eine mit dem anderen untrennbar eng verbunden ist – Keine Baumkrone im Licht ohne Wurzel im Dunkel! –

Das Hockergrab und die „Heldenburg"

Das nächste Erlebnis ähnlicher Art wurde mir etliche Jahre später, als ich ins Untergymnasium ging und schon mehr Verständnis für Heimat und Geschichte hatte. Eines Mittags, als ich aus der Schule kommend wie gewöhnlich zuerst Vater in der Apotheke begrüßen wollte, bevor ich in die Wohnung zu Muttern hinaufstürmte, fand ich dort statt ihm bloß einen Zettel vor, ich solle ihm in den Hof des Sparkassengebäudes nachkommen; dort gebe es etwas Interessantes zu sehen! Nun, wenn Vater während der Dienstzeit die Apotheke verließ und von etwas "Interessantem" sprach, dann musste was dran sein! Also nichts als hin! Schon als ich an die Ecke Kornzeile - Klostergasse kam, merkte ich, dass bei der Sparkasse, schräg gegenüber, was los sein müsse: Eine aus allen Altersjahrgängen, Ständen, Nationen bunt zusammengewürfelte Menge drängte sich erregt gestikulierend, fragend, Vermutungen äußernd, Gerüchte weitergebend, die von Auffindung eines ungeheuren Schatzes bis zur Aufdeckung eines geheimnisvollen Mordfalles mit x Leichen reichten, wurden in allen Landessprachen getuschelt. Nun kam es mir zugute, dass ich bei Sparkassendirektor Eder, der nicht nur (neben der "alten Walbaum") unser Hausherr, sondern auch mit meinen Eltern befreundet war, des Öfteren als Bote aus- und eingegangen, also beim Bankpersonal bekannt war, sonst hätte mir alles Gedrängel am Zerberus vorbeizukommen nichts genützt. So aber nahm der Kassenbote und Türhüter, der alte Seimen mit dem respektgebietenden Franz-Josef-Backenbart, der den Eingang hütete, mich stumm am Henkel und bugsierte mich durch die murrende Menge hinein. Ja, und dann war ich also in dem mir sattsam bekannten langen, schmalen Hof, der von der Klostergassenfront an den Hofwohnungen und Schopfen entlang bis zur Stadtmauer an der Graft, unweit des Zugangsbogens zum Weißen Turm führte. Vom Eingang in den Hof zog sich jetzt in Richtung Stadtmauer ein schmaler, ziemlich tiefer Graben, – vermutlich um Rohre für Wasserleitung oder Kanalisation aufzunehmen. An seinem vorläufigen Ende, schon in Nähe der Stadtmauer, stand eine Menschengruppe und starrte in die Tiefe zu ihren Füßen. Als ich mich durchgedrängelt hatte bis zu meinem Vater und auch hinabsehen konnte, verschlug es mir den Atem: Was dort unten lagen, das waren zwei menschliche Gerippe! Mit angezogenen Knien lagen sie seitlich dort, so als ob das größere das kleinere auf dem Schoß halte. Bräunlich, schwärzlich waren die Knochen und die um sie herum liegenden Scherben etlicher irdener Gefäße; anscheinend war auch einiges steinerne Gerät dabei. Das Ganze war eingeschlossen von senkrecht aufgestellten, unregelmäßigen Sandstein- oder Schieferplatten, die solcherart eine Art Kiste bildeten. Wer dort mit leisen Worten den Fotografen dirigierte und die Arbeiter, die Fundstücke nummerierte, Abtransport und alles Nötige leitete und später dann die ganze wissenschaftliche Arbeit und Aufstellung im "Burzenländer Museum" besorgte, war kein anderer als Herr "Krippes", und was da ausgegraben worden war, das bildete nachmals als das "Hockergrab von Kronstadt" ein Glanzstück des Museums. Wenn in diesem Fall der Fund auch nicht dem Spürsinn des Herrn Teutsch, sondern dem Zufall zu danken war, so war doch seine sachgemäße Bergung und Auswertung unstreitig sein Verdienst.

Und noch ein drittes Mal war's mir vergönnt an einem Unternehmen teilzunehmen, das er leitete. Damals galt es dem im Volksmund "Heldenburg" benannten Mauerwerk, weitab von jeder Siedlung auf einer damals dicht bewaldeten und schwer zugänglichen Höhe in der Gegend von Vledeny oder Ujfalu gelegen. Von der Gemeinde war's noch ein gutes Stück bis zu der Hügelkette, an deren Fuß wir das Fuhrwerk verlassen und den Anstieg beginnen mussten. Es ging ziemlich steil und weglos durch Wald und Unterholz den Berg hinan, bis vom Grat gegen die Ebene hin eine Felsnase vorsprang, nach allen Seiten schroff abfallend, ja sogar vom Grat noch durch einen tiefen, wahrscheinlich künstlich geschaffenen schluchtartigen Graben getrennt. Es war nicht ganz leicht, mit all dem Werkzeug und Proviant auf die Felsplatte zu gelangen, die für nicht viel mehr Raum ließ, als für die kümmerlichen Reste eines quadratischen Turmes aus Bruchstein, Seitenlänge etwas 4-5 m, – Höhe ungewiss, da bloß das unterste Geschoss noch vorhanden und mit den Trümmern der oberen Stockwerke, Mulm, Asche, verkohlten Balkenresten halb gefüllt war. Es ist anzunehmen, dass Herr Teutsch die Örtlichkeit, wenn auch nur flüchtig, kannte und daher weniger in Erwartung wichtiger Funde den Ausflug unternommen hatte, als vielmehr um festzustellen, was für eine Bewandtnis es mit dieser "Heldenburg" gehabt haben, welchem Zweck sie gedient haben, von wem angelegt worden sein könnte. So war denn auch die Enttäuschung nicht eben groß, dass bei dem Gebuddel im Turm und um ihn herum, – was bei dem fast durchweg felsigen Grund ohnehin auf nur wenige erdige Stellen beschränkt war – nur Dürftiges, doch immerhin Aufschlußreiches zum Vorschein kam: eine verbogene, rostzerfressene Pfeilspitze, dann ein Bruchstück von einer Spange oder Fibel, auch aus Eisen, ein Spielwürfel aus Knochen und endlich eine ziemlich abgegriffene Kupfermünze. All dies schien Herrn Teutsch auf römischen Ursprung hinzudeuten. Bestärkt wurde er in dieser Annahme durch Feststellungen, die er von diesem Punkt aus machte, mit Hilfe von Kompaß, Fernglas und einer Landkarte. Diesen zufolge konnte es sich hier keinesfalls um eine "Burg" handeln, also um eine Befestigung zu Verteidigungszwecken; die hätte hier, fern von jeder Siedlung oder Straße, gar keinen Zweck gehabt, auch sprach die ganze Anlage dagegen. Die Wahl just dieses Punktes, der einen weiten Rundblick über die Burzenländer Ebene bis hin zu den Gebirgspässen der Karpaten (Bodzauer- und Altschanzpass) sowie zum

Althöhenzug gewährte und von dort aus auch gesehen werden konnte; dies, sowie eine waagrecht abgeschliffene Felsplatte in einigem Abstand vom Turm, am Rand der Kuppe, legte die Vermutung nahe, dass es sich hier um einen Wach-, Beobachtungs- und Signalturm handeln müsse. Die Besatzung, wohl kaum mehr als 5-6 Mann, hatte nichts anderes zu tun, als Tag und Nacht die übrigen im weiten Umkreis angelegten Wach- und Signalposten zu beobachten, die von der Karpatengrenze her feindliche Einfälle zu melden hatten, Tages durch Rauch-, nachts durch Feuersignale. Die Felsplatte am Rande der Kuppe hatte wohl als Basis für den Reisig- oder Scheiterhaufen gedient. Was für ein Landsmann mochte es wohl gewesen sein, der diesen Platz ausfindig gemacht; Angehörige was für eines Volkes waren es wohl, die diesen Turm erbauten und aus welcher Provinz des mächtigen römischen Reiches mochten die Legionäre stammen, die da Wache geschoben hatten? Tonziegel, die später in der Nähe Tartlaus bei Grabungen auf dem Gelände des einstigen römischen Legionslagers gefunden wurden, trugen den Stempel der X. Legion, die angeblich zur Zeit von Christi Kreuzigung in Palästina stand... In was für einem weitgesponnenen Netz stand dieser abseitige Turm! Hatte er wohl jemals Alarm in das Land hinaus geflammt? Wie mochte es damals darin ausgesehen haben! Und als sie abzogen? Vor welchem Feind? Fragen über Fragen! Seltsam, an welchem Fleckchen dieses scheinbar so abgelegenen Erdwinkels man auch den Spaten hineinstieß oder das Netz der Forschung in die Tiefen seiner Vergangenheit senkte: überall zog man ein ganzes Geschlinge von Zusammenhängen, weit über seine engen geographischen Grenzen hinaus, ans Tageslicht! Und damit immer neue Fragen, die um sein Geheimnis herumrätseln. Dies aber, wie alles Geheimnisvolle, ist es wahrscheinlich, was die Seele seiner Kinder wie mit unzähligen feinen Fäden umschlingt, gleichsam in seinen Blutkreislauf miteinbezieht und nimmer loslässt. Das Ahnen von diesen Zusammenhängen, das mich erstmals beim Salomonsfelsen, dann beim Hockergrab durchschauert hatte, verdichtete sich zu einem Gefühl, das mich nachmals noch oft überkam: Gleichsam auf hohlem Boden mich zu bewegen und es aus dem mancherlei alten Gemäuer, zwischen dem ich aufwuchs, wispern zu hören – nicht nur aus der Stadtmauer, die des Neustädter Großvaters Garten gegen die "Burg" hin abschloß; nicht nur aus den Wehrgängen im Tartlauer Kastell, in deren staubig-muffigem Dämmer ich in den Sommerferien auf dem Pfarrhof Sindel-Großvaters den Käuzchen, Dohlen und Fledermäusen nachstellte, nein auch aus den knarrenden Dielen unsrer Wohnung im uralten Walbaumhaus auf der Kornzeile! Es war, als wollten all diese Dinge um uns herum und die Geräte, die wir gefunden und die noch unentdeckt unter der Erde lagen, von den Menschen erzählen, die sie geschaffen und benützt hatten, und deren manche noch Spuren ihrer Hände, ihres Lebens an sich trugen.

So wuchs ich, ohne mir dessen recht bewußt zu werden, in Landschaft, Geschichte und Lebenskreislauf meiner Heimat und meines Völkchens hinein, für immer geprägt von ihm.

Diese frühen Erlebnisse, die durch Anregungen von außen her zustande gekommen waren, hatten meine Aufmerksamkeit und Neigung für diese Dinge geweckt, so dass ich in einem Alter, wo Jungen gemeinhin für dergleichen noch nicht allzuviel übrig haben, schon aus eigenem Antrieb begann ihnen nachzuspüren. Natürlich nicht bewußt und irgendwie systematisch, sondern rein gefühlsmäßig gedrängt, nach dem Woher und Warum dieses und jenes Dinges, Namens oder Geschehens in Haus, Stadt oder Landschaft zu fragen.

So kam es, dass zunächst ich allein, späterhin wir, d.h. mein bester Freund Fredi (Prediger) und das andere "Dioskurenpaar" Thedi (Schiel) und Hampi (Hans Albert) unsere Ausflüge mit Vorliebe so anlegten, dass sie zu erd- oder menschheitsgeschichtlich bedeutsamen und vermutlich ergiebigen Örtlichkeiten führten. Auf diese Art konnten wir allmählich kleine Sammlungen von tierischen und pflanzlichen Versteinerungen, Mineralien und auch Münzen zusammenbringen. Mit letzteren befasste besonders ich mich, da ich von Vater, der als Praktikant im Altreich (Galatz und Brăila) zu sammeln begonnen hatte, manche Anregung und einen kleinen Grundstock erhielt, vor allem türkische und griechisch-römische Münzen, deren Sammlerwert man zu seiner Zeit dort anscheinend noch nicht gekannt hatte. Vermehrt hatte er sie durch manches Tauschgeschäft mit Wanderzigeunern, die sich sehr schlau dünkten, alte abgegriffene Münzen, mit denen sie sonst nirgends mehr was kaufen konnten, gegen funkelnagelneue gültige Währung eintauschen zu können. Sowohl diese als auch die Gesteinssammlung ging wie so vieles andere, Wertvollere verloren, als 1944 die sowjetische Geheimpolizei mein Haus beschlagnahmte, während ich im Lager für politische Häftlinge in Târgu-Jiu festsaß.

Diese Neigung, mich mit der Vergangenheit zu beschäftigen, bestimmte über viele Jahre hin auch die Auswahl meines Lesestoffes, so dass ich schon als Schüler z.B. die Werke unserer heimischen Schriftsteller, die sich mit geschichtlichen Themen oder Persönlichkeiten befaßten und die ich meist in unserem Bücherkasten vorfand, mit Vorliebe verschlang, wobei es mir natürlich nur aufs Was ankam, doch nicht aufs Wie. Als diese Fundgrube sich allmählich erschöpfte, entdeckte ich eine viel ergiebigere Quelle in der belletristischen Abteilung unserer Gymnasialbibliothek, die damals Prof. Netoliczka, der Vater meines Schulkameraden, leitete. Es gelang ihm nicht immer, sein Lächeln zu unterdrücken, wenn ich schon wieder aufkreuzte und einen neuen Band holte aus Gustav Freytags "Ahnen"-Reihe oder von Felix Dahn, Scott, Alexis und wie sie alle hießen, die sich bemüht hatten, einem Geschichte durch romanhafte Form schmackhaft zu machen. Nun, gänzlich vergeudete Zeit war diese Leserei nicht, da sie meinen Horizont über die schulischen Erfordernisse hinaus erweiterte und sogar einige

Früchte in Form von Prämien, neben guten Noten in Geschichte, eintrug.

Im Original-Typoskript folgt hier ein „Exkurs I" genannter Abschnitt mit dem Titel: „Literarisches Schaffen". Der Exkurs wurde in dieser Ausgabe ausgelassen, siehe Nachwort des Herausgebers Seite 335.

Es ist schwer, nach solchem Exkurs durch die Jahrzehnte hin bis in die Gegenwart wieder zurückzufinden in die Welt der Kindheit und frühen Jugend, sowie in die Erzählform. Für den etwaigen Leser eine Zumutung und nur dadurch, vielleicht, zu rechtfertigen, dass ich befürchten muss, meine Darstellung nicht bis zu dem Zeitpunkt führen zu können, wo diese Dinge eigentlich erst spruchreif wurden. Da ich aber diese ganze Rückschau mehr für mich selbst, als für andere, veranstalte, und zwar um mir, wenn möglich, einige Klarheit über den Zickzackkurs meines Lebenslaufes zu verschaffen (Näheres siehe im Vorwort), nehme ich diese Störung des Zeitbildes und Erzählflusses um der "inneren Linie" willen in Kauf, ja, ich füge gleich noch einige andere vorwegnehmende Hinweise auf andere "Wurzeltriebe" hinzu, die sich bis heute noch auswirken.

Nackte Tatsachen

Ja, dann wäre vielleicht noch mein Verhältnis zu Leiblichem zu erwähnen, und zwar sowohl dem eignen Leib, als auch dem Leiblichen überhaupt gegenüber. Es war ganz und gar nicht "zeitgemäß". Was ich damit sagen will? Dass mir in der Rückschau als damals zeitgemäß das Verbergen, ja Verunstalten alles natürlich Körperlichen durch die Mode (Korsett, "himmelhohe Prachtpopös", Schinkenärmel, knöchellange Röcke usw.) und die "Tabuisierung" alles Geschlechtlichen, kurz: Prüderie und Heuchelei erscheint, und was ich Knirps dazumal instinktiv spürte und ebenso ablehnte, bzw. durch meine Naivität ad absurdum führte. Dazu einige Beispiele: 1.) mein auf Seite 93 geschildertes Zirkuserlebnis, das übrigens gleich zwei Wurzeln zu späterer Entwicklung auf diesem Gebiet erkennen lässt: die Bedeutung der Leibeserziehung einerseits und die Entdeckung des erregend Schönen eines unverhüllten weiblichen Körpers anderseits. Welche Folgen das Jiu-Jitsu-Erlebnis zeitigte, habe ich berichtet; das mit den Mädchenbeinen wirkte sich natürlich auf ganz andere Art aus. Es hatte meine Aufmerksamkeit und Neugier geweckt auf das, was sich unter der Kleidung barg an so geheimnisvoll Andersartigem, Erregendem. Von da ab war mein Sinnen und Trachten darauf gerichtet, dies Geheimnis nach Möglichkeit zu lüften. Bisher hatte ich das Angeziehsel der Frauen fast als etwas Naturgegebenes, so als wär es auf ihnen gewachsen, hingenommen, - wenigstens deren unterste Schicht: Hemd, Hose (bis unter das Knie), Leibchen, über die beim Ausgehen dann noch, wie bei einer Zwiebel, die Schichten von Korsett oder Mieder, Unterrock und schließlich das Kleid mit seinem oberen und unteren Teil, kamen, bis vom Leib darunter so gut wie nichts mehr zu entdecken war. Klar, dass diese Feststellung zu einer neuen Ära des "Warum?" führte, das aber - auf dies Gebiet bezogen - bei den "Großen" offenbar schlecht ankam, meist Ausflüchte, verlegen ärgerliches Abwimmeln, Zurecht-weisungen ("Solches fragt man nicht" Das ist unschicklich!"), selten aber Heiterkeit oder eine klare Antwort auslösten. Warum aber lachten die Großen, wenn sie - sich unbelauscht während- meine Fragen einander erzählten?! Besonders Mariechen (Eder), Mutters Freundin, zu der Mutti mich des Öfteren mitnahm, wenn etwas nicht von Fenster zu Fenster über den Hofgang hinweg zu erledigen war, konnte sich vor Lachen fast ausschütten über "Bubis" Wissbegier, während der in einem Winkel oder Nebenzimmer hockte, anscheinend ganz vertieft in die Betrachtung des neuesten "Simplizissimus"[23] oder "Fliegende Blätter"[24] Heftes. Es war wohl nicht Absicht, dass ausgerechnet diese beiden Zeitschriften mir zwecks "stiller Beschäftigung", um den Plausch nicht zu stören, angeboten wurden, aber sie wirkten wie Öl ins Feuer meiner Neugier und Phantasie, was die Ohren nicht hinderte, auf Wache und Posten zu sein, während die Augen das Ihre taten, Neuland zu erforschen. Zimperlich waren die Karikaturisten der beiden Zeitschriften nicht, sondern ziemlich naturalistisch deutlich, und wenn Vieles auch erst durch den gedruckten Text, den ich noch kaum zu lesen wusste, ganz verständlich geworden wäre, begriff ich doch mehr, als zu vermuten war, aus dem bloßen Anschauungsmaterial.

Es muss wohl so sein, dass mir damals ziemlich plötzlich die Augen aufgegangen sind (oder der Knopf?) für so mancherlei, das ich bis dahin kaum bemerkt, bzw. was mir keinerlei Kopfzerbrechen verursacht hatte. Bis dahin hatte mir z.B. zur Feststellung, ob etwas männlich oder weiblich sei, deren Kleidung sowie Behaarung genügt: Männer trugen Hosen, Schnurrbart und kurzgeschnittenes Haar, Frauen lange Röcke und langes Haar, die Mädchen etwas kürzere Röcke und die Haare in Zöpfe geflochten oder lockig mit Mascherln drin. Klare Sache! Punktum!

Nun aber stieg die Frage auf: Wie unterscheidet man sie, wenn sie keine Kleider anhaben? Nur nach den Haaren? Ich hatte doch selbst, wie frühe Fotos zeigen, in den ersten Jahren auch Röckchen getragen und Haar bis auf die Schultern herab! Ja, bis Cousine Hella mir vor Augen kam, die das ihre

---

[23] *Der "Simplicissimus" (deutsch: der Einfältigste) war eine satirische Wochenzeitschrift, die von 1896 bis 1944 erschien. Redaktionssitz war München*

[24] *"Fliegende Blätter" ist der Name einer humoristischen, reich illustrierten deutschen Wochenschrift. Die "Fliegenden Blätter" erschienen von 1845 bis 1928 beim Verlag Braun & Schneider, München*

auch so trug, - allerdings mit einem Mascherl drin. Da war's aus mit langem Haar und Kleidchen! Durch meinen heulenden Protest hatte ich damals die äußere Kenntlichmachung des "Unterschiedes" zwischen Bub und Mädel durchgesetzt, von dessen naturgegebener Beschaffenheit ich noch keine Ahnung hatte: ich war ja Einzelkind, ohne Geschwister, hatte also keine Vergleichsmöglichkeiten.

Da nahm mich Mutti eines Tages zu einer ihrer Bekannten mit, wo sich Nachwuchs eingestellt hatte. Als der präsentiert und dabei auch trockengelegt wurde, mit allem Drum und Dran von Waschen, Schmieren, Pudern vorn und hinten, war ich der Prozedur anfangs nur mit mäßiger Aufmerksamkeit gefolgt, bis mir auf einmal etwas auffiel. Ich guckte genauer hin: Kein Zweifel - ich hatte richtig gesehen! Ganz aufgeregt stupfte ich Mutti: "Dem fehlt doch etwas! Sieh nur, Mutti!" "Was meinst du, Bubi? Was soll denn Rosi fehlen?" "Siehst du denn nicht, Mutti?! Dort - das "Pipi" fehlt!" Die Großen sahn einander an, lächelnd die Einen, betreten die Andern. Der Körperteil verschwand unter den Windeln. Beschwichtigend sagte Mutter: "Rosi ist doch ein Mädchen. Bei denen ist das anders! Das ist eben der Unterschied!" Nun, soweit hätte Mutti ihren Sprössling, das Fragezeichen, eigentlich kennen müssen, um zu wissen, dass mit dieser Antwort die Sache nicht abgetan sein, sondern erst richtig beginnen würde. Sie war nicht prüde, war ja auf dem Lande aufgewachsen, aber der Andern wegen fand sie es ratsamer, den Besuch abzukürzen und mich heimzubugsieren. Unterwegs nun geschah es, dass, als wir auf dem Marktplatz an den Fiakern vorbeigingen, ein Gaul die Hinterbeine spreizte und einen dampfenden Strahl zur Erde plätschern ließ, hinten raus, unter dem Schwanz hervor, den es steif abspreizte; sein Deichselnachbar aber ließ es laufen aus etwas, da wie ein Schlauch aussah, - nach vorn! Ähnliches hatte ich schon oft gesehen, doch nie mir was dabei gedacht, jetzt aber - der Hund dort drüben, am Straßeneck, der hob das

Hinterbein und spritzte los, nach vorne, so wie unser Hecki, aus so was Ähnlichem wie meinem Pipi - wie aber war das mit Großvaters "Lulu", der schwarzen Rattlerhündin? Die spreizte die Hinterbeine, kauerte sich nieder und spritzte hinten los! Und wie ein Blitz durchfuhr es mich: Warum nur hatten Muttis Hosen den Schlitz hinten, nicht vorn, wie die der Männer, wie meine und Vatis Hosen?! Für den Augenblick verschlug es mir die Sprache ob dieser unglaublichen Zusammenhänge, dann aber platzte ich los, indem ich zum Gaul zurückwies: "Macht Rosi auch auf solche Art Pipi, wie das dort und Lulu und .. und.. ?...?" "Ja, und... und ... und, du ewiges Fragezeichen du! So ähnlich machen's alle Weibchen! Jetzt aber Schluss mit dem Kapitel!" Damit zog sie mich, der ich an ihrer Hand hing, um die Ecke rum und ihrer Stimme war nicht recht anzuhören, ob sie ärgerlich war oder heimlich lachte. Für diesmal war die Rede über dies Kapitel zwar zu Ende, doch keineswegs mein Nachdenken darüber, im Gegenteil! In meinem Kopf kribbelte es wie in einem Ameisenhaufen; ich spürte, dass ich da auf einer Spur war, die in nicht nur mir noch unbekannte, sondern auch noch unbetretbare Gebiete führte. Vorerst galt es, sich mit der Tatsache des verschiedenen Pipimachens abzufinden, das anscheinend von männlich oder weiblich abhing, dieses aber vom Vorhanden- oder Nichtvorhandensein des "Unterschieds", des "Pipi"!

Warum ich auf diese Dinge hier so eingehe? 1., weil ich nicht nur glaube, sondern es auch weiß, dass es vielen meiner seinerzeitigen Altersgenossen ähnlich ergangen ist, also wohl zeitsymptomatisch war, sondern auch 2., weil dieser Vorfall im Zusammenhang mit dem Zirkuserlebnis eine Entwicklung einleitete, bzw. Anlagen förderte, die ohne ihn wohl erst sehr viel später, wenn überhaupt, zum Vorschein gekommen wären: vor allem eine Ahnung, ein Gespür für die Wichtigkeit alles Körperlichen, daraus folgend das scharfe Beobachten all seiner Merkmale und Vorgänge, das seinerseits nun dazu führte, Körperhaltungen und

Bewegungen richtig zu erfassen, und zwar als Ausdruck innerer Regungen; dies wieder verlieh meinen zeichnerischen Versuchen allmählich Natürlichkeit und Lebendigkeit. Diese wird man ihnen wohl nicht absprechen können, wohl aber handwerkliches Können. Dass sich meine Zeichnerei vor allem mit kriegerischen Themen beschäftigte, wird wohl weniger Verwunderung erregen, als die Tatsache, dass "Weibliches", das mich doch sonst brennend interessierte, so gut wie gar nicht vorkommt. Gründe dafür? Nun, wie es wirklich beschaffen war, kriegte ich weder in den mir zugänglichen Büchern, und schon gar nicht in natura zu sehen, und wenn ich etwa im "Simpli...." oder den "Fliegenden...." auf dergleichen Darstellungen stieß, so meist in solchen Situationen, die ich damals noch nicht begriff und obendrein in Form der Karikatur. Damit war mir aber nicht gedient; was ich suchte, waren "nackte Tatsachen"! Wo ich diese Redensart aufgeschnappt hatte, weiß ich leider nicht mehr, doch entsinne ich mich sehr wohl des zuerst erstarrten Staunens und dann Heiterkeitsausbruchs, als ich ihn erstmals gebrauchte, und zwar anscheinend in recht sinngemäßem Zusammenhang, da ich auf die Frage hin, was ich so interessiert in dem Heft betrachte, das sagte und auf etliche kaum bekleidete "Damen" wies. Damit hatte ich mir einen neuen Spitznamen "erschossen" - zur Gaudi der ganzen Nachbarschaft, doch weniger zu meiner!

Wenig später dürfte sich das mit den "Unaussprechlichen" zugetragen haben! Ich saß wieder einmal unter dem Klavier, wo ich meine Papiersoldatenarmee aufgebaut hatte, da dort das vor Luftzug und wehenden Frauenröcken bestgeschützte Plätzchen war, als "Tante" H. aufkreuzte, um für die Klavierstunde zu üben. Es herrschte zwischen uns ein etwas gespanntes Verhältnis, da ich ihr, die bloß wenig älter war als ich, den Respektstitel Tante nicht zuerkennen wollte, auf den sie - dem Verwandtschaftsgrad nach - unstreitig ein Recht hatte und nicht verzichten wollte. Sie war damals ein recht klappriges Gestell, ihre Freundin aber, mit der sie vierhändig zu üben pflegte, umso molliger. Da saß ich also, war wütend, dass ich weichen sollte und beschloss, trotz des Gedröhns zu meinen Häupten, auszuharren, - sintemalen Kanonendonner doch eigentlich zu einer richtigen Schlacht gehörte! Ursprünglich war wirklich dies der Grund für mein Ausharren, dies und der Trotz, meinen angestammten Platz nicht vor solchen "Besen" ohne weiteres zu räumen. Allmählich aber wurden meine Blicke von der Tätigkeit der 4 Füße auf den Pedalen angezogen und schließlich von den Beinen ("Strempeln" wie ich sie respektlos insgeheim nannte), die aus den Knöpfelschuhen in die Höhe stiegen: zwei dürre links, die von der "Tante", zwei wohlgerundete rechts, die der Freundin. Sie staken allesamt in weißen gestrickten Strümpfen, die Muster waren verschieden, und verschwanden dann nach oben hin - hm, ja, die der "Tante" schon unterhalb der Knie unterm Band der Hose, die der Freundin erst oberhalb der hübschen Rundung unter einer Spitzenrüsche. Ich erlag der Lockung, diese Rundung zu streicheln, ganz leicht und zärtlich, so etwa wie ich den Kopf unsrer Schnurri streichelte, damit sie schnurre, doch da folgte kein Schnurren, sondern ein schrilles Quiecksen, Aufspringen, Stuhlpoltern und - Klatsch! hatte ich eine Watschn weg! Donnerwetter! Das von einem Besen?! Ich, wie ein Hofhund, unterm Klavier hervor ihr an die Waden! Sie stolpert über den Stuhl rücklings zu Boden, ich über sie, wild, mit beiden Fäusten losschlagend - merkwürdig Weiches trafen die! - Strampeln, Kreischen, doch da wurde ich schon hochgerissen, am Schlafittchen, d.h. Matrosenkragen, und Mutti versuchte herauszukriegen, was es da eigentlich gegeben habe. Da ich mir keiner bösen Absicht bewusst war und dies auch offenbar überzeugend vorbringen konnte, ich habe doch nur die viel hübscheren Hosen und Knie der Freundin, als die der "Tante" bewundern wollen, jene aber nur herumdruckste, über derlei zu sprechen habe ihr die Mutter verboten, war der Frieden zwar bald hergestellt, ja, die Freundin steckte mir sogar ein Zuckerl zu - als

Schmerzensgeld, wie sie huldvoll lächelnd sagte, - aber ein grübelndes Staunen blieb doch zurück über dies seltsame Weibsvolk, das zwar Hosen trug, die man aber nicht sehen und über die man nicht sprechen durfte! Wozu wurden sie dann aber mit Rüschen verziert?! Und warum durften die Mägde mit nackten Beinen herumlaufen?! Und brauchten sie nicht zu verstecken?! Als ich Mutti das fragte, sah sie mich eine Weile nachdenklich an, dann strich sie mir über den Kopf und murmelte: "Ja, warum wohl?! Ich weiß es auch nicht, Bub, aber mir scheint, wo du manchmal zu viel fragst, fragen wir "Großen" manchmal zu wenig!" -

Sensationen

Ja, wenn die Welt somit auch voller Rätsel zu stecken schien, die zu allerlei Grübeleien Anlass boten, so gab es doch auch weniger Geheimnisvolles und doch Bemerkenswertes, das den Alltag belebte, wenn man nur die Nase zum Tor hinaussteckte. Diese Periode der Horizonterweiterung über Haus und Hof hinaus hatte mit meinem Eintritt ins Schulleben begonnen. Ich habe davon schon mancherlei, auch vorgreifend, erwähnt; nun möchte ich einiges von dem erzählen, was uns Knirpsen von anno dazumal geradezu als "Sensation" erschien, etwa Gleichaltrigen von heute aber kaum ein müdes Grinsen oder Achselzucken entlocken würde.

Da war also z.B. der "Spritzwagen", der an besonders heißen und staubigen Sommertagen aufzukreuzen pflegte. Der bestand aus einem mächtigen Faß, bäuchlings auf einen Leiterwagen gelegt, Spundloch nach oben, gezogen von zwei armseligen Kleppern. In den unteren Rand des Fassbodens war ein Loch gebohrt, in dem ein Eisen- oder Bleirohr stak, an das, quer dazu, ein anderes Rohr gelötet war, das beidseits über die Hinterräder hinausragte. In dieses war nun, ähnlich wie bei einer Hirtenflöte, eine Reihe von Löchern gebohrt, aus denen, wenn das Faß genügend voll war, in dünnen Fäden Wasser auf die Straße troff. Klar, dass für die Straßenreinigung oder auch nur die Staubbindung dabei wenig herauskam, wohl aber ein Vergnügen für die Straßenjungen, die ihre nackten Beine mit viel Gequietsch und Gejuchze bespritzen ließen. Das mit nackten Beinen Laufen war nämlich bei der damaligen jüngeren Schuljugend durchaus keine Seltenheit und führte zu mancher Auseinandersetzung mit meinen Eltern, weil ich die Nacktbeiner um ihre Freiheit beneidete und mich nur widerstrebend der Einsicht beugte, als ich erlebte, wie unsere Magd in einen rostigen Nagel trat und was sich daraus entwickelte. Doch zurück zum Straßensprengen! Als das Wasserleitungsnetz erweitert wurde, ging man dazu über, Schläuche an die Hydranten anzuschließen und mit scharfem Strahl die Straßen zu sprengen, was die zwar von Staub und Dreck rein fegte, dafür aber Passanten, Schaufenster und Häuserfronten in Mitleidenschaft zog; für die Straßenjugend freilich brachte diese Neuerung eine Steigerung des Vergnügens vom bloßen Jux zur Mutprobe, denn wenn es dem Spritzer einfiel, den Hahn ganz aufzudrehen und den Schlauch auf einen der Lauser zu richten, so konnte er den glatt umwerfen. Wo und wie ein solcher dann sich und seine Kleider trocknete – ? Am Rahmenberg, neben dem Schwarzen Turm, wo die Tuchmacher ihre Tuche zum Trocknen spannten, dort hingen und lagen dann auch sie in der Sonne.

Von gänzlich anderer Art war dann die Sensation des Laternenanzünders, wenn der "lámpás Pista", sobald es zu dämmern begann, seine Wanderung antrat, und zwar vom alten Städtischen Gaswerk aus, (das damals am unteren Ende der Burggasse, angrenzend an die "Ziganie", gelegen war, ein düster verrußter, hinter Kohlehalden hingeduckter Bau), durch die Gassen der Inneren Stadt hin. Er trug eine etwa 2 m lange Stange, an deren oberem Ende zweierlei befestigt war: 1. ein kleiner, seitlich abstehender Haken, der dazu diente, den Verschluß der Gaszufuhr zur Laterne zu öffnen oder zu schließen, und 2. ein Blechkännchen mit Petrol, in dem ein Docht oder Wergpfropf steckte, der leise glomm und das ausströmende Gas entzündete. Auch dieser bescheidene Nachfahre des Prometheus, des Lichtbringers, hatte seine Bewunderer unter der Straßenjugend, von der der eine oder andere es sich zur Ehre rechnete, wenn er dem Alten den Gang zu einer entfernteren Lampe abnehmen und sie selbst anzünden durfte, während jener bei einer der nächstfolgenden, geruhsam ein Schlückchen genehmigend, ihn erwartete. Beim Auslöschen im Morgendämmer spielte der Alte dann nicht selten die Rolle des Samariters oder Lotsen, der späte Zecher, die steuerlos durch die Gegend torkelten, in den sicheren Hafen ihres Heims geleitete. Man kannte einander; der Pischta genoß das Vertrauen aller Nachtfalter, und das zu Recht, da man sich auf seine Verschwiegenheit ebenso verlassen konnte, wie auf seine Ortskenntnis, die ihn auch im größten Suff nicht verließ.

Da ich von den Hundefängern oder "Schindern", sowie von den "budars" schon im Kapitel über die Zigeuner berichtet habe, wären hiemit die "Sensationen", die der hochlöbliche Magistrat uns gratis lieferte, aufgezählt, aber es gab ja auch noch andere Einrichtungen unseres städtischen und staatlichen Lebens, die uns gratis allerlei Sehens- oder Hörenswertes boten. Da muss ich nochmals unser k.u.k. Heer anführen, das uns nicht nur durch seinen alltäglichen, aber nicht für die Öffentlichkeit bestimmten Dienstbetrieb mächtig anzog, sondern auch durch sein eben für diese inszeniertes Auftreten bei besonderen Anlässen, wie etwa bei Kaisers Geburtstag am 18. August jeden Jahres. Um diesen recht genießen zu können, hatten wir schulfrei, und da um den Termin herum meist das berühmte "Kaiserwetter" herrschte: strahlende Sonne, Staub und flimmernde Hitze, säumte die halbe Stadt, keineswegs nur die Jugend, die Anmarschwege der Garnison zum Paradeplatz, sei's auf der Wiese vor dem Schloßberg (wo heute der Park ist), sei's außerhalb der Stadt, im sogenannten "Burggrund" (ungarisch Rakadó), jenseits der Zinne. Der Gleichschritt marschierender Kolonnen, das tausendfältige Klackern der Pferdehufe, das Rasseln und Dröhnen der sechsspännig gezogenen Kanonen – welch seltsamer Zauber geht davon aus! Urhaftes regt sich, unbegreiflich, untergründig, und zieht auch die Weiblichkeit in seinen Bann. Dann Aufmarsch auf dem Paradefeld, die Marschkolonnen ballen sich zu mächtigen Gevierten: Infanteriebataillonen, Kavallerieschwadronen, Artillerie-batterien – erstarren auf ein Hornsignal hin, Feldgottesdienst – der Priester schreitet die Front entlang mit dem Weihwasserwedel: "Helm ab zum Gebet!" Dann braust die Musik auf: Körners "Gebet vor der Schlacht" – Der Salut der Kanonen kracht los, rollt im Echo von den Waldhängen zurück, Signale gellen, die Fronten kommen in Bewegung, dröhnen im Paradeschritt heran – "Habt acht! Rechts – schaut!" Die Hände krachen auf den Kolben hinunter, die Säbel der Offiziere blitzen auf, senken sich zum Gruß vor dem General, der, auf tänzelndem Pferd vor seinem Stab, den Vorbeimarsch abnimmt. Dann wälzt sich Heer und Volk in einer Wolke von Staub und Schweißdunst heimwärts zum Festschmaus, zu dem in den Kasernen heute sogar Wein gehört! Am Abend dann der große Zapfenstreich mit Musik und Fackeln durch die festlich illuminierten Straßen. An diesem Tage gab's in Kronstadt keine Sachsen, Ungarn, Rumänen, Zigeuner oder Juden, sondern nur Bürger der k.u.k. Monarchie mit der "Gott erhalte ... " Hymne und dem Radetzki- und Rákoczi-Marsch!

Und da wir nun schon bei Paraden sind, kann auch anderes ähnliches Schaugepränge aus kirchlichen oder weltlichen Anlässen erwähnt werden, das in schöner Duldsamkeit immer auch von anders Konfessionellen oder anders Nationalen viel Zulauf fand: Da war etwa die Fronleichnamsprozession, die von der Katholischen Kirche in der Klostergasse ihren Ausgang nahm und mit Musik und Gesang durch die Straßen der Inneren Stadt zog; da war die Feier der "boboteaza" (Wassertaufe) vor der rumänisch orthodoxen Kirche auf der Kornzeile; da waren die feierlichen Amtseinsetzungen hoher Obrigkeiten – wie etwa unseres Stadtpfarrers oder des Obergespans mit festlichem Reiterbanderium[25] in den alt-überkommenen prächtigen Trachten der sächsischen Patrizier und der Bauern aus Bartholomä und den Gemeinden des Burzenlandes einerseits, und denen der ungarischen Adligen und Szeklern des Komitats anderseits. Dann der Ausmarsch unserer sämtlichen Schulen, Vereine und Körperschaften mit Fahnen und Musikkapellen zum Honterusfest weit draußen auf dem sogenannten Honterusplatz, auf einer Waldlichtung halbwegs zwischen Kronstadt und Noua, einem rumänischen Dörfchen, wo viele Kronstädter ihre Sommerferien verbrachten. Der sonderbarste und auch einzige immer wieder umstrittene, der auch alljährlich eine polizeiliche Bewilligung brauchte (solange wir zu Ungarn gehörten), war doch wohl der Umzug der sogenannten "Junii". Was es damit eigentlich auf sich hatte, vermag ich nicht zu sagen; es gibt da allerlei Überlieferungen und Theorien, wie er zustande kam, was er bezweckte, und wie seine Teilnehmer, die "Junii" organisiert waren. Da ich diesbezüglich nicht genau Bescheid weiß, will ich keine Behauptungen aufstellen, sondern nur berichten, was von Mund zu Munde ging und was ich selbst gesehen habe. Es hieß da, er finde zur Erinnerung an einen im Mittelalter von ihnen versuchten, aber gescheiterten Überfall auf die Stadt, als sie an deren Ringmauern arbeiten mussten, statt, und zugleich zum Zeichen dessen, dass sie an einer Prophezeiung festhielten, die da lautete: Wenn es ihnen gelänge, dreimal um unser Rathaus zu reiten, würden sie zu Herren der Stadt! (Nun, umgekehrt stimmte es: Als im Winter 1918 die rumänischen Truppen, hinter dem abziehenden Mackensen Heer,

---

[25] *Banderium = Abordnung von Reitern*

einmarschierten, da war es soweit, – da ritten die "Junii", diesmal mit Karabinern über dem Rücken, tatsächlich ums Rathaus herum und waren die Herren!) Soviel über den angeblichen Grund oder Hintergrund des Spektakels, dem man behördlicherseits offenbar doch so viel Glauben schenkte, dass man den Einzug in die Innere Stadt Jahr um Jahr verbot und den Zug vor dem Katharinentor zum Abbiegen entlang der Burgpromenade und Stadtmauer und zurück in die Vorstadt zwang. Obgleich dies Ereignis immer am dritten rumänischen Osterfeiertag stattfand, und im ersten Wagen des Zuges der Protopop Saftu im Ornat thronte, die violette Schärpe um den dicken Bauch, war es doch bestimmt kein kirchliches Fest, sondern scheint ganz andere, vielleicht bis in heidnische Zeiten zurückreichende Wurzeln gehabt zu haben, die mit Frühlings- und Mannbarkeitsbräuchen zusammenhingen, später aber sich mit anderen Zwecken verbanden, die den ursprünglichen Sinn verfälschten. Tatsache war, dass einleitend riesige Fress- und Saufgelage stattfanden, und zwar wenn das Wetter es nur einigermaßen zuließ, im Freien, meist im Talkessel beim sogenannten "Salomonsfelsen" sowie auf dem "Böttcherrücken", aber auch an anderen geeigneten Stellen, anscheinend von der jeweils nächsten Nachbarschaften veranstaltet. Bei dieser Gelegenheit wurde deren Jungmannschaft in die Reihe der Erwachsenen aufgenommen und durfte erstmals mitreiten bei dem die Festlichkeiten abschließenden Umzug. Dieser gliederte sich nach Berufsgruppen, etwa den Zünften vergleichbar, jede angeführt von ihrem Obmann, der als Zeichen seiner Würde den "buzdugan", einen reichverzierten Streitkolben, trug, und jede Gruppe kenntlich durch eine ganz bestimmte Stickerei auf ihren Leinenhemden und breiten Ledergürteln, sowie die Form und Farbe ihrer "căciulăs" (Lammfellmützen). Mit der ärmsten Gruppe (ich weiß nicht mehr, welche das war) in bloß schwarz bestickten Hemden und Lederwesten begann der Zug, um sich über die mit Rot und Gelb in den verschiedensten Mustern bis hin zu den ganz bunten und goldbestickten der reichsten zu steigern, – das entsprach ungefähr den "Zünften" der Korbmacher, Leinenweber, Lederer, "Ciutra"-macher, (Holzflaschen), Kürschner usw. bis zu den Fleischhauern, der vornehmsten Zunft. An diese schloß sich dann die kaum absehbare Reihe der ratternden Wägelchen mit den Frauen, ebenfalls in schön abgestuften Trachten und mit Schmuck, meist Dukatenketten, behängt, an. Zwischendurch immer wieder Grüppchen unermüdlich fiedelnder Zigeuner, Geballer aus uralten Reiterpistolen, Gekrach von Knallfröschen, sämtliches Mannsvolk, mehr als angesäuselt, Lieder grölend und kaum sich noch auf den Gäulen haltend – so wimmelte es an meinen gaffenden Jungenaugen vorbei, wie ein verspäteter Fastnachtspuk, die widersprechendsten Gefühle weckend: Bewunderung für die wirklich schönen, alten Trachten, Staunen über so viel funkelnden Schmuck, wo man in den kleinen Häuschen der Vorstadt doch eher Armut vermutet hätte, Beklommenheit über die Menge Volkes, die dort hauste und sonst kaum zutage trat, und Abscheu über soviel Suff und Roheit, die bei der Behandlung der armen Gäule zum Vorschein kam. Die waren zusammengeborgt aus allen Winkeln der Stadt, Acker- und Fiakergäule, ein wenig hergerichtet mit bunt geflochtenen Mähnen und Schwänzen, sollten sie nun feurige Rosse vortäuschen, so wie die, die auf ihnen hockten, Reiter!

Mit diesen Ereignissen einigermaßen wetteifern konnten höchstens die alljährlichen Übungen unserer "Freiwilligen Feuerwehr" (der FF) am sogenannten "Feuerwehrturm", der sich zwei Stockwerke hoch, aus braungebeizten Brettern erbaut, am Beginn der Postwiese, hinter der früheren Reitschule der Garnison, erhob, – ganz zu schweigen von den atemraubenden Vorgängen bei ihrem Ausrücken im Ernstfall, wenn die Feuerglocke vom Rathausturm gellte.

Da wir dem Rathaus und Feuerwehrdepot stracks gegenüber auf der Kornzeile wohnten, spielte sich das aufregende Geschehen sozusagen just vor meiner Nase ab. In der oberen

Hälfte des ungefähr 50 m hohen Turmes, über dem Dachwerk des Rathauses, hauste der Turmwächter, dessen Hauptdienst darin bestand, von dem Laufgang, der sich vor seinem Stübchen rings um den Turm zog, nach allen Himmelsrichtungen hin Ausschau zu halten über die Stadt hin und weit bis ins Burzenland hinein, ob sich nicht irgendwo was Verdächtiges zeige, – in früheren Zeiten etwa ein nahender Feind, nunmehr aber nur noch aufsteigender Qualm oder geröteter Himmel, der auf eine Feuersbrunst schließen ließ. Hatte er etwa dergleichen erspäht, so zog er die Feuerglocke, deren geller Ton nicht nur in die Ohren, sondern auch in die Herzen stieß, denn viele der alten Häuser hatten noch die zweigeschossigen hohen Dachböden aus der Zeit der Zünfte mit den ausgedörrten Balken und Bohlen, ja manche waren noch mit Schindeln gedeckt, wie ja auch unser Haus! Dazumal hatten dort überall Kübel mit Wasser und Sand stehen müssen, und Beile und lange Feuerhaken, und die Nachbarschaften waren zu Feuerschutz und Hilfe verpflichtet. Wie wenig das half, hatte der Große Brand von 1689 gezeigt, der drei Viertel der Stadt in Schutt und Asche gelegt hatte und der wie ein Albtraum in den alten Geschlechtern noch weiterwirkte. So fuhr mit dem Ton der Schreck in alle Glieder und trieb die Leute an die Fenster, vor die Türen und auf die Straßen, um zu horchen, wieviel die Glocke schlug und zu sehen, in welche Richtung vom Laufgang das rote Fähnchen (bei Tage) oder die rote Laterne (bei Nacht) wies. Ein Schlag bedeutete: Innere Stadt; 2 Schläge: Altstadt - Bartholomä; 3 Schläge: Obere Vorstadt; 4 Schläge: Blumenau. Und da von dort oben gesehen die Stadt wie auf einem Kartenblatt vor ihm lag, konnte der Wächter mit ziemlicher Genauigkeit beurteilen, wo es brannte, dies dem von der Polizei herbei eilenden "Blauen" zubrüllen und den Schlüssel zum Feuerwehrdepot herunter werfen oder an einem Faden herunterlassen. Dann ging alles Ruckzuck: Schlüssel rein! Tor auf! und schleunigst zurück zum Stand der Fiaker vor der Polizeiwache, denn es galt zu verhindern, dass diese, aufgeschreckt aus ihrem Dahindösen, davonstoben in alle Winde – hatten sie doch in erste Linie ihre Gäule der Feuerwehr zur Verfügung zu stellen! Notfalls griff sich die Obrigkeit auch die Gespanne irgendwelcher zufällig auf dem Marktplatz oder in einer seiner Seitengassen "parkenden" Bäuerlein, an "herrschaftliche" wagte man sich nicht heran. Ja, das war einer der wunden Punkte unsrer "FF": Männer gab's notfalls genug, sogar zur Nachtzeit; wusste doch jeder, wo sein Kamerad zu finden war, aber Zugtiere konnte man sich nicht leisten; die musste man sich von Fall zu Fall, mitsamt dem Kutscher "requirieren", und damit gab's immer Schwierigkeiten und Ärger. Ja, dann war's, als habe man in einen Ameisenhaufen getreten: allenthalben begann's hervorzuwimmeln – aus den "Gewölben" die Kunden und die Kaufleute, aus den Werkstätten Lehrling, Gesell und Meister, aus den Wirtshäusern Gast, Kellner, Wirt, in den Büros und Ordinationen wurden wenigstens die Fenster aufgerissen und Klient wie Patient riefen in allen Landessprachen hinunter in die Gassen: "Wo brennt's?!" Dann kamen die ersten Feuerwehrmänner herbeigerannt – meist nur den Helm über den Kopf gestülpt, den Gürtel mit dem Beil im Lauf noch umschnallend – über die blutbespritzte Schürze der Fleischer, über das Schurzfell der Schuster usw. – waren's doch meist Gewerbetreibende, Handwerker, sogenannte "kleine Leute", aus denen sich die "FF" rekrutierte, um ihren Mitbürgern und nebenher auch sich selbst Gut und Leben zu schützen oder gar zu retten.

Inzwischen trafen auch die ersten Gespanne ein, von ihren fluchenden oder zeternden Besitzern ausgeschirrt und vom Polizisten herandirigiert. Von Mund zu Munde der Brandort ausgerufen und was benötigt und wer wo eingesetzt wurde. Die Wagen mit den Pumpen, den Leitern, den Schläuchen und Geräten wurden polternd aus dem Depot geschoben und mit dem Anschirren der requirierten Gäule begonnen. Das verlief aber in den seltensten Fällen ohne Schwierigkeiten.

Ärger und Nervosität ihrer Herren wirkte sich auf die Gäule aus, die sich gegen die ungewohnten Fahrzeuge und Nachbarn, – besonders wenn's vierspännig gehen sollte – sträubten, sie bäumten sich, schlugen aus, wieherten, die Kutscher und Helfer schimpften und fluchten, dazwischen Befehle, Ratschläge, bis schließlich der Obmann des Hornisten habhaft wurde, ihn "Habt acht!" und "Vergatterung!" blasen ließ, um Ordnung in dieses lärmende Durcheinander zu bringen. Es glückte! Trupp und Wagenführer fischten ihre Leute zusammen, verteilten sie auf die verschiedenen Wagen und ab ging's mit schmetterndem "Tatüü! Tataa!" in der Richtung, die Fähnchen oder Laterne wies.

Während bei Tage solch ein Alarm und Aufbruch für die Menge der Gaffer fast den Anschein einer Art Volksbelustigung gewinnen konnte, ließ sich die Sache nachts ganz anders an.

Wenn Gassen und weiter Markt still und verlassen da lagen, kümmerlich von den wenigen Gaslaternen angeblinzelt; wenn auch die letzten Sumpfhühner und Stammtischbrüder aus der "Gabel", dem "Goldnen Schlüssel" oder "Süßen Loch" heimwärts gewankt und die letzten Fiaker vom Marktplatz verschwunden waren, sei's zum Nachtzug auf den Bahnhof, sei's in den warmen Dunst des heimischen Stalls – wenn dann plötzlich die Feuerglocke aufgellte, dann bot sich ein ganz anderes Bild, das keinen Schimmer von Belustigung aufkommen ließ; selbst wenn der eine oder andere in spärlichster Bekleidung, so wie er aus dem Bett gesprungen, anrannte und die Frau Helm, Gürtel, Stiefel nachbrachte! Dann gab's kein Gedränge von Schaulustigen; was sich da zusammenfand, gehörte zusammen und fand sich rascher zu gemeinsamer Pflicht beim Geflacker der Fackeln, als im Licht des Tages, während hier und dort hinter den Fenstern Licht aufglomm und verstörte Gesichter unter weißen Hauben und über weißen Jacken sich herausbeugten in Angst und Neugier, wo es denn diesmal brenne und ob man noch rechtzeitig Pferde auftreiben könne, denn zu der Zeit gab's im nahen Umkreis nichts zu requirieren. Aber dann klackerten doch schließlich Hufe irgendwoher über das Katzenkopfpflaster heran, die Gäule scheuten vor den Fackeln und Laternen, schlugen über die Stränge und bis man mit dem Riemenzeug zurecht kam und endlich abfahren konnte, war oft Scheune oder Stall, manchmal auch Haus und Hof schon abgebrannt und man konnte nur noch die Nachbarschaft sichern und Brandwachen stellen. Am nächsten Tage hingen dann die Schläuche wie erschlaffte Riesenschlangen vom Geländer des Rathausumgangs, und in der Kronstädter Zeitung stand ein Bericht über den Brand und über die Taten der FF, sei's vom Lokalreporter, sei's von einem "Augenzeugen", und etliche Tage später erschien ebendort, unter "Eingesandt", meist eine "Danksagung" an die FF und eine Summe als Spende für ihren Fond.

Nichtsdestotrotz genoss die FF die Gunst des Publikums, und zwar nicht zum wenigsten weil sie "international" war, d.h. auch Ungarn und Rumänen aufnahm, da diese nach Auflösung der Zünfte in steigendem Maße in Handwerk und Gewerbe drängten und die Sachsen allein den Anforderungen der gewachsenen Bevölkerung nicht mehr genügten.

Was nun die Gilde der Rauchfangkehrer anlangt, die auch schon stark überfremdet war, so weiß ich nicht, ob sie der FF unterstellt war oder nur freiwillig mit ihr zusammenarbeitete, da sie ja auch der Verhütung von Brandschaden diente, – diese mehr vorbeugend, jene mehr rettend. Da in fast allen Haushalten zum Kochen und Heizen Holz verwendet wurde, gab es viel Ruß und häufig Rauchfangbrände, obgleich die Rauchfangkehrer fast jedes Vierteljahr aufkreuzten, auf den Aufböden und Dächern herumturnten und ihre mit Eisenkugeln beschwerten Bürsten vom Dach bis hinunter ins Erdgeschoss durch die engen Rauchfänge hin und her bullern und scharren ließen, um beim untersten Türchen dann den herabgefallenen Ruß herauszufegen. Am Neujahrstag stellte sich pünktlich der für unseren Bezirk zuständige Meister mit einem bunten Kalenderblatt, worauf der Hlg. Florian, phantastisch behelmt und geharnischt zu sehen war, wie er, riesengroß, auf ein winziges, lichterloh brennendes Haus zu seinen Füßen, Wasser aus einer Kanne goss. Für besagtes Blatt, worauf noch ein verschnörkelter Kalender, nebst Segensspruch und Dank prangte, erhielt er dann eine Spende für seine Gilde und für sich selbst ein Gläschen Schnaps. Dass er nach solchem Rundgang nicht auf eigenen Füßen heimfand, brauchte wohl nicht besonders betont zu werden; schon nach der halben Runde karrte ihn sein Geselle heim, und diesen dann der Lehrling.

Eines Tages gab's dann eine richtige Sensation, die nicht nur bei diesen beiden Innungen, als Nächstbetroffenen, sondern bei der ganzen Bürgerschaft große Aufregung verursachte: Eine bis dahin völlig unbekannte Firma hatte Behörden und Bevölkerung durch großes Tamtam und Flugzettel eingeladen, dann und dann auf der sogenannten "Zirkuswiese" (zwischen Schloßberg und Promenade, wo alle möglichen Spektakel zur Schau gestellt zu werden pflegten, also quasi dem Rummelplatz der Stadt) der Vorführung völlig neuer Mittel zur Brandbekämpfung beizuwohnen. Nun, wo es gratis was Neues zu sehen gibt, da braucht man gemeinhin die Leute nicht viel zu bitten und die Jugend schon gar nicht. Zur angegebenen Stunde drängte sich also halb Kronstadt auf der Wiese um einen von den drei "Blauen" und einigen Feuerwehrmännern mit Helm und Beil freigehaltenen Kreis von der Größe einer mittelgroßen Zirkusmanege, in deren Mitte sich ein Haufen von Kisten, Brettern, Papierbündeln und Holzwolle türmte. Daneben stand eine Gruppe würdiger Herrn, in der die Menge staunend den Bürgermeister, den Stadthauptmann, etliche andere Honoratioren, sowie den Feuerwehrobmann und Meister der Rauchfangkehrer-Innung erkannte, auf die ein unbekannter eleganter Herr, lebhaft gestikulierend einredete, immer wieder auf etliche merkwürdige Dinge weisend, die ein paar Schritte weiter auf einem Tisch lagen. Sie sahen aus wie große rote Zuckerhüte oder Tüten aus Blech. Daneben stand ein Mann in einem weißen Labormantel, der etwas wie einen Trichter in der einen Hand hielt und eine Blechkanne in der anderen. Als der Herr mit einer Verbeugung vor der Obrigkeit seine Erläuterungen beendete, reichte ihm der Gehilfe den Trichter, den jener an den Mund hob und dann schallte es gewaltig über die Wiese hin, dass jetzt und hier eine neue Zeit beginne, da die Macht des Feuers durch eine wunderbare Erfindung des Menschengeistes gebrochen werde. Gleich würden die Bürger dieser fortschrittsfreudigen Stadt Zeugen eines Ereignisses, das umwälzende Folgen haben werde, wenn sie nur die notwendigen Folgerungen daraus zu ziehen bereit sei! Hab und Gut und Leben, das eigene wie das des Mitbürgers zu sichern und zu retten sei dies kleine Wunderding imstande, und zwar mit geringsten Mitteln die größte Wirkung, mit einem Minimum ein Maximum! Daher heiße es: Minimax! "Gleich könnten sie es sehen, wie dieser Haufen höchst brennbarer Materie, überdies noch begossen mit Petroleum, wenn er lichterloh in Flammen stehe, vor diesem kleinen Retter in sich zusammensinke! Erstickt und ausgelöscht das um sich greifende gefräßige Ungeheuer von diesem Zwerg mit Riesenkräften! Ein Sieg des Menschengeistes über die Elemente! Voilà!" Damit winkte er dem Gehilfen, der die Kanne über dem Haufen entleerte, ein paar Zigaretten entzündete, hineinwarf und schleunigst den Rückzug antrat, denn schon zuckten überall Flammen empor und im Nu war der ganze Haufen ein Vulkan hitzespeiender Glut. Als alles schon wabernde Lohe war, prasselte, knatterte und Funken sprühte, abermals ein Wink des eleganten Herrn; der Gehilfe ergriff eine der roten Tüten, schraubte am spitzen Ende etwas ab, schlug das breite Ende gegen den Boden und schon zischte ein scharfer weißlicher Strahl in die Glut, beim Aufprall sich augenblicklich in Schaum verwandelnd, der sich wie eine Decke über das Gewaber stülpte und es erstickte! Ein Ah! ungläubigen Staunens in der Runde! Ein triumphierendes

Lächeln um die Lippen des eleganten Herrn, gratulierendes Händeschütteln seitens der Obrigkeit! Betretenes Kopfschütteln aber beim Feuerwehrobmann und seinen Gefolgsleuten, als sie ihrer altertümlichen Handbetriebspumpen gedachten, die ihren kümmerlichen Wasserstrahl kaum 20 m weit schleudern konnten, der meist hilflos verdampfte! Und alsbald zeitigte dies Spektakel Folgen, die bewiesen, dass unsere Obrigkeit wirklich fortschrittlich dachte und ums Wohl der ihr Anvertrauten besorgt war: Alle besonders feuergefährdeten Lokale, Unternehmen, Anstalten mussten innerhalb bestimmter Fristen solche Feuerlöschapparate anschaffen. So kam auch unsere alte Honterus-Schule, mit ihren ausgetretenen, ölgetränkten Treppen und Dielenböden zu zwei solchen Apparaten und Professoren, ältere Schüler und Schuldiener wurden in ihrer Handhabung unterwiesen.

Nach dieser Darbietung hatte die FF es schwer, noch irgend jemand mit ihren Übungen am Turm zu beeindrucken, im Gegenteil es fanden sich immer mehr Lästermäuler, die sich über die meist ungelenken, behäbigen Jünger des St. Florian lustig machten, wenn sie nicht flink genug von den Wagen sprangen, sich beim Aufrollen der Schläuche verhedderten, beim Aufstellen und Erklettern der Leitern nicht zurecht kamen und dann wie Mehlsäcke ins Sprungtuch plumpsten. Ja, woher sollten diese wochentags auf dem Schusterschemel oder Schneidertisch hockenden, an Amboß oder Hobelbank werkelnden, hinter Ladentisch und Fleischbank hantierenden biederen Bürger Schnelligkeit, Gelenkigkeit und Exaktheit hernehmen, wenn sie keinerlei Gelegenheit hatten, solche zu üben?! Denn die Wenigsten schafften es, nach dem Tagewerk am Abend noch die Übungsstunden des Turnvereins zu besuchen; da tat man schon lieber beim Gesangverein mit ober bei der "Liedertafel", – das war weniger anstrengend und amüsanter, da dort auch Weiblichkeit teilnahm.

Ja, das waren also einige der "Sensationen", die uns Jungen von damals gratis geliefert wurden; andere, die Geld kosteten, waren für uns rar gesät. Das Kino z.B. machte damals noch seine ersten Laufversuche und tauchte bloß vorübergehend, gelegentlich der Jahrmärkte, neben Schiffsschaukeln, Panoptikums, Wachsfigurenkabinetten und ähnlichen "Sehenswürdigkeiten" auf. Allerdings waren die Jahrmärkte selbst schon Sensation genug, und zwar auch für die Erwachsenen, oder richtiger: besonders für die, wie sich bald zeigen wird. Überhaupt waren diese, wenn man den Begriff auf Anregendes, Unterhaltsames einschränkt, viel besser dran, als unsereins. Die Männer hatten nach des Tages Arbeit ihre Stammtische, Kegel- und andere Vereinsabende, nicht selten mit Aufführungen; die Frauen ihre verschiedenen Kränzchen und oft auch Vereinslustbarkeiten, im Winter gab es Bälle aller Art und etwa jedes zweite Jahr eine "Theatersaison", wobei dann meist auch einige Kindervorstellungen für uns abfielen, – meist Märchenstücke, für die wir aber, sobald wir den ersten Volksschulklassen entwachsen waren, wenig übrig hatten.

Den Plakaten, die dann überall an den Schaufenstern klebten, meist durch eine lachende und eine weinende Maske – auffallend ähnlich denen, die im Fasching bei den Brüdern Gebauer im Laden hingen – konnten wir entnehmen, dass die "rühmlichst bekannte Theatertruppe Leo Baur aus Wien" sich wieder mal die Ehre gab, das Kronstädter geehrte Publikum zu den letzten "Novitäten" aus der Hauptstadt einzuladen".

Was es mit diesen und dem mehrwöchigen Aufenthalt der Truppe in Kronstadt auf sich hatte, das erfuhren wir freilich nicht durch die Plakate, sondern indem wir die Ohren spitzten bei den Gesprächen der "Studenten" auf der Kornzeile, und der Erwachsenen, wenn sie sich zu einem Schwatz zusammenfanden und unsereins in unser Spiel vertieft glaubten. Während es bei jenen meist um das ging, was sich auf den Brettern, "die die Welt bedeuten", also vor den Kulissen, abspielte, schien es bei diesen vor allem um das zu gehen, was sich hinter diesen und dann nachher in den Cafés, bei Sekt und Zigeunermusik, sowie in manchen Familien zutrug. Wenn wir in den frühen Jahren auch nicht recht begriffen, worum es eigentlich ging, so hob sich doch allmählich der Vorhang auch für uns und ließ uns erahnen, dass Komödien und Tragödien nicht nur dort oben auf den Brettern und in Kostümen vergangener Zeiten agiert wurden, sondern auch mitten in unserer ehrbaren Alltagswelt und von Leuten mit bekannten Namen, – nicht zuletzt von manchem feschen Offizier, den man sonst auf dem Korso "flanieren" sehen konnte.

Ja, die Offiziere der Garnison, obgleich aus den verschiedensten Winkeln der Monarchie hier zusammengeweht und ursprünglich verschiedenster Muttersprache und Herkunft, waren durch den k.u.k. Armeegeist zu etwas umgemodelt worden, das nicht nur durch sein typisches Armeedeutsch, auch in Zivil, zusammen geschweißt war, sondern auch durch seine gesellschaftlichen Umgangsformen, sowie Moral- und Ehrenbegriffe, zu denen unter anderem gehörte "Satisfaction" mit der Waffe geben zu müssen. Seltsamerweise kam es nun – obgleich man hierin mit den "Akademikern" der bürgerlichen Kreise übereinstimmte, zu Zusammenstößen und Ehrenhändeln mit nicht selten blutigem Ausgang. Ein schiefer Blick, ein unbedachtes Wort konnte zu einem solchen führen! Anlass zu solchem bot nicht nur die Weiblichkeit, sondern auch der recht unterschiedliche Geschmack, der bei den Vorführungen durch Beifalls- oder Missfallensäußerungen zutage trat. Jene, d.h. die "Söhne des Mars", bevorzugten die, in jeder Hinsicht, leichtgeschürzte Muse der Operette, "Salonlustspiele", Posse und dergleichen und deren Darsteller(innen!), die bürgerlichen Kreise, (mit einigen, stadtbekannten Ausnahmen) eher die ernste, sogar "klassische" Muse. Das Theater, abhängig von der Gunst des Publikums, hatte einen schweren Stand, so verschiedenen Ansprüchen gerecht zu werden, und der arme Prinzipal hatte manch halsbrecherischen Seiltanz aufzuführen. Woher wir das wussten? Ach, es ist erstaunlich, was interessierte, wissensdurstige Jugend alles aufzuschnappen und zusammen zu kombinieren versteht und aus was für Quellen sie ihren Wortschatz – wenn auch vorerst ohne Sinnfüllung manchmal schöpft! Etliche Duelle erregten dazumal die ganze "bessere Gesellschaft" der Stadt. Was Wunder, dass wir drauf brannten, Näheres zu erfahren, wobei uns mehr am Wie lag, als an den Beweg- und Hintergründen. Wenn wir direkte Fragen stellten, wurden wir abgewimmelt; also bezogen wir Horchposten oder versuchten es hinten rum, mit scheinbar harmlosen Fangfragen, so z.B. wer oder was ein "Banause" sei, oder ein "Donschuan" und dann erfuhren, jener sei ein anderer Ausdruck für "Spießer", dieser die Hauptgestalt einer Mozartoper?! Besonderes Kopfzerbrechen verursachte uns aber das Wort "Hahnrei" und gar in Verbindung mit einem Geweih, das jener, angeblich aber nur für andere sichtbar, trug! Hahn und Geweih?! Nun, die "Großen" – oder waren sie damals für uns schon zu den "Alten" avanciert? – hatten offenbar ihre eigenen Märchen oder Geheimsprachen, die wir einstweilen noch nicht entziffern konnten.

Aber auch das Vordergründige, d.h. das, was sich vor aller Augen oben auf den Brettern abspielte, bot genügend Anlass, sich den Kopf zu zerbrechen über das Warum und Wozu und warum gerade so und nicht anders?!

Man sollte gar nicht glauben, mit welch scharfen Augen und welch kritischem Verstand wir Knirpse und Halbwüchsigen von anno dazumal, sobald nur mal die Zeit der Märchen – inclusive das vom Christkindl, Storch usw. - überstanden war, die Menschen und Vorgänge auf der Bühne – und im Leben – beobachteten und beurteilten! Doch davon in anderem Zusammenhang; einstweilen sind wir noch bei den "Sensationen" oder Vergnügungen, die selten waren und Geld kosteten.

Da habe ich also das "Kino" erwähnt, das damals, kurz nach der Jahrhundertwende, die bisherigen Sensationen der Jahrmärkte (Zirkus, Menagerie, Wachsfiguren- bzw. Abnormitätenkabinett, Panoptikum, Schiffsschaukel,

Karussell und dergleichen Volksbelustigungen) zu verdrängen begann. Seine größte Anziehungskraft übte es anfangs sicher durch seinen geheimnisvollen Namen aus. Wer konnte schon verstehen, was sich hinter dem kaum aussprechbaren oder durchzubuchstabierenden Wort "Cinematograph" oder "Bioscop" verbarg? Etliche akademisch Gebildete vielleicht, aber das "Volk" der Jahrmärkte, die Kinder?! Die ersten, die neben den anderen Belustigungsunternehmen auf unserer Zirkuswiese auftauchten, waren langgestreckte Zelte, an deren einem Ende ein Lokomobil stand – ähnlich dem, das ich bei der Dreschmaschine in Tartlau gesehen – das, wie Vater mir erklärte, den "Strom" lieferte für all die Glühbirnen, die wie Girlanden sich um das Zeltdach zogen und für den Apparat der im Zelt die sogenannten "laufenden Bilder" zeigte.

Ich mochte etwa in der 1. "Knutz" (Schulklasse), also 6 Jahre alt gewesen sein, als ich zum ersten Mal, an Mutters Hand, solch eine Flimmer- oder Zauberbude betrat. Ein langer schmaler und kahler Raum, von etlichen Glühbirnen dürftig erhellt; an der einen Schmalseite eine weiße Leinwand, etwas größer als ein Bettlaken, davor ein Klavier, dessen verstimmten Saiten ein langhaariger Mann höchst gewaltsam Töne zu enthämmern versuchte, die das Rattern einer Maschine im Rücken der Zuschauer übertönen sollten. Auf einmal erloschen die Glühbirnen und durch das Dunkel des Raumes geisterte von hinten her langhin ein Lichtstrahl und zauberte auf die Leinwand am anderen Ende allerlei flimmernde Bilder! Schwarz auf weiß! Beweglich! Menschen bewegten sich dort, Pferde trabten vor Kutschen, eine Lokomotive fuhr an einer Schranke vorbei ... Nun, das alles war nicht weiter aufregend, da wohl bekannt, doch dadurch höchst sonderbar, dass es geisterhaft lautlos vor sich ging – wenn mal das Klaviergehämmer aussetzte und man vom Gesurre der Maschine absah! Aber dann begann dort vorne etwas, das mir den Atem verschlug – ich hatte vor kurzem das Märchen von "Ali Baba und den vierzig Räubern" gelesen oder gehört und bekam das hier nun auf einmal zu sehen! Sah die Gräueltaten der Räuber, sah wie der Felsen sich, auf die erlauschten Zauberworte hin: "Sesam, öffne dich!" auftat und Zutritt zu der Höhle voller geraubter Schätze bot; sah, wie die Räuber zurückkehrten, den Eindringling ertappten, nach wilder Gegenwehr fesselten, zum Niederknien zwangen und wie dann einer von ihnen das Krummschwert zog und mit einem Hieb das Haupt abschlug, dass hoch das Blut aufspritzte! Da schrie ich vor Entsetzen auf, barg das Gesicht in Mutters Schoß, war lange nicht zu beruhigen und fuhr nachts immer wieder schreiend aus wüsten Angstträumen auf, so dass meine Eltern mich lange nicht mehr ins Kino ließen.

Ja, das war also meine erste Begegnung mit der Illusionsmaschine, bis sie sich der Wirklichkeit in ihren krassesten Formen entsann und die ersten Bildberichte vom russisch-japanischen Kriegsschauplatz brachte, allerdings auch mit gestellten Szenen. Aber selbst diese genügten, um mir klarzumachen, dass die Art Bilder, wie sie in den verschiedenen Büchern und bei dem fahrenden Händler in unserm Torgang zu sehen war, mit der Wirklichkeit wenig zu tun hatte und somit auch ich die Kriegführung meiner Papier- und Zinnsoldatenarmee umzustellen hatte, – lange vor 1914! Doch davon habe ich schon an anderer Stelle berichtet.

Aber wenn meine Eltern mich nun durch Vorenthalten des Kinobesuchs vor seelischen "Schocks" (damals und dort noch unbekannter Begriff) meinten bewahren zu können, so mussten sie bald einsehen, dass sie mich – zumindest über die Jahrmarktstage hin – hätten einsperren und des Abenteuers mit den Kameraden hätten berauben müssen, was vermutlich schlimmere Folgen gehabt hätte. So ließen sie mich denn mit ihnen, wenn auch schweren Herzens, ziehen, Erfahrungen zu sammeln in der Schule des Lebens. Nun, die blieben auch nicht aus! Eine davon habe ich in meiner Erzählung "Der Fingerzeig" zu gestalten versucht. Thema: Bittere Enttäuschung beim Versuch, hinter das Geheimnis der

Flimmerbude zu kommen, durch Verlust nicht nur eines Lieblingsspielzeugs sondern auch eines – vermeintlichen – "Freundes"! So begriff ich sehr früh die Wahrheit des Sprichworts: "Trau, schau, wem!"

Das Jahrmarkttreiben bescherte mir noch zwei Erlebnisse, bei denen ich zwar nur als Zuschauer beteiligt war, nicht als unmittelbar Betroffener, die mich aber doch für lange Zeit verstörten, da sie mir einen allzu plötzlichen Einblick in die Brüchigkeit oder Vergänglichkeit des Lebens aufrissen.

Nr. 1. Wir, d.h. etliche Schulkameraden und ich standen in der gaffenden Menge um die Schiffsschaukel herum und bestaunten Mut und Geschicklichkeit eines jungen Soldaten, der sein Schiffchen immer fast bis zum Überkippen hinaufzuschwingen vermochte, mit einem Juchzer der Lust, während sein Mädel, hübsch drall und prall in seiner ungarischen Tracht, sich – ängstlich-lustvoll aufkreischend – an die Stangen klammerte. Keines der anderen Boote wagte sich in solche gefährliche Höhe... die Zuschauer hielten den Atem an: Kippt er... kippt er nicht?! Der Mann am Orchestrion ließ den Rakoczi-Marsch aufdröhnen – da stürzte aus der Menge ein Bursch auf den Bremshebel des Bootes zu, riss ihn herab, dass der Bremsklotz hochging, das Boot knirschend auffuhr, Soldat und Mädel übereinander taumelten... der Bursch sprang auf ihn zu, etwas blitzte in seiner Hand auf... ein tierischer Schrei... Soldat und Bursch wälzten sich, ineinander verkrallt, polternd aus dem Boot auf den Bretterboden des Schaukelgestells, plumpsten von dort herab in den Staub, keuchend, stöhnend, indes die Menge wie erstarrt stand, das Mädchen entsetzt die Hände vor den Mund presste, das Orchestrion schrill abbrach – dann erhob sich schwankend der Bursch, starrte auf den Soldaten, der sich im Staub krümmte, während unter ihm eine dunkle Lache hervorkroch und sich immer weiter fraß. Jetzt erst kam Bewegung in die Menge, Rufe gellten auf, einige stürzten sich auf den Burschen, andere zu dem am Boden Liegenden, wir Knirpse wurden zurückgedrängt, und konnten nur noch sehen, wie der Messerstecher von einigen Männern abgeführt, der Verletzte aber von einigen Kameraden zu einem Fiaker geschleppt wurde, während das Mädchen heulend der Blutspur folgte. Ob er tot war, konnten wir nicht erfahren, doch mir genügte, was ich gesehen: Der Sturz von jauchzendem Triumph hinunter in den Staub – und vielleicht Tod! Wenn ich dies damals auch nicht in Worte zu fassen vermochte, so spürte ich doch was sich dahinter barg.

Ganz ähnlich auch beim zweiten Erlebnis, das mir wohl ein, zwei Jahre später zuteil ward, und zwar beim Besuch eines Wachsfigurenkabinetts, das auf grellen Plakaten "Szenen und Persönlichkeiten aus der Geschichte" zu zeigen verhieß. An drei Szenen kann ich mich draus noch heut erinnern:

1.) König Wilhelm von Preußen, Moltke und Roon beobachteten die Schlacht bei Sedan,[26] gefallene Franzosen vor ihren Füßen – das Panorama der Schlacht in der Ferne;

2.) Kaiserin Elisabeth von Österreich wird erdolcht,[27] sinkt ihrer Hofdame in die Arme, während ihr Mörder, hager und schwarz, das Weite sucht.

3.) Doch waren es weder diese Szenen, noch das spärlich bekleidete Mädchen, das, auf dem Rücken liegend, mit den Beinen die Erdkugel drehte, sondern der nach dem Bombenattentat im Sterben liegende Zar Alexander,[28] dessen ordengeschmückte Brust sich in qualvollem Röcheln hob und senkte und dessen Augen sich schrecklich verdrehten, was mich zutiefst entsetzte! Diesen Eindruck konnte ich wochenlang ebensowenig loswerden, wie seinerzeit die Hinrichtung Ali Babas. Was war das all diesen Erlebnissen Gemeinsame? Ich will nicht behaupten, dass ich mir diese Frage damals bewusst stellte, nein, gewiss nicht! Aber ich

---

[26] *Schlacht von Sedan, 1. und 2. September 1870 im Deutsch-Französischen Krieg.*
[27] *Attentat am 10. September 1898 in Genf*
[28] *Attentat 1881 in St. Petersburg*

spürte mit Erschauern das Hintergründige, Unheimliche, das hinter dem, was wir da "Leben" nannten lebte, lauerte. Jeden konnte es anspringen, in jedem Augenblick! Und wenn ich so auf mein Leben und das meiner Nächsten zurückblicke, muss ich sagen, dass dies Gefühl nicht getrogen hat! Jeder meiner Nächsten wurde mir so durch jähen Prankenschlag aus dem Hinterhalt entrissen, wenn auch nicht wie jene, durch Menschenhand, die aber wohl nur ausführendes Werkzeug war. Seltsame Zusammenhänge, will mich dünken: Bei oder durch "Volksbelustigungen" wehte mich erstmals etwas vom Ernst des Lebens an! Und von der Allgegenwart des Todes!

„Buffalo Bill" und seine Nachwirkungen

Völlig unbelastet von solchen Schauern, dafür aber von denen lustvollen Abenteuers- und Lebenswillens sowie von Höchstleistungen menschlicher Geschicklichkeit durchweht war jedoch zweifellos – und zwar nicht nur für all die Jungens meiner Altersklasse, sondern so ziemlich für die ganze männliche Bevölkerung Kronstadts und der umliegenden Dörfer – das Aufkreuzen des "Buffalo Bill" Unternehmens, das weit mehr als ein "Zirkus" war, obgleich es sich so nannte; es war nicht nur eine Tier- und Völkerschau, sondern auch eine Vorführung amerikanischen Pioniergeistes und Könnens.

Dies Ereignis muss sich während der Großen Ferien abgespielt haben, denn wir waren gerade zur "Sommerfrische" draußen in der "Noua", dem kleinen rumänischen Dörfchen, 6-7 km weit von Kronstadt, von wo wir mit einem überfüllten Sonderzug der "Tram" bis zum Stadtrand, in der Nähe des Bahnhofs fuhren, denn innerhalb der Stadt, etwa auf der sonst üblichen "Zirkuswiese", hätte sich dies Riesenunternehmen nicht unterbringen lassen. Als wir dort ankamen – damals noch freies Feld- und Wiesengelände – wimmelte es bereits von Schaulustigen, die sich um das eben eintreffende und mit Ausladen und Aufbau beginnende Völkergemisch drängten.

Schon dies allein kam einer nie gesehenen Vorstellung gleich. Vom nahen Bahnhof rollten Wohn-, Menagerie-, Geräte-, Feuerwagen, Postkutschen und anderes Fuhrwerk, das wir nicht enträtseln konnten, heran, gezogen und gestoßen nicht nur von Pferden aller Arten und Größen, nein auch von Maultieren, Kamelen, Elefanten! Geführt und angetrieben von weiß-, schwarz-, rot- und gelbhäutigen Menschen in fremdartiger Arbeitskleidung. Und während dieses alles noch anrollte, begannen andere, ebenso bunt gemischte Gruppen mit dem Aufbau der Tribünen, der Stallungen, Küchen und Klos, – und das alles ohne Geschrei und Durcheinander, nur durch kurze Rufe, Pfiffe, Armbewegungen dirigiert – es war einfach zauberhaft, wie da in Windeseile fast eine Stadt emporwuchs! Kein Rundzelt, wie wir es bisher bei jedem Zirkus gesehen, nein, nur zwei lange Zeltdächer über den Sitztribünen auf den Langseiten der Manege von ca. 100 m Länge, also schon eher eine Art Rennbahn, wie einst im Zirkus Maximus.

Während dieser Vorbereitungen trafen schon von den Dörfern her ganze Wagenkolonnen mit, offenbar vorbestellten, Fuhren von Heu, Stroh, Milch, Gemüse und Schlachtvieh ein, um den verschiedensten Ansprüchen dieser zusammengewürfelten Tier- und Menschenmenge zu genügen. Über das, was da alles täglich benötigt wurde, sowie über Anzahl und Art der Tiere und Beschäftigten, über das bevorstehende Programm und schließlich über das Leben "Buffalo Bills" gaben einige Broschüren oder Prospekte Auskunft, die gegen billiges Entgelt überall angeboten wurden, und reißend Absatz fanden. Durch sie erfuhr man nämlich, dass er, der eigentlich William F. Cody hieß, zu jenem Beinamen es durch seine Büffeljägerei und schließlich durch seine Kämpfe gegen die Indianer und seine Tätigkeit als Kundschafter und Meldereiter im Sezessionskrieg bis zum Rang eines Obersten in der USA-Army gebracht hatte.... Was wollte man mehr?! Da hatte man einen der "Helden", von denen man sonst nur in den Romanen von Karl May und sonstigen Erzählern lesen konnte, nun leibhaftig vor sich, selbst schon fast zur Romanfigur geworden, und aus dessen abenteuerlichem Leben man nun einige Episoden auch noch vorgeführt bekommen sollte und zwar von einigen seiner einstigen Widersacher!

Was dann in der Vorstellung vom frühen bis in den späten Nachmittag hinein geboten wurde, übertraf die – nach solchen Ankündigungen und vorausgegangenen Eindrücken – ohnehin schon hochgespannten Erwartungen noch um ein Beträchtliches, und zwar nicht nur gemäß unserer jugendlicher Unerfahrenheit und unmaßgeblichen Meinung. Die anfänglichen Darbietungen entsprachen zwar noch weitgehend dem, was ein guter Zirkus zu bringen pflegt (Dressurakte von Pferden, Affen, Elefanten, Raubtieren; Kraftleistungen im Gewichte-Stemmen, Fesseln-Sprengen, erstaunliche Proben von Mut und Geschicklichkeit von Akrobaten bei Seiltanz, Messerwerfen, Bogenschießen, inclusive die uns geradezu Zauberei dünkenden Künste indischer Fakire), war aber doch nicht das "Eigentliche", wonach die Jungen diesmal fieberten: das war der Wilde Westen! Die meisten von uns hatten schon irgendwelche Indianergeschichten gelesen, sei's die von Cooper, sei's die eben damals gleich einer Überschwemmung auch in unseren Erdenwinkel hereinflutenden Bände der Karl May Geschichten mit Old Shatterhand, Winnetou usw., meist auch noch illustriert, so dass wir bis zum Vokabular hin wohl "präpariert" waren, – wahrscheinlich besser als hinsichtlich der altrömischen "Realien"! somit fast als "Sachverständige" dem spannend wilden Geschehen folgen konnten. Es fing mit verhältnismäßig friedlichen Szenen an, z.B. wie eine wandernde Indianerhorde ihre Wigwams baute, Pferde mit dem Lasso fing, sich im Bogenschießen und Tomahawk-Schleudern übte; wie dann eine Siedlergruppe mit Planwagen aufkreuzte, mit den Indianern am Lagerfeuer, beim Rauchen der Friedenspfeife, verhandelte und dann (am anderen Ende der Arena) fast im Handumdrehen eine Blockhütte aufbaute. Diese wurde dann, nach irgendeinem Streit, von den Indianern belagert, mit Brandpfeilen beschossen, ging in Flammen auf; die Herausstürzenden wurden gefangen, die Männer an den Marterpfahl gebunden und dann wurde, was man vorher geübt hatte, an ihnen ausprobiert, doch quasi mit negativem Vorzeichen: d.h. man wollte sie mit den Pfeilen, Messern, Äxten vorerst noch nicht töten, sondern nur möglichst dicht einrahmen. Da wurde das Vergnügen durch eine plötzlich auftauchende Reiterpatrouille gestört, Säbel raus, Attacke! Wildes Durcheinander, Geknall, Gebrüll, regellose Flucht der Roten, Befreiung der Gefangenen. – Kaum war das Feld geräumt, tauchte in der Ferne eine Postkutsche auf, von 6 Pferden in rasendem Galopp gezogen, auf Riemen, statt auf Federn schwankend, wie ein Boot auf hoher See, verfolgt von wild dahinjagenden, bogenschießenden und lassowerfenden Rothäuten. Nach zwei, drei Runden durch die Arena hatten sie's geschafft, den Kutscher mit dem Lasso vom Bock gezerrt – wie der vom hohen Bock herunter krachte, ohne sich alle Knochen zu brechen, blieb wie so manches andere, uns allen ein Rätsel – dann schwang sich ein Roter von seinem galoppierenden Gaul hinüber auf das ebenfalls galoppierende Leitpferd und ab ging's unter schrillem Triumphgeheul durch den Ausgang im Hintergrund.

Dann kam's zu dem – im wahrsten Sinn des Wortes – Knalleffekt der Vorstellung: Einer wahren Schlacht zwischen einer größeren Abteilung von US-Kavallerie, die von aufständischen Rothäuten umzingelt und unter ohrenbetäubendem Geknalle und Kriegsgeheul niedergemetzelt wurde – angeblich gemäß einer wahren Begebenheit. Kein Wunder, dass nach diesem Spektakel das persönliche Auftreten Buffalo Bills, obgleich von Fanfaren angekündigt und begleitet, und obgleich seine Erscheinung und Leistung wirklich großartig war, uns nicht mehr von den Bänken riss. Er ritt einen prachtvollen edlen Araberhengst; trotz seiner schon grauen, lang auf die Schultern herabwallenden Haare, noch leicht und locker im Sattel und ohne Zügelführung reitend, denn er schoss, während sein Pferd in leichtem Galopp dahinfederte, die Glaskugeln, die ein vor ihm her reitender Cowboy in die Luft warf, mit unglaublicher Sicherheit und Eleganz sämtlich ab!

Wenn boshafte Zungen auch zischelten – meist von solchen, die nicht hatten dabei sein können – er habe bestimmt nicht mit Kugel, sondern bloß mit Schrot oder Vogeldunst[29] geschossen und die Rothäute seien bloß angestrichene Zigeuner gewesen, so blieb diese Schau doch unstreitig das Ereignis des Jahres, und zwar nicht nur für uns Jungen, wenn für die Erwachsenen auch meist aus anderen Gründen als für uns.

Und allerlei Nachwirkungen zeitigte es auch, – bis in die Haushalte hinein: so manches Wäscheseil wurde zweckentfremdet als Lasso missbraucht und war nicht mehr rein zu kriegen; kleine Küchenbeile verschwanden, um dann plötzlich irgendwo durch die Luft zu wirbeln, meist ganz wo anders hin, als wohin gezielt; und in Ermangelung von Adler- oder Falkenfedern musste mancher Gockel seine stolzen Schwanzfedern für den Kopfputz irgendeines Häuptlings lassen. An den Stammtischen aber schwärmte man von der großartigen Organisation und Technik der Amerikaner, von der Kunst der Selbstverteidigung der Japse, von den Zaubertricks der Fakire und – von den Reizen der Bauchtänzerinnen! Bis auf letztere war dann so ziemlich alles auf dem nächsten Kostüm-"Eisfest" des Kroner Eislaufvereins zu sehen. Ich selbst schlitterte auch dort als

---

[29] *englisch „birdshot", besonders feines Schrot, Durchmesser ca. 1,5–1,75 mm*

"Winnetou" zwischen den Beinen erboster Erwachsener herum.

Englisch bei Miss Gray

Wenn diese Zeit der Wildwestbegeisterung bei mir auch allmählich, trotz mannigfacher Lektüre, bald nachließ und entschwand, so sollte das Ereignis doch noch Jahre nachher Früchte tragen durch eine Beobachtung, die ich dazumal nur sehr am Rande und mir selbst kaum so richtig bewusst gemacht hatte, nämlich dass dies ganze bunte Völkergemisch sich durch eine Sprache verständigte: die Englische! Ja, und als dann in den Karl May Büchern und andernorts immer wieder englische Sprachbrocken auftauchten und nicht immer ohne weiteres aus dem Zusammenhang zu erraten waren, mir obendrein Bücher englischer Autoren in die Hände gerieten, die Gestalten, Ereignisse, Zustände englischer Geschichte, englischer Lebensart schilderten (u.a. die Romane von Scott "Ivanhoe", "Kenilworth", von Defoe "Robinson", von Dickens "David Copperfield", von Stevenson "Die Schatzinsel", von Kipling "Kim", von Mark Twain "Tom Sawyer" u.a.) reifte in mir der Entschluss, statt Klavierunterrichts, den Mutter mir geben lassen wollte, lieber Unterricht in englischer Sprache zu nehmen. Das war im damaligen Kronstadt alles andere als Mode und erregte, als es ruchbar wurde, unter meinen Kameraden gewaltiges Kopfschütteln, während das Spielen irgendeines Musikinstruments sozusagen zum "guten Ton" gehörte und einen, der Klavierspielen konnte, besonders als die Tanzstundenzeit begann, von vornherein zum begehrtesten Gesellschafter machte. Erschwerend kam für mich noch dazu, dass – als sich endlich jemand fand der Englisch unterrichten konnte -, dies ein in mancherlei Hinsicht recht komisches

Wesen war: Miss Gwendolyn Gray, eine alte Jungfer, etwa von der Statur der Witwe Bolte von W. Busch, drei aufeinander gestülpte Kugeln wie bei einem Schneemann, die oberste gekrönt von einem Turm von Perücke, wie man sie vielleicht im 18. Jh. oder am Hof der Königin Viktoria getragen haben mochte; das mächtige Kinn ruhte direkt auf dem Busen, den sie als Tablett zu benützen schien, denn nicht nur das Lorgnon pflegte dort zu liegen, sondern auch die Brösel irgendwelchen Backwerks, das sie auch während der Stunden knabberte. Sie selbst und das Stübchen strömte einen seltsamen Duft aus, so als wäre alles eingemottet, scharf und doch süßlich und schwer – eine Mischung von Kampfer, Kamille und Peru-Balsam, sämtlich Gerüche, die ich aus der Apotheke kannte. Überall hingen, lagen, standen vergilbte Familienfotos, Nippes, Muscheln, verstaubte Makartbuketts. Dies alles war nun freilich alles andere, als was ich mir unter "englisch" vorgestellt und es fehlte nicht viel, dass ich enttäuscht aufgab, aber mich fesselte, was sie aus ihrem Leben zu erzählen wusste. Sie war, wie sich allmählich herausstellte, irische Katholikin, und durch sie erfuhr ich, dass es zwar die politische Einheit "Königreich Großbritannien" gab, was jedoch nicht bedeute, dass man dort überall e i n Herz und e i n e Seele und gleichen Glaubens sei. Das komme daher, dass die "nation" sich aus verschiedenen Stämmen mit verschiedener Geschichte zusammensetze, ähnlich wie das "Reich" – dort die eigentlichen Engländer oder Briten, dann die Walliser, Schotten und Iren, im "Reich" die Preußen, Bayern, Sachsen, Schwaben usw. Darum gebe es im Mutterland auch kaum so etwas wie einen gemeinsamen "way of life", wohl aber im Ausland, in den Kolonien! Dort sängen alle gemeinsam das "God save the king" und "Britain rule the waves", sie habe das selbst in Indien erlebt, wo ihr Vater Beamter war, und dann in Russland, wo sie in verschiedenen adeligen Familien unterrichtet habe, bis einige Erlebnisse während der Revolution 1905 es ihr geraten erscheinen ließen, das Land zu verlassen, und so war sie auf abenteuerlichen Umwegen erst zu Verwandten ihrer letzten russischen Schülerinnen nach Bukarest und schließlich hierher gelangt. Da die arme alte Miss kaum jemand hatte, der ihr zuhörte, mich ihre Erzählungen aber interessierten, da sie mir ungeahnte Einblicke in fremde Welten gewährten, kamen wir beide zwar menschlich auf unsere Rechnung, aber die englische Sprache etwas zu kurz kam; auch krankte, wie sich später auf der Uni herausstellte, ihre Aussprache stark durch ihren irischen Akzent. Bald nach Ausbruch des Krieges verschwand sie aus Kronstadt; ihre Zimmerwirtin sagte, Geheimpolizei habe sie abgeholt und als "Angehörige einer feindlichen Macht" entweder ausgewiesen oder interniert.

Nun, wenn es mit meiner Aussprache und Fähigkeit zu englischer Konversation auch nicht weit her war, so hatte ich mir doch einen beträchtlichen Wortschatz und die Fähigkeit englische Texte verstehen und übersetzen zu können angeeignet. Dies kam mir 1919, gelegentlich des sog. "Theißfeldzuges" gegen das kommunistische Ungarn, zugute, als eine englische Militärkommission bei unserem Regimentskommando in Szentes aufkreuzte, verschiedene Auskünfte wünschte und niemand beim Stab zu finden war, der verstanden hätte, was sie eigentlich wollten. Wie man dann auf mich als Dolmetsch verfiel, weiß ich nicht mehr, doch jedenfalls tat man's und ich musste ran, zu meiner peinlichsten Verlegenheit, denn dank meiner kuriosen Aussprache gab's anfangs nur erstaunte, verständnislose Gesichter, bis ich auf den Gedanken kam, sie um schriftliche Fixierung ihrer Wünsche zu bitten. Da ging's auf einmal, und da unser Oberst früher k.u.k. Offizier war, brauchte ich den Text nicht auch noch ins Rumänische zu übersetzen, sondern die Antworten nur noch auf Englisch zu schreiben und hinüber zu reichen. Dort nickte man, grinste, schrieb, zeigte auf dies und das in ihren Instruktionen und – es funktionierte, wenn auch etwas mühsam und holperig, aber es ging! Der colonel klopfte mir kameradschaftlich, gar nicht englisch steif, auf die Schulter, zog aus seiner Brusttasche ein Zigarettenetui und bot mir daraus merkwürdig lange und seltsam duftende Zigaretten an. Als ich zögerte und vorbrachte, ich sei Nichtraucher, zischelte es hinter mir: "Sei nicht dumm, Sachs! Nimm sie und gib sie nachher mir!" Der Oberst begriff, grinste, bot sie dem Kameraden hinter mir: "Ägyptische! Mit Opium!" Und während der sich verlegen bediente und bedankte, griff er in eine andere seiner großen Taschen und zog ein flaches Fläschchen hervor, schraubte den kleinen Becher herunter, füllte ihn mit einer ebenso aromatisch wie scharf duftenden Flüssigkeit, nippte an der eine Seitenbeugung, Andeutung von Zutrinken und – hinunter damit! Aaaah! Feuer rann mir bis in den Magen... die Luft blieb mir weg... ich musste husten, dass mir die Augen übergingen und es mich krumm zog! Die ganze Runde prustete los, während ich mich zu fassen versuchte, ungewiss, wie ich mich verhalten sollte…er war grauhaarig, Gast, Verbündeter, Oberst! Hatte er sich einen Scherz erlaubt?! Ich riss mich zusammen, reichte ihm das Becherlein zurück, ihm fest in die Augen sehend. Er nahm's, sah erst das Fläschchen, dann mich nachdenklich an, sagte dann "Sorry!" und streckte mir seine Rechte entgegen, wies dann auf die Stelle an meinem Blusenkragen, wo früher der Stern, das Rangabzeichen des k.u.k. Leutnants, gefunkelt hatte – ich trug noch, wie manche von uns, die alte Uniform, bloß mit den neuen Abzeichen – und fragte: "Früher k.u.k. Offizier?" Als ich bejahte, folgte – zu unser aller Staunen – fast so etwas wie ein Verhör: Wie alt? – 22 – Beruf? – Noch keinen; von der Schulbank weg eingerückt. – Schulen? – Gymnasium. – Sprachen? – Deutsch, Ungarisch, etwas Rumänisch und Italienisch – ja, und Lateinisch, Griechisch ... – Wo zu Hause? – Kronstadt, Siebenbürgen. – Früherer Standort Ihres Regiments? – Szeged. – Szeged?! Sie kennen die Stadt? Können mit den Leuten sprechen?! – Gewiss! – Da drehte er sich mit einem triumphierenden Lächeln und Zuruf seinen Leuten zu (etwa des Inhalts, sie brauchten nicht mehr zu suchen), kritzelte etwas auf seinen Meldeblock, schob mir den Zettel hin, mir bedeutend, es meinem Oberst zu dolmetschen. Was da stand, war aber nichts anderes, als dass der englische Stab in Szeged einen "liaison officer", also einen Verbindungsoffizier zu rumänischen Militärstellen und ungarischen Behörden brauche, ich mich dazu eigne und er mich gleich mitnehmen möchte. Der Oberst möge das veranlassen. Was nun folgte, war ein wenig erfreulicher Disput zwischen den beiden Obersten, da der meine behauptete, mich nicht so ohne Weiteres abkommandieren zu können, das sei Sache des Divisions-, – wenn nicht gar Armeekommandos, was der Engländer als kleinlichen Bürokratismus und als unkameradschaftlich meinte abtun zu können. Die Sache endete damit, dass ein Schriftstück aufgesetzt wurde, in dem der englische Stab einen Verbindungsoffizier anforderte und mich dazu vorschlug, was unser Oberst an seine vorgesetzten Stellen weiterzuleiten versprach. Dann brausten die Engländer in Autos, wie wir bis dahin noch keine zu sehen bekommen, ab. Ich blieb mit recht zwiespältigen Gefühlen zurück. Hatte sich mir da nicht eben eine Chance, vielleicht d i e meines Lebens geboten?! Einmal dort, bei denen, würden sich wohl Mittel und Wege finden lassen, aus dieser Zwangsjacke hier, mit allem Drum und Dran, heraus und in die Freiheit eines Weltreichs zu kommen, mit noch kaum geahnten Möglichkeiten! Aber – bedeutete das nicht: Abspringen? Desertieren? Sich heraus reißen aus Heimat, Kameradschaft, allem Gewohnten?! Der Oberst, die Kameraden, sahen mich recht merkwürdig an, einige gratulierten, andere schüttelten den Kopf, wandten sich ab – Was tun?! Ich spürte deutlich: Du stehst an deinem Scheideweg! Und es hängt nicht nur von deinen Vorgesetzten ab, ob dem Ansuchen da stattgegeben wird! Nein, von dir selbst hängt's ab, und zwar jetzt! Augenblicklich! Ich sah zum Fenster hinaus, wo über die Weite des sonneflimmernden Marktplatzes eben mein Bursch, der lange Peter aus Halvelagen, mit den Eßschalen herangestiefelt kam und von der anderen Seite Lt. Windt, mein Herzbruder, beide strebten unserer Offiziersmesse zu, es war Mittagszeit ... binnen kurzem würden wir dort einander treffen... Und da holte ich tief Atem und bat den Oberst, jenen Hinweis auf mich in dem Schrieb zu streichen! Ob er's tat, weiß ich nicht; jedenfalls rührte sich nichts in dieser Sache, ich blieb beim Regiment und alles geriet in Vergessenheit – bis nun, da mir die seltsame Verkettung von Buffalo Bill über Miss Gray bis hin zum englischen Oberst bewusst wurde. Dass mir meine spärlichen Englischkenntnisse nachmals noch beim Ablegen der "Capacitate" (als Nebenfach) und schließlich in der schlimmsten Zeit, als ich nach dem Umsturz (1944-65) Stelle und Verdienst verlor, noch durch einige Privatstunden zum Dahinvegetieren verhalfen, mag auch noch vermerkt werden.

So erweist sich wieder einmal, dass manches, was in der (jeweiligen) Gegenwart irgendeine, gute oder böse, Frucht trägt, seine Wurzel in einem sehr, sehr fernen und bis dahin vergessenen Kindheitserlebnis hat. Im Untergrund bleibt der Keimling, bildet Würzelchen und harrt seiner Stunde, bewirkt auch wohl insgeheim dies und das im Lauf der Jahre, doch nichts Entscheidendes, da andere Kräfte oder die Umstände stärker sind und die Ansätze verkümmern lassen ... Wie war das denn mit meinem Drang zum Zeichnen, mit dem Soldatenspielen... usw.? Fast wäre ich Graphiker geworden, fast Berufssoldat ... im Schrank liegen die frühen Zeichnungen friedlich neben den Auszeichnungen... Ja, im schrägen Glanz der Abendsonne wieder entdeckte Spuren von nicht zu Ende gegangenen Abzweigungen...

Herbstjahrmarkt

Da sitz ich nun an meinem Schreibtisch in Augsburg im Jahre 1976, sanft durchwärmt von einer unwahrscheinlich frühlingshaft warmen Sonne des 2. März, während draußen die "Mäschkerle" als Indianer und Cowboys toben und knallen und aus den Fenstern Tanzmusik die Fastnacht vorbereitet, und berichte von einem Jungen, der sich vor mehr als 60 Jahren von echten Indianern und Cowboys so begeistern ließ, dass er beschloss, Englisch zu lernen, und der dann als Offizier der rumänischen Armee an der Theiß einem englischen Oberst dolmetschen sollte und fast fahnenflüchtig wurde – und der Junge von anno dazumal und der Offizier und der Greis, der da sitzt und dies schreibt, soll ein und derselbe Mensch sein?! Wunderlich ist diese Welt und dies Leben! Sollte dies Maskentreiben draußen, gerade heute, ein Wink sein?! Ist man der, der man zu sein scheint? Und – ist man heute noch der, der man vor x Jahren war?! Kaum e i n e Zelle des Körpers ist noch die gleiche, wie damals, und da soll man identisch sein mit jenem Wesen, – selbst wenn man einen Ausweis mit demselben Namen, denselben Daten, in der Tasche trägt?! Man ist ein anderer geworden, hat aber die Erinnerung an jenen Früheren ... Wo nistet diese Erinnerung? Doch wohl in Hirnzellen. Und wie nun ... einzig diese sollten sich nicht verändern? Anscheinend doch, denn wie wäre sonst das Vergessen zu erklären?! Manche scheinen abzusterben, andere nicht... Wer oder was trifft da die Auslese? Nach welchen Gesichtspunkten? So grübelt der, der da sitzt und vergeblich versucht, diesen Gedankenknäuel zu entwirren, und beneidet sein einstiges Ich, den Jungen, der randvoll vom eben Erlebten mit seinem Vater im Gedränge der Tram durch den staubig heißen Sommerabend der Waldesfrische der Noua, der wartenden Mutti, dem Abendbrot und dem Erzählen mit glühenden Wangen entgegenfährt.

Ja, für uns Rangen in der Noua, – etwa ½ Dutzend waren wir -, hatte sich durch Buffalo Bill Welt und Leben verändert. Man ging nicht mehr mit der Karawane der Mütter und der Kinderwagen mit den Fresskörben auf den gebahnten Wegen zur Poiana Florilor,[30] zum "Räuberbrunnen" oder zur "Brandstätte", sondern schlich, je nachdem ob Rothaut oder Trapper, kriegsmäßig bemalt und bewaffnet, neben – oder hinterher durchs Buschwerk, überfiel mit schrillem Gebrüll den "Treck" an geeigneter Stelle und raubte der schreckerstarrten Weiblichkeit die Jause, um dann zum "Wigwam" oder der Laubhütte zu entschwinden, wo sich dann Ähnliches abspielte, wie in den "Kalippen"[31] im Burggraben hinter der Stadtmauer, wie schon geschildert. Reich war damals dort noch der Wald an Beeren und Schwammerln aller Art, man hütete die ergiebigsten Orte wie ein Geheimnis und kämpfte notfalls um sie mit List und Gewalt, wie einst die Rothäute um ihre Jagdgründe. Wenn Anfang September dann wieder die Schule begann, verschönten die Aufschneidereien über die Herrlichkeiten der hier und dort verbrachten Ferien die Wochen bis zum großen Herbstjahrmarkt, im Oktober.

Ja, denn das war eine der großen Sensationen des Jahres, und zwar nicht nur nach den Maßstäben unseres Schülerhorizonts, sondern auch nach denen vieler Erwachsener. Da entschied sich nämlich für manchen Kaufmann, Gewerbetreibenden und Haushalt das Schicksal des kommenden Jahres.

Wenn auf den Feldern nur noch die Stoppeln standen, wenn auch der "Kukuruz" (Mais), die Kartoffeln, Obst und Kürbisse eingebracht waren, Scheuern, Keller, Darren und Mieten die Fülle bargen, dann strömte es aus den Dörfern in die Stadt, um sich für den Winter einzudecken, den Winter, der nicht nur den grauen Alltag, sondern auch Weihnachten, Neujahr, Kehraus, Fasching und – Hochzeiten mit einschloss! Und das lockte Händler, Gewerbetreibende und "Fahrende" aller Schattierungen von weither, ja sogar von jenseits der Grenzen, in Scharen an.

Während es uns natürlich vor allem zu den "Fahrenden" mit all ihrem Drum und Dran (wie schon in anderem

---

[30] *„Blumenwiese", auf dem Weg in die Schulerau*
[31] *Vom rumänischen colibă = kleine Hütte*

Zusammenhang erwähnt) zog, ging es den "Großen", ebenso natürlich, um Wichtigeres: Um Einkauf oder Verkauf und – dies betraf vor allem die Hausfrauen: Ums Dingen der Dienstboten! Ja, denn das war der zweite triftige Grund für das Hereinfluten der Dörfler, vor allem jener aus dem Szeklerland (Csik und Háromszek), die eben flügge gewordenen Mädel und Burschen in der Stadt in irgendeinen Dienst zu bringen, nicht nur um irgendetwas zu verdienen und Geld ins Haus zu bringen, sondern ebenso sehr um dort "gute Lebensart" bei der "Herrschaft" zu lernen. Darunter waren nicht nur gute Umgangsformen zu verstehen, sondern auch gutes Kochen, Handarbeiten feiner Art, Flicken, Stopfen, Waschen, Bügeln, ja, in manchen Fällen sogar Kinderwartung. So bestand zwar zwischen "Herrschaft" und "Dienstboten" auch das Lohn- und Arbeit-Verhältnis, wichtiger war aber damals noch, wenigstens in den alteingesessenen bürgerlichen Kreisen, das Vertrauens-Verhältnis.

Im Lauf der Zeit hatte sich zwischen manchen städtischen und dörflichen Familien geradezu eine Tradition gegenseitigen Verpflichtet-Seins herausgebildet, durch das nicht nur sichergestellt war, dass der dienstbare Geist des Hauses, wenn seine Zeit um, d.h. seine "Ausbildung" beendet war und sich ein Freier gefunden hatte, immer von der gleichen Familie ersetzt wurde, sondern dass man auch an allen größeren freud- oder leidvollen Ereignissen der jeweils anderen Familie in irgendeiner Form teilnahm, – über alle nationalen, sozialen, konfessionellen Schranken hinweg!

Ja, denn in Kronstadt war es dahin gekommen, dass die Familien, die Dienstboten benötigten, diese nicht mehr aus den umliegenden sächsischen Dörfern anwerben konnten, da die Bauern des Burzenlandes es zu solchem Wohlstand gebracht hatten, dass sie es nicht mehr nötig hatten und unter ihrer Würde hielten, ihre Töchter noch in der Stadt zu verdingen, nein, nein, die mussten nach Absolvierung der dörflichen Volksschule meist irgendeine weiterbildende

Schule oder Kurse in der Stadt besuchen, – Haushalt, Kinderpflege, Gartenbau, je nach Neigung oder elterlichen Wünschen. So blieb den Städtern nichts anderes übrig, als sich das Überangebot der wirtschaftlich schwächeren Szekler[32] zu Nutze zu machen, und – beide Teile fuhren nicht schlecht dabei!

Das spielte sich dann meist so ab, dass die Mütter, – die meist auch gedient hatten – um die Jahrmarktszeit ihre eben flügge gewordenen Töchter oder Söhne und etliche Zwerchsäcke oder Körbe zusammenpackten, auf eigenem oder geliehenem Korbwägelchen verstauten und in der Wagenkolonne ihres Dorfes zur Stadt fuhren. Dort wurde dann zunächst in einem der wenigen überlieferten Einkehrhöfe oder aber auf der Wiese hinter dem Schlossberg (wo jetzt das Mărzescu-Spital steht) "geparkt", d.h. die Pferde ausgespannt, gefüttert, getränkt und schließlich an die Wagenleiter gebunden. Dann machte man sich selbst zurecht und stärkte sich für das nun bevorstehende schwierige diplomatische Unternehmen.

Ja, da kreuzten sie nun auf in ihren farbenfrohen Trachten, je nach den Herkunftsorten in verschiedener Farbzusammenstellung und Musterung die Röcke, die Mieder, Kopftuch oder Haarbänder, so dass der Kundige gleich sehen konnte, woher jeder kam. Dann steuerten die Mütter die ihnen bekannten oder empfohlenen Häuser an, die Schelle wurde gezogen oder der Türklopfer in Bewegung gesetzt – elektrische Klingeln gab's kaum irgendwo – Mutter und Hausfrau begrüßten einander feierlich, wie irgendwelche Potentaten, dann erst durfte die etwa schon im Dienst befindliche Tochter der besuchenden Mutter um den Hals fallen oder die Hand küssen, was diese ihrerseits meist der Hausfrau hatte angedeihen lassen.

Dann begannen die diplomatischen Verhandlungen, die viel Geschick und Geduld erforderten und sich oft stundenlang hinzogen, bis Punkt um Punkt geregelt war, – natürlich nur,

---

[32] *Größte ethnische Minderheit in Rumänien, (1,4 Millionen), ungarischsprachig, im 12. Jahrhundert in Siebenbürgen angesiedelt.*

wenn es sich um den Beginn eines Dienstverhältnisses handelte, nicht bloß um dessen Verlängerung. Die Höhe des Lohnes hing weitgehend von dem ab, was die "Neue" schon konnte oder noch lernen musste, z.B. Wäschewaschen, Bügeln, Fußbodenbohnern, Lampen putzen – etwa auch solche mit den leicht zu Asche zerfallenden Glühstrümpfen – ja, und dann natürlich Flicken, Strümpfe stopfen, Stricken und dergleichen; die Frage des Kochen-Könnens war wohl die schwierigste, da sich über Geschmack bekanntlich nicht streiten lässt und schon gar nicht über Geheimrezepte, die fast jede Hausfrau hütete, so dass dieses Problem meist ausgeklammert und dem Probekochen überlassen wurde. Dann musste man sich darüber einig werden, wie oft im Jahr Stroh für den Strohsack der Magd beschafft, ob ein "Kotzen" mitgeliefert werden und wo ihr Bett stehen sollte, denn abgesonderte Mägdekammern gab es kaum irgendwo, so dass sie meist in der Küche in einem sogenannten "Mägdebett" (eine ausziehbare Lade, in der das Bettzeug verstaut war und die tags als Tisch diente) schlafen mussten. Dann die heikle Frage des Ausgangs: wie oft in der Woche, wenn, von – bis? Besuche von "falunbeli"[33], d.h. Landsleuten, worunter meist Burschen von daheim zu verstehen waren. Ob ein Paar Schuhe zu Weihnachten, einige Hausschürzen und etwas abgelegte Wäsche vielleicht mit dabei sein könnten...? Und, und, und,... Kam man zu einer einvernehmlichen Regelung, so holte die Hausfrau irgendeinen, meist selbstgebrauten Schnaps oder Likör und der Pakt wurde mit feierlichem Handschlag und Komplimenten über das vortreffliche Gebräu besiegelt. Dann folgte der Austausch der Geschenke unter gegenseitiger Lobpreisung ob deren Güte und Menge; manchmal erfolgte diese Zeremonie aber auch erst beim Einstand der Neuen zu Neujahr. Je nach dem Wohlstand der Beteiligten oder ihrem Bestreben, Eindruck zu machen, waren die sehr mannigfaltig abgestuft. Die vom Lande holten aus ihrem "Zekkert" (Quer- oder Zwerchsack) angefangen

---

[33] *Ungarisch: aus dem (gleichen) Dorf stammend, falu = Dorf*

von Butter und "Orden" (Weichkäse) oder "Burduf" (Schafskäse in Schweinsblase oder Tannenrinde) über Eier, Wabenhonig und "Csikiperecz" (deftiges Gebäck) bis hin zu einem pfannenfertigen Hendel, Ferkel oder gar einer Mastgans. Nun, die Hausfrau ließ sich auch nicht lumpen und holte aus Kammer oder Schrank, was die Stadt zu bieten hatte: Etwa einen ganzen Zuckerhut, ein Säckchen Kaffee mitsamt der Mühle, Mandeln oder Rosinen, Nähzeug, ein Bügeleisen oder Stoff und feines Leinen für die Aussteuer. All das vollzog sich unter umständlicher Feierlichkeit, die fast einer Art Staatsakt ähnelte, wobei – seltsamerweise – meist die Magd-Mutter, fast unbeweglich und aufgeplustert wie eine brütende Henne, auf der Truhe, die ihrer Tochter Habseligkeiten enthielt, thronte, während Mutter, in Erledigung ihrer hausfraulichen Pflichten, vor den kritischen Augen hin und her ging und mit Töpfen und Pfannen hantierte, dies und das erläuternd oder fragend.

Einfacher, aber auch risikovoller, verlief die Sache, wenn solche, die schon in der Stadt gedient hatten, den Platz wechseln wollten, und zwar besonders dann, wenn dieser Dienstwechsel durch eine Kündigung seitens der bisherigen Herrschaft nötig wurde, die Magd aber gern geblieben wäre. Da mussten die Verhandlungen mit der "Neuen" möglichst geheim geführt werden, damit die "Alte" nicht dazwischen funken könne. Da wurde mit Empfehlungen und Vermittlungen über allerlei Bekannte hinweg oft wochenlang verhandelt, Erkundigungen eingeholt, Leumundszeugnisse begutachtet, denn in die amtlichen "Dienstbüchel" durfte nichts für den Arbeitnehmer Nachteiliges eingetragen werden; wo war dann aber die Gewähr, dass man sich nicht eine Laus in den Pelz setzte?! Ja, die armen Hausfrauen waren in diesen Tagen wahrhaftig nicht zu beneiden, oder richtiger: noch weniger, als sonst zu beneiden, und wenn man heute so viel von den "guten alten Zeiten" redet, da man sich noch Mägde leisten konnte und nicht so hetzen musste, so sieht man nur die Lichtseite jener Tage. Es war ja nach der damaligen Auffassung vor allem die Hausfrau und Mutter, die für all das, was sich in Haushalt und Familie abspielte, verantwortlich war und da es bei den damaligen Dienst- und Wohnverhältnissen kaum möglich war, die Dienstboten vom Familienleben gänzlich auszuschließen, – besonders wenn Kinder im Hause waren –, so bedeutete das Eintreten eines neuen Menschen so völlig anderer Herkunft, Gewohnheit und Sprache in diesen Kreis, jedes Mal wieder eine "Sensation", und zwar nicht zum wenigsten auch für die Kinder selbst.

Da ich keine Geschwister hatte, war ich mehr als andere Kinder auf den neben den Eltern nun nächsten Menschen angewiesen, – wenigstens in den ersten Jahren, bis in die Schulzeit hinein. Das hatte ich natürlich bald erspürt und so ergab es sich von selbst, dass ich jeden Wechsel aufs heftigste miterlebte und die Bekundungen meiner Zu- oder Abneigung nicht selten die Wahl meiner Eltern beeinflusste, und wenn ich mich recht entsinne, hatte dies niemand zu bedauern, denn die von mir "genehmigten" konnten meist mehrere Jahre bleiben und wenn sie dann heim mussten, erfolgte der Abschied meist unter Tränen von beiden Seiten, doch mehr über dies Kapitel an anderer Stelle; Hier will ich nur noch auf das hinweisen, was der Jahrmarkt der Hausfrau, außer der Sorge wegen der Dienstboten, noch aufbürdete: Die Beschaffung der Obst- und Gemüsevorräte für das kommende Jahr, und deren richtige Einlagerung. Wieviel Erfahrung, Kenntnisse und – Arbeit all das verlangt, habe ich erst lange nachher begriffen, als ich selbst noch in die Lage kam, dafür sorgen zu müssen. Damals, als es noch so gut wie keine Konserven gab, musste jeder sich selbst zum "Produzenten" bemühen und versuchen, das jeweils Beste für sich ausfindig zu machen und möglichst preiswert zu erhandeln. Was alles dabei zu berücksichtigen war, das heutzutage einer Hausfrau, besonders einer städtischen, auseinanderzusetzen, würde fast ein Buch erfordern. Dass Mutti das alles mit so viel heiterer Gelassenheit meisterte (Vater war zur Jahrmarktzeit noch weniger als sonst abkömmlich, da sich dann die Landbevölkerung in der Apotheke drängte, um sich ebenfalls, möglichst fürs ganze Jahr, mit dem Nötigen für Mensch und Vieh einzudecken), ja, von Bekannten noch als "sachverständige Beraterin" beansprucht wurde, trotz ihrer Jugend (war sie doch erst wenig über zwanzig), erfüllte mich auch erst, als es zu spät war, mit Ver- und Bewunderung. Dass sie in diesen Dingen so gut Bescheid wusste, verdankte sie wohl ihren Kinder- und Jugendjahren im Haushalt eines dörflichen Pfarrhofs.

Da begann also schon Wochen vor dem Jahrmarkt ein großes Rumoren vom Dachboden bis zum Keller hinunter. Da wurden Lattenroste von oben und unten ebenso wie Kisten und Fässer in den Hof geschleppt, mit heißem Laugenwasser und harten Bürsten gründlich geschrubbt und an der Sonne getrocknet, inzwischen der Keller geweißelt, die Luken und Ritzen mit alten Säcken und Lumpen verstopft, die getrockneten Fässer, Kisten, Gestelle wieder hineingeschafft, würstelförmige gelbe Dinger an Fäden gebunden, in den Keller gehängt, angezündet, bis sie mit bläulicher Flamme zu schwelen begannen und einen Qualm entwickelten, der einen zum Husten zwang, worauf man Keller und Kammer verließ und die Falltürfugen auch abdichtete. Wenn dann nach etlichen Tagen Kellerfenster und Türen geöffnet wurden, stank der ganze Hof nach Schwefel, mindestens ebenso schlimm, wie er vorher nach faulem Kraut und Zwiebeln gestunken hatte.

Nach solchen Vorbereitungen kam dann der Tag, an dem Mutti mit Rebi oder Erzsi oder wie die jeweilige Magd eben hieß, sowie mit Petre, dem sogenannten "Laboranten" der Apotheke und deren Handwagen, darauf sich Körbe, Kisten, Säcke türmten, sich aufmachte, die Wintervorräte bei den Bauern einzuhandeln, wobei ich natürlich, neugierig wie immer, mitzockelte.

Die Standplätze für diese Erzeugnisse der Landwirtschaft waren damals an dem Teil des sogenannten "Rudolfs-Ringes", der sich vor dem Gefängnis und Gerichtsgebäude hinzog. Da wir Jahr für Jahr vom gleichen Ort die gleichen Erzeugnisse holten, muss es wohl so was wie eine Jahrmarktsordnung oder Überlieferung gegeben haben, wo was feilgeboten werden durfte, ähnlich wie es in der Inneren Stadt ja eine für die gewöhnlichen Markttage gab, – siehe Korn-, Obst-, Blumenzeile usw.

So türmten sich denn damals ganze Berge von Kartoffeln, Zwiebeln, Krautköpfen, Möhren usw. vor dem Gerichtsgebäude, daran schlossen sich, gegen die Ziganie hin, die Leiter- und Korbwägelchen der Obstbauern, die dort aus dem Stroh heraus ihre Äpfel und Birnen aus Körben und Säcken aber ihre Zwetschgen und Nüsse über Laufgewichtswaagen an den Mann brachten; ihnen gegenüber, am Ende der Schwarzgasse, standen die gebrechlichen "Schatterte" (Zeltbuden) der ländlichen Honigkuchenbäcker, nicht zu verwechseln mit den städtischen Lebzelterbäckern, die ihre Stände auf dem Marktplatz hatten; die ländlichen Kuchen waren viel fester und dunkler als die städtischen und wiesen nur drei Formen auf: rund, herz- und lanzettförmig. Dann kamen die Böttcher und Schäffer-Macher, die bäuerlichen Tischler und Truhenmacher, die Kotzen-Macher, Kandel-Macher[34], Seiler, Pelzmützen-, Lodenhütchen-Macher, Hersteller des festen gelblichen Bauernlinnens usw. das zog sich hin den ganzen "Ring" entlang bis vor die "Reformierte Kirche" – Dieser flache Halbkreis entsprach ungefähr dem Verlauf der einstigen äußeren Stadtmauer vom Schwarzgässer – bis zum Klostergässer Tor und war zur Jahrmarktszeit der Markt der "Auswärtigen", die an die Städter ihre Ware loswerden wollten.

Dieser wurde durch den Wall der "Promenade" mit ihren prachtvollen Linden, Kastanien und Ahornbäumen, mit dem "Pavillon" für die Konzerte der Stadtkapelle und die Station der Tram getrennt vom bunten Wirrwarr all der "Fahrenden" mit ihren Buden, Zelten und Wagen, die von überallher

---

[34] *Kannenmacher, Kannengießer*

herbei geströmt waren und mit ohrenbetäubendem Spektakel von Orchestrions, Drehorgeln, Glockenspielen, Blaskapellen und Ausrufern in allen Landessprachen das Volk anzulocken wetteiferten.

Zwischen und über diesen beiden Welten, auf dem Wall der Promenade war der Treffpunkt all jener Mägde und Burschen, mit oder ohne Mütter, die ohne bestimmtes Ziel aufs Geratewohl, in die Stadt gekommen waren, um sich zu verdingen, oder die hier Bekannte, "falunbeli", zu treffen hofften.

Während also hier, außerhalb des ursprünglichen Stadtkernes, die Städter ihren Bedarf an ländlichen Erzeugnissen zu decken versuchten, geschah in der damaligen Stadtmitte genau das Gegenteil; dort drängten sich all die von auswärts Gekommenen, um zu sehen, was die Stadt zu bieten hatte. Ein Fremder, der in diesen Tagen gekommen wäre, um die Stadt kennen zu lernen, hätte einen völlig falschen Eindruck gewonnen, nämlich den eines fast orientalisch anmutenden Durcheinanders und Feilschens nicht nur in allen drei Landessprachen, sondern auch noch in deren verschiedenen Mundarten und – darüber hinaus auch noch in mancherlei Sprachen von jenseits der Landesgrenzen.

Die ganze, sonst leere Weite des Marktplatzes rings um das Rathaus, wo sonst höchstens ein paar Fiaker vor der Polizei in der Sonne dösten und etliche "Fratschlerinnen" (rumänische Obstlerinnen) entlang der Obst- und Flachszeile hinter ihren Körben und Tischchen hockten, war nun unüberschaubar von einem buntscheckigen Durcheinander verschiedenster Buden, Zelte, schirmüberdachter Stände und Menschengewimmel erfüllt. Schon einem Fußgänger fiel es schwer, sich durch dies Gewühl der Schau- und Kauflustigen durchzudrängeln, für Fahrzeuge aber, gleichviel welcher Art, gab's überhaupt kein Durchkommen; diese und alle, die es eilig hatten, mussten dem Markt ausweichen und versuchen, auf Umwegen ihr Ziel zu erreichen. Ja, so etwas wie Verkehrsregelung oder gar Verkehrspolizei gab's damals noch nicht; die paar "Blauen", die Stadtpolizisten, hatten ihre liebe Not mit all den Bettlern, Landstreichern, Betrügern, Taschendieben und mit dem Schlichten von Streitigkeiten, Schlägereien und Einsammeln verirrter Kinder, die meist als "von Zigeunern entführt" angegeben und verzweifelt gesucht wurden. Merkwürdigerweise spielte dies alles sich aber meist nicht im Stadtkern ab, sondern in Nebengassen und Randbezirken, vor den Gast- und Einkehrhäusern (dem "Roten Wirtshaus" in der Schwarzgasse, dem "Einhorn" in der Bahnstraße, den "Zwei Riesen" in der Langgasse) und auf der sogenannten "Trauschischen Wiese" zwischen Schlossberg und Mühlberg (wo später die Heßfabrik und das Märzescu-Spital gebaut wurden). Dort stießen die Deichseln der Leiter- und Planwagen, hochgekippt, um Platz zu sparen, gen Himmel, wie das Gehörn einer Herde von Riesenochsen; dort summten Schwärme von Fliegen und Pferdebremsen sowie verdichteter Stank von Schweiß und Urin über dem Muhen, Wiehern und Kläffen all des armen, von Geschmeiß und Durst geplagten Viehzeugs. Besonders schlimm schien es um die vielen klapperdürren Köter zu stehen, die, unter dem Wagen ihrer Herren angebunden, sich verlassen und doch verantwortlich fühlten, zum Himmel heulten oder gegenseitig angeiferten. Ja, so sah es auf den "Parkplätzen" von anno dazumal aus.

Etwas weniger urtümlich, aber immer noch reichlich urwüchsig und fast mittelalterlich derb und marktschreierisch ging es auf dem Marktplatz und seinen Ablegern oder Zweigstellen für bestimmte Gewerbe und Waren zu. Diese hatten zwar, wie a.O. schon erwähnt, ihre überlieferten Standplätze, mussten sich nun aber sehr zusammen-, ja, zum Teil sogar ganz verdrängen lassen, da bei dieser Gelegenheit auch viele Gewerbetreibende, Handwerker und Geschäftsleute, die sonst nicht ausstellten, nun Zweigstellen ihrer Werkstätten und "Gewölbe" einrichteten, weil die Ortsfremden diese entweder nicht gefunden oder sich nicht ohne Weiteres hineingetraut hätten, weil sie dort höhere

Preise argwöhnten. Nein, unter freiem Himmel und umdrängt von Seinesgleichen ließ sich besser feilschen; ja, denn ohne dies ging es nun mal nicht ab! Sogar Fabriken, also Großbetriebe, ließen sich herbei, auf eigenen Ständen Massenware an Einzelkäufer, statt nur an Firmen, feilzubieten, und wenn der eine damit anfing, musste der andere nachziehen und stand denn ellbogennahe nebeneinander und äugte und horchte nicht zu knapp zum Konkurrenten und seinen Praktiken hinüber. Um auch nur den Anschein eines ernsthaften Wettkampfs um die Gunst des Publikums zu vermeiden, verfiel dieser oder jener darauf, die Konkurrenz mit mehr oder weniger scherzhaften Anspielungen oder Tricks zu veräppeln, so dass diese sich natürlich auch was einfallen lassen musste. So kam es denn manchmal zu Szenen, fast wie beim Kasperltheater, die auch unsereinen anziehen und amüsieren konnten, wenn auch manche Anspielung wahrscheinlich nicht verstanden wurde. Vielleicht hatten diese Szenen aber auch noch einen anderen (Hinter-)Grund? Vielleicht waren sie gar abgekartet, um sich gegen die gewitzte gemeinsame Konkurrenz der fahrenden Händler mit ihrer billigeren Ramsch-Ware und volkstümlichen Wortgewandtheit behaupten zu können? Mit ihrem sonstigen soliden Ernst kam man bei diesem Publikum nicht recht an .

Nun, wie dem auch gewesen sein mochte, für uns war dieses Spektakel jedenfalls nur eines am Rande, über das wir mehr zufällig gestolpert waren, das wir aber nicht gesucht hatten. Uns lockten da schon eher die wirklichen Kasperles mit den knallharten Rauf- und Prügelszenen, die Degenschlucker und Feuerfresser, die Wahrsager mit dem Äffchen oder der Kakadu auf der Schulter und einem Turban auf dem Kopf, die Schlangenmenschen und Kettenbrecher und Tanzbären-besitzer, die hier als Einzelgänger ihre Tricks vorführten und einander zu übertrumpfen suchten, jeweils zwar einen Kreis von Gaffern anlockend, doch selten einen Kreuzer ihnen aus der Tasche lockend; diese armen Teufel hatten vermutlich bei keinem Zirkus oder Schaubudenbesitzer unterkommen können und trieben nun hier ihr Wesen, da dort auf dem Rummelplatz vor dem Schlossberg die Konkurrenz zu groß war. Welcher Wind sie aber just in diese Ecke des Marktplatzes, in die Nähe der Kirche, zusammengeweht hatte, blieb unenträtselt. Vielleicht, weil dort auch die Stände mit den Spielwaren und neuesten Marktschlagern untergebracht waren, die natürlich die Kinder anzogen? Das Publikum, das wenigstens mit Beifall nicht sparte.

Spielwaren! Eine Welt für sich! Und zwar eine, die in ihren Grundelementen sich anscheinend weniger verändert hat, als die der "Großen", wenn man an die Grabbeigaben in Kindergräbern denkt – von Altägypten, Ninive und Rom bis hin zu denen in Peru: Püppchen, Murmeln, Haustiere und Streitwagen aus Ton, Ringlein und Kettchen ... All das war, seinem Wesen nach gleich, bloß in zeitgemäß angepasster Form, noch vorhanden, dazu allerdings dann eine Menge aus der Gegenwart geborener Erfindungen, die Kinder, angefangen vom Säugling bis hin zum "Besen" (Backfisch) und "Bengel" erfreuen sollten. Hauptvergnügen für alle Altersklassen scheint von jeher all das gewesen zu sein, was Radau macht: Vom Klapperchen des Säuglings über Trommeln, Pfeifen und Trompeten aller Art bis hin zu Knallerbsen, "Fröschen" und Kanonenschlägen. Während von Faschingstreiben bei uns dazumal auf den Straßen kaum was zu merken war, schienen die Jahrmarktstage eine Art Ersatz dafür bieten zu sollen, – wenigstens in puncto Lärm, Gewähren-Lassen und Verbrüderung durch Papierschlangen und Konfetti über alle sonstigen Schranken hinweg. Trompeten gellten, Trommeln rumpelten, Pfeifen schrillten, Papierschlangen zischten, plötzlich aufgeblasen, einem um die Ohren, während es um die Füße – mit Vorliebe unter den Röcken der Weiblichkeit – knallte und knatterte, bunte Ballons platzten oder entschwebten taumelnd hinan zu den Dächern oder gar hinan zum sich färbenden Zinnenwald, verfolgt vom Zetergeschrei der enttäuschten Kinder;

Ziehharmonikas, Mundharmonikas, Maultrommeln, Drehorgeln, Ausrufer-Geplärr – die Dampfpfeifen "Galileis" und "Luthers", der beiden Tramloks, hatten es schwer, sich diesem Getöse gegenüber durchzusetzen, und es ist nicht zu verwundern, wenn die Bewohner der Marktplatzzeilen und der angrenzenden Straßenzüge für diese Tage möglichst die Flucht ergriffen.

Nun, wir Kinder waren nicht so zart besaitet; für uns galt: je mehr Krach, desto schöner! Gleichviel, wie er erzeugt wurde. Grenzen waren diesem wüsten Treiben nur vor dem jeweiligen eignen Haustor gesetzt, das zu verteidigen Ehrensache war und wo deshalb aus dem bisher besten Radaukumpan auf einmal, bei dessen Nichtachtung, der heißbekämpfte Widersacher werden konnte. Ja, diese Jahrmarktstage waren randvoll von Möglichkeiten und Überraschungen aller Art, erfreulichen wie unerfreulichen.

Zu den erfreulichen gehörte für uns die Tatsache, dass die Schulbehörde uns allen wenigstens e i n e n Tag, meist war es der letzte, so quasi als "Kehrausgaudi", freigab. Was sie dazu veranlasste, bleibe dahingestellt; vermutlich war es nicht nur die resignierende Einsicht, dass bei einem Unterricht, der das Treiben draußen nicht zur Kenntnis nehmen und der gegen Knallbonbon, "Frösche", Juckpulver und Stinkbomben ankämpfen wollte, ohnehin nichts Vernünftiges herauskommen würde; man war doch schließlich auch Ehemann, Hausvater und verantwortungsbewusster Bürger der Stadt... Na ja, und Verständnis für die Jugend musste man ja auch zeigen! Wie dem auch sein mochte – wir jedenfalls zerbrachen uns darob nicht die Köpfe, sondern nützten die Tatsache nach besten Kräften, indem wir uns überall herumtrieben, wo es nur irgendwas zu sehen, hören oder zu schnabulieren gab und fanden höchstens für die Hauptmahlzeiten und zum Schlafen heim.

Klar, dass dies alles nicht ganz ohne Mammon zu bewältigen war. Schon Wochen vorher wurden die Kreuzer für das Jausenbrot dem Sparschweinchen einverleibt, das nun geschlachtet wurde. Da man mir, – wohl aus erzieherischen Gründen – freistellte, dessen Inhalt nach Gutdünken zu verwenden und nur an das Sondertaschengeld die Warnung knüpfte, es für keinen "Schnickschnack" hinauszuwerfen, da es sonst künftig sparsamer bemessen werde, lernte ich frühzeitig abzuwägen, was eben Schnickschnack, d.h. unnützes, allzu vergängliches Zeug, Ramsch, Plunder, Kitsch war und was "sich lohnte". Leicht fiel es mir nicht, besonders wenn ich mitansehen musste, wofür meine Kameraden ihre Kreuzer hinpfefferten; Für Knallereien, für Süßigkeiten aller Art und Scherzartikel! Nee, das war nichts für mich! Was ich erstand, das sollte nicht nur den Jahrmarkt überdauern, nicht nur ein flüchtiges Vergnügen gewähren! So hatte ich mir meist schon lange vorher überlegt, was es sein sollte und hatte nur noch bedachtsam die Auswahl zu treffen und zwar eine, die auch vor elterlichen Augen bestehen konnte. Natürlich kann ich mich nur noch an einige Glanzstücke erinnern, die tatsächlich mehrere Jahre überlebten: ein "Diavolo"-Spiel, Bogen und Pfeil, einen kleinen, mit Rosshaar gefüllten Lederball, eine Schachtel Zinnsoldaten, ein Mehrzwecktaschenmesser ... Wenn ich mir das Geld für diese Dinge auch nicht selbst verdient hatte, so hatte ich es mir doch abgespart und eine gewisse Verpflichtung übernommen, so dass mein Verhältnis zu ihnen etwas anders war, als zu meinen sonstigen "Schätzen".

Zu den ganz großen Ereignissen dieser Tage gehörte aber, wenn Vater mal die Apotheke seinem Magister überließ, mit mir zum Kuchenzelt des Herrn Elges aus der Langgasse ging, die alljährliche große Tafel Mandelkuchen, die Packung "Pflastersteine", verschiedene Busserl-Arten und schließlich die Tüte "Nonnenfirzker[35]" kaufte, was wir gemeinsam heimbrachten und Mutti übergaben, worauf wir dann in den Zirkus gingen. Wenn der gar noch mit einer Menagerie verbunden war, wurde mir solch ein Besuch in mancherlei

---

[35] *Eher vulgäre Bezeichnung eines nicht näher bekannten Backwerkes, wörtlich: „Nonnen-Fürzlein"*

Hinsicht zu einem Erlebnis durch Einblicke in mir fremde Welten, die ich mit allen Sinnen wahr- und in mich aufnahm.

Ja, dazumal war man noch nicht durch Film und Fernsehen verwöhnt; der erstgenannte lernte eben erst laufen, vom zweiten wagte man noch nicht einmal zu träumen! Welch sonderbare, lang nachwirkende Erlebnisse solche Zirkusbesuche einem bescheren konnten, habe ich in anderem Zusammenhang erzählt.

Offenbar brachte es aber der Zirkus fertig, nicht nur unsereinen, naive ABC-Schützen, Mensa-Deklinierer und etwa noch Hinterwäldler, mit Căciulă[36] und Bundschuhen anzulocken, oder fürsorgliche Väter mit ihren Sprösslingen, o nein, da kreuzten auch stadtbekannte "Herrschaften" auf, bon vivants, Lebemänner, mit grauem Zylinder, Rohrstock und Monokel, und dazugehörige "Damen" mit "himmlischhohen Prachtpopös", Schinkenärmeln und Lorgnons, wenn es sich etwa herumgesprochen hatte, auf welch hübschen Beinen die Akrobatin M-elle X übers Seil tänzelte oder die Y über Pferde weg "voltigierte", oder über welch erstaunliche Muskulatur der Ringer W verfügte und welch eleganten Schneid der Dompteur Z! Na ja, dergleichen bekamen wir natürlich nur am Rande mit, aber dass solche "Herrschaften" geruhten, das Zirkusvolk durch ihre Gegenwart zu beehren, erhöhte immerhin die Bedeutsamkeit auch unseres Besuches.

Waren dann die 3 Tage um, die Buden und Zelte abgebrochen und mitsamt all den Leiter- und Koberwagen abgezogen, das Gedränge, Geschrei, Getöse verstummt, bevölkerten wieder die Tauben die Weite des Marktplatzes (die in diesen Tagen verstört über dem Wirbel in Schwärmen gekreist waren), emsig bemüht, den paar Straßenkehrern zu helfen, all die Pferdeäpfel und sonstigen Abfälle zu beseitigen; dann war es schwer, in den gewohnten Trott zurückzufinden; da war es, als gähne eine Leere, ein Leerlauf, dem man zu entrinnen suchte, indem man auf den nun verlassenen Plätzen umherstreunte, sich in Erinnerungen

---

[36] *rumänisch: Pelzmütze*

und abenteuerlichen Vorstellungen erging, was alles hätte geschehen können oder in aller Welt möglich sei. Hatte doch jeder in der Schule etwas Merkwürdiges zu erzählen, was er erlebt oder vorzuzeigen, was er bekommen, so dass die Wellen des Ereignisses nur sehr allmählich verebbten.

Ungefähr um die Zeit des Herbstjahrmarkts pflegten an verschiedenen Straßenecken und Toreingängen Wesen aufzutauchen, die, aufgeplustert von x Unterröcken, darüber bunte Mieder oder Jacken sich bauschten, überschattet von ebensolchen Kopftüchern, somit wohl als weiblich und bäuerlicher Herkunft anzusehen waren und hinter umfangreichen Holzschäffern saßen, denen leichter Dampf und angenehm süßlicher Duft entquoll. Und alsbald blieb vor ihnen allerlei Stadtvolk stehen, Männlein, Weiblein, jung und alt, arm und reich, ließ sich unter sauberen leinenen Tüchern und etlichen Lagen von Maisblätter hervor aus dem heißen Wasser die noch jungen, zarten, verführerisch duftenden Maiskolben holen, langte in ein daneben stehendes Glas mit Salz, streute es auf den Kolben und begann, meist an Ort und Stelle, ihn abzuknabbern, ihn wie eine Mundharmonika hin und her ziehend. In Säcken und Körben daneben lagerte noch Vorrat für solche Kunden, die sich die leckeren Kolben lieber selbst daheim kochen und in Muße genießen wollten.

Tauchten diese "Kukuruzweiber" in der Stadt auf, dann wusste man, dass in Bälde das "Kukuruzbrechen" auf den Feldern beginnen würde, dem dann, nach dem Einführen in die Scheunen, Mieten oder Darren, bei Einbruch des schlechten Wetters, die Gaudi des "Kukuruzschälens" folgen würde – an dieser hatte ich, als gutmütig geduldeter Enkel des "Härrn Pfarr" und nicht recht ernstzunehmendes Stadtkind und später Studentlein, etlichemal teilnehmen dürfen.

Zu den Einkünften meines Großvaters mütterlicherseits, Franz Sindel, Pfarrer in Tartlau, bis kurz vor dem Ersten Weltkrieg, gehörte eine ganze Reihe von Abgaben in "naturalias", darunter auch etwa eine Wagenladung voll

Mais, der, so wie er vom Felde kam, in die große, im Kellergeschoss des Pfarrhofs befindliche Sommerküche geschafft wurde. Dort türmte sich der Haufen der Kolben vom kühlen Ziegelestrich an einer der Seitenwände hinan bis nahe an die Balkendecke.

Zum Schälen, das meist erst nach dem Abendbrot begann, fand sich vor allem "Jungvolk" aus der Nachbarschaft ein, ehemalige Spiel- und Schulkameraden der Pfarrkinder, die damals schon in der Stadt "studierten", d.h. das Gymnasium besuchten, Alfred und Erich, meine beiden Onkels, die ich aber nie so nennen mochte, da sie mir ganz und gar nicht onkelhaft erschienen; eher nannte ich ihre jüngere Schwester Hilde "Tante", da dies sie mächtig ärgerte. Außer diesen kamen noch etliche jüngere Frauen, die noch Spaß an Scherz, Gesang und Schabernack hatten, ja, denn hier wurde das so oft Erstrebte, aber selten Verwirklichte tatsächlich zum Ereignis, nämlich das Nützliche mit dem Angenehmen verbinden zu können. (In den damals noch bestehenden "Spinnstuben" mag es ähnlich zugegangen sein.).

Da kam also gut ein Dutzend, wenn nicht mehr, meist junger Leute zusammen, klomm den Haufen der rutschenden Kolben unter Jux und Gelächter hinan – Höschen trug die Weiblichkeit auf dem Lande damals meist noch nicht –, so weit, bis man mit dem Kopf an die Decke stieß, wühlte sich ein Nest und begann dann das "Schälen", richtiger wäre zu sagen: Entblättern, denn von den Schutzblättern, in denen die Kolben eingewickelt lagen, wie Säuglinge in ihren Windeln, mussten die nun befreit werden und zwar durch eine kräftige Drehbewegung, geradezu abgeschraubt vom Stengelhals. Da die Blätter meist schon getrocknet, von Natur aus ziemlich zähfaserig und scharfkantig waren, bekam dies meinen ungeübten Städterhänden gar nicht gut, so dass ich die Zähne zusammenbeißen musste, um einigermaßen durchhalten zu können. Zum Glück war es mir, dem leichten Spirifinkel, gelungen, mich ganz oben zu platzieren, so dass zunächst niemand mein Elend bemerkte, da auch meine Kolben über die Köpfe der unter mir Sitzenden hinweg in einen der breiten Weidenrutenkörbe oder auf das grobe Leinenlaken auf dem Ziegelestrich flogen, – wenn auch seltener als die der anderen. Waren die Körbe voll, wurden sie hinausgeschafft, sei's zur Kukuruzdarre, sei's in die Scheune. Besonders schöne Exemplare wurden gleich beim Schälen aussortiert und kamen auf einen besonderen Haufen, um später als Schmuck verwendet zu werden, – etwa unter einem Bord für irdene oder zinnerne Krüge und Teller, oder als Umrahmung einer Bauernstickerei. Tauchte aber irgendwo ein roter Kolben auf, so gab es ein großes Hallo, denn der oder die Betreffende erhielt damit das Recht, seinem oder ihrem "Schatz", oder einem x-Beliebigen freier Wahl, einen Kuss zu geben. Dieser Brauch brachte nun manchmal die komischsten Verwicklungen zustande, wenn der oder die glückliche Finder(in) sich nicht ohne weiteres öffentlich zur(m) heimlich Geliebten bekennen wollte. Als ich zum ersten Mal am Schälen teilnahm, wusste ich noch nichts von diesem Brauch und allem Drum und Dran, hatte Mühe, alles mitzubekommen, obendrein noch die Plage mit meiner Hand und muss in meinem völligen Verdattert-Sein, – der Lachsalve nach zu schließen – einen überwältigend komischen Anblick geboten haben, als sich plötzlich die reizende Rosini, die etwas seitlich unterhalb von mir saß, heraufreckelte und mir unversehens einen deutlich hörbaren Schmatz auf die Wange gab. Nicht nur aus Ehrgeiz hatte ich den höchstmöglichen Sitz erklommen, sondern auch um ihr, die mir von all den anwesenden Mädeln am besten gefiel, nahe zu sein und etwas von ihren reizenden Rundungen erspähen zu können. Und nun dies! Ich wusste nicht, wie mir geschah! Was ich nie zu hoffen gewagt, war geschehen – und in dem Augenblick, da ich, fassungslos vor Glück nach Luft japste, brach das Gelächter los, dass ich, in jähem Begreifen, wünschte, ich könnte unter dem Kukuruzberg verschwinden! Aber Rosini schien was gemerkt oder gespürt zu haben; sie griff nach meiner blutigen Hand und winkte mit ihrer freien heftig ab: "So hört doch auf! Dies ist wahrhaftig nichts zum Lachen!" Mir aber, mit einem ganz merkwürdigen Blick in meine Augen, flüsterte sie zu: "Schade, dass du nicht älter bist!" Und dann laut, zu den anderen: "Er hat sich die Hand verletzt…" und "rasch waschen! Ein wenig Talg drauf und drum ein Taschentuch! Und mit dem Schälen ist für dich jetzt Schluss!" In einem Wirbel widerstreitender Gefühle nahm ich zunächst nicht recht wahr, was sich abspielte, wie ich von meiner Höhe halb rutschte, halb torkelte, wer mir die Hand wusch, bestrich und verband, mich leise "dummer Junge" scheltend, – war's Großmutter? War's eine andere der Frauen…? Nur allmählich nahm ich die Umwelt wieder wahr und was um mich herum geschah… Heilfroh, dass ich nicht mehr Mittelpunkt der Aufmerksamkeit war und das Treiben seinen Fortgang nahm, war ich dankbar, dass mir zur Vorbereitung des Imbisses, der fällig war, sobald man etwa die Hälfte des Haufens geschafft hatte, eine andere kleine Arbeit zugewiesen wurde, nämlich beim Tischdecken und Auftragen zu helfen. Längst drangen angenehme Düfte aus dem Backofen, dem nun die Bleche mit den frischgebackenen Speck- oder Käsehanklichen, manchmal auch Zwetschgenkuchen entnommen wurden und zerschnitten und aufgeteilt werden mussten; dazwischen gingen Krüge mit Apfelmost oder Wein um; zuweilen wurde auch ein Fässchen Bier angestochen und ich musste mit Gläschen und Seideln umherlaufen, was ich nur zu gern tat, um meine Unbeholfenheit vergessen zu lassen. Wenn dann nach der Pause die Arbeit wieder aufgenommen wurde, kehrten meist etliche der älteren Generation nicht zurück, sondern halfen beim Abwasch und Verräumen oder gingen heim, so dass nun Jugend und Lustbarkeit die Herrschaft antrat mit Singen, Rätselraten, Erzählen, Frotzeln, Albern, wobei jedoch das Schälen keineswegs zu kurz kam, so dass für Schillers Einsicht: ".. Wenn gute Reden sie begleiten, dann fließt die Arbeit munter fort…", hier geradezu der Beweis geliefert wurde, denn allmählich sank man auf raschelnden Blättern abwärts, während draußen der Haufen der Kolben in die Höhe wuchs.

Gegen Ende, vor dem Kehraus, gab es dann noch einen Umtrunk, der meist zu Volks- und Studentenliedern anregte, wobei sich mal mehr der Geschmack der Burschen, mal der der holden Weiblichkeit durchsetzte, so dass in schönem Wechsel mal das "Im tiefen Keller sitz ich hier.. " in die Nacht hinaus tönte, mal das "Heideröslein", oder dem "Bier her, Bier her...!" etwa "Am Brunnen vor dem Tore.. " folgte...

Wenn dann, Schlag Zwölf, der Nachtwächter aufkreuzte, erhielt er zunächst einen guten Happen Hanklich, dazu einen tüchtigen Schluck Bier oder Wein und sein Hund einen Knochen; dann entzündete man an seiner Laternenkerze die eigene, und alsbald wanderten, nach fröhlichem Händeschütteln und "Gut Nacht!" Wünschen, x Glühwürmchen in verschiedenen Richtungen über die Weite des nächtlichen Marktplatzes heimwärts. -

Großvater Franz (Sindel)

T a r t l a u ! Während wir die " Großen Ferien", d.h. die Hochsommer (zwischen den Schuljahren, nach den Prüfungen und dem "Honterusfest") meist in der "Noua" (dem rumänischen Dörfchen vor der Dârste und den sogenannten "Siebendörfern") verbrachten, fast inmitten der damals noch dichten, herrlich duftenden Tannenwäldern, waren wir für die kürzeren, um die kirchlichen Feste herum, meist auf dem Pfarrhof in Tartlau bei meinen Großeltern zu Gast, ab und zu auch in Wolkendorf bei Onkel Emil, dem dortigen Pfarrer, mit seinen drei Söhnen, meinen Vettern: Volkmar, Hartmut und Ewald (V. 2 Jahre älter als ich, H. ein paar Monate älter, E. 1 Jahr jünger als ich).

Das Für und Wider bzgl. der beiden Pfarrhöfe und der Möglichkeiten, die sie mir – anfangs dem Knirps, später dem "Lauser" und endlich dem Studentlein – boten, das richtig einzuschätzen, fiel mir dank ihrer beträchtlichen Verschiedenheit recht schwer.

Gegen Tartlau sprach, dass die "Kinder" (Alfred, Erich, Hilde) bedeutend älter waren als ich (8-4 Jahre), also, verständlicherweise, sich nur selten und dann auch nur anstandshalber zu irgendeinem Spiel meiner Altersstufe herbeiließen; bestenfalls wurde ich als "Anhängsel" bei einem Ihrer Spiele geduldet. So rangen denn zwei Seelen, ach, in meiner Brust –, die eine, die voll Gekränktsein und Empörung sich zurückziehen wollte, und eine, die trotzdem darauf brannte, mitzutun und durch unerhörte Leistung Anerkennung zu erringen. Mal siegte diese, mal jene. Und wenn es sich so fügte, dass ich mittun durfte, setzte ich bis zur Erschöpfung alles dran, nicht allzu sehr zurückzubleiben und die anderen zu behindern – ganz gleich worum es ging: Um Laufen oder Werfen, um Mut- oder Geschicklichkeit beim "Räuber und Gendarm", beim "Versteckes", beim "Diavolo", "Krocket" oder "Csirke" (*Notiz E.N: Manuskript Heft Nr. I, S. 97-99*) . Am beliebtesten war das "Versteckes", da der weitläufige Pfarrhof mit seinem Winkelwerk von Schopfen, Scheune, Stallungen, Remise, Laube, Sommerküche und dem großen Obst- und Gemüsegarten mit seinem Buschwerk von Ribisel-, Egrisch- und Himbeergesträuch Verstecke in Hülle und Fülle bot, – was natürlich auch den "Räubern" zu Gute kam.

Diese Tatsachen führten zu den Pluspunkten für Tartlau. Zunächst, dass dieser ganze Komplex geradezu eine Welt für sich bildete, noch dadurch unterstrichen, dass der Pfarrhof fast herrschaftlich abgesondert, zwar inmitten der Gemeinde und doch durch die ganze Weite des Platzes bis zum Kirchenkastell und zur prachtvollen Kastanienallee von ihr Abstand hielt, – im Gegensatz zu Wolkendorf, wo der Pfarrhof in der Flucht der Häuserzeile, kaum unterscheidbar von den Nachbarhäusern, lag. Ich will nicht behaupten, dass mir das damals schon klar zu Bewusstsein kam, aber dies Gefühl des Eingepfercht-Seins spielte – ähnlich wie beim Neustädterschen Haus in der Burggasse 118 – auch hier seine Rolle.

Dazu kam noch, dass das Wolkendorfer Pfarrhaus, offenbar ein Neubau, mit seiner nüchternen, bloß aufs Zweckmäßige bedachten Kahlheit, es in keiner Weise mit dem irgendwie natürlich gewachsen und gemütlich wirkenden Tartlauer aufnehmen konnte. Das meiste trug zu diesem Eindruck wohl der im rechten Winkel an den ursprünglichen Altbau angeklebte, etwas erhöhte Anbau über der Sommerküche bei. Aus der Winterküche betrat man über 2-3 Stufen eine große lichte Stube, deren Fenster über eine hölzerne, weinlaubumrankte Galerie hinweg auf der Langseite in das Blumengärtchen mit der Laube sahen, auf der Schmalseite gegen den großen Hof mit seinen Wirtschaftsgebäuden sowie den weit nach hinten gehenden Obst- und Gemüsegarten. Es war das "Bubenzimmer", in dem auch ich und die Wolkendörfer Rangen, wenn zu Gast, untergebracht wurden, ausgestattet mit ganz robusten oder ausrangierten Möbeln, denen nichts mehr schaden konnte. Nun, das zeugte von weiser Voraussicht Großvaters, denn die wurden nur zu oft zweckentfremdet zu Barrikaden, Wildwestforts oder Kriegsgaleeren missbraucht. Wenn dabei wieder mal das uralte, riesige Auszugsbett, in dem drei von uns Platz hatten, zusammenkrachte, war es nicht Großvaters Donnerpredigt, die uns ernüchterte, sondern Großmutters eiskalte Kommandos: "Ihr zwei da baut den "Kasten" wieder zusammen, ihr zwei fegt die Stube! Weh euch, wenn ich nachher noch einen Strohhalm oder eine Daune finde! Nachher ab alle vier zum Holzschleppen! Wenn ihr da fertig seid, klopft!" Damit Kehrtwendung, dass die Röcke rauschten, die Tür knallte zu, der Schlüssel knirschte und einstweilen saßen wir auf Numero Sicher, denn die Fenster zur Galerie waren vergittert.

Ja, diese Galerie, richtigerweise: das, wohin sie führte, war eine der Sehenswürdigkeiten des damaligen Tartlauer Pfarrhofs, weitberühmt – oder auch berüchtigt – im ganzen Bekanntenkreis (und der war groß, da doch außer der großen Familie so ziemlich alle Pfarrherrn des Burzenländer Kapitels und noch etliche andere dazu mal dort aufkreuzten), sozusagen ein unerschöpflicher Born der Erheiterung und unzähliger Anekdoten, Sinnbild einer gemütvollen Idylle, wo das Notwendige mit dem Angenehmen sich nützlich verband: Die "Stille Klause", mit anderen Worten der Doppelthron des Abortes oder auch: Plumpaquatsch! Zu erreichen, wie gesagt, nur über die hölzerne Galerie, deren knarrende Planken jeden Nahenden sofort verrieten. Auch Schleichen half nichts, sie knarrten, so dass der etwa drin Thronende auf jeden Fall gewarnt wurde; der Nahende aber wusste Bescheid, sobald er um die Ecke bog: War der Vorhang am Türfensterchen vorgezogen, so hieß das: Besetzt! So gehörte es zu den Anstandspflichten des Benützers, beim Verlassen der Klause das Vorhänglein zurückzuziehen – Signal: Frei!

Dem Eintretenden bot sich ein freundlich einladender Anblick: Ein lichtes Kämmerlein, gute drei Schritte im Geviert, die sauberen Dielen mit Flickteppich belegt und beherrscht vom Doppelthron aus schimmernd gescheuerten Brettern, der Tür gegenüber von Wand zu Wand, die beiden Löcher von gewichtigen Deckeln verschlossen. Rechts und links von jedem Sitz je eine gestickte Tasche an der Wand mit handgroß zurecht geschnittenem Zeitungs- oder anderem Papier, zwischen den Sitzen ein Stoß alter "Gartenlaube", "Daheim" oder "Von Fels zu Meer", die Wände ringsum aber tapeziert mit Bildern aus jenen Zeitschriften oder Kalendern. In der einen Ecke eine Sammlung von Nachttöpfen verschiedener Größe, Form und Materials, sowie Quirlbürsten, Lappen und sonstiges Putzwerkzeug. Auf der Hofseite ein Fensterchen, auf dessen Brett ein Kerzenleuchter mit Kerze und einer Schachtel Streichhölzer und neben der Tür schließlich ein gestickter Klingelzug, dessen Draht bis in die Küche führte, um notfalls Alarm zu geben. Anscheinend hatte es in der langen Geschichte dieses Pfarrhauses Fälle gegeben, da schleunige Hilfe nötig geworden war. Alles in allem diese ganze Anlage ein deutliches Zeichen dafür, dass nicht nur für das Seelenheil des gebrechlichen Wesens Mensch in diesem Hause bestens gesorgt wurde. Was Wunder, dass die "Stille Klause" auch anderen Zwecken, als den ursprünglich vorgesehenen dienen musste! Gar mancher, den es nach Ungestörtsein und Besinnlichkeit verlangte, fand hier seine Zuflucht, und es ging die Rede der ich nicht widersprechen möchte, dass manche der urwüchsigen Predigten Großvaters hier konzipiert wurde und nicht am Stehpult seiner Kanzlei, wo jedes laute Wort oder sonstige Geräusch von Gang oder Küche her zu vernehmen war und Konzentration so gut wie unmöglich machte. Ein nur ähnlich anheimelndes, zum Verweilen einladendes und leiblich wie seelisch Erleichterung spendendes Refugium wie dieses, habe ich nirgends mehr entdeckt.

In dieser Beziehung war also Tartlau nicht zu übertreffen; eben so wenig in puncto der Möglichkeiten, die das Bächlein – in dem hinter der Scheune gelegenen Teil des Gemüsegartens – zum Spielen bot. Es war von dem jenseits der Gartenhecke dahinrauschenden großen Mühlbach abgezweigt, vermutlich um das Begießen der Beete zu erleichtern, und weder zu tief noch zu reißend, um uns zu gefährden, genügte aber vollkommen, um darauf Schiffchen fahren zu lassen oder ein Mühlrad oder Pumpwerk zu treiben. Wenn es gelang, "Onkel" Erich ans Bächlein zu locken, dann brauchte ich mir für etliche Stunden den Kopf nicht mehr zu zerbrechen, womit ich mich beschäftigen sollte. Ja, solch ein Bächlein gab es also beim Wolkendörfer Pfarrhof nicht, bloß den, jenseits der Dorfstraße, wild dahinstrudelnden, nicht allzu sauberen Schwarzbach, der aber für uns aus diesen Gründen nicht in Betracht kam.

Annähernd gleichwertig hingegen schienen mir die Scheunen, in deren staubigem Dämmer man vom

Hahnenbalken hier wie dort so herrlich ins Heu oder Stroh hinab springen und Verstecken spielen konnte! Desgleichen die Wagenremise, wo fast der gleiche uralte, ungefüge "Koberwagen" wie in Tartlau dahinträumte, nach Staub, Leder und Pferden duftend, und schließlich, hier wie dort, ein Ziehbrunnen, an dessen knarrendem Rad wir unsere Kräfte erprobten, sei's beim Heraufleiern der vollen Eimer, sei's beim Abbremsen der in die Tiefe hinabsausenden leeren.

Eindeutig zu Wolkendorfs Gunsten neigte sich aber die Waage, wenn uns der Zugang zur sogenannten "Tornácz" im Obstgarten freigegeben wurde. Welche Bewandtnis es damit hatte, dass wir nicht wann immer in den Obstgarten durften (wie in Tartlau) und schon gar nicht auf oder in die "Tornácz", weiß ich nicht mehr, vermute aber, dass es irgendwie mit der Pacht zusammenhing, da Emil Onkel und seine Frau sich nicht selbst genügend um das Obst kümmern konnten und es daher etwa zur Hälfte verpachtet hatten, der Pächter aber Körbe, Werkzeug und dergleichen dort untergebracht hatte.

Was das Wort "Tornácz" eigentlich bezeichnet und woher es stammt? Ob es für diese Baulichkeit überhaupt stimmte – ich weiß es nicht; es könnte aber irgendwie von "Turm" abgeleitet und über rumänisch "turnu" oder ungarisch "tornoy" gebildet worden sein und einen leichten, turmähnlichen Holzbau bedeuten, denn um einen solchen handelte es sich hier: Zweigeschossig war er, aus altersgrauen Brettern aufgeführt und das untere Geschoss durch einen kleinen Schuppen erweitert. Zum Obergeschoss stieg man eine ziemlich steile Außentreppe hinan und zwar zunächst auf einen schmalen Balkon, der die Gartenmauer überragte, an deren Fuß ein Feldweg entlanglief. Vom Balkon aus hatte man einen herrlichen Rundblick über die Felder hin auf die Wälder- und Gebirgskette hinter Neustadt und Rosenau bis gegen Törzburg und Zernescht[37]. Ähnliches konnte Tartlau einem nicht bieten, wobei – nach unsrer damaligen Sicht –

---

[37] Rumänisch: Zărneşti, Ortschaft in der Nähe von Kronstadt

nicht so sehr der schöne Ausblick gemeint war, als vielmehr die Möglichkeiten, die dieses turmähnliche Bauwerk uns für allerlei kriegerische Unternehmungen bot: das konnte man belagern, erklettern , bombardieren – die überall herumliegenden unreifen Äpfel, Kastanien, Tannenzapfen lieferten die Geschoße, die so drohend gegen die Bretterwände des hohlen Gelasses, mit den langen Klappluken böllerten, die an die Geschützpforten sagenhafter Piratenschiffe erinnerten.

Das war der e i n e Trumpf für Wolkendorf; der andere war das "Pestgrab". Das lag am anderen Ende des Gartens, dort wo er an das Gemäuer der Kirchenburg grenzte. Seltsamerweise hatte dort, nicht auf dem ganz nahe gelegenen Friedhof der Gemeinde, der an der Pest 1737 verblichene "Ehrwürden Pfarrer Johann Rauß" (geb. 1679) seine letzte Ruhestatt gefunden, wie eine kaum noch leserliche Inschrift auf dem bröckelnden Grabstein verkündete. Die Kronstädter Familie Rauß war inzwischen ausgestorben, und die Instandhaltung des Grabes hatten offenbar seine nachfolgenden Amtsbrüder zwar übernommen, aber ziemlich vernachlässigt. Efeu hatte den Stein überwuchert, Sträuche wilder Rosen und Holunders überschatteten die Grabstätte, in den Pechnasen des Gemäuers dahinter nisteten Käuzchen und Fledermäuse, die lautlosen Flugs manchmal ins Tageslicht taumelten, den stillen Tanz verirrter Tagfalter und Mückenschwärme aufstöbernd. Wenn wir uns diesem Winkel näherten, wurden wir still, auch bei sonst lautem Spiel – es war als müssten wir den Atem anhalten und auf etwas lauschen, das aus dem Gemäuer oder Gras und Blattwerk wisperte ... Mären vom Einst?... Es war einmal...

Ja, eine eigentümliche Anziehungskraft strahlte dieser Ort aus, aber doch nur gelegentlich und in den späteren Jahren. Immer jedoch, soweit ich mich zurückerinnern kann, zog mich die breitlagernde, schweigende Wucht der Tartlauer Kirchenburg in ihren Bann. Ringsum hielt sie, auch damals

220

noch, auf mindestens Bogenschußweite alle Häuser von sich fern; wie ein großmütiges Zugeständnis schien es, dass sie an ihrer Abendseite die Bäume der Allee so nahe an sich hatte heranrücken lassen. Wie anders in Wolkendorf! Dort hielt sich, was von der Kirchenburg noch übrig war, geradezu ängstlich versteckt hinter späterem Bauwerk, das verschiedenen Zwecken diente. Ein Fremder, der in die Gemeinde einfuhr, konnte nicht ahnen, was dahinter steckte. Und dann: wie jämmerlich war das noch Vorhandene! Fast nur noch baufälliges Gerümpel, auf dem herum zu klettern verboten war! Um hinein zu gelangen, musste man an irgendwelchen düsteren, muffigen Amtsstuben vorbei und wurde meist von dem Gemeinde- oder Kirchendiener, der anscheinend dort hauste und für seine Hühner oder Karnickel fürchtete, abgefangen. Nein, das war nichts für uns!

In Tartlau dagegen wurde man von der Baulichkeit geradezu empfangen und hineingeleitet durch den grünumrankten Arkadengang an dem hinter Blumen versteckten Wächterhäuschen vorbei, durch einen hallenden gewölbten Gang mit klobigen Türen und winzigen Gitterluken links und rechts in die Vorburg und linkerhand zum sogenannten "Bäckerhof" oder weiter, unter dem Rathaus durch, abermals durch einen gewölbten Gang, von dessen Decke ein schweres Fallgatter drohte, bis man endlich im innersten Hof und vor der Kirche stand.

Aber wenn auch der ganze Aufwand vor allem dazu dienen sollte, die Kirche zu schützen und wenn auch Großvater und Onkel Pfarrherrn waren, so war es doch nicht die Kirche, die mich immer wieder hierher lockte, sondern dies alte Wehrgemäuer, das so manchem wilden Ansturm getrotzt hatte. Wie oft hatte sich hier zwischen Kirche und Ringmauer Volk und Vieh der Gemeinde gedrängt, Hals über Kopf hereingerettet vor den heranbrausenden Geschwadern der Mongolen, Tataren, Türken, Walachen und Szekler! Gebrüll von Mensch und Vieh, Getrampel auf den Brettern und Bohlen der Stiegen und Laufgänge, auf denen die Weiber heißes Wasser und siedendes Pech den Männern in den Wehrgängen zuschleppten, von denen das Krachen der Wall- und Hakenbüchsen dröhnte, während das Geschrei der Kinder aus den Familienkammern schrillte! Ein Hexenkessel von Lärm, Bedrängnis, Not und Tod – einst! Und jetzt – eine Stille, dass man meinte, das Fiepen und Huschen der Mäuse und Ratten in den Speckkammern, das Bröckeln und Rieseln des Mauerwerks zu hören, – und das Gekrächz der um den Kirchturm kreisenden Dohlen wollte uns ungebührlich dünken, wenn wir mit angehaltenem Atem durch den Mulm der düsteren Wehrgänge schlichen, lustvoll gruselnd, wenn plötzlich mit lautlosem Flügelschlag ein Käuzchen aus dem Dunkel einer Luke abstrich oder Fledermäuse plötzlich um unsere Köpfe taumelten! Der Blick in die leeren Gelasse, hinab in das Dunkel der Türme oder durch die Pechnasen hinab in die Tiefe des nun moorigen Burggrabens – er bot mehr, als was die Augen sahen! Ich mochte ihn nicht missen, immer wieder zog es mich hin, wenn ich nach Tartlau kam, auch in späteren Jahren.

Es war aber auch noch anderes, was die Waage zugunsten Tartlaus senkte. Kahl, wie der Schädel Emil Onkels, steif und kalt wie sein Gang und Gehabe, dünkte mich auch das Pfarrhaus als solches, und was sich drin abspielte, war ohne Heimelig- und Gemütlichkeit. Dazu das Morgenlied mit Harmoniumbegleitung, von ihm gespielt, und Tischgebet zu jeder Mahlzeit! Man musste nachher geradezu erst auftauen, um spielen zu können! Nein, dergleichen gab's in Tartlau – Gottlob! – nur ausnahmsweise! Bei den großen Festen!

Ja, Großvater Franz (Sindel), der war nicht so... bei dem fror man nicht ein! Der konnte einen Huckepack nehmen, mit einem durch die Zimmer tollen, Versteck spielen und in Großmutters Speisekammer Zwetschgenmus naschen. Wenn der sich mal daheim an das Klavier setzte – im großen Speisezimmer stand's, wo der Nachwuchs ohne andere zu stören, üben konnte – dann quollen unter den kurzen, knolligen Fingern keine Kirchenlieder aus den Tasten, sondern feuchtfröhliche Studentenlieder! Mochte auch über seinem Stehpult in der Kanzlei der auferstehende Heiland hoheitsvoll und vielfarbig gen Himmel fahren und auf des Pultes schräger Fläche vor Bibel, Konkordanz, Gesang- und etlichen Andachtsbüchern der mächtige Band des alten Kirchenmatrikels wuchten, um durch ihr bloßes gewichtiges Vorhandensein für das Amt ihres Herrn zu zeugen, so kündete doch das gekreuzte Schlägerpaar mit Farbenband und Mütze und das Wartburgbild an der Wand gegenüber nicht minder deutlich von seiner Neigung zu weltlichen Dingen, besonders zur "alten Burschenherrlichkeit". In Jena hatte er sie erlebt und genossen, zwei Jahre lang, in dem damals noch vom Völkchen der Studenten beherrschten Städtchen, und hin gelangt war er auf wochenlanger Reise, zum größten Teil noch mit der Postkutsche. Keinen größeren Gefallen konnte man ihm tun, als Fragen nach diesem seinem größten Erlebnis zu stellen, an dessen Ausmalung er sich immer wieder hell begeistern konnte. Diese Begeisterungsfähigkeit war eine seiner schönsten Eigenschaften, die ihm zwar manche Enttäuschung bescherte, ihn aber auch bis an sein Ende innerlich jung erhielt. Ein Rätsel ist mir, wie er, die personifizierte Gutmütigkeit, Leichtgläubigkeit und Anspruchslosigkeit, er, der daheim seiner zweiten Gattin, der spindeldürren, befehlsgewaltigen Friederike (und ihren 3 Sprösslingen) gegenüber immer den Kürzeren zog, mit den als Querköpfen verrufenen Tartlauern fertig werden konnte. Aber er wurde es, und zwar offenbar im Guten, denn noch Jahre nach seiner Pensionierung und Übersiedlung in die Stadt kamen sie zu ihm, um ihn um Rat zu fragen, wenn in der Gemeinde etwas nicht stimmte, der Haussegen schief hing oder die Jungen anders wollten als die Alten. Vielleicht barg das Geheimnis sich darin, dass er auf irdische Güter und Genüsse so ganz und gar nicht aus war, ohne dabei aber im Geringsten asketisch veranlagt zu sein, nein, ganz und gar nicht: er hatte einfach nichts nötig! Jahraus, jahrein stapften seine kurzen, stämmigen Beinchen wohlgemut in ausgefransten, ausgebeulten Hosen durch die Welt, das pralle Bäuchlein in abgewetzter Weste, den kurzen Hals im speckigen Kragen des fadenscheinigen Bratenrockes kurzatmig schnaufend dahintragend. Ihm Leckerbissen vorzusetzen war eine höchst undankbare Sache, da er diese genau so hastig und ohne sie als solche wahrzunehmen mit seinem fast zahnlosen Mund hinabschlang, wie das halbgare oder angebrannte Zeug, das man ihm oft genug daheim vorsetzte; sein Magen hätte, wie er selbst oft sagte, auch Steine verdaut! Wütend konnte er werden, wenn er jemand auf einer Unwahrheit oder Ungerechtigkeit ertappte; wenn man ihm ein neues, ungewohntes Kleidungsstück unterschieben wollte und – wenn er beim Schachspiel verlor! Dann konnte er polternd alle Figuren durcheinander werfen und – hochrot bis in die Glatze hinauf, die ein weißer Haarkranz als Fortsetzung des "Kaiserbarts" umrahmte – allerlei Wenns und Abers vor sich hin murmelnd abziehen. So stapfte Großvater Franz, der Vater meiner Mutter, durchs Land meiner Kindheit und frühen Jugend: immer geschäftig, laut und munter, ständiges Ärgernis seiner sehr auf Würde und Repräsentation bedachten Gattin Friederike, mit der er, bis auf die Lautstärke, wenig gemein hatte.

Für mich, der – dank meiner Mutter, einer großen Verehrerin Wilhelm Buschs – sehr früh schon mit dessen Gestalten, und zwar keineswegs nur mit "Max und Moritz" und sonstigen Kindergeschichten, vertraut war, wurde die schon von der Erscheinung her komisch wirkende Gegensätzlichkeit des großelterlichen Paares von Jahr zu Jahr mehr zum Quell der Erheiterung. Wie sehr diesem körperlichen Verschiedensein auch ein solches im Verhalten entsprach, enthüllte mir – über schon gemachte Erfahrungen hinaus – auf drastische Weise ein Erlebnis gelegentlich einer Fahrt im "Koberwagen".

Was ein "Koberwagen" ist? Anscheinend war dies "personenbefördernde Fahrzeug" und seine Benennung eine Spezialität des damaligen Siebenbürgen und wurde vor allem von den Landpfarrern bei ihren Dienstreisen zur Stadt oder von Dorf zu Dorf bevorzugt. Hierzulande scheint weder das Ding noch der Ausdruck in obiger Bedeutung bekannt (gewesen) zu sein, denn vergeblich schlug ich im Brockhaus und im Duden nach; unter "Kober" war dort nur zu finden: 1.) "Länglicher Rückenkorb", "Tragkorb"; 2.) "Wirt" (neuhebräisch) und "ich kobere mich mit jemand an", d.h. "biedere mich an". Woran sollten unsere Pfarrherren wohl gedacht haben, als sie die Bezeichnung für dies Vehikel "kreierten"? Da ich vom Sprachlichen her keine Aufklärung finden konnte, versuchte ich's vom Sachlichen her, also unter dem Stichwort "Wagen". Da war nun freilich allerlei zu lesen von "Fahrzeug mit Rädern, meist zweiachsig und von Tieren gezogen", nachweisbar schon vor 3000 Jahren in Uruk als Königs- oder Kriegswagen usw. bis in die Gegenwart, für die – sogar in Abbildung – 13 verschiedene Typen vorgestellt und benannt wurden. Ein "Koberwagen" war nicht darunter. Aber auf die Bezeichnung "Landauer" stieß ich! Ja, dieses Ausdrucks entsann ich mich; den hatte man zuweilen, allerdings nur in städtischen Kreisen, in diesem Zusammenhang gebraucht. Und was stand da noch?: "1704 entsteht der erste "Landauer" in Wien"! Komisch, da doch erläuternd daneben steht: Landau, Stadt in der Pfalz. Aber wie dem auch sei, – entscheidend war, dass da noch stand: "Viersitziger Wagen mit zusammenlegbarem Verdeck". Viersitzig – Jawohl! Ein kleiner Klappsitz an der Rückseite des Kutschbocks und gegenüber ein bequemer, fast sofaartiger Rücksitz mit Armstützen! Bloß das mit dem "zusammenlegbaren Verdeck" ließ mich zögern, die beiden Typen einfach gleichzusetzen, denn soweit ich mich erinnern kann, habe ich das "Verdeck" (=Kober) nur geschlossen erlebt, wie eine Höhle oder wie das Gehäuse einer Muschel. Auch bei schönstem Sonnenschein musste man sich selbst zusammenklappen, um in den dunklen, nach Leder, Heu, Pferdeschweiß und Staub duftenden Kasten, den wir meist "Arche Noah" nannten, hinein zu kriechen. Seine nächsten

Verwandten scheinen übrigens die einstigen Post- und Wildwestkutschen gewesen zu sein.

Ja, in solch einem Koberwagen fuhren wir also eines schönen Sommerabends zu Beginn der Großen Ferien von Kronstadt nach Tartlau: Großvater, Großmutter, Hilde(tante) und ich. Warum wir so spät aufbrachen, weiß ich nicht mehr, – wahrscheinlich hatte Großvater der Sitzung im Kapitelszimmer des Stadtpfarrhofes nicht früher entrinnen können – jedenfalls drängte er nun zur Heimfahrt und wollte das Abendbrot nicht noch bei uns einnehmen, sondern meinte, das könne sich auch unterwegs im Wagen erledigen lassen. So packte denn Mutti das Vorbereitete in Eile zusammen, man kroch in den Kasten und fort zockelten die Ackergäule aus der Stadt hinaus ins lange Dämmer des Sommerabends auf die Landstraße nach Tartlau. Letzte Sonnenstrahlen fanden noch den Weg durchs Wagenfenster und ließen erkennen, wohin man griff und was man zum Munde führte. Misch auf dem Kutschbock hatte auch seinen Happen bekommen und konnte sich ihm in aller Gemütsruhe widmen, denn die Gäule waren alles andere als Durchgänger, Verkehr gab's um die Tageszeit so gut wie keinen mehr, und schon gar nicht von Autos – dazumal auf unsern Landstraßen noch gänzlich unbekannt – und den Heimweg zum Stall fanden die Gäule auch im Dunkeln von alleine. So konnte man sich also dem Genuss von Speis und Trank – so wie im Kasten auch auf dem Bock – hingeben, man kaute behaglich seinen Hühnerstrempel und als Nachtisch "Malei" (Kuchen aus Maismehl) und erfrischte sich nachher mit einem Schluck "Sauer-" (Mineral-)Wassers. Da im Koberwagen bei Überlandfahrten nicht selten auch ein Imbiss eingenommen wurde, hatte man einige Einrichtungen getroffen, um diesen so genüsslich und bequem wie möglich zu gestalten. So hatte man z.B. den Hohlraum unter dem Rücksitz zu einer Art Vorratslade eingerichtet, in verstellbare Fächer eingeteilt, wo man selbst Torten ungefährdet befördern und, gegebenenfalls, auch Suppen, Gulasch und dergleichen eingebettet in Heu oder Stroh, wie in einer sogenannten "Kochkiste", stundenlang warm halten konnte. An den Seitenwänden des Kobers neben dem Rücksitz, zwischen Fenster und Rückwand, war je eine Tasche angebracht, in der, je nach Belieben, eine Flasche mit Wein, Ţuika (Zwetschgenschnaps) oder Sauerwasser hing.

Zwei Stunden hatte man Zeit für die 18 km bis Tartlau. Noch bevor man bis zur Abzweigung der Landstraße nach Honigberg gelangte, wohin man links abbiegen musste, während es rechts nach Tartlau ging und geradeaus in die Csik, hatte man die Mahlzeit beendet, hatte den Weg mit Zwetschgenkernen, die man links und rechts bei den Wagenfenstern hinauswarf, gepflastert, was zu sagen war, hatte man gesagt, und so begann man hinzudösen, sanft eingelullt von Grillengezirp, Unkengequak und eintönigem Wagenrumpeln. Die Abzweigung mit dem Wirtshaus, wo die Pferde am Trog meist ein paar Züge schlürfen durften, hatte man gerade noch wahrgenommen; der Misch hatte sie noch mit einem Zungen- und Peitschenschnalzer zum Weitertraben aufgemuntert, dann tat Großvater seinen ersten sanften Schnarcher, Großmutters Strohhut geriet ins Nicken, "Kokogor" (wie ich respektloserweise, aber dem Beispiel ihrer Brüder folgend, insgeheim Hilde"tante" benamste) versuchte ihre Enttäuschung ob eines nicht zustande gekommenen Ausflugs mit ihren Freundinnen hinunterzuschlucken, und zwar durch Lutschen an einem Lakritzenstangerl, während ich mir vorzustellen versuchte, was alles an Abenteuern mir wohl diesmal in den Wehrgängen des Kirchenkastells und auf den Stoppeläckern des Pfarrgrundes durch meine neue Schleuder beschert werden könnte. Doch der Anblick der betrübt lutschenden Kokogor lenkte mich ab. Ob sie sich wohl wieder so komisch anstellen würde beim Krockett? Ihre Begeisterung für dieses neue Modespiel, die mit ihrem Ungeschick dabei in so groteskem Missverhältnis stand, hatte ihr den Spottnamen bei ihren Brüdern eingetragen, und zwar durch Verdrehung aus dem englischen "crocket-girl". Während ich noch in mich hineingrinste ob dieser Vorstellung, begann sich – höchst mysteriöserweise – die Wagenseite, auf der neben mir Krokogor, gegenüber aber Großmutter saß, zu heben, es knirschte, ächzte, knackte ringsum … einen Augenblick lang schienen die beiden über uns, Großvater und mir, zu schweben, doch dann plumpsten und rutschten sie mit ersticktem Aufschrei auf uns herunter, wir aber erst gegen das Kobergestänge und dann: Krach! Splittern! Knacken! – lagen wir allesamt seitlich auf der Straße!

Ein Augenblick Stille! Schreckenslähmung! Dann aber – Hilf Himmel! Welch ein Durcheinander von Armen, Beinen, Röcken, Gepäckstücken, Wortfetzen, Gestammel in allen Tonlagen und plötzlich, alles durchdringend, schrilles Gequiek Hildchens: "Hilfe! Hilfe! Es spukt! Es rinnt!" Und im selben Augenblick krieg auch ich was Nasses ab, zugleich aber auch bei meiner fuchtelnden Abwehr gegen Hildchen über mir, – etwas zu fassen: die Sauerwasserflasche! Die hatte sich, schlecht verkorkt, in Hildchens Halsausschnitt entleert! Da drang, erstmals, durch ihr Gezeter und Großmutters Gekrächz Großvaters Stimme, etwas bedrängt zwar, doch ruhig: "Fritzi, könntest du deinen Ellbogen nicht von meinem Magen nehmen?! Ich kriege keine Luft mehr!... Danke! Jetzt geht's schon!... Du aber, Kind… hör endlich auf... mit dem Gequiek!... Wirst ja nicht… abgestochen…!" Da knarrte von oben her, wo jetzt das Wagenfenster anstelle des Daches war und etwas Mondlicht einsickerte, das nun aber von einem struppigen Kopf verdunkelt wurde, eine ungefüge Stimme in merkwürdiger Mischung von Schreck, Demut und Aufgebrachtsein: "Nichts für ungut, Hochwürden... Herr Pfarr!... Ich hoffe Sie sind... mit Gottes Hilfe... noch ganz!... Der Donner soll sie erschlagen... die Biester… die Rosi und die Zirr mein ich... die wollten in den Klee... und sind dabei auf den Schotterhaufen… jetzt liegen wir da… Der Teufel hol sie!... Entschuldigen Sie, Herr Pfarr! aber..." Doch da schnitt Großvater ihm die Rede ab: "Halt's

228

Maul, Misch... das mit Zirr und Rosi später!... Jetzt hilf uns erst mal raus! Du Saufaus!" "Nix Saufaus, Herr Pfarr! Müd war ich... Der Donner soll mich, wenn... !" "Schluss jetzt damit, Misch! Versuch die Türe aufzukriegen!" "Jawohl! Versuch ich !" und er zog, zerrte, stemmte aus Leibeskräften, keuchend, schwörend, fluchend und zugleich um Verzeihung bittend ob dieser unchristlichen Sprache, aber die verdammte Klinke oder das Schloss schien sich verklemmt zu haben! Nichts zu machen! Inzwischen hatten wir unsere Gliedmaßen einigermaßen zusammengeklaubt, standen zusammengepfercht, wie ein Bündel Bohnenstangen auf der am Boden liegenden Wagenseite, inclusive Armstützen und Scherben des Fensters – das und die Laterne am Kutschbock hatte so geklirrt! – und stemmten uns von innen gegen die obere Tür. Glücklicherweise war deren Fenster heruntergelassen, stak zwischen der Verschalung und bot kein Hindernis, so dass mir blitzte, ob ich nicht vielleicht dort oben hinauskriechen, damit hier drinnen Luft schaffen und von draußen etwa helfen könnte; ich war ja der Kleinste, Schmächtigste da in der Falle. Ich fragte, man war einverstanden, also los! Großvater stemmte, Misch zog an der einen Hand bis zur Schulter, dann zwängte ich den Kopf durch, das Übrige meiner Wenigkeit folgte, ohne Schwierigkeiten zu bereiten. So! Das war geschafft, aber was nun?! Der Versuch, auch Hildchen rauszuholen, scheiterte, – nicht etwa an ihren weiblichen Rundungen, sondern an ihrem Widerstreben und Ungeschick. Misch und ich, wir beide konnten die Arche nie und nimmer hochkriegen. Die Gäule standen zwar friedlich, mit hängenden Köpfen, fast wie schuldbewusst, da, waren aber, nach Lage der Dinge, nutzlos. Werkzeug, das vertrackte Türschloss aufzubrechen, war nicht vorhanden. Misch schlug vor, ins Dorf zu reiten, um Hilfe zu holen, da es wohl nicht mehr als etwa eine halbe Stunde weit sein mochte. Allerdings zu solcher Stunde, wenn jeder erntemüde wie erschlagen schlief, jemand aufzutreiben ... Das konnte lange dauern! Andererseits ging es doch nicht an, den Herrn Pfarr hier auf der Landstraße, noch dazu in solcher Lage, übernachten zu lassen! Überdies sollte er ja auch noch morgen früh auf der Kanzel stehen! Da hatten's die Katholen doch vielleicht besser, – die konnten in solcher Not doch einen ihrer Heiligen bemühen! So maulte Misch vor sich hin, während er die Zirr abzuschirren begann, um loszureiten.

Da vernahm ich etwas wie Wagenknarren und Hühott-Ruf aus einiger Entfernung! Rasch hielt ich Misch zurück und machte ihn auf dies näherkommende Geräusch aufmerksam. Er hob die Hand ans Ohr, lauschte, dann wurde seine Stoppelfratze breit wie der Mond und er grölte: "Herr Pfarr! Die Heiligen sind mit Ihnen! Da kommen sie angefahren!... Wenn auch nur mit dem Ochsenkarren!" und eifrig stapfte er mit seinen steifen, krummen Beinen dem heranknarrenden Heuwagen entgegen, ihn zur Beeilung anzutreiben. Gleich darauf hörte man seine Stimme: "Na, wer kann kein Ende finden auf dem Feld... ! Natürlich der Bartesch Getz!... Nur ja keinen Halm verlieren, nicht wahr?! Du Geizkragen!" Die Antwort war nicht zu verstehen, nur einen gewaltigen Peitschenknall hörte man und dann schwankte der hochbeladene Wagen heran und zwei Gestalten ließen sich von seiner Höhe herab, der Bartesch Getz und sein Knecht. Nach einem kurzen Gruß durchs Wagenfenster zum Herrn Pfarr hinab, spuckten sie sich in die Hände, tippten Misch an die Stirn, schoben ihn beiseite, hoben die Deichsel sowohl des Koberwagens als auch ihres Leiterwagens aus dem Achskreuz, schoben sie als Hebel, die eine unter den Vorder-, die andere unter den Rücksitz und – mit einem kräftigen Ho-ruck! brachten sie die ächzende Arche samt durcheinander purzelndem Inhalt wieder in die ihnen angemessene Stellung. Und da – das zweite Wunder: Ging die Tür von selber auf und die Insassen des Wagens, die eben noch nach oben raufgeguckt hatten, lagen auf einmal bäuchlings und guckten den Schotter an.

Es dauerte eine Weile bis sie ihre Gliedmaßen wieder gesammelt hatten und nacheinander, etwas lendenlahm und zerzaust, hervorkrochen: Hildchen, Frau Motter und – als gewichtiger Abschluss – der Herr Pfarr. Andächtig stand alles rundherum: die Gäule, die Ochsen, Misch, Getz und der Knecht, mild vom vollen Mond beschienen; in der Runde Grillengezirp und Unkengequak, Gelispel der Chaussee-Bäume... Als Großvater diese Runde wahrnahm, unterließ er die Versuche, seine zertepschte Melone wieder in Form zu bringen; er warf sie mit einer kurzen Handbewegung in den Wagen, räusperte sich, hob das Gesicht dem Mond entgegen und sagte: "Wir singen zusammen: "Nun danket alle Gott!" Und so geschah es. Er gab den Ton an, er hob den Arm zum Einsatz... zwei, drei "Los!" – Nun, ob es sehr harmonisch klang, was da über die Stoppeln hin tönte und sich mit dem Chor der Unken und Grillen verband…? Wohl keiner von uns dachte daran. Woran dann aber?! z.B. Hildchen, und Großmutter, die lang und dürr, wie Vogelscheuchen gen Himmel ragten und ihre zerknautschte angefeuchtete städtische Pracht zurecht zu streichen versuchten...? Als ich so in die Runde guckte und mir beim Anblick des taktierenden Großvaters einfiel, wie er damals beim Aufbruch zum Ausflug in die Bodzauer Berge "Burschen heraus!" intoniert hatte, da stieß mich so der Bock vor innerem Lachen, dass ich keinen Ton mehr beisteuern konnte zu diesem Choral auf der mondbeschienen Landstraße vor Tartlau.

Tja, weil Sindelgroßvater auch so sein konnte, brachte er es fertig, mit den als "wederschlächtig" (widerspenstig, querköpfig) berüchtigten Tartlauern fertig zu werden –

Großvater Friedrich (Neustädter)

Hätte das Schicksal es darauf abgesehen gehabt, mich durch Gegensätze, gewissermaßen durch Wechselbäder, zu erziehen, es hätte keine wirksameren und groteskeren ausfindig machen können, als meine Großelternpaare nebst der Atmosphäre ihrer Heime!

Womit anfangen, um die Verschiedenartigkeit der beiden großelterlichen Welten und ihrer Bewohner recht augenfällig in Erscheinung treten zu lassen? Hatte die Umwelt die Menschen geprägt oder umgekehrt diese jene? Ein Entweder-Oder würde die Wahrheit verfälschen; ihr näher kommen wird wohl dies, dass die Menschen das ihnen jeweils Gemäße der Gegebenheiten förderten, das Ungemäße unterdrückten: Der in der Ebene breit hingelagerte Pfarrhof mit dem Blick in die Weite und mit der Vielfalt des Aus und Ein von Mensch und Tier und ihren Bedürfnissen, verlangte und förderte Umgänglichkeit und Lautheit; das alte, in die Reihe der anderen gepferchte schmalbrüstige Bürgerhaus am Fuß und im Schatten der Zinne zwang den Blick entweder nach oben, oder nach innen und aufs Nächstliegende, und laut zu werden, war nicht ratsam, da die Wände ringsum Ohren hatten! Harkte nämlich einer im Gärtchen hinter dem Hause den Kiesweg oder stieg er auf die Leiter, um Kirschen zu klauben oder etwas am Taubenschlag zu richten, oder wurde bei ihm Knödelkraut gekocht, so brauchte der Nachbar links und rechts von ihm Ohr, Aug oder Nase nicht anzustrengen, um genau zu wissen, was bei jenem los war.

So war es denn nicht zu verwundern, dass in Burggasse Nr. 118 das Leben etwas anders dahin lief, als auf dem weiteumspülten Eiland des Tartlauer Pfarrhofs, und dass der Herr des Hauses sich der Enge angepasst zu haben schien: dürr, wie ein Zaunpfahl und gravitätisch, wie ein Storch im Moor, wandelte Großvater Friedrich (Neustädter), durch die Stuben seines Hauses und über die Kieswege seines Gartens, meist in einen langen Schlafrock gehüllt und eine Art Fez auf dem noch dichten weißen Haar über dem schmalen Gesicht mit den dunklen Loderaugen und dem Spitzbart á la

Napoleon III. – obgleich man ihm schwerlich Sympathien für diesen nachsagen konnte. Wenn man auf Grund dieser etwas seltsamen Adjustierung auf einen Hang zu Bequemlichkeit oder gar Müßiggang hätte schließen wollen, so hätte man sich schwer getäuscht: Der Herr Gaswerksdirektor a.D., der ehemalige Lehrer an der abendlichen Gewerbeschule für technisches Zeichnen und einstige Mitarbeiter an einem Wiener Unternehmen für Daguerreotypie, Photographie und künstlerische Reproduktion, als dergleichen in Siebenbürgen fast noch für Zauberei gehalten wurde; der wälzte bis in seine letzten Tage technische Probleme und bastelte immer an irgendetwas herum, ohne das geringste Aufhebens davon zu machen oder auch nur ein Wort davon verlauten zu lassen. Nein, soweit die Spur der Neustädter sich zurückverfolgen lässt, waren sie immer Männer des Handwerks, nicht des Mundwerks gewesen, zugetan stiller emsiger Arbeit als Tuchmacher, Weber, Goldschmiede, abhold jeglichem Aufsehen und Irrlichtelieren. Großvater hatte eigentlich die Tuchmacherei erlernt, war dann auf Wanderschaft gegangen über Böhmen weit in das Sächsische hinein, hatte dort die Gesellenprüfung abgelegt, sich aber nach seiner Heimkehr und Vaters Tod anderem zugewandt, da er den Zusammenbruch der heimischen veralteten Tuchmacherei voraussah und zur Umstellung auf westliche Maschinenindustrie die Mittel fehlten. Als ruchbar wurde, dass die Stadt ein Gaswerk plane und eine englische Firma mit Aufbau und Herstellung betrauen wolle, lernte er das Nötigste an Englisch und Chemie, wurde angestellt und brachte es durch Intelligenz und Zuverlässigkeit im Lauf der Jahre bis zum Direktor, – nebenher sich noch mit allerlei, wie schon erwähnt, beschäftigend.

Ich erlebte ihn nur als Greis, schon von schwerer Krankheit gezeichnet, den jemals lachen gesehen zu haben, ich mich nicht entsinnen kann. Alles um ihn her bewegte sich in lautloser Scheu; wehe, wenn etwas die Ruhe und den reibungslosen Ablauf der Tageseinteilung störte. Ob dieses immer so gewesen oder erst in den letzten Jahren, im Zusammenhang mit seiner Krankheit so geworden, weiß ich nicht. Er starb als ich zehn Jahre alt war.

Obgleich Großmutter (Ernestine, geb. von Molnar) ihn um etliche Jahre überlebte, entsinne ich mich ihrer undeutlicher, eigentlich nur als der Verkörperung des vollkommenen Gegensatzes zu seiner hagern, gemessenen Beweglichkeit – und der der Tartlauer Großmutter. Ich sah sie immer nur in regungsloser Massigkeit in der Sofaecke wuchten, anscheinend im Türkensitz; meist irgendetwas kauen oder lutschend, das schwere Kinn auf die leise knisternde schwarze Seide ihres mächtigen Busens gestützt, ab und zu die fettgepolsterte Hand, an deren Gelenke große goldene Reifen klirrten, zum Klingelzuge streckend und der herbeihuschenden Dienstmagd durch Augenwink oder leises Wort einen Befehl erteilend. So ungünstig der Eindruck auch sein mag, den diese Schilderung weckt, kann ich sie nicht ändern, denn so hat sich ihr Bild mir eingeprägt, doch muss mein Wissen hinzufügen, dass es aus den letzten Jahren ihres Siechtums stammt und ihr ganz sicher Unrecht tut, da sie in jüngeren Jahren es mit dem Aufziehen von 5 Kindern bei beschränkten Mitteln recht schwer gehabt haben muss und es sich kaum hatte leisten können, in der Sofaecke zu sitzen und Süßigkeiten zu lutschen.

Da taucht aber doch noch eine andere Szene aus dem Dämmer der Erinnerungen: Sonne über dem Blumengärtchen hinter dem Hause, über den schmalen Kieswegen zwischen den Beeten und Buchsbaumhecken, Großvater, im langen Schlafrock, an irgendeinem Rosenstock schnippelnd, Großmutter unter einem riesigen Strohhut, fast wie unter einem Zeltdach, auf einem niedrigen Schemel, einer unförmigen Glucke gleich, hockend und in einem Beet jätend und zwar mit einem Werkzeug – und dieses ist es, das die Erinnerung ans Licht zieht, weil es nicht nur Unkraut zutage förderte, sondern auch mancherlei aus damals schon längst vergangenen unruhigen Zeiten: seine ungewöhnliche Form hatte meine Neugier geweckt und zu Fragen gestachelt, und da stellte sich nun heraus, dass es die Eisenspitze einer Kosakenlanze war, zurückgeblieben von der Einquartierung der Russen anno 1848/49! "Ja, dort waren sie untergebracht, dort, wo jetzt die Waschküche ist! Ein gutes Dutzend, gutmütige, bärtige Burschen, aber gestohlen haben sie wie die Raben! Mit Vorliebe unsere Talgkerzen! Das waren für sie Delikatessen!" Ja, und da schaltete sich Großvater, der wohl schon eine Weile zugehört hatte, ein, indem er ein schwarzes, schweres Eisenstück, das er aus dem Kasten mit Gartengerät herausgekramt hatte, mir vor die Augen hielt. Gewölbt wie eine hohle Hand war es, hatte einen unregelmäßig zackigen Bruchrand, und war nun gefüllt mit irgendwelchem Blumensamen. Nachdenklich wog Großvater es in der Hand und brummte, abwesenden Blicks: "Ja, Bub, als dies noch ganz, d.h. Stück einer Kugel war – lang, lang, ist's her, als ich noch jung war – da füllte dies nicht Blumensamen, nein, wahrhaftig nicht! Schwarz und körnig war auch das, aber es säte Tod! Schießpulver war das und dies Ganze eine Kanonenkugel, Bub!... Als die barst, damals bei Zeiden, anno 49 – wer weiß was die angerichtet hat!"

Ja, und dann tröpfelte noch allmählich dies und das nach, weil ich nicht abließ zu bohren: Wie er damals mit der Kroner Freischar, die sich den Russen anschloss, dem General Bem, dem Führer des ungarischen Revolutions-Heeres, gen Zeiden entgegengezogen... Wie dann plötzlich, nach einer wüsten Ballerei – mit solchen Kanonenkugeln – er wog das Stück in der Hand – dessen Husaren über sie hereingebrochen mit wildem "Rajta! Rajta!" (Drauf! Drauf!) Gebrüll und die Kosaken über den Haufen geworfen! Ja, und wie sie dann eingeschwenkt, ihnen in die Flanke gekommen und die Jagd auf sie, die Kroner, begonnen. Wie die Hasen seien sie gelaufen um ihr Leben... nur das Buschwerk der Burzen und des Weidenbachs habe sie gerettet und der Sumpf drum herum!... Die Stadt musste dem Sieger die Tore öffnen und General Bem bezog Quartier auf der Kornzeile ... in dem

Haus, wo ihr jetzt wohnt, Bub, bei den Walbaums... dem Rathaus gegenüber... Frag sie nur nächstens, Bub, die alte Dame, die damals noch jung und eine Schönheit war!... Wir aber, wir von der Freischar, wir mussten uns davonstehlen, bei Nacht und Nebel, in kleinen Trupps, zu Fuß, über die Berge, hinter den Russen her... die einen über den Predeal-Paß, die anderen über den bei Törzburg, wo überall noch Schnee lag... Ja, und so zogen wir durch die Walachei bis Bukarest, wo wir einander bei einem dort ansässigen Landsmann trafen, um die Heimkehr zu betreiben, denn dort hatte sich inzwischen das Kriegsglück gegen die Ungarn gewendet."

Leise, zögernd waren diese Worte hervorgequollen, während unsere Augen zwischen Lanzenspitze und Kanonenkugel-Bruchstück hin und her wanderten. Dann winkte mir Großvater ihm zu folgen, schritt zur Waschküche, wo in einem Winkel eine alte Truhe stand; als deren Schloss sich nur schwer öffnen ließ und dabei knirschte, nickte er: "Hast recht, Alte! Ich hab dich lange warten lassen... Sollst auch dein Öl bald haben!" Dann holte er nach längerem Kramen in alten Kleidungsstücken einen merkwürdigen, fellüberzogenen Sack hervor, den er "Felleisen" nannte, und daraus eine doppelläufige Reiterpistole mit Feuersteinschloss, dazu noch ein silberbeschlagenes Pulverhorn. "Tja, mit sowas haben wir uns damals noch abgeschleppt! Heutzutage... " Doch er vollendete den Satz nicht, legte die Sachen kopfschüttelnd zurück in die Truhe und holte ein Kännchen, das Schloss zu ölen.

Es war das erste Mal, dass ich Friedrich Großvater mehrere Sätze hintereinander hatte sprechen hören, und zwar zu mir und obendrein über sich selbst! Und dass auch er einmal jung gewesen – das ging mir erst damals auf!

Es war dies aber erst der Anfang der Überraschungen! Bei einem meiner nächsten Besuche fand ich ihn in seinem Zimmerchen mit dem Putzen seiner Tabakspfeifen beschäftigt. Er hatte deren eine ganze Sammlung in allen möglichen Formen und Längen, obgleich er damals nicht mehr rauchte. In einem Gestell standen und hingen sie herum, und neben diesem ein anderes mit einer Anzahl Wander- oder Spazierstöcken, vom derben Knüppel, Knotstock und studentischen Ziegenhainer[38] bis zum zierlichen Bambusstöckchen mit Elfenbeinknopf oder Silberzwinge. Da mir dies wunderlich vorkam, fragte ich, wozu er denn so vielerlei Stöcke brauche. Er sah mich nur von der Seite her, an der Brille vorbei, an und sagte dann nachsichtig: "Denk mal ein wenig nach, Bub! Wenn du einen Klotz spalten willst – nimmst du dazu dann ein Taschenmesser? Und wenn du eine Feder zuschneiden willst – (er hatte eben damit begonnen, denn er pflegte noch mit Gänsefedern zu schreiben, da er die "modernen" Stahlfedern nicht mochte) – nimmst du dazu eine Axt?" Nun, ich dachte nach, glaubte zu begreifen, sagte "Aha!" und grinste, worauf er nickte, "Na also!" sagte er, langte hinter sich nach dem Wandschränkchen, woraus er eine bunte Blechdose hervorholte, öffnete und mir hinbot: "Da, lang zu! Selbst denken lohnt immer, auch wenn es nicht gleich so süße Früchte trägt!" In der Dose aber lagen etliche Würfel feinsten türkischen Rosen-Rahats!

Großvater hatte meist irgendetwas Orientalisches um oder an sich. Bukarester Reminiszenzen? So war es ihm z.B. auch mit vieler Mühe gelungen – außer etlichen Oleander- und Zitronenbäumchen – auch ein Feigenbäumchen nicht nur zum Blühen, sondern auch zum Früchtetragen zu bringen. Jedes dieser Gewächse hatte er, wie die Katze ihre Jungen, an die jeweils am besten in der Sonne liegenden Fleckchen getragen, zunächst in Blumentöpfen, dann, als sie dafür zu groß geworden, in extra von ihm gefertigten Holzkübeln. (Was im Hause an Tischler- oder Schlosserarbeiten anfiel, besorgte er meist selbst, und zwar mit feinstem englischem Werkzeug, um das ihn mancher Fachhandwerker beneidete.) Wem Großvater seine besondere Gewogenheit oder

---

[38] *knotiger, derber Wanderstock aus dem harten Holz der Kornelkirsche*

Anerkennung für irgendetwas ausdrücken wollte, dem verehrte er eine der wenigen birnenförmigen, noch zarten und saftigen Feigen, von ihm eigenhändig gepflückt!

Im Zusammenhang mit diesen geschah es nun, dass ich ihn – übrigens zum ersten und einzigen Mal – aus dem Häuschen und aller Gemessenheit geraten sah. Und das kam so:

Über die Stadtmauer hinweg, die den Garten gegen die "Burg" hin abschloss, kam aus dem nahen Zinnenwald allerlei Getier, um in den Gärten zu schnabulieren, – vor allem natürlich Vögel, von Amseln und Staren über Kernbeißer, Elstern, Eichelhäher bis hin zu "Stoßern" (Hühnerhabicht) und Turmfalken, dann aber auch Eichhörnchen, Wiesel, Marder, ja sogar eine Wildkatze hatte sich einmal eingeschlichen – ihr Fell musste nun Großvaters Kreuz warm halten, wenn er Hexenschuss hatte. Die einen lockte das Obst der verschiedenen Jahreszeiten, vor allem die Kirschen und dann die Ribisel und Egrisch an den Langseiten des Gartens; die anderen das Geflügel und die Kaninchen, die im Hof vor dem Garten herumscharrten oder hoppelten.

Großvater hatte schon allerlei versucht, sei's sie abzuhalten oder wegzuscheuchen, sei's, sie zu fangen, mit meist selbstgebastelten Fallen und Ködern verschiedenster Art. Auch stundenlanger Ansitz in der Laube, wohlverborgen hinter dem Vorhang, hatte zu nichts geführt, außer zu Protesten der Nachbarn, über das Geschieße, das sie gefährde! Nichts als Ärger und Schaden! Das Viehzeug war viel zu schlau!

Es war wieder einmal so weit, dass etwa ein Dutzend Feigen sachte zu schwellen und zart zu erröten begann, worauf Großvater jede einzelne Frucht mit einer Art Häubchen aus Gaze, zum Schutz vor Wespen, umhüllte und fast von Stunde zu Stunde der wandernde Sonne nach entlang der Haus- und Schopfwand trug. Etliche Tage war alles gut gegangen, sie waren schon zu richtiger Birnengröße gediehen, als Großvater eines Vormittags zu irgendeiner Behörde musste. Mich, der ich im Wasserbottich Schiffchen fahren ließ, hatte er damit betraut, das Bäumchen, wenn der Schatten es erreichte, ein Stückchen weiter zu tragen.

Da ich den Auftrag, stolz und gewissenhaft, zu seiner Zufriedenheit erfüllt, wollte er nun seinerseits mir einen Gefallen erweisen und mir, was ich schon lang her gewünscht, mal zeigen, wie es hinter der Stadtmauer, im Burggraben, aussah. So nahm er sich gar nicht erst die Zeit, sich umzuziehen, sondern so wie er war, im langen "Bratenrock", den grauen Zylinder auf, verstaute er nur seine Handschuhe in der Schoßtasche, angelte sich mit dem Stock einen mächtigen Schlüssel vom Haken neben der Tür zum Garten und schritt würdevoll vor mir her den Hang zur Stadtmauer hinan. Wie pumperte mir das Herz! Jetzt sollte mir also endlich ein Blick gewährt werden in die Welt jenseits der Stadtmauer und der geheimnisvollen schwarzen Eisenpforte, gegen die es manchmal so mächtig donnerte, als würde die Stadt belagert! Was würde sich wohl in der buschigen Wildnis bergen, zu der ich bisher immer nur von der "Oberen Burgpromenade" hatte hinab schauen und dahinter die hohe Tanne, das Wahrzeichen unseres Gartens, mit den Augen hatte suchen können! Die ragte dicht neben dem Pförtchen über die Stadtmauer empor. Als wir an der Laube vorbeikamen, sagte Großvater: "Nimm das Ölkännchen dort vom Tisch mit, Bub!" Im Nu war das getan und ich ihm wieder an der Seite. Oben angelangt, wies er mit dem Stock auf die mächtige Tanne: "Weisst du, was es mit der für eine Bewandtnis hat?" Voller Stolz beeilte ich mich: "Gewiss, Großvater! An der kann man von weither erkennen, wo dein Garten und das Türchen ist! Das hat mir neulich Vater gesagt. " "Hm! So, so,... Und weiter hat er nichts gesagt?" "Doch, mja... etwas von einem Geburtstag und seinem Großvater... ? Ich weiß nicht recht... " Großvater lächelte und sah den pfeilgeraden Stamm hinan – dessen Spitze sich leicht im Winde wiegte: "Ja, dieser Baum und ich – wir sind gleich alt! An dem Tag, da ich geboren wurde, pflanzte mein Vater diese Tanne, die eigentlich ein

Christbäumchen hatte sein sollen, hier ein, denn das war am 27. Dez. 1826, und er musste den Boden erst vom Schnee freischaufeln und dann durch ein Feuerchen auftauen ... Ja, so war das, Bub. Und jetzt rechne mal nach: Wie viele Jahre sind das von 1826 bis heute?" Oh, verflixt! Das war wieder mal eine von den harten Nüssen, die Großvater einem so gern zu knacken gab! Aber da half nun nichts, – wenn Kopfrechnen auch wahrhaftig nicht meine Stärke war, da durfte ich nicht versagen! Und ob mein Kopf vor Anstrengung auch fast rauchte, brachte ich's doch endlich zusammen: 26 bis 30 = 4; 30 bis 100 = 70, zusammen: 74 bis 1900; und bis heute: 1905 = 79 Jahre! Himmel! Das war ja fast zehnmal so alt, als ich war! Und fast doppelt so alt als Vater! Sollte, konnte auch ich jemals so alt werden?! Unvorstellbar! Bisher hatte ich mir noch nie darüber Gedanken gemacht, was es mit dem Altwerden, dem Abstand zwischen Vätern und Söhnen und der Zeit, in der sie heranwuchsen auf sich hatte und – schon gar nicht, dass auch Bäume Lebewesen waren, die wie Menschen wuchsen, groß und alt wurden – wenn auch auf etwas andere Art! Es musste schön sein, sich solch einen Gefährten zu wissen! Auch wenn er stumm war und höher wuchs und wohl auch älter wurde, als man selbst! Es wob da wohl etwas zwischen ihnen hin und her, – etwas Lebendiges!

Wie anders war das, wenn der Tartlauer Großvater mich an den Türstock seiner Kanzlei stellte, mir den Zollstock auf den Scheitel legte und mit einem Zimmermannsblei ein Zeichen machte mit Datum, wie viel ich seit dem letzten Besuch oder Geburtstag gewachsen! Irgendwie tröstlich war nur, dass sich dort auch die Zeichen von Alfred, Erich, Hilde und den Vettern aus Wolkendorf fanden" Ich fühlte mich dadurch auf seltsame Weise mit ihnen verbunden, gleichsam als Glied einer Kette. Das war das Eine an der Sache; das andere aber war: Der Türstock bewahrte zwar die Zeichen, doch auf eine Art wie etwa Grabsteine das "Geb. - Gest." bewahrten... Er selbst war tot, bildete keine Jahresringe, nahm nicht teil am

Geschehen ringsum, verging nicht! Ach, was alles wirrte in meinem Kopf durcheinander! Wie in einem Ameisenhaufen, in dessen stilles Dahinleben unversehens ein schwerer Stein gefallen!

Dies alles zu denken, kann aber nicht lange gedauert haben, denn Großvater sagte, – weder verwundert, noch ungeduldig –: "Ja, bald 80! Kaum zu glauben! Und die da steht erst jetzt in voller Pracht und Fruchtbarkeit! Sieh nur, welch eine Menge von Zapfen sie trägt und um sich streut! Du aber, Bub, hast deine Sache gut gemacht! Bist gar nicht so schwach im 1x1, wie man dir nachsagt! So, jetzt gib mir mal den Schlüssel her ... " In dem Augenblick aber, da er – dies letzte sagend – sich mir zuwendet und dabei mit seinem Blick Garten und Hof mitumfasst – woher plötzlich das freche Keckern mehrerer Elstern dringt: verzerrt sich sein Gesicht in einer Art, dass ich entsetzt erstarre! Bestürzung, Wut, maßlose Wildheit durchbricht die sonst so ruhigen Züge! Die Augen blitzten, es keucht aus der Brust, zischt zwischen den Zähnen hervor: "Verdammte Biester!" Der Zylinder fliegt ins Gras! Und an mir vorbei huscht mit fliegenden Schößen, flink und geschmeidig, wie ich es ihm nie zugetraut hätte, Großvater, zunächst hinter den Holunderstrauch dicht neben uns, dann an den Ribisel- und Himbeersträuchern entlang und – wo die aufhören – weiter von Stamm zu Stamm, immer näher ans Hofgitter und an das Elsterngekecker heran. Ich dicht hinter ihm her, den Zylinder in der Hand.

Dann hebt er ganz langsam den Stock, dreht – zu meinem maß- und verständnislosen Staunen – die Zwinge ab, legt – wie wir Kinder es tun, wenn wir Jäger oder "Soldates" spielen – die Krücke des Stockes wie ein Gewehr an und Bautz! entfährt dem Stock ein Blitz und Krach, dass mir Hören und Sehn vergeht! Aber dort, wo das Feigenbäumchen steht, stieben Federn in die Luft und 2-3 zeternde Elstern davon!

Ein Stock, mit dem man, – nein, nicht "man", sondern wohl nur Großvater – schießen kann?! Es dauerte eine Weile, bis ich meine Fassung wieder gewann und überzeugt werden konnte, dass da keine Zauberei im Spiele war, sondern ein Gewehrstock! Ich hatte zwar auch den in Großvaters Sammlung gesehen, ihm aber nichts Besonderes anmerken können, – es sei denn, dass seine Krücke nicht gekrümmt, sondern gerade wie ein Storchenschnabel war. Hätt ich ihn in die Hand genommen, wäre mir freilich aufgefallen, wie schwer er war! Kein Wunder, denn was wie Holz aussah, war bloß Furnier, das ein Stahlrohr verbarg, den Lauf für eine Schrotpatrone, fein oder grob, Kaliber 12, die bei der abschraubbaren Krücke hineingeschoben wurde. Der Abzug barg sich in einer Rinne der Krücke und konnte unauffällig mit e i n e m Finger durch Hebeldruck gespannt werden. Feinste Wiener Arbeit – wie Großvater etwas später zusammen mit Obigem erläuterte.

Er hat mir nachmals, lange nach Großvaters Tod (mir von ihm vererbt), bei mancher einsamen Wanderung in unseren Bergen das Gefühl der Sicherheit gewährt, schon allein durch seine "stählerne Seele" (wie Großvater sich ausgedrückt hatte), d.h. durch sein unsichtbares Stahlrohr. Als Schusswaffe musste er mir bloß einmal dienen. Das war, als – kurz nach dem ersten Weltkrieg – ein rumänischer Hirte mich im Butschetsch- (Bucegi-) Gebiet durch seine Hundemeute meine einschüchtern und erpressen zu können, da er niemand und nichts bei mir gewahren konnte, als diesen unscheinbaren Stock. Als er auf meine Warnung hin, ich würde schießen, wenn er die Hunde nicht sofort zurückpfeife, nur höhnisch lachte, der Stock jedoch wirklich Feuer spie und seinen Leithund umlegte, da rannte er entsetzt, das Kreuz schlagend und alle Heiligen zum Schutze vor dem Teufel anrufend, davon.

Ja, sosehr Großvater es liebte, andere zu überraschen, so wenig freute es ihn, wenn dies ihm durch andere widerfuhr, – so wie diesmal durch die Elstern, gar nicht miteingerechnet den Schaden, den sie an den Feigen angerichtet hatten!

Vorerst betrachtete er den Schaden, sichtlich bestrebt, den Eindruck seiner Unbeherrschtheit zu mildern, denn ich war ziemlich verstört. Was alles steckte in diesem scheinbar so stillen, starren Mann?! So begnügte er sich denn, die zerfetzte Elster und die schlimm zugerichteten Feigen eine Weile zu betrachten, eh er der erschrocken herbeieilenden Magd bedeutete, jene auf den Mist, diese in die Küche zu schaffen. Dann, während er den Griff des Stockes herunterschraubte, die leere Patronenhülse herauszog, in die Tasche steckte und Griff wie Zwinge wieder anschraubte, knurrte er: "Ja, so geht es manchmal, Bub! Die Biester haben dir und mir den Spaß verdorben! Denn die Überraschung mit dem Stock da, war anders geplant..." Die Patrone sei eigentlich für den Stoßer bestimmt gewesen, dessen Nest, dort jenseits der Mauer, er mir habe zeigen wollen ... Nun, gleichviel, ob Stoßer oder Elster, die Überraschung als solche sei doch wohl gelungen, hm?! Da ich nur nicken konnte, – so hatte dies alles "mir die Red' verschlagen" – nahm er mich behutsam am Arm und hinauf in sein Zimmer, vor den Ständer mit den Stöcken: "Da, nimm sie dir mal der Reihe nach vor! Prüf sie auf ihr Gewicht und Gleichgewicht! Du wirst manches entdecken. Denn eben so wenig wie alles, was glänzt, Gold ist, so auch nicht alles, was wie ein Stock aussieht, nur oder vor allem, ein Stock ist! Auch hier, wie beim Menschen, kann der Schein manchmal trügen. Also: Achtung!" Nun, zweimal brauchte er mir das nicht zu sagen. Und was stellte sich heraus? In dem, der dunkelbraun und gelb gefleckt wie eine Schlange sich wand, stak ein über spannenlanger Krisdolch; in einem eleganten schwarzen: ein Degen; in dem, der einem Bambus glich, ein Regenschirm aus grauer Seide; im Elfenbeinknopf eines vierten, der einen Globus darstellte, ein kleiner Kompass, usw. hier ein Metermaß, dort eine Lorgnette, ein Fächer – ich kann mich nicht aller Seltsamkeiten entsinnen... Es wäre nun sicher falsch zu folgern: Das oder so war der Neustädter Großvater, ein Sammler ausgefallener Sachen, ein unberechenbarer, impulsiver Mensch. Richtiger wäre wohl: Er konnte auch so sein! Mal Verschwender, mal Knauser; mal Phantast, mal Praktikus. Am zutreffendsten dürfte aber wohl sein: Diese Seiten seines vielschichtigen Wesens bekam ich als Kind zu sehen, diese prägten sich mir ein.

Zwei Welten: Pfarrhaus und Burggasse

Lassen sich nun größere Gegensätze denken, als diese meine Großväter? Aber ich kann diese Feststellung ruhig auch auf ihre Gattinnen und die von ihnen gemeinsam geprägte Umgebung ausdehnen: Es waren zwei grundverschiedene Welten, in denen ich mich zu bewegen und zurechtzufinden hatte, die vom Tartlauer Pfarrhof und die von Burggasse 118. Schon wenn man sie betrat, wurde dies spürbar.

Wollte jemand ins Pfarrhaus, so musste er durchs so genannte "Gassentürchen" (nicht durch die Toreinfahrt, etwa 30 Schritt davon entfernt), das beim Öffnen einen von Erich, dem Bastler der Familie, ersonnenen Mechanismus in Bewegung setzte, um den Jemand im Hause anzukündigen, denn die Schelle am Türchen selbst konnte im Inneren des Hauses leicht überhört werden. So hatte er denn an der Hauswand entlang unter dem Geranke des Wilden Wein, in dem ewig die Spatzen schilpten, über x alte Zwirnspulen hinweg, einen Draht geführt, der in der Küche eine Kuhglocke in Bewegung setzte, die sich wahrlich nicht überhören ließ. Nein, lärmempfindlich war man in Tartlau nicht, es ging dort ziemlich laut zu. Wenn's bei Großvater der Beruf mit sich brachte, von der Kanzel herab so vernehmlich tönen zu müssen, dass nicht nur der Kantor auf der Empore jeweils wusste, wann er mit der Orgel einzusetzen hatte, sondern auch der müdeste Bauer im letzten Winkel der Kirche, wann er aufstehen musste, so war Großmutter von Natur aus mit einer wahren Trompetenstimme begabt, die auch noch im Stall beim Melken oder hinter der Scheune, im entferntesten Zipfel des Gartens, wo der Mühlbach rauschte, die Ohren der Mägde oder Kinder erreichte. Ja, "as Fra Pfarr" zu überhören, war schlechthin unmöglich, – gleichviel wo sie das Wort ergriff, daheim oder in irgendeinem der Vereine, dem sie vorstand.

Und nun Burggasse 118, gegenüber dem "Kniegässchen" und Gärtchen des "Honterushauses": Zunächst hatte der Ankömmling einigen Grund sich zu wundern, warum dieses schmalbrüstige Haus in der Reihe der anderen, sich von diesen dadurch unterschied, dass zu der breiten Einfahrt mit dem mächtigen Schwenktor einige schwere, altersgraue Eichenstufen hinan führten. Wie reimte sich das zusammen? Wie sollten Wagen über diese hinein oder heraus rumpeln?! Sogar mir, dem Knirps, fiel das auf! Nun, ich bekam es einmal zu sehen: Zwei starke Eichenbohlen, an je einem Ende mit Eisenkrampen versehen, die hinter der Torschwelle eingehakt werden konnten, am anderen Ende leicht abgeschrägt, so dass sie fest auf dem Pflaster der Gasse auflagen, wurden in der jeweils erforderlichen Spurweite über die Stufen gelegt und schon ging's ohne Schwierigkeiten hinein oder heraus! Bei den anderen Häusern ergaben sich die Schwierigkeiten erst in den Höfen, innerhalb der Tore.

War der Ankömmling die paar Stufen hinan gestiegen, so brauchte er keineswegs das schwere Tor aufzuschieben, sondern bloß das darin eingeschnittene Seitentürchen nach innen zu drücken, und schon konnte er sich – je nach Gemütsstimmung – in der Stille des Dornröschenschlosses oder aber eines Geister- oder Totenhauses wähnen: alles bewegte sich lautlos gleitend auf immer geölten Angeln. Dennoch schoss, sobald das Türchen geöffnet wurde, aus irgendeinem Winkel des Hofes Lulu (oder Fidi?), die schwarze Rattlerhündin, wie ein Blitz herbei und blieb, nach kurzem Aufkläffen, mit drohend gefletschten Zähnen vor dem Eindringling stehen, bis ein Pfiff, irgendwoher, von einem Unsichtbaren, sie zurückrief und den Weg freigab. Kannte sie aber den Betreffenden, so konnte es geschehen, dass sie sich auf die Hinterbeine setzte und Pfötchen gab, oder aber, der größte Gunstbeweis, einem als Begrüßungsgabe eine frisch gefangene Ratte vor die Füße legte. Kam der altbekannte Briefträger, so übernahm sie die Post und trug sie stracks ins Stockwerk, Einlass durch sachtes Kratzen an der Tür oder durch leises Winseln erbittend. Ja, ein lautes Wort, Rufen nach Dienstboten oder Fidi oder Lulu war dort kaum jemals zu vernehmen, höchstens ein Pfiff, manchmal ein Händeklatschen oder das feine, aber durchdringende Läuten eines Silberglöckchens, wenn Bedienung gewünscht wurde.

Als wir in meinem dritten Lebensjahr (1900) aus Tartlau in die Stadt übersiedelten, hatte sich Neustädter Großvater längst aus dem Berufsleben zurückgezogen, was für ihn aber keineswegs ein Sich-zur-Ruhe-setzen bedeutete, sondern vielmehr Befreiung zu allerlei Tätigkeiten, Basteleien ("Hobbies" würde man heute sagen), die ihn nun mehr anzogen, als die berufliche Routine-Arbeit es in den letzten Jahren getan. Außer seiner Sammlung südlicher Gewächse hatte er sich – wohl als einer der ersten in der Gegend – ein Aquarium angeschafft, vor dem er stundenlang hocken konnte, um das Verhalten der absonderlichsten exotischen Eierfischarten zu beobachten, deren bizarre Formen und Farben mich zu mancher – ihn wohl unnütz dünkenden und darum störenden – Frage und damit unwirscher Antwort reizten. Ähnlich erging es mir angesichts seiner Kakteensammlung, der ich bei bestem Willen nichts abgewinnen konnte. Auch die schleppte er, wie die Feigenbäumchen, von einem sonnigen Plätzchen zum anderen. Dies und allerlei Versuche mit Pfropfreisern an Obst- und Blumensorten bildeten im Sommer seine Hauptbeschäftigung, während er im Winter oder bei schlechtem Wetter in seiner Werkstatt, die er sich neben der Küche eingerichtet hatte (mit einer kleinen Drehbank und

erlesenem englischen Werkzeug ausgestattet, wie es das damals aus deutschen Fabriken noch nicht gab) herumbastelte. Es waren meist zierliche Holzmodelle für irgendetwas, was ich damals noch nicht begriff und auch nicht zu benennen vermag. Dort gab es auch einen Schrank voller Bücher, an den ich aber – im Gegensatz zu dem in Tartlau und bei uns daheim – nicht heran durfte, und obendrauf stand eine merkwürdig bemalte, aufgespießte Kugel, die sich um sich selbst drehen ließ und die unsere Erde darstellen sollte. Das wollte mir lange nicht in den Kopf, dass wir auf einer Kugel herumliefen, worauf Großvater mich tröstete, das hätten auch manche Erwachsene, und zwar "Großkopfete", lange Zeit nicht begriffen oder begreifen wollen, dafür aber andere, die es begriffen, um einen Kopf kürzer gemacht, welche Bemerkung mir natürlich erst recht wieder Anlass zum Nachdenken und Fragen gab. Großvater betrachtete mich eine Weile recht nachdenklich von oben bis unten, dann fragte er: "Stellst du auch deinem Tartlauer Großvater solche Fragen?" Recht verblüfft musste ich nach einigem Nachdenken er- und bekennen, dass dem nicht so war; dass sich solche Gespräche dort einfach nicht ergaben – und nun erst ging mir so recht ein Licht auf, wie verschieden doch die beiden Großväter waren und – dass ich die beiden noch nie miteinander gesehen hatte! Großvater aber nickte nur, als ich jene Frag verneinte, strich mir – ganz gegen seine Gewohnheit – über den Kopf und sagte: " Nur so weiter, Bub, mit deinem Warum?; dann wirst du bestimmt gegen manche Mauer rennen und dir ganz schöne Beulen holen! Hoffentlich ist dein Schädel hart genug, das ohne Schaden auszuhalten!" Ich kann nicht behaupten, dass ich damals verstand, was er damit sagen wollte; nachmals freilich umso besser!
Alles in Allem war mir in der Burggasse immer so zumute, als tappe ich in einem verwunschenen Schloss mit vielen geheimnisvollen Türen herum, davon mal die eine, mal die andere sich einen Spalt breit öffnete und immer irgendeinen

überraschenden Einblick in irgendetwas gewährte, das mich zwar meist sehr anzog, aber wovon immer ein Teil mir unverständlich, ja rätselhaft blieb, – wenigstens damals.

Da war z.B. auch Großmutter. War es zu glauben, dass die unförmige Masse, die dort in ihrer Sofaecke thronte, – übrigens, wenn ich mich recht erinnere, meist im "Türkensitz" – einst so ausgesehn haben konnte, wie das goldgerahmte Bildnis, das über ihr an der Wand hing, sie zeigte?! Eine schmalgesichtige, glutäugige Schöne mit dunkler Haarkrone?! Aber konnte ich nicht mit eigenen Augen sehen, was ihre wulstigen, anscheinend ungeschickten Finger am Stickrahmen oder Klöppelpolster an wunderzarten Dingen hervorzauberten?! Es war etwas Fremdartiges um sie, das alle auf Distanz hielt. Wenn ich ihren Blick über die Bilder wandern sah, die ringsum an den Wänden hingen, überkam es mich, dass ihr Entrücktsein oder Fremdsein vielleicht mit diesen zusammenhängen könnte. Da waren Landschaften mit Bäumen und Häusern und Brückenbogen, wie ich bis dahin nie welche gesehen, dann Reiter auf edlen Rossen, wie Husaren gekleidet, die vor einem weiten Abendhimmel dahinzogen; vor allem aber war es das Bildnis eines Mannes, das meine Blicke immer wieder anzog, nicht nur weil er in einem mattblinkenden Harnisch steckte, eine Pelzmütze mit Agraffe und Reiherfeder aufhatte und einen von Edelsteinen funkelnden Stab in der Hand hielt, sondern auch weil seine Augen mir überallhin zu folgen schienen. Er war mir unheimlich. Da ich mit der Auskunft, die ich auf meine Fragen, wer das sei, damals nichts anzufangen wusste, da ich von Geschichte noch nichts verstand, reihte ich ihn einstweilen unter die übrigen Seltsamkeiten des Hauses, bis ich endlich imstande war, auch lateinische Inschriften zu entziffern, denn am unteren Rande des Bildes war etwas hingepinselt, und zwar: "Bethlen Gábor, Princeps Transsylvaniae, 1580-1629". Wie war dies Bildnis des Fürsten Gabriel Bethlen von Siebenbürgen hierher geraten? Ich habe nie erfahren, welche Bewandtnis es mit diesem

Bilde hatte. Es ist, wie die meisten Wertgegenstände, die nach dem Tode der Großeltern in den Besitz ihrer älteren Tochter, Ernestine, verwitwete Stenner, später neuverehelichte Gaali (k.u.k. Oberstlt.) übergingen, spurlos verschwunden. Desgleichen ungeklärt blieb mir, was mit dem sogenannten "Honterusgärtlein" geschah, das durch den Tod ihres ersten Mannes, des "Dukaten-Stenner", mit der übrigen Erbmasse an sie gefallen war.

Man konnte aus den Gassenzimmern der Großeltern über die Gasse und Gartenmauer hinweg sowohl ins Gärtchen als auch in den Hinterhof des "Honterushauses" schauen und an diesem links vorbei, wo die Lücke des Kniegässchens in der Häuserreihe klaffte, bis in die Schwarzgasse zum Laden des Brotbäckers Ross. Es geschah ab und zu, dass Erni-Tante, welche die gartenwärts gelegenen Gemächer ihres Elternhauses bewohnte und sich nur selten vorne oder gar im Haushalt blicken ließ, einen riesigen Strohhut aufsetzte, einiges Gartenwerkzeug und ihre leise knisternden Röcke zusammenraffte, mich huldvollst heranwinkte und mitnahm, um im Gärtchen des "Reformators" nach dem Rechten zu sehn. Wer das gewesen sein mochte, blieb mir ebenso unklar, wie der Zweck dieser Expedition, da das Obst der paar überständigen, verwilderten Bäume ungenießbar war und das bisschen Gegrübel in den Blumenbeeten und Geschnippel in den Hecken oder das Begießen als einziges Ergebnis das Puterrotwerden der Tante, ihr nach Luft Schnappen und Öffnen des Schnürleibs zu haben schien, – was übrigens Großvater bei ihrer Rückkehr mit leisem Hüsteln und mokantem Kopfnicken quittierte, worauf sie wortlos abrauschte. Etwas schien da nicht zu stimmen; was, blieb mir natürlich verborgen.

Fritz Onkel

In etwas anderer Art schien es übrigens auch mit Onkel Fritz, dem älteren Bruder meines Vaters, der als Arzt in Heldsdorf lebte und nur gelegentlich in die Stadt, und dann meist zu Vater in die Apotheke oder zu uns zum Mittagessen kam, nicht zu stimmen. Ich hatte ihn gern, diesen etwas schwerfällig wirkenden, gutmütigen Mann, dessen Schnurrbartenden immer in die Suppe zu tunken drohten und dessen Hände so unglaublich zart einen abtasten konnten. Da nie etwas von Frau oder Kindern zu sehen oder hören war, nahm ich an, er sei unverheiratet, bis eines Tages wir – d.h. die ganze Neustädtersche Sippe – nach Heldsdorf eingeladen wurden zur Taufe seiner 4 Kinder, da dessen ältestes, Otto, im Herbst in die Schule sollte! Seine Mutter, die bisherige Wirtschafterin, hatte Fritz-Onkel kurz vorher geheiratet, in aller Stille, versteht sich, – soweit dergleichen auf unseren Dörfern – in Stille! – eben möglich ist. So war ich denn auf einmal zu zwei Vettern und zwei Basen gekommen, von deren Vorhandensein ich bis dahin keine Ahnung gehabt! Da Fritz-Onkel Heim und Ordination in einem von ihm gekauften Bauernhof mit allem Drum und Dran von Scheune, Stallungen, Garten usw. hatte, war ich – als landerfahren – dort bald heimisch und mit Otto, als Führer, sowie Egon als Anhängsel, unterwegs, mit all dem , was da kreucht und fleucht und wächst Bekanntschaft zu machen, und das war nicht wenig! Die beiden Mädchen (jeweils eins nach dem Buben), Elsa und Herta, drückten sich in der Küche herum, zwischen all den Pfannen und Kesseln und Düften, mit denen ihre Mutter den Herrn Doktor bezaubert hatte. Als ich Jahre später das Bildnis von Dürers Mutter zu sehen bekam, war mir, es sei das Konterfei der Tante Rosini! Fortab war es in der Burggasse nicht mehr Tabu von Fritz-Onkel und den Seinen zu sprechen. Nachmals, als ich ins Obergymnasium aufrückte und Otto ins Untergymnasium und dabei eine Zeit lang bei uns hauste, ergab es sich, dass ich des Öfteren übers Wochenende mit ihm zu den Seinen fuhr, und zwar umso mehr, als ich auch zwei Schulkameraden dort hatte. Dabei hatte ich nun Gelegenheit, zweierlei zu erfahren: 1.) welches Ansehen Fritz-Onkel in der Gemeinde und Umgebung als Arzt und Helfer genoss, und 2.) was für Schätze sein Bücherschrank barg! Von den Schriftstellern der Antike bis zu denen der Gegenwart konnte man die Hauptwerke mit ziemlicher Sicherheit dort vorfinden, – wenn sie nicht gerade verborgt waren beim Apotheker, Notär oder Pfarrer!

Ja, und dann gab's da noch etwas, das anfangs bloß meine Neugier, später aber etwas, das geradezu Bewunderung für diesen Onkel, den unscheinbaren, schwerfällig wirkenden Landarzt einerseits, und anderseits ein völlig neues Interesse für Erscheinungsformen und Vorgänge der Natur weckte. Mir war nämlich etwas aufgefallen, das weniger in diese an sich schon zwiespältige Welt – vorne ärztliche Ordination mit all ihrem Drum und Dran von blitzenden Instrumenten, Medikamenten und hygienischen Einrichtungen, hinten aber bäuerlich primitiv scheinender Betrieb mit Hühnerhof, Scheune und Stallgerüchen – zu passen schien: Eine recht ansehnliche Sammlung von Kakteen aller Größen und Formen, die zwischen Wohnhaus und Stallungen in einer sonnigen Ecke auf einem stufenförmigen Gerüst aufgebaut war. In der kalten Jahreszeit wurden sie in einem besonderen heizbaren Kellerraum untergebracht oder in verglasten Kästen. Was in aller Welt mochte den Onkel veranlasst haben, diesen seltsamen Gewächsen die ich weder schön finden, noch deren Nutzen ich einsehen konnte, soviel Aufwand und Fürsorge angedeihen zu lassen?! Als ich endlich einmal eine diesbezügliche Frage wagte, als er gerade mit einer Pinzette an einer der stachligen Knollen herumhantierte, richtete er sich langsam auf, umfasste mit einem nachdenklichen Blick und Lächeln diese Ansammlung sonderbarster Formen von der igelähnlichen Kugel bis zum starr emporgerichteten Streitkolben und dem in Zickzack aneinander gesetzten, stachelbewehrten, fleischigen Scheiben eines baumartigen Gewächses, und sagte dann zögernd: "Tja,

Bub, das haben mich auch schon andere gefragt ... und zwar nicht nur Leute, die mir das Brennholz bringen und den Mist abfahren! Aber kann ich denen sagen, dass diese sonderbaren Dinger da mir durch ihre Beschaffenheit, die sie von allen anderen Pflanzen dieser Erde unterscheidet, eine sehr merkwürdige Geschichte erzählen? Die Geschichte nämlich, wodurch sie so wurden, wie sie eben sind, und die fast wie ein Märchen klingt. Aber die Leute halten nichts mehr von Märchen, und noch weniger von denen, die solche noch erzählen." Die Art, wie er das vorbrachte, ließ mich stutzen.... Warum sah er mich so erwartungsvoll an? Sollte dies die Antwort auf meine Frage sein? Er befasste sich mit ihnen, weil sie ihm etwas "erzählten"? Etwa in ähnlicher Art, wie die stummen Steine der Kirchenburg in Tartlau? Die Knochen und Scherben im Hockergrab etwas "erzählten"? Er nickte, als ich dies fragte, befriedigt vor sich hin: "Ähnlich, Bub! Nicht ganz so, aber ähnlich. Denn wovon die erzählen, das ist längst vorbei; das war einmal, aber diese hier, die leben! Dies sind Lebewesen, die sich angepasst haben an die Umwelt, in der sie leben mussten, die heiß, öde, wasserarm war und von Tieren bevölkert, die hungrig und vor allem durstig waren! Gegen die mussten sie sich durch die Stacheln wehren, um die Feuchte, die sie für die Zeit der Not in den fleischigen "Blättern" und Stielen gespeichert, zu bewahren. Davon zehren sie dann, wie das Kamel von dem Wasser in seinem Höcker. Und dann erzählte und zeigte er an verschiedenen Exemplaren, wie jede sich seine Lösung gefunden hatte, um bestehen zu können, wie sinnvoll das alles war, und dass er Versuche anstelle, durch veränderte Lebensbedingungen, diese oder jene, wenn auch noch so winzige Veränderung hervorzubringen. Mir aber gingen in dieser Stunde die Augen auf nicht nur für Fritz-Onkels wahres Wesen, sondern auch über das Wunder des Lebens, das Entwicklung durch Anpassung heißt, und dass auch Pflanzen Lebewesen sind! –

Hermann Onkel

Etwas aus der Art geschlagen schien Hermann-Onkel, der jüngste der Brüder, und zwar nicht nur, weil er schon in jungen Jahren eine Brille tragen musste, sondern auch und viel mehr, weil er sich einen Beruf gewählt hatte, der 1.) ihn zu ständigem Unterwegs zwang, also Sesshaftigkeit ausschloss, und 2.) allerlei an Gewandtheit in Rede- und Überredungskünsten, sowie in gesellschaftlichen Formen forderte, – beides Neustädterischem Wesen stracks zuwider! "Reisender" war er geworden! (Nach heutigem Sprachgebrauch "Vertreter") Und dazu noch für Drogerie-Artikel! Also für Dinge, die damals noch nicht recht ernst genommen wurden: Parfüms, Kosmetika, Fotosachen und dergleichen Schnickschnack, nichts Notwendiges! Na ja, das bestätigte ja nur seinen Ruf, der "Luftikus" der Familie zu sein! Doch war er der Liebling seiner Mutter, die seinem Hin und Her in der weiten Welt mit ähnlichen Gefühlen zusah, wie eine Glucke, die unversehens ein Entlein ausgebrütet hat und ins Wasser enteilen sieht. Wenn er ab und zu ins elterliche Haus einfiel, recht wie ein Wandervogel nur für ein paar Tage, brachte er für jeden irgendeine ausgefallene Neuheit mit, – meist so gewählt, dass der oder die Betreffende nicht recht wusste, ob sie sich freuen oder ärgern solle. Allmählich schien aber auch mit Onkel Hermann etwas nicht zu stimmen; wenn die Rede auf ihn kam, wurden die Mienen bedenklich, die Stimmen senkten sich, man erging sich in Andeutungen und Ausdrücken, die ich nicht verstand, aber dann auf einmal, – nicht lange nach der Heldsdörfer Sensation mit den vier Taufen – war alles eitel Sonnenschein, als er eines Tages seiner Familie eine Braut präsentierte, die es nicht nur hinsichtlich ihrer Walkürenstattlichkeit mit Erni-Tante aufnehmen konnte, sondern auch hinsichtlich der

Dukatenschwere, die sie in die Ehe mitbrachte. Tochter eines angesehenen Hermannstädter Kaufmanns war sie, in jeder Hinsicht eine "gute Partie", die es fertig brachte, den "Luftikus" seriös und sesshaft zu machen, indem ihre Mitgift half, eine Drogerie in bester Lage zunächst zu pachten, dann zu kaufen. Kurz: Hermann-Onkel entpuppte sich – wie ich den nunmehr gar nicht mehr verstohlenen Andeutungen und Reden entnehmen konnte – als unwahrscheinlich geschickter Geschäftsmann, der bald auch noch Haus und Garten erwerben und obendrein auch als Gatte und Vater für vorbildlich gelten konnte.

Da Vaters Apotheke sich inzwischen auch einen guten Ruf erworben und den Ankauf eines Gartengrundstücks in günstigster Lage (Schützgasse, am Rande der "Kulturen", d.h. Jungwaldes? der zum "Hangestein" führte) sowie den Bau eines Einfamilienhäuschens darauf ermöglicht hatte, erstrahlte der Name Neustädter als Doppelgestirn in Kronstadts Geschäfts- und Bürgerwelt, vor dem das Wölkchen aus Heldsdorf sich nunmehr gänzlich verflüchtigte.

Lenchen Tant und Sepp Onkel

Den höchsten Glanztupfer erhielt er aber, als – nach jahrelanger Abwesenheit – das jüngste der Geschwister, Lenchen, mit ihrem Gatten und den zwei Töchterchen, Hella und Erna, zu Besuch in Heimat und Vaterhaus erschien. Was sie diesmal so lange ferngehalten, weiß ich nicht mehr, vermutlich Krankheit, denn Mutter und Erna, die jüngere Tochter, sahen sehr gebrechlich, geradezu ausgeronnen und gebleicht aus; vielleicht hatten aber auch Rücksichten auf das "Avancement" des Gatten mitgespielt, der seine Ernennung zum Oberlandesgerichtsrat hatte abwarten wollen, bevor er sich einen längeren Urlaub leisten konnte. Frau Oberlandes-Gerichtsrat aus Korneuburg bei Wien in Kronstadt! Auf allen

Visitenkarten stand es, die sie bei ihren Besuchen den also Geehrten hineinschickte oder hinterließ. Aber es hätte dessen gar nicht bedurft! Man brauchte doch nur ihren Gatten (Dr. jur. Josef Kinn) anzusehen, wie würdevoll er durch die Gassen dieser Provinzstadt schritt, steif wie der Mahagonistock, den er bei jedem Schritt hart aufsetzte, ein Ordensbändchen am Aufschlag seines Gehrocks, das nicht nur meine Neugier erregte. Doch meine diesbezüglichen Fragen erhielten keine befriedigende Auskunft, wenigstens meiner Meinung nach nicht, da es an keine heroische Waffentat erinnern sollte, sondern an irgendwelche Verdienste auf rechtlichem Gebiet, – die richtig zu würdigen ich ja doch wohl nicht imstande sei, wie er herablassend bemerkte, womit er zweifellos recht hatte! Nein, ich mochte von der ganzen gerichtsrätlichen Familie eigentlich nur Erna, die immer sanfte, freundliche (etwa zwei Jahre jünger als ich), gut leiden (sie starb bald darauf, wenn ich recht weiß, an Diphterie); die überhebliche Gespreiztheit des Vaters (Onkel Sepp), die Zimperlichkeit der Mutter, die ewige Besserwisserei Hellas, die 2 Tage jünger war als ich, mich aber immer und überall zu übertrumpfen, ja sogar zurechtzuweisen sich anmaßte, die forderte mich derart heraus, dass ich allerlei Schabernack ersann, jeden in seiner Schwäche zu treffen. Dazu nur je ein Beispiel. Zu den Putzutensilien Großvaters gehörte unter anderem auch eine Hasenpfote (Flederwisch!). Als Sepp-Onkel wieder mal zu einem Ausgang rüstete, Gamaschen, Zylinder, Stöckchen, Kneifer zusammensuchte, gelang es mir, ihm zwischen die Schöße seines Gehrocks die Hasenpfote zu praktizieren, und zwar so dass sie bei jedem Schritt hervorguckte. Er kam früher zurück, als er beabsichtigt hatte, und in einem Tempo, das wenig seiner Würde entsprach, auch seine Ausdrucksweise, bei der nun folgenden "Gerichtsverhandlung" entsprach wohl nicht ganz den Gepflogenheiten seines Ranges, und nur Großvaters beschwichtigendem Einschreiten hatte ich's zu danken, dass ich bloß mit dem Entzug der Süßspeise beim Nachtisch davonkam.

Dass ein harmloser Laubfrosch in Lenchen-Tantes Pompadour einen Ohnmachtsanfall auslösen könnte, übertraf alle meine Erwartungen, – die Ohrfeige, die mir Großvater daraufhin verpasste, allerdings auch! – Ungerochen[39] blieb indessen der Ausgang des Wettkletterns mit Cousine Hella. Sie hatte mich beim Spielen mit dem "Diabolo" (das damals eben Mode geworden), das sie "von Oben" mitgebracht und mit dem sie schon eifrigst geübt hatte, das mir aber völlig unbekannt war, natürlich haushoch übertrumpft und ihren "Sieg" obendrein an die große Glocke gehängt, was mich, ebenso natürlich, unfair dünkte und mächtig erboste. Dass sie bei allen übrigen Spielen – wie Laufen, Seilspringen, Federball usw. – nichts zu bestellen hatte, wurde mit ihren langen Röcken entschuldigt. Na ja... Da hieß es eines Tages: "Erwin, könntest du nicht mal flink ein Körbchen voll reifer Weichseln vom alten Baum an der Mauer holen? Wir brauchen sie für einen Kuchen!" Mmm! Weichselkuchen! Meine Leibspeise! Also nichts wie los! Körbchen holen und Hakenstöckchen, zum Heranangeln der Büschel, und rauf! Missgünstig hatte Hella zugesehen, erspähte die leichte Leiter an der Mauer, dachte schlauer zu sein als ich, weil sie ohne Kletterei rascher hinauf könne, lehnte sie an einen ihr günstig scheinenden Ast und begann, sich hinaufzuschieben. Ohne Körbchen, mir nicht, dir nicht, nur um zu zeigen, dass sie als Mädchen, es mir mindestens gleich tun könne! "Gib acht!" rief ich. "Ohne Stützen rutscht die!" Ein verächtliches "Pft!" und ein weiterer Klimmzug war die Antwort. Ratsch! Da geschah es! Die Leiter rutschte seitlich ab, Helle konnte gerade noch einen Ast über ihr fassen und mit den Füßen den Stütz-Ast unter ihr erangeln und hing und balancierte dann jämmerlich kreischend zwischen Himmel und Erde! Nach meinem ersten Schreck, als ich sah, dass kaum 2 m sie vom Grasboden unter ihr trennten, musste ich lachen: "So spring

---

[39] veraltet für: ungerächt

doch! Wenn nicht, musst du doch noch klettern lernen, Fräulein Schlaumeier!" Da sie aber weder zu diesem noch jenem sich entschließen konnte, sondern nur gottsjämmerlich zeterte, dass man's bis in Hof und Küche hörte, stakte schließlich Papa Ob.L.G-rat stolpereilig heran, um Töchterchen Hochhinaus zu retten. Der Grasboden war glatt und abschüssig, das Töchterchen plumpste wie ein Mehlsack gegen die väterliche gestärkte Hemdbrust, ein Ächzen und Quietschen – und engumschlungen rollten die beiden den Hang hinunter. Fast wäre mir das Gleiche passiert, da ich vor Lachen mich kaum auf meinem Ast halten konnte. Dies und die unterlassene Hilfeleistung wurde mir zwar angekreidet, führten aber nach Klarstellung des Sachverhalts – auch aus meiner Sicht – zu Freispruch. Lachen war ja nicht verboten! Auch hatte ich weniger über die Pleite von Hellas Herausforderung gelacht, als vielmehr über die Komik der Purzelei und schon gar nicht über den Schaden, den beide dabei erlitten, von dem ich in dem Augenblick noch nichts wissen konnte: Onkel Sepps Kneifer war nämlich zu Bruch gegangen und Hellas Kleid bei ihrem Fall von irgendeinem geknickten Ästchen schlimm aufgeschlitzt worden; Grasflecken trugen beide davon. So lag denn Gewitterstimmung in der Luft und es war nicht gerade verwunderlich, dass ihnen der Weichselkuchen nicht recht munden wollte, mein Appetit jedoch, der davon profitierte, mir manchen missbilligenden Blick eintrug. Ach, es war nicht einfach, sich in Eintracht mit seinen lieben Nächsten des Lebens und seiner Gaben zu erfreuen!

Die lieben Nächsten (Chamäleon oder Igel?)

Ja, die lieben Nächsten! Und ihre jeweilige Umwelt! Ich habe versucht, die mir so, wie ich sie damals erlebte, in Erinnerung zu rufen und lebendig werden zu lassen. So gewiss es nun auch ist, dass zwischen Mensch und Umwelt Wechselbeziehungen walten, so schwer ist es doch festzustellen, wer wen stärker zu beeinflussen imstande ist. Solange der Mensch sich seiner selbst und seiner Fähigkeiten nicht recht bewusst war, wird wohl die Umwelt, in die er hineingeboren war, ihn weitgehend geprägt haben, er musste sich ihr anpassen; im selben Maße jedoch, in dem er sich entwickelt, brachte er es fertig, sie weitgehend seinen Bedürfnissen entsprechend umzugestalten oder sich doch ihren ursprünglichen Zwängen zu entziehen. Ähnliches wiederholt sich anscheinend im Leben jedes Einzelnen, wenn er nur einigermaßen mit Geist und Willen begabt ist.

Nun, anscheinend gehörte ich zu diesen. Denn es dauerte nicht lange, bis mir aufging, 1.), dass dasselbe Tun oder Lassen bei diesen verschiedenen Menschen meines frühen Umgangs recht verschiedene Rückwirkungen auslöste, und 2.), dass keineswegs immer die Menschen, die einem verwandtschaftlich besonders nahe standen, dies auch in puncto Zuneigung, Verständnis und Hilfe zu sein pflegten. Nein, dies: Je näher verwandt, desto inniger einem verbunden, desto mehr ein Herz und eine Seele, stimmte in meinem Fall gewiss nicht!

Bisher hatte sich mein Leben vornehmlich im Kreis der Sippe abgespielt: Erster Kreis das elterliche Heim (erst Landapotheken-Atmosphäre, dann Stadtzentrumsatmosphäre mit seltsam gemischten Einschlägen nationaler und sozialer Art: Dienstboten, Kleinbürger, Patrizier, dazu als einziges Kind auf dem Hof, obendrein gesundheitlich anfällig, übermäßig behütet). Zweiter Kreis: Tartlau (Wolkendorf) vorwiegend ländliche Atmosphäre, fröhlich, derb, natürlich, laut. Dritter Kreis: Burggasse 118, städtisch, steif, leise, seltsame Mischung von bürgerlich Überliefertem und Fremdartigem, Geheimnisvollem, Abenteuerlichem.

Jede dieser Welten forderte ein anderes Verhalten von mir! Was in der einen recht war, eckte in der anderen an! Und dabei wollte jeder doch nur "mein Bestes". Ach ja -, wieviel Unheil, im Kleinen wie im Großen, ist schon durch dies "für den anderen das Beste wollen" angerichtet worden! (Wollte z.B. nicht auch die Inquisition "das Beste" für ihre Opfer, indem sie, um deren ewige Seelen zu retten, ihren "irdischen, vergänglichen" Teil marterte und tötete?!) Ich sah mich also vor die Wahl gestellt, entweder mich jeweils dem dort Gewünschten anzupassen, gleichviel ob es mir zusagte, mir gemäß war, oder nicht, also – mit anderen Worten – erforderte mein Wesen zu verleugnen, zu heucheln, oder aber mich ehrlich zu ihm zu bekennen, gleichviel ob ich mich damit unbeliebt machte oder nicht! Es ging dabei weniger um Einzelheiten, als um meine Gesamthaltung.

<u>Daheim</u>: Meine langwierige, schwere Lungenentzündung, nachfolgende Anfälligkeit und große Schwächung (in Verbindung mit der Aussichtslosigkeit, weiteren Nachwuchs zu haben, wegen Muttis Bauchschwangerschaft und schweren Operation), hatten es mit sich gebracht, dass meine Eltern mich zu sehr umsorgten und päppelten, mich mit einem wahren Gehege von Ge- und Verboten umgaben, sowie meine Wünsche in Bezug auf Speisen zu sehr berücksichtigten. (Letzteres nicht damalige, sondern jetzige Einsicht!) Folge: Allmählich Auflehnung gegen das "Verhätscheltwerden", Beginn der Selbsterziehung mit "Trimmdich!" etc.

<u>In Tartlau</u> hatte ich zwar eine Art Bundesgenossen, aber auf eine Art, die mir nicht gefiel; dort musste ich meine Eltern gegen die Vorwürfe, mich zu verzärteln in Schutz nehmen und mich zugleich gegen die Bespöttelung als "Muttersöhnchen" und dergleichen zur Wehr setzen. Eine vertrackte Situation!

<u>In der Burggasse</u> schließlich musste ich mich sehr zusammennehmen, um den Eindruck nicht aufkommen zu lassen, daheim nicht genügend zurechtgewiesen zu werden wegen zu vielen naseweisen Fragens und Störens überlieferter Formen.

Wie ließ sich all dies unter e i n e n Hut bringen?! Hätt ich damals schon etwas von der Existenz und Verhaltensweise des Chamäleons gewusst, hätte ich es wahrscheinlich nicht nur sehr beneidet, sondern nach Möglichkeit auch seine Art der Notwehr nachgeahmt: Tarnung durch Anpassung nach außen, um darunter sein Wesen bewahren zu können! Nun, es gab auch andere Wege dies zu erreichen! Mit Staunen hatte ich gesehen, wie ein Igel, dieser Knirps, es fertig brachte, den riesigen Tyras, des Tartlauer Großvaters Hofhund, abzuwimmeln. Nun will ich wahrhaftig nicht behaupten, dass ich mir Freund Igel bewusst zum Vorbild nahm, oder auch nur, dass mir irgendeine Beziehung zwischen seinem und meinem Verhalten aufging, nein, aber ich tat ebenso instinktiv wie er das Gleiche: Ich zog mich in mich selbst zurück und kehrte meine Stacheln heraus, sobald ich meinte, dass jemand mir zu nahe trat oder Ansinnen stellte, die ich als unzumutbar empfand. Grundthema also, eigentlich von Anfang an, Kampf um Selbstbehauptung, freilich nur rein instinktiv, ohne irgendeine Zielsetzung, nur Abwehr des von mir als ungemäß Empfundenen. Das aber bedeutete: Wendung nach innen, Vereinsamung. Immer häufiger rebellierte ich, wenigstens innerlich, gegen das, was man von mir erwartete, z.B. freundliche Miene zu machen und höfliche Phrasen zu dreschen gegenüber Leuten, die ich einfach nicht mochte, oder dies und das für gut und schön zu finden, weil "man" das damals eben dafür hielt, z.B. bestimmte Kleidungsstücke (Knöpfelschuhe, einen langen erbsfarbenen Wintermantel, eine von einer Tante gestrickte bunte Pudelmütze, ein Märchenbuch, seiner, meiner Ansicht nach, scheußlichen Bilder wegen usw.) Aber nicht nur solches, was sich direkt auf mich bezog, war ich nicht geneigt, kritiklos hinzunehmen, nein, sehr früh schon schien mir manches, was die Erwachsenen trugen, taten und sagten sehr fragwürdig, z.B. Korsett, Pluderhose und Schinkenärmel meiner Mutter, die Schnurrbartbinde meines Vaters – ebenso dass manches, was sie vor gewissen Leuten sagten, wenig mit dem übereinstimmte, was sie hinter ihrem Rücken über sie sagten. Was war das für eine Welt?! Das, was man zu sehen bekam, bzw. zeigte, war nicht das, was darunter oder dahinter steckte! Und – war oft nicht das, wozu man einen anhielt!: Wahrheit! Aufrichtigkeit! Alles in allem beschlichen mich vor der Welt der "Großen" immer mehr Zweifel und Unbehagen.

Wie es mir anfangs in der Schule erging, habe ich in anderem Zusammenhang schon anzudeuten versucht. Das war abermals eine andere Welt, und zwar eine gleich mit mehreren Unbekannten, mit denen sich abzufinden und irgendwie fertig zu werden, es galt. Das im engeren Sinn "Schulische", das Stillsitzen- und Lernenmüssen usw., das war das Eine, auf das ich immerhin durch das Orakeln der Großen einigermaßen vorbereitet war; das Andere aber, das damit anscheinend untrennbar zusammenhing, das sie hervorrief oder doch wenigstens begünstigte, das machte mir schwer zu schaffen: Das Verhalten der "Kameraden". Während für mich nichts Anderes ausschlaggebend war für mein Verhalten dem Einzelnen gegenüber, als das, ob er mir gefiel oder nicht, musste ich allmählich feststellen, dass bei Vielen ganz andere Gründe über das Zusammengehen, Kameradschaften knüpfen, Füreinander-Einstehen eine Rolle spielten. Da mir solche Gründe gänzlich fremd waren, dauerte es eine Weile, bis ich drauf kam, warum z.B. sich um das sitzengebliebene Großmaul Schulz, mit den immer dreckigen Pranken und dem ungewaschenen Stiernacken, in den Pausen gewöhnlich ein ganzer Klüngel drängte, dem sich, zu meinem nicht geringen Befremden, auch mein ganz netter, stiller Banknachbar Kr. zu gesellte. Da er auf meine Frage, was er an dem finde, nur die Achseln zuckte, nahm ich das zunächst als eine der mancherlei neuen Unbegreiflichkeiten hin, bis ein Vorfall bald darauf mir des Rätsels Lösung brachte. Kr. war mit einem bedeutend Stärkeren in eine Prügelei geraten und drohte zu unterliegen, worauf Sch. sich ohne nach dem Warum und Wieso zu fragen, zugunsten des Kr. einmischte und seinen Gegner nach Strich und Faden verdrosch. Da derlei Einmischung ansonsten als unstatthaft zu gelten und lautstarker Protest aufzubegehren pflegte, diesmal aber sich der Klüngel um Sch. scharte und ihm applaudierte, kam heraus, dass jeder einzelne von ihnen sich den Schutz des Klassenstärksten durch Abtreten der Jause oder durch sonst irgendeinen Tribut erkauft hatte. Sodann sickerte auch durch, dass es so etwas wie berufsmäßige "Petzer" oder Zwischenträger gab, die sich entweder ihr Schweigen über irgendwelche Verstöße gegen Schulregeln oder aber Auskünfte über allerlei, was besser geheim bleiben sollte, abkaufen ließen, – freilich nicht durch Geld, was damals bei uns sehr knapp war, sondern durch "Naturalia" oder – Dienstleistungen mannigfachster Art; die häufigste war, dass der Schuldner dem Gläubiger die Aufgaben machen oder vorsagen (flüstern) musste. Außer diesen durch mehr oder weniger fragwürdige Machenschaften zustande gekommenen Verbindungen und Abhängigkeiten gab es dann auch noch solche durch freiwillige Unterordnung unter einige Wenige, die, sei es materiell, sei es geistig besonders begabt waren und freiwillig davon ihren Trabanten etwas zukommen ließen. Doch waren solche geistige Kapitalisten und Wohltäter rar gesät.

Über dieses schwer durchschaubare Netz von gegenseitigen Abhängigkeiten aus ganz persönlichen egoistischen Gründen, d.h. um irgendwelcher Vorteile willen, spann sich noch ein anderes, in das man ohne eigenes Dazutun geriet, nämlich in das durch den jeweiligen Wohnsitz bestimmte.

Das war eine merkwürdige Sache und scheint irgendwie mit atavistischen Rückständen zusammenzuhängen: nämlich dem Verteidigen eigenen Wohngebiets gegen (eingebildete) Eindringlinge, verbunden mit Vorstößen in das benachbarter Horden. Nicht genug damit, dass wir – wie schon erwähnt – andauernd mit den mitwohnenden Nationalitäten in Fehde lagen und uns höllisch in Acht nehmen mussten, wenn wir ihre Gebiete betraten, gehörte es anscheinend zur Tradition, dass sich die Rangen nicht nur der verschiedenen Stadtteile, sondern sogar der verschiedenen Straßen oder Gassen innerhalb derselben bekämpften, vor allem im Winter, in Form von Schneeballschlachten, die, meist harmlos, als übermütige Rangelei begonnen, manchmal in recht bösartige Keilereien ausarteten.

Ja, wie war das nun mit mir? Wohin gehörte ich? Während sich die meisten meiner Schulkameraden die Köpfe nicht zu zerbrechen hatten über die Frage, wohin sie gehörten, da sich dies durch die Lage ihrer Wohnung in dieser oder jener Gasse von selbst ergab und sie diese Tatsache als schicksalhaft und selbstverständlich hinnahmen, erhoben sich bei mir schon in dieser Hinsicht Probleme: Auf dem Marktplatz, wo wir wohnten, mündeten zwar nicht weniger als 4 Straßen, und zwar wohl die belebtesten, aber seltsamerweise fanden sich damals dort keine Kameraden meines Alters; ich stand, als Peperl gestorben, allein auf weiter Flur, musste mir Gespielen in weiter abliegenden Gassen suchen und musste froh sein, dass ich, als einstiger "Burggässer", bei diesen Aufnahme fand, und zwar bei der sogenannten "Mittleren Burggasse" – woraus sich dann allerlei ergab, was ich schon in anderem Zusammenhang geschildert habe. Dies betraf also die Gassengemeinschaft. So weit, so gut.

Nun gehörte ich aber noch, hinsichtlich unserer Wohnung, unzweideutig zur "Inneren-" Stadt; hätte also bei den "Schlachten" gegen die "Obere Vorstadt" in den Reihen jener mittun müssen. Wie konnte ich dies aber, da "drüben" Hugo stand, mit dem ich mich angefreundet hatte? Was hatte ich, anständigerweise, zu tun?! Als ich mich einmal, meinem Herzen folgend, auf die Seite der Vorstädter schlug, musste ich die ebenso überraschende wie betrübliche Erfahrung machen, dass ich keineswegs freudig begrüßt, sondern vielmehr mit Misstrauen, ja geradezu verächtlich empfangen wurde, sogar Hugo schien peinlich berührt! Ich war ein Überläufer! Einer, der aus persönlichen Gründen seine Horde, seine übergeordnete Gemeinschaft verließ, ja verriet!

Diese Erfahrung belehrte mich für alle Zukunft, dass man nicht ungestraft sich unterfangen darf, andere Wege zu gehen, als die, welche die Gemeinschaft, der man angehörte, eingeschlagen, gleichviel, ob man die als recht oder unrecht empfand! Dass damit ein Hauptthema meines Lebens, das noch recht schlimme Konflikte für mich heraufbeschwören sollte, angeschlagen war, konnte ich damals freilich nicht ahnen!

Immer wieder geriet ich in Lagen, – auf den verschiedensten Gebieten – wo es für mich günstiger gewesen wäre, mich für die eine oder andere Seite zu entscheiden, damit aber künftig meine Entscheidungsfreiheit aufzugeben. Das wollte und konnte ich nicht, da ich oft genug spürte, dass nicht nur die e i n e Seite recht hatte; so hielt ich es für wichtiger, mir die Freiheit der Gewissensentscheidung zu wahren. Dass dies ein Luxus ist, habe ich zwar allmählich eingesehen, doch weder dieser Einsicht, noch dem Sprichwort, dass man durch Schaden klug werde, gemäß gehandelt. Doch dies nur nebenbei, oder richtiger, vorweg bemerkt; damals handelte ich noch ganz instinktiv, ohne viel zu überlegen.

Dies gilt natürlich auch hinsichtlich der Gruppierungen zu persönlichen Vorteilen. Ich war in der glücklichen Lage, von Haus aus so viel an Grips, Mut und Jausenbrot mitbekommen zu haben, dass ich es mir leisten konnte, meinen Umgang mir je nach Neigung wählen zu können, und nicht aus irgendwelchen Gründen wählen zu müssen.

Fredi

Es traf sich gut, dass ich bald nach der Enttäuschung mit Hugo mich mit Fredi P. zusammenfand, der zwar in der Schwarzgasse wohnte, aber in einem "Durchhaus" (d.h.

einem mit zwei Eingängen), das zum Gebiet der Burggässer gehörte und dadurch seine Zugehörigkeit zu ihnen begründete. Die Freundschaft, die sich zwischen uns entwickelte, überdauerte die ganze Schulzeit und wurde erst durch den Krieg, die Zuteilung zu verschiedenen Einheiten, seine Gefangenschaft bei den Italienern und was dann folgte, zerrissen.

Diese Freundschaft gehört zu dem mancherlei Unerklärlichen, das wohl einem jeden das Leben beschert, – es lassen sich nämlich kaum größere Gegensätze denken, als uns zwei, angefangen vom Körperlichen bis hin zu Temperament, Begabungen, Neigungen. War es gerade dies, was uns verband? Dass wir einander ergänzten? Einander quasi auf einer mittleren Linie im Gleichgewicht hielten? Ich weiß es nicht; ich weiß nur, dass unser beider Schulzeit und Entwicklung wohl erheblich anders verlaufen wäre, ohne unsere Freundschaft. Unser damaliger Steckbrief hätte etwa folgendermaßen ausgesehen:

Fredi: stämmig, blauäugig, blonder Wuschelkopf; Gemütsart: bedächtig, fast phlegmatisch; kühler Realist, ohne jedoch berechnend zu sein; im Lauf der Jahre sich immer mehr der Musik zuwendend, Kirchenchor, Tenorsolist, Klavierstunden bei Lassel[40], Kantor des Coetus[41].

Ich: lang, schlaksig, Haar kastanienbraun; Augen grünlich-bräunlich; lebhaft bis cholerisch, intuitiv, phantasievoll, vor allem durchs Auge erlebend und durch Zeichnen mich ausdrückend.

Ist es zu verwundern, dass bei solcher Lage der Dinge unser gemeinsamer Wanderweg durch die Jahre fast immer Ergebnis einer Art Rangelei, eines wetteifernden Messens der Kräfte war – vom ganz wörtlich zu nehmenden Raufen und

---

[40] *Rudolf Lassel, 1861-1918, Komponist, Dirigent, Organist und Musikprofessor in Kronstadt*

[41] *coetus, von lat.: Versammlung, etwa der heutigen Schülervertretung an Schulen entsprechend*

Ringen (wobei mal der eine, mal der andere obenauf war) bis hinauf zum Ringen um geistig-seelische Entscheidungen, Überzeugungen, ja, einmal sogar um einen Menschen, ein Mädchen! Die Tanzstundenzeit bescherte uns diese Versuchung und schwerste Erprobung, die – nach damaligen Gepflogenheiten – beinahe zu einem Duell ausartete. Wozu erhielten wir denn in unserer Schülerverbindung "Germania" Fechtunterricht?! Noch dazu von k.u.k. Offizieren! Na ja, wer gerät in der Balzzeit nicht in Gefahr, Dummheiten zu machen?! Immerhin kamen wir noch rechtzeitig dahinter, dass das Mädel ein doppeltes Spiel mit uns spielte, und damit zu Vernunft und Einsicht, dass unsere Freundschaft mehr wert war, als die fragwürdige Gunst dieses bunten Falters! Folge: Wir ließen sie zwischen beiden Stühlen sitzen und waren unzertrennlicher denn je.

Aber vorerst ist es noch nicht so weit. Einstweilen glauben wir noch ans Christkindl und verfassen gemeinsam, – mit unseren erst kürzlich errungenen Schreibkünsten – einen Brief an es, mit schön hingemalter Anschrift: "Ans liebe Christkindl, Himmelreich, Milchstraße". Er erforderte viel Kopfzerbrechen, denn es galt, unsere Wünsche so abzustimmen, dass sie 1.) ein gewisses Maß nicht überschritten, 2.) die Erfüllung der uns am wichtigsten dünkenden Wünsche einigermaßen verbürgen konnten. Wir kamen deshalb überein, getrennte Listen anzufertigen, um diese wichtigsten sowohl auf seine, als auch auf meine zu setzen, in der Hoffnung, dass wenigstens der eine dieser Wünsche Erfüllung finde. Das Weitere würde sich dann schon ergeben. Da war z.B. das Problem der Beschaffung neuer Rodeln. Unsere alten "Tschaklen" mit dem eisernen Unterbau und dem Sitzbrett in Achter- oder Biskottenform waren einfach nicht mehr konkurrenzfähig mit den damals aufkommenden viel leichteren und wendigeren Rodelschlitten aus Holz und mit Gurtensitz oder mit den ganz niederen amerikanischen, auf denen man mehr lag als saß. Letztere kamen nur auf gebahnten Wegen oder abgefahrenen

Hängen vorwärts, jene auch im tieferen Schnee. Was tun? Wir einigten uns darauf, dass er den einen, ich den anderen Typ aufschrieb; mal sehen, wie die Sache ausging.

Ähnlich machten wir es übrigens auch gelegentlich anderer Wunschgelegenheiten, etwa bei Jahrmarktgeschenken: immer wurde auch der Freund berücksichtigt, so dass sich im Lauf der Jahre unser Spielzeug- und später unser Bücher(Lese)vorrat vorzüglich ergänzte. Desgleichen, als die Zeit der Sammlerei kam: Briefmarken sammelten wir beide und tauschten dann jeweils die für den anderen geeigneten; darüber hinaus wandte sich sein Interesse dann den Steinen zu, meines den Münzen, – dies vor allem, weil mein Vater, von seiner Lehrlingszeit in Brăila und Galați her, eine kleine Sammlung türkischer und griechischer schon besaß.

Aber dies ist Zukunftsmusik; vorerst galt es doch den Brief ans Christkindl zu befördern, und zwar ohne dass die Eltern etwas davon erfuhren; es war uns da allerlei zu Ohren gekommen, was uns nicht recht geheuer dünkte; es hieß, sie könnten es beeinflussen, und zwar in dem Sinne, es solle uns statt unnützer Spielsachen, lieber solche "praktischer" Natur zukommen lassen! Merkwürdig, was die Großen so alles "unnütz" oder "praktisch" nannten. Wir waren da recht anderer Ansicht und hielten es deshalb für geraten, uns mit Christkindl direkt in Verbindung zu setzten, und zwar unter Geheimhaltung unseres Unterfangens. Bisher war alles bestens geglückt, geeignetes Papier und Briefumschlag stibitzt und nach Mustern beschriftet, alles Nötige vorgebracht – so weit, so gut. Wie nun aber dies Geheimschreiben ihm sicher zukommen lassen?!

Wenn wir an unsere Post und den Briefträger, diesen versoffenen Kerl, dachten, konnten wir nur den Kopf schütteln; kam nicht in Frage! Anderseits: durch wen und auf welche Weise sollte es befördert werden? Dass für Postsendungen bezahlt werden musste, und zwar in Form von Briefmarken, wussten wir, ebenso, dass in verschiedene Länder verschiedene Marken gebraucht wurden, aber – ins

Himmelreich?! Fragen konnten wir niemand, ohne uns zu verraten, also war guter Rat nicht nur teuer, sondern einfach nicht zu haben! Da kam auf einmal die Erleuchtung! Ob ihm, ob mir, weiß ich nicht mehr, jedenfalls aber fiel einem von uns plötzlich ein, dass doch in den letzten Tagen des Öfteren "Engelshaar" sich in den verschiedensten Winkeln unserer Wohnungen hatte finden lassen, als Zeichen ihres Dagewesenseins von Engeln, was unsere Eltern so auslegten, dass Abgesandte Christkindls oder gar dies selbst sich mal hätten umsehen wollen, ob wir "brav" wären und was wir etwa benötigten. Nun, wenn dem so war, dann waren die Formalitäten irdischer Post vielleicht gar nicht nötig, dann konnten wir unsere Bittschrift den himmlischen Boten vielleicht direkt in die Hände spielen? Hm! Aber wie und wo? Auf welchen Wegen waren sie überhaupt in die Wohnung gelangt?! Nachts?! Durch verschlossene Fenster und Türen?! Durch den Rauchfang fuhr höchstens der Teufel! Durchs Schlüsselloch? Hm! Wenn böse Geister sich selbst durch einen Flaschenhals zwängen konnten... sollten himmlische das nicht auch fertig bringen?! Schließlich kamen wir überein, das Schreiben kurz vor unserem Schlafengehn und nach dem Lüften, wenn niemand mehr sich an unserem Speisezimmerfenster zu schaffen machen würde, dort zu hinterlegen und dabei die äußeren Scheiben einen Spalt weit offen zu lassen, um es dem erhofften Besucher etwas zu erleichtern. Durchs Schlüsselloch? Nein, das konnte man ihm doch nicht zumuten!

Und auf noch etwas kamen wir: Eine Freundlichkeit ist der anderen wert, – so viel "Welterfahrung" hatten wir, Anrainer des Balkans, immerhin schon gesammelt -, also überlegten wir, was wir statt des Portos berappen könnten. Einfach ein paar Kreuzer hinzulegen, diese Alltagswährung, die jeder "Nita" (Knecht, Straßenkehrer) in seinen dreckigen Fingern drehte, ging nicht an, – ganz abgesehen davon, dass wir die erst hätten erbetteln müssen, natürlich unter Angabe von

Gründen... Nein, es musste was Besonderes sein, womit wir dieses Schreiben beschwerten!

Beim Durchwühlen unserer "Schätze" stießen wir schließlich bei den meinen auf etwas, das sich bisher bei allen möglichen Tauschgeschäften als der Schlager bewährt hatte: auf meine "Dukaten"! Schon damals haben manche Firmen sich allerlei für Werbungszwecke einfallen lassen: Da gab es nicht nur allerlei bunte Bildchen und Kalenderchen, nein, auch winzige Seifen, Parfumfläschchen, Taschenspiegelchen – auf der Rückseite mit einem Geduldspielchen usw. – Auf dem Umweg über Vater, der dergleichen von den "Reisenden" oder von den Firmen direkt erhielt, fanden dann Sachen, die sich auch für Kinder eigneten, zu mir. Am wertvollsten schienen aber mir und meinen Altersgenossen zweifellos die "Dukaten"-Nachbildungen der Firma "Purgo" für Abführtabletten. Mit solchen konnte ich bei Tauschgeschäften die schönsten Erfolge erzielen, – obgleich die Konkurrenz sie durch die anzügliche Bezeichnung "Scheiß-Dukaten" abzuwerten versuchte. Ein solcher erschien uns schließlich als wohl am geeignetsten und so trennte ich mich endlich schweren Herzens von einem meiner letzten Stücke und legte ihn, wie verabredet, vor dem Schlafengehen mitsamt dem Brief zwischen die Fenster. Erstaunlich, wie Illusionen sich manchmal verwerten lassen! Und wie Kinder gewissermaßen doppelbödig zu leben verstehen: in einer Welt des "So-als-ob", zwischen Wirklichkeit und Phantasie! Klar, dass ich das Aufstehen- und Nachschauenkönnen kaum erwarten konnte. Noch bevor ich indes so weit war, drang Unheilverkündendes aus der Küche an mein Ohr: "Wer hat gestern Abend das Fenster im Speisezimmer offen gelassen?!" So Vaters grollende Stimme, und dagegen Rebis, der Dienstmagd Beteuerungen, dass sie es nicht gewesen; das können nur der "junge Herr" (das war ich!) gewesen sein. Dann schaltete sich Mutti beschwichtigend ein mit einer Bemerkung, die ich nicht recht verstehen konnte, worauf das Gewitter zu vergrollen schien.

Was z.T. hatte es da gegeben?! Mich überlief es heiß und kalt! Als ich schließlich ins Zimmer trat, war Vater gerade damit beschäftigt, den äußeren Fensterflügel auszuhängen, um die zersplitterte Scheibe vom Glaser ersetzen zu lassen. Mit einem schwer zu deutenden Seitenblick auf mich bemerkte er nur: "Du scheinst noch nicht zu wissen, wozu Fensterhaken da sind!" Und Mutti sagte, indem sie eifrig die Frühstücksbrote schmierte, scheinbar beiläufig: "Heisst's nicht, dass Scherben Glück bringen? Natürlich nur ungewollt verursachte!" Kein Wort von einem Brief, noch einem Dukaten! Fort war beides ... Wohin?! Hatte der Wind es entführt, als er die Scheibe zerbrach?!

Das waren schlimme Tage der Ungewissheit für Fredi und mich, und was uns der Weihnachtsabend bescherte, war auch nicht gerade angetan, reine Freude zu bereiten. Von einem Zweiglein des Christbaums hing nämlich an goldenem Faden ein Brieflein, geschrieben mit goldener Tinte, gerichtet an Fredi und mich, etwa des Inhalts: Der Wind, das himmlische Kind, habe unser Brieflein dem himmlischen Postamt zwar richtig zugestellt, beim Abholen aber, leider, eine Fensterscheibe kaputt gemacht, für deren Ersatz er den Dukaten, der sonst ihm für diese Dienstleistung gebührt hätte, verwenden müsse. – Was das Brieflein selbst betreffe, so werde uns als Anerkennung für unsere Leistung (nur ein Schreibfehler!) die Erfüllung der Wünsche Nr. 1 und Nr. 2 (Rodeln und Bausteinkasten) gewährt, hingegen nicht die Verstärkung der Zinnsoldatenarmee, da Kriegführen sich mit Weihnachten ("Friede auf Erden!") nicht vertrage. Was die übrigen Wünsche anlange, so sollten wir mal überlegen, ob es nicht unbescheiden sei, so vielerlei Schnickschnack zu verlangen, wo wir doch wüssten, dass viele Kinder kaum das Nötigste bekommen würden?! Ja, ob wir nicht Einiges von unserm Überfluss an die abgeben wollten? Falls ja, sollten wir Solches zwischen Weihnacht und Neujahr mal abends zwischen die Fenster legen; Knecht Ruprecht sei beauftragt, solche Sachen einzusammeln und an die Bedürftigen zu

270

verteilen. – Statt einer Unterschrift: Ein wunderschöner goldener Stern!

Ist es zu verwundern, dass ich ziemlich durcheinander war? 1. durch die Antwort aus "himmlischen Sphären" als solche, 2. durch ihren Inhalt, der durch sein Sowohl-als auch, sein Gewähren und zugleich Versagen, Lob und Tadel, mich geradezu in Wechselbäder tauchte! Was überwog und galt nun eigentlich?! Die Zumutung, auch noch was abzugeben, gar nicht gerechnet! In was hatten wir uns eingelassen! Anscheinend war es nicht ratsam, sich mit irdischen Anliegen an die Himmlischen zu wenden! Die sahen die Dinge von einer anderen Seite, und zwar von einer, die anscheinend weitgehend mit der der Eltern übereinstimmte. Die taten zwar etwas überrascht über das Brieflein, fragten dies und das über seine Vorgeschichte, warfen einander aber Blicke zu, die mir nicht gefielen, und waren offenbar bemüht, ihre Genugtuung über die Übereinstimmung ihrer Ansichten mit denen von "Oben" nicht allzu sehr merken zu lassen, dafür aber mir die Sache schmackhaft zu machen durch Herausstreichen der für uns günstigen Punkte. Etwas stimmte da nicht! Auch kam mir Briefpapier- und Umschlag merkwürdig bekannt vor; hatten die "Oben" das gleiche wie die Eltern? Oh, was hätt ich drum gegeben, zu wissen, was sich bei Fredi abspielte! Doch war damals und dort das Telefon, und noch dazu im Privatverkehr, so gut wie unbekannt! Auch gleich hinzulaufen, war undenkbar. Nein, es hieß sich in Geduld fassen, den nächsten Morgen abwarten und versuchen, mit all den Zweifeln vorerst allein fertig zu werden und aus dem Abend noch das Bestmögliche herauszuholen! Da stand, zum Glück, ja noch der Christbaum mit allerlei Herrlichkeiten, schon bekannten und noch unbekannten, und herrlich duftete aus der Küche der Gänsebraten und das Rotkraut!

Klar, dass am nächsten Morgen, so früh wie nur irgend möglich, Fredi und ich einander aufsuchten, – nicht nur um das Ergebnis der Aktion zu begutachten, sondern auch und vor allem, um uns über manches Klarheit zu verschaffen.

Nun, es gelang uns, wenn auch nicht gleich, und zwar mit ähnlichem ernüchterndem Ergebnis, wie nachmals beim Forschen nach dem "Storch". Jedenfalls war dies Weihnachten das letzte, bei dem das "Christkindl" bemüht wurde; bei den folgenden nahmen wir die Sache selber in die Hand.

Huhn und Has und Osterfestprobleme

Unser Forscherdrang wagte sich allerdings noch nicht auf solch bedenklich geheimnisumwittertes Gebiet vor, wenngleich er auch zunächst ähnlich harmlos scheinenden Vertretern des Tierreichs und ihren etwas merkwürdigen Betriebsamkeiten galt. Unser Argwohn wurde in diesem Fall dadurch geweckt und gestachelt, dass wir diese Tiere und ihre Lebens-Gewohnheiten aus eigener Anschauung und Erfahrung ziemlich gut zu kennen meinten, die des Storches aber mehr nur vom Hörensagen. Diesmal ging es nämlich um Hühner und Hasen und deren angeblich aktives Mitwirken beim Osterfest; dass dabei auch Lamm und Esel eine gewisse, allerdings mehr passive Rolle spielten, dünkte uns kaum bemerkenswert.

Was da nun aber zu Ostern von Huhn und Hase erwartet, bzw. ihnen zugemutet wurde, war wirklich erstaunlich! Bisher hatten wir jene vor allem als Lieferanten von Frischeiern und Küken-Nachwuchs gekannt, sodann erst als Anwärter auf Kochtopf oder Bratpfanne, während der hoppelnde Hausgenosse von vornherein nur für diese in Frage kam. Diese beiden gehörten dazumal etwa so zu jedem "besseren" Haushalt, wie heutzutage der wohlgefüllte Kühlschrank mit eingefrorenen Brathähnchen, um jeden unerwarteten Mittagsgast gebührend bewirten zu können. Es gab kaum einen städtischen Hinterhof, der nicht wenigstens durch eine Hühnersteige, – wenn schon nicht auch durch einen zusammengebastelten Hasenstall verunstaltet worden wäre. Doch dies nur nebenbei. Für uns war in diesem Fall anderes wichtig, – nicht ihre Bedeutung für Kochtopf oder Pfanne, sondern wie diese sonst so harmlos dümmlichen Tierchen sich zur Osterzeit so auffällig anders, als das Jahr über, ja in mancher Hinsicht geradezu raffiniert benehmen sollten. Warum sie z.B. ihre Tätigkeiten, die sie sonst recht ungeniert am helllichten Tag verrichteten, nun auf einmal in die Nacht verlegten?! Und zwar ohne alles Gegacker! In völliger Stille! Waren sie so schlau, das Geheimnis der Eierfärberei nicht verraten zu wollen? Übrigens widersprachen diesbezüglich die Auskünfte der Erwachsenen einander recht erheblich. Während die Einen behaupteten, die Hühner legten zu dieser Zeit bunte Eier, welche die Hasen dann nur zu verteilen und zu verstecken hätten, meinten die Anderen – in Übereinstimmung mit unseren Beobachtungen –, dass sie keineswegs bunte, sondern, so wie gewohnt, weiße Eier legten; das Färben aber sowie das Produzieren und Herbeischaffen der Zucker- oder Schokoladeneier, das besorgten dann die Karnickel! Hm! War diese Variante nun wahrscheinlicher als die andere?! Zu Vieles schien da nicht zu stimmen!

Wenn uns der Unterschied zwischen Feldhase und Kaninchen auch nicht allzu viel zu schaffen machte – einige Söhne von Jägern vielleicht ausgenommen –, so blieb doch noch viel Auffälligeres reichlich ungeklärt, z.B.: Wie und wo sich die Langohren die Farben oder Abziehbildchen besorgten? Wie sie aus ihren Ställchen heraus und – was wohl am schwierigsten zu ergründen war: wie sie bei schlechtem Wetter, wenn das Auslegen im Garten untunlich war, in die wohlverschlossenen Wohnungen gelangen konnten, – noch dazu in solche, wo Hunde und Katzen Hausrecht genossen?! Und wie öffneten sie die Türchen von Kachelöfen und Kommoden, um dort ihre Schätze zu verstecken?! Dies war die e i n e Seite der Sache, die uns viel Kopfzerbrechen verursachte. Die a n d e r e war: Wie hing dies alles mit Christi Tod und Auferstehung zusammen? Und drittens endlich: Was hatte der seltsame Brauch des "Spritzengehens" mit all diesem zu tun?

Ja, diese Osterwoche hatte es in sich! Seltsamkeiten, Ungereimtheiten in Hülle und Fülle, die sich auch beim besten Willen auf keinen gemeinsamen Nenner bringen ließen! Und wenn man die Erwachsenen fragte... du lieber Himmel! Da konnte man erst recht seine Wunder erleben, ob der Antworten, die man da bekam! Warum z.B. wurden die "Weidenkätzchen" vor Ostern auf einmal zu "Palmkätzchen" umbenannt? Und die sonst kaum beachteten ab Palmsonntag an allen Straßenecken von Zigeunern in ganzen Bündeln feilgeboten? In der Tausendbilderbibel war doch ganz deutlich zu erkennen, dass diese den Palmwedeln, die dort geschwungen wurden, nicht im Geringsten glichen! Und wenn schon Umbenennung, dann wieso "Kätzchen"?! Glichen denn diese kleinen grauen Dinger nicht viel eher Mäuschen?! Wunderlich, wahrlich, waren die Erklärungen der "Großen" schon bei dieser Kleinigkeit! Aber es kam noch krauser! Während die Einen nichts anderes gelten lassen wollten, als das "Christ ist erstanden", verbürgt durch die Berichte der Apostel, ein Ereignis, das die Weltgeschichte verändert habe, und das mit den Ostereiern und dem Spritzengehen als kindischen Schnickschnack abtaten, ereiferten sie die anderen, das mit der sogenannten "Auferstehung" sei nur sinnbildlich zu verstehen, als Wiedererwachen der Natur im Frühling, dies sei der ursprüngliche Sinn des Festes, wie ja auch schon sein Name verrate: abgeleitet von der heidnischen Frühlings- und Fruchtbarkeitsgöttin "Ostara". Huhn und Hase, als besonders "fruchtbare" Tiere, seien ihr geweiht gewesen, und das "Spritzengehen" hänge auch mit dem uralten heidnischen Brauch und Glauben zusammen, da das Besprengen mit "Osterwasser", – schweigend einem Quell entschöpft in der Nacht vor der Frühlingssonnenwende, – besonders heilkräftig und fruchtbarkeitsfördernd sei. So! Jetzt wussten wir Bescheid!

Auf der einen Seite Kirchgang, Singen frommer Lieder, Predigt hören, am Karfreitag Fasten, auf der anderen: Eier sammeln, – vom gewöhnlichen Hühnerei an bis zum bonbongefüllten Schokoladenkürbis, und dann am zweiten Feiertag das Spritzengehen reihum bei der weiblichen Verwandtschaft und Bekanntschaft, wobei man als Gegenleistung für die paar Tropfen "Rosenwassers" oder Parfums in vorsorglich mitgebrachten Körbchen oder Taschen allerlei hamstern konnte, von Äpfeln, Nüssen und Johannisbrot an, über Orangen, Feigen, Datteln hin bis zu wahren Kunstwerken aus Schokolade oder Marzipan! Für die "reifere" Jugend, besonders ab Studenten- und Tanzstundenalter und gar für die Erwachsenen, sahen die Gegenleistungen freilich etwas anders aus – von allerlei Selbstgebackenem über selbstgebraute Schnäpse und Liköre bis hin zu "Schampus" und "Naturaliis", an denen Ostara wahrscheinlich ihre helle Freude gehabt hätte. Was freilich die Apostel dazu gesagt hätten, wenn sie die durch die alten Straßen rollenden Fiaker voller jubilierender Junggesellen oder auch Ehemänner, Mitglieder irgendwelcher Kränzchen, Kegelabende oder Kartenrunden, "borviz"-Flaschen schwenkend (statt mit "Sauer"wasser, nun mit "Rosen"wasser gefüllt), die zu ihren Damen fuhren, gesehen hätten... ? Merkwürdig übrigens, wie verschieden die also beglückte Weiblichkeit reagierte; alle Schattierungen gab es da und zwar bei allen Altersklassen: vom kichernd neckischem, ja herausfordernden Gewährenlassen, über verzeihendes Hinnehmen eines Unabänderlichen bis hin zu zeternder Abwehr, um Frisur oder Seidenbluse vor "Derangierung" oder/und Flecken zu bewahren. Ja, welch einen Vers konnte sich unsereins zu all dem machen?!

Mit dem leiblichen verdorbenen Magen, den uns die gehamsterten Süßigkeiten meist bescherten, konnten wir zwar verhältnismäßig bald fertig werden; schwieriger aber war es, all das zu verdauen, was damit zusammenhing oder dahinter stak. So ähnlich ging's dann nachmals mit dem Storchenmärchen.

Ja, es wurde uns nicht eben leicht gemacht, uns in "dieser unserer Welt" zurecht zu finden! Sie schien irgendwie doppelbödig zu sein, und davon uns, den "Kleinen" vorerst nur die eine, die des nüchternen, geregelten Alltags zugänglich, während die dahinter den "Großen" vorbehalten blieb, die meist so taten, als müssten sie uns geradezu vor Unheil bewahren, wenn wir mal durch einen Spalt hineinzugucken versuchen sollten. Mal hieß es: Das versteht ihr noch nicht! Mal: Das gehört sich nicht! Wer sich damit abfand, gehörte zu den "braven" Kindern; nun, in dieser Hinsicht gehörte ich zu den nicht braven. Ich verspürte von klein auf den unwiderstehlichen Drang, "Geheimnissen" auf den Grund zu gehen, – gleichviel welcher Art die waren, und ebenso Ge- und Verbote auf ihren Sinn und ihre Berechtigung hin zu untersuchen. Nun, dieser Drang hat mir gar manche Beule eingetragen; wie Recht hatte doch Großvater, als er mir das voraussagte!

Meist ging es dabei gar nicht um die wirklich "großen Geheimnisse", die – wie sich allmählich herausstellte, – auch den "Großen" allerlei Kopfzerbrechen bereiteten: wie z.B. das Auf-die-Welt-kommen, noch mehr aber das Aus-ihr-wieder-Entschwinden. Nein, es waren oft Dinge, Vorgänge, Ereignisse, die erst durch die uns unverständlichen Reaktionen der "Großen" Bedeutung oder Fragwürdigkeit gewannen.

Zwei sehr frühe Erlebnisse, die ich in anderem Zusammenhang schon erwähnte, hatten – wie ich nun im Rückblick erkenne –, wohl tiefere Wurzeln in meiner Vorstellungswelt geschlagen, als ich bislang wähnte. Das eine war das, was mit Webertante und ihrem Hexenglauben und "Paperl" zusammenhing, das andere der seltsame Handel Vaters mit den schatzsuchenden Zigeunern, die an die wunderbaren Kräfte des "Alraunmännchens" glaubten. Dazu

kam die Welt der Märchen und Sagen, erst vorgelesen, –
solange ich noch nicht lesen konnte – von durchaus
vertrauenswürdigen Personen, später dann in den Büchern,
die sie mir zu lesen gaben, schwarz auf weiß wieder
beglaubigt, wo es doch von Hexen, Kobolden, Zauberern....
kurz, von Wesen und Mächten absonderlichster, meist
unheimlicher Art wimmelte! Aber auch damit noch nicht
genug; was da von Mägden, Milch-, Gemüse- und
Waschfrauen in den Küchen, auf den Treppen und Märkten
getuschelt und unter Sichbekreuzen weiterverbreitet wurde
vom "Bösen Blick" und allerlei Verwünschungsformeln, die
so das Vieh im Stall, wie das Kind im Mutterleib
verkümmern ließen, bis hin zu den winzigen Puppen, aus
Wachs und Menschenhaar zusammengeknetet und mit
Nadeln zerstochen, um die Person, an die man dabei dachte,
zu töten: Das alles braute sich zusammen zu einer
beklemmenden über- oder hinterwirklichen Welt hinter den
sicht- und fassbaren Dingen und Vorgängen des Alltags, die
mich bis in wüste Träume hinein verfolgte.
So konnte es geschehen, dass zwei Ereignisse, deren
natürliche Ursachen ich nachträglich durchaus begriff und
anerkannte, mich noch lange verfolgten und mir unsere
Wohnung unheimlich machten, so dass ich's nach
Möglichkeit vermied, allein darin zu bleiben, was ich vordem
ohne weiteres hingenommen hatte.
Dass unsre Wohnung auf der Kornzeile im sogenannten
"Waggonsystem" angelegt war, habe ich schon erwähnt. Es
war so benannt worden, weil alle Räume in einer geraden
Flucht hintereinander lagen, so dass man, wenn alle Türen
geöffnet waren, von der Küche aus bis zur Rückwand des
Schlafzimmers sehen konnte. Ich pflegte, wenn ich abends
meine Aufgaben machte, am Speisezimmertisch, Rücken
gegen die Küche, Nase gegen Wohn- und Schlafzimmer, zu
sitzen. Da nur die Petroleumlampe neben mir brannte, lagen
jene ziemlich im Dunkel. Als ich einmal von meiner
Schreiberei auf und vor mich hin in die Flucht der Zimmer

schaute, durchfuhr mich plötzlich eisiger Schreck! Dort, ganz hinten... an der Schlafzimmerwand... über den Betten meiner Eltern... was bewegte sich dort?!... Lautlos geisterte dort etwas Bleiches ... eine Lichterscheinung... hin und her... auf und nieder… ! Ich war allein in der Wohnung... Mutter und Magd wahrscheinlich beim Einholen vor dem Abendbrot, Vater noch in der Apotheke... ich ein Knirps von 7-8 Jahren... überfüttert mit all den Spuk- und Zauberwesen der Märchenwelt und primitiven Aberglaubens... Was lag näher, als dass ich dort Gespenster herumgeistern sah?! Was tun?! Ich wagte nicht, mich zu rühren, in der törichten Hoffnung, die würden mich – der ich doch im vollen Licht dasaß! – vielleicht nicht bemerken, oder doch, wenn ich sie nicht störte, mich in Ruhe lassen! Wie konnte man sich gegen dies Gelichter wehren?! Die unsinnigsten Gedanken schossen mir durch den Kopf... Pfeil und Bogen, Schleuder? Gegen diese waren sie machtlos! Außerdem lagen sie drüben in der Ecke bei den Spielsachen!... Angeblich hatten sie Respekt vor Kruzifix und Weihwasser? Beides gab's aber nur bei den Katholiken, nicht bei uns! Beten? "Müde bin ich, geh zur Ruh...?" oder "Ich bin klein...?" Nein, die halfen bestimmt nicht! Und die der Großen kannte ich noch nicht...Was also tun? Da regte sich was zu meinen Füßen! Doch eh mir noch das Entsetzen das Herz lähmte, durchblitzte es mich: Das kann nur "Prinz" sein! Unser Wolfshund! Der sich eben vom Schlafe räkelte. Ein Seufzer der Befreiung entfuhr mir: Das war die Rettung! Warum ich davon so überzeugt war, wüßt' ich nicht zu sagen, ich fühlte bloß, dass sie über diesen keine Gewalt hatten! Vielleicht, weil er sie gar nicht zur Kenntnis zu nehmen und überhaupt keinerlei Erregung oder gar Angst zu haben schien? Ich streichelte ihm den Kopf, er rieb ihn an meinem Knie und gähnte beruhigend herzhaft, worauf ich aufatmen konnte. Da hörte ich auch endlich die Küchentüre aufgehen, Stimmen... Mutti kam zurück! Nun fand sich bald des Spukes Klärung. Trotz Muttis lächelnder Abwehr fand Rebi, die Magd, es ratsam, sich mit dem Besen zu bewaffnen, ich nahm den Schürhaken, und in der schwanzwedelnden Begleitung des höchst erstaunten "Prinz" rückten wir gemeinsam vor, den Gespenstern auf den inexistenten "Leib" – aber wie hätte ich das kürzer (und sachgemäßer) ausdrücken können? Nun, das gespenstische Gehusche ließ sich durch unser Nahen keineswegs einschüchtern oder vertreiben, – erst als Mutti vor das Fenster zum Rosenanger hin trat, erlosch es plötzlich. – Und nun des Rätsels Lösung: Einzig das Schlafzimmer hatte auch gegen diesen und seine Häuser hin ein Fenster, während sonst sämtliche anderen Fenster unserer Wohnung gegen den Hof hin schauten. Durch dieses eine Fenster aber fiel nun aus einer der Wohnungen von der anderen Straßenseite her das Licht einer Lampe, mit der die Leute drüben offenbar irgendetwas suchten. Ihr Schein wurde dadurch verstärkt, dass der Lichtstrahl auf das verglaste Bild fiel, das über den Betten meiner Eltern hing! – "Na? Alles klar, Bubi?" Beruhigend strich Mutti mir übers Haar, und es war gut dies zu fühlen und die Stimme zu hören, so dass der Kopf auch ehrlich Zustimmung nicken konnte. Ja, ich begriff die Zusammenhänge! Alles schien mit rechten Dingen zuzugehen, aber... ! Entgegen aller Einsicht verblieb etwas tief im Herzen, etwas wie Misstrauen in diese scheinbar so klar geordnete Welt, etwas, das nicht in Worte zu fassen, aber vorhanden war und sich mit dem rätselhaften, unheimlichen Knistern und Knacken dieser uralten Dielen und Wände und dem Seufzen im Rauchfang verband, als ob da Nachtens die Geister der früheren Bewohner umgingen.

Dies Gefühl erhielt neue Nahrung durch ein zweites Erlebnis, das nun aber am helllichten Tag stattfand. Ich hockte unter dem Klavier im Wohnzimmer, wo ich meine Papiersoldatenarmee wieder einmal ihre Schlachten schlagen ließ, ungestört von etwa vorüberwehenden Frauenröcken, denn die waren auf den Markt gegangen. Ich kam ganz gut allein zurecht, wenn man mich nur gewähren ließ, mit meinen Soldaten, Bausteinen, Büchern. Obgleich ins Spiel vertieft, drang doch allmählich in mein Bewusstsein, dass irgendetwas um mich herum nicht stimmte. Ein merkwürdiges Knistern wurde immer vernehmlicher, das aber, anders als sonst, nicht von unten, von den Dielen ausging, sondern von oben, anscheinend von der Decke. Zugleich begann beizender Brandgeruch meine Kehle zu reizen. Ich rappelte mich auf und machte mich auf die Suche, ob wohl wieder, wie neulich, der Magd eine glühende Kohle von der Schaufel gefallen war und etwas entzündet hatte, aber nichts dergleichen fand ich, weder in der Küche, noch in den Zimmern; alles in Ordnung. Da, als ich unter dem Türsturz zwischen Speise- und Wohnzimmer stand, wo das Knistern am deutlichsten zu hören war und hinaufblickte – was tat sich dort?! Die weiße Ölfarbe des Anstrichs begann sich zu bräunen und Blasen zu bilden, die hier und dort aufplatzten und unter denen Rauchwölkchen sich zu kräuseln begannen! Hilf Himmel! Was war das?! Rasch griff ich mein Spieltischchen, schob es drunter, mein Stühlchen drauf und 1,2,3 hinaufgeturnt! Ganz heiß war das Brett! Und dort, wo es in die Wand überging, klaffte nun eine Fuge, hinter der bösartige Augen zu glühen schienen! Mir verschlug es den Atem! Da stak der Teufel drin! Nichts, wie runter! Nicht nur von Stuhl und Tisch, sondern gleich bis hinab in die Apotheke, zu Vater! Es war nicht leicht, ihn dort loszueisen, denn er war sehr beschäftigt und nicht eben geneigt, an das Erscheinen des Leibhaftigen in unserer Wohnung zu glauben; als er dann doch endlich meinem Drängen folgte und die Bescherung sah – als wir oben die Tür öffneten, quoll uns schon dichter Qualm entgegen -, da freilich konnt' er nicht umhin, mir ein seltenes Lob zu spenden: "Brav gemacht, Bub! Jetzt lauf mal flink, schick mir den Petre (das war der Laborant) und dann den Kippelkratzer (Rauchfangkehrer) Fromm vom Rosenanger... du weisst ja! Los! Lauf!" Vater selbst sprang in die Küche und holte sich das kleine Beil, mit dem man Spändel machte. Was hatte er damit vor?! So sehr ich auch wünschte, dies zu sehen, spürte ich doch, dass dem Befehl zu gehorchen wichtiger war, und so rannte ich los. Nun, wir hatten Glück;

wir kamen noch rechtzeitig, einen gefährlichen Zimmerbrand zu verhüten. – Was war geschehen? Schon bei der ersten Schilderung unserer Wohnung hatte ich erwähnt, dass zwischen Ess- und Wohnzimmer eine sogenannte "Meißner Heizung" eingebaut war, d.h. ein Kachelofen, der mit seiner Mitte in der Wand stak, nur von einer Seite her mit mächtigen Scheiten gefüttert wurde, aber zwei Räume heizte. Nun, diese Heizung, oder aber der Rauchfang, der von ihr hinaufführte war der Übeltäter. Eins von beiden war im Lauf der Zeit schadhaft geworden, hatte Sprünge bekommen; im Mauerwerk drum herum staken noch Balken, vielleicht noch aus der Zeit nach dem Großen Brand der Stadt (1689), als recht hastig wieder aufgebaut wurde; diese, gründlich ausgedörrt, hatten durch die eindringende Hitze zu schwelen begonnen, die Glut konnte aber, mangelnder Luftzufuhr wegen, nicht in offene Flamme ausbrechen, sondern fraß sich langsam, langsam im einengenden Mauerwerk weiter, nicht nur hinauf, sondern auch in der Horizontale, bis sie auf die schwache Stelle des Türstocks stieß. Dort brach sie dann, als sie durch Vaters Beilhiebe Luft erhielt, in heller Flamme heraus, die ihm das Haar versengte. Nur Petres raschem Eingreifen war's zu danken, dass Vaters Missgriff keine schlimmeren Folgen hatte. Wären damals und dort schon Feuerlöschapparate wie "Minimax" bekannt gewesen, hätte man dem Schwelbrand leicht beikommen können, so aber wurde durch seine Bekämpfung mit Wasser und das Aufreißen der Mauer mehr Schaden angerichtet, als durch den Brand selbst. Wasser, Ruß, Mörtel- und Ziegelstaub plus Rauchfangkehrer, Mauerer, Zimmerleute, Maler verwandelten die Wohnung für eine Weile in einen Saustall, doch dies gehört eigentlich schon nicht mehr her, in diesen Zusammenhang. Hier ging's doch darum, mein Misstrauen in die scheinbar so heile Welt des Alltags zu rechtfertigen. Stimmte es vielleicht nicht, dass man nicht einmal innerhalb seiner vier Wände vor den tückischen Anschlägen des Bösen sicher war?! Allerdings schien es auch eine Art

Gegengewicht, oder Kräfte der Abwehr zu geben: Mut und Verstand! Dass man sich nicht ins Bockshorn jagen ließ, sondern kühl prüfte, was jeweils hinter den sonderbaren Erscheinungen stecken und sie ermöglichen mochte. Letzten Endes schien es also doch mit "rechten" Dingen, d.h. natürlich erklärbaren, zuzugehen?! Welch eine Welt voller Widersprüche! Wie sollte man sich darin zurechtfinden?!

Von Träumen und Wahrsagereien

Aber nicht genug damit, dass die oft seltsame Verquickung der Dinge einem immer wieder Rätsel aufgab, sorgten auch die Menschen, das Verhalten der "Großen", noch oft genug dafür, sich, gelinde ausgedrückt, zumindest wundern zu müssen.

Da war z.B. die Sache mit dem Träumen, den Traumbüchern und Wahrsagereien verschiedenster Art. Wie war das nun eigentlich: Wenn ich aus quälenden Träumen erschreckt auffuhr, hieß es: "Keine Angst, Bub! Träume sind Schäume! Husch! Weg sind sie! Du siehst ja: Alles ist wie es war... Wir sind da... und dort vor dem Ofen Schnurri... alles in Ordnung! Schlaf ruhig, Bub!" Ja, das waren die Eltern; denen konnte ich doch vertrauen, und es schien auch wirklich alles unverändert, aber... Ja, schon wieder ein Aber! Nicht alle der Erwachsenen schienen da e i n e r Meinung zu sein! Wenn ab und zu, gelegentlich einer meiner Krankheiten oder wenn die Eltern mal abends ausgingen, eine der Tanten oder gar ein

Dienstmädchen bei mir Nachtwache hielt und ich aufschreckte, dann wurde mein Träumen keineswegs so abgetan, sondern ernst genommen. Ich musst' ihn erzählen und dann wurde herumgerätselt, was dies und das wohl zu bedeuten habe. Dabei kam nun zum Vorschein, dass Traumbücher nicht nur beim "Bildermann" in unserm Torgang herumhingen. Sieh da: Nicht nur die Erzsi, Eszti oder Julicsa hatten etliche ihrer Kreuzer geopfert, um sich in ihnen Rat zu holen, was da wohl hinter all dem Wirrwarr ihrer nächtlichen Traumbilder stecke, sondern auch diese und jene Tante! Nun, von da war's dann gar nicht mehr weit zur Wahrsagerei, sei es aus Karten, dem Kaffeesatz, Bleigießen oder den Linien der Hand. Von hier, von dort schnappte ich dies und das auf, was an Tratsch und Geraune nicht nur auf unserm Hofe, sondern noch vielerorts in den alten Häusern und Winkeln der Gassen umging, heimlich genährt durch deren geschichtsträchtige Atmosphäre, die allenthalben zu spüren war, insbesondere in dem auch tagsüber düsteren Labor hinter der Offizin, in dessen einer Ecke auf dem mächtigen gemauerten Alchimistenherd fast immer in Tiegeln, Kolben, Retorten etwas brodelte, zischte, dampfte und seltsame Düfte bis in den Hof hinaus entsandte.

War's zu verwundern, dass dieser Mischmaschbrodem das Hirn eines Kindes mit zwielichten Gestalten und Geschichten bevölkerte oder umnebelte? Und anscheinend nicht nur die eines Kindes! Leider ist mir nur Weniges haften geblieben, nur was sich in meiner unmittelbaren Umgebung ereignete, und auch das nur wie Farbtupferl aus einem großen Gemälde, da ich die Zusammenhänge ja noch nicht begriff, und was ich dann so nach und nach erfuhr, meist nur aus Andeutungen, die ich mir selbst zusammenreimen musste, meist sehr lückenhaft, blieb.

Da war z.B. die Sache mit Mariechen E., Muttis Freundin von jenseits des Hofganges, über dessen Breite hinweg, von Fenster zu Fenster Neuigkeiten, Tratsch, Witze, Kochrezepte und dergleichen Kleinkram ausgetauscht wurden. Sollten

Modejournale oder Stoffe begutachtet oder andere Probleme gewälzt werden, fand man sich meist drüben, in Mariechens Boudoir, zusammen, wobei dann nebenher meist auch noch irgendeine Handarbeit erledigt wurde, gestickt, gehäkelt, geklöppelt... das Spitzenklöppeln war damals große Mode... noch heute höre ich das leise Klickern der hölzernen Keulchen und sehe sie hängen, an kurzen oder langen Fäden, vom Wulst des Klöppelpolsters. Ja, Mariechen, das Nesthäkchen der Ederfamilie, aufgepäppelt und verhätschelt von Hannitante, der Schwester ihrer früh verstorbenen Mutter, geb. Walbaum (über welche Familie noch manches zu sagen sein wird) tyrannisierte sie auf raffinierteste Art, tanzte allen (von Papa Sparkassendirektor an bis hin zu Brüderchen Hans) auf der Nase herum und machte sich einen Spaß daraus, alle "spießerigen" Konventionen (heute "Tabus" genannt) zu brechen oder doch mindestens zu verspotten. So jung sie war, so gefürchtet war ihre spitze Zunge in allen Kränzchen. Da rief nun also eines Tages Mariechen, ein Traumbuch in der Hand, herüber, sie müsse sich wohl auf Schlimmes gefasst machen, denn da drin stehe – und dabei tippte sie aufs Büchlein und wollte sich krümmen vor Lachen – dass "ein Frauenzimmer, das von jungen Kriegern träume, gut tue, auf sich achtzugeben, denn das könne in mancher Hinsicht schief ausgehen – so wie das Spielen mit dem Feuer!" Nun, wenn schon das bloße Träumen von diesen Herren so gefährlich sei, was wohl dann erst wenn man ihnen in Fleisch und Blut begegne?! Genau das aber habe sie vor!
Nun, wer Mariechen E. kannte, hätte dies nicht als leere Prahlerei gewertet, denn es war stadtbekannt, dass sie es darauf anlegte, den Offizieren der Garnison reihum den Kopf zu verdrehen. Die beste Gelegenheit dazu bot das sonntägliche Standkonzert der Stadt- oder der Militärkapelle vor dem Rathaus. Dann pflegte auf der Kornzeile alles, was schon oder noch etwas für Musik, mehr noch aber für "Augenweide" übrig hatte, zwischen 11 und 12 Uhr auf und ab zu flanieren, während daheim die Mütter und Gattinnen

über Töpfen und Pfannen ihre Visionen hatten und den sonntäglichen Schmaus bereiteten. Mariechen war nun zwar keineswegs das einzige weibliche Wesen, das zu dieser Stunde, statt der Blumentöpfe, eines der gegen den "Platz" schauenden Fenster zierte, nein, in all den Fenstern ringsum räkelte sich die holde Weiblichkeit aller Altersklassen der "Hautevolee", aber keines davon betrieb das Köpfeverdrehen und Angeln nach den Herren der Schöpfung mit solch raffinierter Eleganz und geradezu als Sport, so wie sie ja auch als eine der ersten Damen der Stadt das Tennisspiel, Schlittschuhlaufen, Reiten und Kutschieren betrieb. Sie konnte sich das leisten, denn Papa Bankdirektor hatte ja die nötigen Moneten und war obendrein noch stolz auf seines Töchterchens Extravaganzen.

Eine Schönheit war Mariechen sicher nicht; die Nase war zu raubvogelartig geraten und die Schneidezähne sprangen zu weit vor, was vermutlich zu dem kleinen Sprechfehler des "Anstoßens" führte, aber all dies machte sie wett durch die großen grauen Augen und die unglaubliche Lebendigkeit und Intelligenz ihres Ausdrucks; sie vermochten einen derart zu fesseln, dass man des Übrigen gar nicht gewahr wurde. Unterstrichen wurde diese Lebendig- und Beweglichkeit durch den geradezu pantherhaft geschmeidigen, schlanken Körper, der jede innere Regung vollendet auszudrücken verstand. Wenn irgendwo getanzt wurde, soll sie die begehrteste Tänzerin gewesen sein. Eine Fülle brandroten Haares umwaberte dieses schmale Raubvogelgesicht, und wenn diese moderne Lorelei sich zum Fenster über unsrer Apotheke hinauslehnte, die damals "Zum Schutzengel" hieß, konnte sie geradezu als dessen blasphemischer Widerpart gelten.

Dies Mariechen also hatte wieder einmal einen an der Angel; diesmal einen blutjungen Husarenleutnant. Wie sie es angestellt hatte, mit ihm eine Verabredung zu treffen, weiß ich nicht, – wie ich ja überhaupt erst post festum, als sie auf der Nase lag, aus Gesprächsfetzen allmählich erfuhr, was sich zugetragen.

Demnach hatte sie ihn wissen lassen, dass sie dann und dann ihren Sandläufer[42] die Langgasse hinabkutschieren werde, um in ihres Vaters Jagdhütte im Königsteingebiet mal nach dem Rechten zu schauen, da bald die herbstliche Jagdsaison beginnen werde. Da sie dabei an der Kavalleriekaserne vorbeifahren musste, konnte er seinen Ausritt ohne weiteres so ansetzen, dass er ihr "rein zufällig" begegnen und sie dann, hoch zu Ross, begleiten konnte. Es kam jedoch anders, als geplant. Kurz vor der Kaserne sauste auf einmal aus einem der Bauernhöfe heraus, laut grunzend und quiekend, eine mächtige Sau quer auf die Straße, gehetzt von einem wild kläffenden Köter, blindlings auf ihr Gespann los – und dann gab's einen wüsten Knäuel von Pferdehufen, Schweinshaxen, verheddertem Riemzeug, Armen und Beinen, überschrillt von Quieken, Wiehern, Gejaul und Gekreisch, das aus dem stinkenden Straßengraben gen Himmel stieg und wenn auch nicht diesen, so doch das Bäuerlein nebst Anhang, einen Teil der Kasernenwache nebst Leutnant, sowie etliche Passanten alarmierte, die sich der Verunglückten annahmen. Es war ein wahres Wunder, dass Mariechen bloß mit ein paar Prellungen und Schürfungen davongekommen war – vermutlich dank der bauschigen Röcke und Puffärmel, für die dann freilich galt: "... der Rest war nicht mehr zu gebrauchen..." Schlimmer war's Jancsi ergangen, der von seinem Stühlchen hinter Mariechen im Bogen gegen einen Akazienstamm geflogen war und mit ein paar angeknacksten Rippen abtransportiert werden musste. Der Pferde durfte sich das ganz verdatterte Leutnantchen mit einigen Leuten der Wache und dem schnell herbeigerufenen Militärveterinär annehmen, da Mariechen ihn höchst ungnädig abfertigte, – wohl ihres derangierten Dress wegen – und sich von einem, schleunigst vom nahen

---

[42] *leichter Wagen mit Kutschbock und Faltverdeck über den Sitzen der Reisenden*

Bartholomäer Bahnhof herbeigeholten, Fiaker heimfahren ließ.

Da lag sie nun, vorn und hinten bepflastert, neben sich eine Schüssel mit essigsaurer Tonerdelösung, um die Umschläge erneuern zu können, die ihr mal Hannitante, mal Mutti auflegte, dort, wo sie selber es nicht gut konnte.

Eben hatte es eine heftige Auseinandersetzung zwischen ihr und Papa Bankdirektor (Vorstand aller möglichen Vereine und Respektperson für Gesellschaft und sonstige Öffentlichkeit) gegeben, den mehr als der materielle Schaden (die Arztkosten für sie, für Jancsi und die Pferde, sowie für die Reparatur des Wagens), die Schädigung des guten Rufs nicht nur seines extravaganten Töchterleins, sondern des Familiennamens aufbrachte. Das waren aber auch ungefähr die gleichen Gründe, die Mutti auch diesmal, neben denen des Rücksicht-Nehmen-Müssens auf die Gefühle der Genasführten, vorgebracht hatte, um sie von ihrem leichtfertigen Abenteuer abzuhalten. Merkwürdigerweise ließ sich Mariechen von ihr, die doch nur unwesentlich älter war als sie selbst, eher etwas sagen, als von ihren eigenen Leuten. Und dass Mutti nun, "da die Milch verschüttet war", keine Vorwürfe mehr vorbrachte, sondern sich nur still mühte, auch die seelischen Prellungen und Schürfungen zu lindern, schien sie ihr hoch anzurechnen, was dadurch zum Ausdruck kam, dass sie nur ihr gegenüber einige Bemerkungen machte, die verrieten, was in ihr vorging. Mich, der am Fenster mit einigen Illustrierten genügend beschäftigt schien, nicht beachtend, brachte sie – ganz gegen ihre sonstige rasche, frivole Art – sehr nachdenklich langsam etwa folgendes vor: Ob Mutti sich der Sache mit dem Traumbuch entsinne? Ja? Nun, es sei nicht nur bei dieser Warnung geblieben! Als sie, Mariechen, fertig zur Ausfahrt, die Stiege runterkam, eben noch dabei, sich die Handschuhe anzuziehen, musste sie unten, zwischen Labor und Apotheke, an einer Gruppe von Zigeunern vorbei, die dort mit ihren Kandeln und Körben warteten, um "Hetschenpetsch" (Hagebutten) oder

Preiselbeeren abzuliefern. Da habe eine der Zigeunerinnen, eine alte Vettel, mit einem eigentümlich durchdringenden Blick in fast starren, aschgrauen Augen, sich ihr in den Weg gestellt und sie durch Zeichen oder Gesten gebeten, oder richtiger geradezu genötigt, den linken Handschuh abzustreifen und ihr die Hand zu zeigen. Und sie, Mariechen, obgleich in Eile und unwillig ob dieser Verzögerung und der seltsam anmaßenden Art der Alten, habe, wie unter einem Zwang, nicht anders gekonnt, als ihr zu willfahren. Und da – was glaubst du, was hat dies Weib getan?! Nach einem Blick in meine Handfläche, hat sie die fallen lassen, wie eine ekle Kröte! Schlug das Kreuz und murmelte etwas, was ich nicht verstand! Ich war baff! Auf meine Frage, was das bedeute, wich sie in die Gruppe zurück, schüttelte abwehrend Kopf und Hand und krächzte etwas, was einer der Umstehenden dolmetschte: "Dame nix fahren sollen! Hand sagt, geschieht Schlimmes, wenn jetzt fahren aus!" Es war unheimlich, alle starrten mich an... ich weiß nicht, wie ich bis zum Wagen und hinauf gekommen bin... Es geschah alles wie im Traum... Auch das nachher… " Ich entsinne mich nicht, dass Mutti etwas dazu gesagt hätte, nur daran, dass es ungewohnt lange still blieb zwischen beiden, bis ich, mit meinen Blättern raschelte, mich bemerkbar machte.

Nun, diese Begebenheit machte aus dem losen Spottvogel Mariechen ein Wesen, das nicht, wie bisher, unbedacht impulsiv seinen Launen die Zügel schießen, sondern sie, gleichsam unter harter Kandare, zwar angaloppieren ließ, scheinbar zu allem entschlossen, um sie aber dann, kurz vor dem Sprung, herumzureissen und abzutraben, immer gleichsam geduckt und gewärtig eines Schlages aus dem Hinterhalt, – anscheinend eine Art Herausforderung, um zu sehen, wie weit sie gehen konnte, ohne eine Gegenaktion irgendwelcher geheimer Mächte auszulösen, an deren Vorhandensein sie fortab offenbar glaubte.

Möglicherweise, ja höchst wahrscheinlich, wurde sie darin durch etwas bestärkt, was sich bald nachher auf unserem Hof zutrug. Hauptbeteiligte waren dabei unser ungarisches Dienstmädchen, Julcsa, und das sächsische, Zirr, der alten Walbaum, der "Urahne" (der Eders), deren Wohnung sich in der Flucht der unseren nach vorn, d.h. gegen Marktplatz und Rathaus hin, fortsetzte. Unsere und ihre Küchentür standen einander auf kaum 5 Schritt Entfernung gegenüber. Aus dieser Tatsache sowie aus der Verpflichtung, den gemeinsamen Aufgang, das Stiegenhaus, die Aborte, die sich dort befanden, und den Keller und Aufboden sauber zu halten, sowie das Tor abends abzusperren – all dies in wöchentlichem Wechsel – und schließlich aus der Schwierigkeit sprachlicher Verständigung, ergaben sich allerlei Missverständnisse und Reibereien. Rückschauend auf all dies, kann ich nicht umhin, mich zu wundern, dass man im Großen – Ganzen doch noch so friedlich miteinander auskam. Nicht wenig mag dazu allerdings auch die Einstellung der Hausfrauen beigetragen haben, die zwar allzu grobe Entgleisungen verhinderten oder glätteten, im übrigen aber ein allzu gutes Einvernehmen der Dienstboten untereinander, im eigenen Interesse, für nicht eben nützlich hielten. Doch dies nur nebenbei.

Julcsa war ein dralles, lebenslustiges, anstelliges Ding von etwa 17 Jahren, mit knickschwarzem, widerspenstigem Kraushaar und Brombeeraugen, aus einem kinderreichen Bauernhaus, den Umgang mit jüngeren Geschwistern gewohnt, immer zu Scherz und Ulk aufgelegt, blitzsauber mit ihren nackten Armen und Beinen, und immer wie nach frischen Äpfeln duftend; Zirr war schon etwa 20, also – nach damaligen Vorstellungen – schon beinahe eine "alte Jungfer" – aus wohlhabendem Bauernhaus, Anwärterin auf eine gute Mitgift und daher, obgleich dürr wie eine Hopfenstange, mit langer spitzer Nase, das fahlblonde schlichte Haar, mit Wasser und Bürste zu Madonnenscheitel gestriegelt, durch beidseitiges Familienabkommen schon verlobt mit einem Burschen, der gerade seine Militärzeit in Kronstadt abdiente, um dann den Hof übernehmen zu können. Zirr sollte in der

Stadt sich Umgangsformen, Schliff und verfeinerte Kochkunst aneignen, was dazumal anscheinend zu den Haupttugenden einer sächsischen Bauersfrau gehörte.

In letzterer Hinsicht war sie bei der "Urahne" sicher an der richtigen Stelle, hinsichtlich des "Schliffs" freilich ergab sich eine recht komische Situation. Obgleich die alte Dame die Umgangsformen der Gesellschaft bis zu denen des Highlife aufs perfekteste beherrschte, gab sie doch allzu gern – und bei zunehmendem Alter immer häufiger – ihrem urwüchsigen Temperament nach und gebrauchte, wenn sie in Zorn geriet oder sich über ihr unliebsame Personen äußern musste, Ausdrücke und Redewendungen derbster Art, die sie dem Vokabular sämtlicher, nicht nur der einheimischen, Nationen entnahm. Einen Mordsspaß bereitete es ihr und besänftigte sie allsogleich, wenn dadurch die Anwesenden in Verlegenheit gerieten und verdattert dreinschauten. Die junge Generation, Hans und Mariechen, vorstand es, diese Neigung für ihre Zwecke auszunützen, indem sie durch gewagte Fragen oder Behauptungen sie herausforderten und die gefallenen Ausdrücke dann spitzbübisch im Bekanntenkreis zum Besten gaben, oft genug ausgeschmückt mit grotesken Begebenheiten, die sich aus der zunehmenden Erblindung der Alten ergaben, die diese lange Zeit nicht zugeben wollte. Als es nun aber, trotz Lorgnette (Stielbrille), mit dem Selbstlesen nicht mehr ging, sie aber unbedingt "auf dem Laufenden" bleiben wollte, und zwar nicht nur hinsichtlich der Zeitereignisse, sondern auch der "modernen" Literatur (ihr Mann war ja Buchhändler gewesen und nach seinem Tod hatte sie eine Zeit lang die Buchhandlung weitergeführt), musste sie wohl oder übel Umschau halten nach irgendjemand, der ihr vorlesen konnte. Dazu kam noch, dass sie auch bei ihrem "make up" mit Puder und Perücke Hilfe brauchte.

Nun hatte Zirr zwar in der Dorfschule lesen gelernt, war mit dem Wortschatz von Lese- und Gesangbuch, Bibel und Hauskalender, sowie der Art, dergleichen vorzulesen, ganz gut vertraut, aber die Sprache der Zeitungen und der modernen Literatur, mit den vielen Fremdwörtern, ungewohnten Redewendungen und Anspielungen, wurde für sie und ihre Denkweise geradezu zu einem unheimlichen Dschungel, in dessen heimtückischem Wirrwarr sich nicht nur ihr Denken, sonder auch ihre Zunge verfing, wenn sie über irgendein, meist französisches oder englisches Fremdwort stolpernd die unmöglichsten Laute hervorbrachte. Von der jeweiligen Laune der Alten hing es nun ab, in welcher Weise der Dialog zwischen den beiden verlief, bis Zirr die unmöglichen Wörter zusammen buchstabierte, so dass die Alte sie enträtseln und ihr dann deren Bedeutung und Sinn erklären konnte. Die Reaktionen der Alten auf Zirrs Unzulänglichkeiten und daraus folgenden Unterbrechungen und Verzögerungen schwankten zwischen nachsichtiger Belustigung, geduldiger Belehrung und ungeduldig ärgerlichem Spott, besonders wenn sie auf die massive Wand von Zirrs überheblich beschränktem Aberglauben vom Walten übernatürlicher Mächte stieß, das aber durch Traumdeutung und Wahrsagerei einigermaßen zu erraten und dem – gegebenenfalls – durch allerlei Praktiken vielleicht zu entrinnen sei. Wenn die Rede auf dies Gebiet kam, gab's Funken, da ließ sich Zirr nichts abhandeln, durch nichts beeindrucken, da fühlte sie sich zuhause und konnte mit x Beispielen aus dörflichem Erleben aufwarten, wo das und das, was geträumt oder vorausgesagt worden war, auch eingetroffen sei.

Da beide über wahre Trompetenstimmen verfügten und das Stübchen, in dem sich sowohl das Vorlesen als auch diese Dispute abspielten, an die Edersche Wohnung grenzte, ursprünglich in diese übergehend, nun bloß durch eine gepolsterte Tapetentür getrennt; war es nicht schwer und machte es nicht nötig, sich zum Lauscher zu degradieren, um allerlei von diesen wunderlichen Dialogen mitzubekommen. Zirr wurde übrigens von der Alten immer "Zo-ri" genannte, da sich dies (Ton auf der 2. Silbe) besser über den ganzen

Hof hin rufen ließ. Über Mariechen, der dies ein besonderes Vergnügen bereitete und die auch Tonfall und Sprechweise der beiden treffend nachzuahmen verstand, kam manches auch zu Muttis Ohren, wovon ich auch allerlei aufschnappte, es freilich erst viel später mir zusammenreimend und begreifend.

Zirr muss durch das Lesen und Kennenlernen einer ihr bis dahin völlig fremden Welt und die daraus sich ergebenden Gespräche und Belehrungen in einen unheilvollen inneren Zwiespalt geraten sein. Einesteils fühlte sie sich nun Ihresgleichen an "Bildung" überlegen, andernteils aber verunsichert, weil im Bisherigen nicht mehr, im Neuen noch nicht heimisch.

Diesem Zwiespalt und einer Veranlagung zu jähem Handeln und auf die Spitze Treiben scheint all das entwachsen zu sein, was sich dann zutrug. Nachträglich entsann man sich dann auch noch ihrer merkwürdigen, ihrem sonstigen, kalt abweisenden Wesen widersprechenden, Bereitwilligkeit, Schlachtungen von Geflügel oder Ferkeln, die etwa auf dem Hof anfielen und vor denen es den übrigen Dienstboten graute, zu übernehmen und mit welch gespannter Gier sie ihnen das Messer durch die Kehle zog, oder ins Herz stieß, das Quellen oder Spritzen des Blutes und Gezappel der Opfer sichtlich genießend. Sie verwendete dabei ein besonders schmales, langes Messer, das sie von daheim mitgebracht hatte und mit dem sie, um uns seine Schärfe vor Augen zu führen, vor solchen Hinrichtungen ein Blatt Papier mit einem leichten, kaum merklichen Hieb entzwei zu schneiden pflegte. All das wortlos, sicher und von einem kaum merklichen, unheimlichen Lächeln begleitet.

Und diese Zirr war also mit dem gutmütigen, etwas ungeschlachten Oinz[43] verlobt, der seine Militärjahre bei der Artillerie in Kronstadt abdiente. Zirr hatte Mittwoch und Sonntagnachmittag Ausgang, Oinz, wenn er nicht gerade zum Stall- oder Wachdienst eingeteilt war, eigentlich jeden Abend

---

[43] *sächsische Abkürzung des Namens Andreas*

nach der "Menage". An den Tagen von Zirrs Ausgang pflegte Oinz sie nach ihrem Mittagessen und Abwasch abzuholen, sei es zum Treff mit den übrigen sächsischen Dienstboten beim Musikpavillon der Stadtkapelle auf der "Promenade", sei es zum Tanz im Wirtsgarten der "Tränengrube", einer etwas anrüchigen Schenke am Anfang der Blumenau, gegenüber der Ziganie. Beim Betreten des Wirtsgartens musste jeder der Tanzlustigen, gleichviel ob Bursch oder Mädel, ein kleines Eintrittsgeld berappen, wofür er als Quittung, statt eines Billetts, einen Stempelschlag auf die Hand erhielt, – gut sichtbar und unverlierbar! Da diese zweimaligen Treffs pro Woche ihnen aber offenbar nicht genügten, hatte sich's eingebürgert, dass Oinz auch zwischendurch ab und zu abends aufkreuzte, im Torgang unter dem Küchenfenster die ersten Takte des "Siebenbürgen- Liedes" pfiff oder sich sonst wie bemerkbar machte, worauf Zirr unter irgendeinem Vorwand hinunter verschwand. Dauerte das Geschmuse im dunklen Torgang zu lange, alarmierte die Trompetenstimme der Alten den ganzen still gewordenen Hof mit ihrem "Zo-riii"- Ruf. Ertönte der Pfiff aber just zur Zeit des Vorlesens, gab's Ärger. Lief Zirr hinunter, fühlte sich die Alte um ihr Recht geprellt, hielt sie Zirr zurück, war's diese und Oinz, die sich verkürzt und von Missgunst verfolgt fühlten. Es begann zwischen ihnen zu glimmen, zu schwelen und es bedurfte nur noch eines geringen Luftzuges, um eine Flamme hochschießen zu lassen.

Aber auch von anderer Seite braute sich was zusammen. Es hatte sich des Öfteren so getroffen, dass Julcsa, wenn sie abends noch mal hinunter in den Hof musste (z.B. um das Tor abzusperren, wenn sie an der Reihe war), dort den wartenden Oinz getroffen hatte. Der hatte beim Militär so viel ungarisch gelernt, dass er ihr nicht nur begreiflich machen konnte, das Tor bis zum Zapfenstreich (dessen Hornsignal von der Schwarzen Kaserne her man auch hier noch deutlich hören konnte) nicht abzusperren sondern dass es auch noch zu einem kleinen Schwatz langte, bis Zirr aufkreuzte.

Diese schien anfangs sogar dankbar, dass Julcsa keine Schwierigkeiten machte, hielt aber Augen und Ohren offen, wie eine Katze, die auf der Lauer liegt. Und so konnte es nicht lange dauern, bis sie merkte, dass Julcsas Gefälligkeit nicht purer Nächstenliebe entsprang und dass ihren Oinz das Warten Müssen keineswegs verstimmte, sondern anscheinend eher ihr, Zirrs, Erscheinen. War's zu verwundern, dass Oinz, jung, stattlich und gesund, an Julcsas gesunden Rundungen Gefallen gefunden hatte – besonders, da er sie an Zirr vermissen musste? Und konnte man es Julcsa übelnehmen, dass ihr des stattlichen Soldaten unverhohlenes Wohlgefallen schmeichelte und sie dessen zwar wortkarger, doch unmissverständlicher Bekundung nicht allzu viel Sprödigkeit entgegensetzte? Freilich war's nicht nur dies und etwa heißes Blut, was sie willfährig machte, sondern zunächst die Genugtuung, Zirr, die sie immer nur von oben herab, quasi als unreifes Ding behandelte, eins auswischen zu können, und zum anderen die Versuchung, Jancsi, dem Kutscher, einen Stups zu geben, da er – ihrer Meinung nach – zu sehr seine Augen nach Frl. Mariechen verdrehte, mit ihr, Julcsa, aber, anscheinend nur ein schnödes Spielchen trieb.

Ja, so stand die Sache, – äußerlich ging alles seinen gewohnten Gang; keiner ahnte, was im anderen vorging; gänzlich harmlos schien das Schneebrett über dem Abgrund zu hängen, noch rührte sich kein Lüftchen, es zu lösen; schönes, stilles Herbstwetter zog über die Berge und brachte den Großen Jahrmarkt und mit ihm den "Bildermann" mit seinem Kram von Kalendern, Traumbüchern, Bildern von Heiligen und Potentaten aller Art in unseren Torgang. Hätte er den Kram nicht just hier ausgestellt, sondern andernorts, wo er Zirr nicht so geradezu in die Augen sprang, wer weiß, wie alles gekommen wäre…

Ich weiß, es ist müßig, sich über solche Wenns und Abers den Kopf zu zerbrechen, aber kommt ein denkender, nicht von vornherein auf bestimmte Glaubenssätze festgelegter Mensch darum herum, sich die Frage zu stellen, von welchen Mächten wohl dies rätselhafte, unheimliche Netz gewoben ist, in dessen Fäden wir hängen und deren Verflechtungen unser Schicksal bestimmen?! Was hatte diesen schon angegrauten, unsteten Italiener mit dem Raubvogelgesicht, mit Lederkappe und Koller (als Don Quixote) und der harten Aussprache der Triester Gegend ausgerechnet in diesen Erdenwinkel und diesen Torgang geführt und das Traumbuch akkurat so hinlegen lassen, dass es Zirr in die Augen stechen musste?! (Jene Angaben über sein Herkommen hatte Vater von ihm selbst erfahren, als der sich von ihm ein besonders starkes "Aquavit" und ein Mittel gegen "Podagra" erbat.) Und das just zu diesem Zeitpunkt, da sie durchs Ineinanderspiel der Beziehungen zwischen Oinz – Julcsa einerseits und mit der Alten anderseits, sowie neuerdings durch rätselhafte schreckliche Träume verunsichert, ja geradezu verstört war! Wie es um sie stand, brach eines Nachts völlig überraschend aus ihr hervor, als die Alte, durch ihr schrilles Angstschreien geweckt, hinaus an ihr Lager in der Mägdekammer gewankt war, zu sehen, was es gab. Grauengeschüttelt hatte Zirr ihr Gesicht unter dem Polster vergraben, um ihr Schreien zu ersticken und nur allmählich und stockend, von immer neuem Schluchzen unterbrochen, kam's aus der sonst so Verschlossenen stoßweise hervor: Sie halte das nicht mehr aus! Sie werde noch verrückt! Seit etlichen Nächten werde sie immer vom selben grässlichen Traum verfolgt! – Erst längeres, gütliches Zureden der Alten, die diesmal von erstaunlicher Geduld und Nachsicht, gar nicht mehr Herrin zu Dienstbote, war, brachte Zirr dazu, das Erlebte in Worte zu fassen. Ganz harmlos fange es damit an, dass sie von einer weiten Wiese, – ähnlich der Hutweide ihrer Heimatgemeinde – ihren Farrer (Jungstier) heimtreiben solle. Anfangs gehe es auch ganz gut, bis... ja, bis dann auf einmal eine Färse, eine Jungkuh, so ein buntscheckiges Vieh, wie es sonst solches bei ihnen kaum gebe, auftauche... ja, und damit beginne sich alles zu verwandeln!... Der bisher lenksame Stier werde auf einmal widerspenstig, folge keinem Zuruf mehr, wende sich der Färse zu, stampfe schnaubend hinter ihr her gegen das Wäldchen hin ... sie, Zirr, aber, die ihm folgen wolle, könne dies nicht, ihre Füße seien wie gelähmt,... nein, würden vielmehr festgehalten, wie eingesogen... ja, denn der feste Grasboden der Hutweide werde zum Moorgrund... Nebel komme auf, werde immer dichter... alles verschwimmt, wird unwirklich, man hört auch die eigne Stimme nicht mehr... und dann, dann steh ich auf einmal vor einer Art gläserner Wand... die spiegelt! Spiegelt etwas, das sich bewegt, wie ich, schattenhaft zunächst, dann immer deutlicher... etwas, das einem ähnelt und doch fremd ist ... so wie im Gespensterschloss auf dem Jahrmarkt! Man tritt sich auf einmal selbst gegenüber... erkennt sich gerade noch, aber zur Fratze verzerrt! Etwas Unbekanntes in den eignen Zügen... Und dies Unbekannte, das einem über die Schulter guckt... nein, viel grauenvoller: aus den eigenen Zügen angrinst! Das ist so furchtbar, dass sich alles in mir sträubt, dass ich aufschreien muss, es zertrümmern möchte! Den Spiegel... das Gesicht... das Unbekannte... Ach, was weiß ich... Die gnädige Frau möge verzeihen, dass sie sie aufgeschreckt!... Es sei so über sie gekommen, unwiderstehlich... wie Erbrechen!

Längst hatte die Alte, den langen Schlafrock um die hageren Schultern, die Nachthaube auf den eingedrehten, spärlichen Haarwickeln, sich auf das dürftige Mägdebett gesetzt, die Arme beruhigend um dies bebende Bündel schlingend. In ihrem langen Leben hatte sie ja manches erfahren und selber durchgemacht, das an die Wurzel ging und Seltsames, Unheimliches erspüren ließ. Und dass dieses jetzt und hier auch so etwas war, das fühlte sie ebenso, wie dass ihm nur auf e i n e Art beizukommen sei: Durchs Aussprechen, durchs Aus-sich-Herauswürgen des Fremden, Vergiftenden! Dazu wollte sie ihr verhelfen. Aber mit dem, was Zirr da spontan hervorgestammelt hatte, war es vorläufig zu Ende, sie verstummte; ob aus Erschöpfung oder weil sie bereute, soviel gesagt zu haben, konnte die Alte nicht feststellen. Aber sie nahm noch folgsam die Laudanumtropfen, welche die Alte ihr aufdrängte, versank in einen merkwürdig starren, totenähnlichen Schlaf, aus dem sie erst am späten Morgen erwachte. Aber noch den ganzen Tag über stakte sie hölzern und mit abwesendem Blick umher, tat zwar mechanisch ihre Arbeit, schien aber anderem nachzuhängen. Was dieses war, kam abends zum Vorschein, als Zirr zur Lesestunde vor die Alte ein Buch hinlegte und fragte, was sie davon halte. Es war das aber eins der Traumbücher, die der "Bildermann" unten im Torgang ausgelegt hatte. Und daraus habe sich dann ein Gespräch entwickelt, dessen hintergründige Bedeutung ihr erst nach dem, was dann geschah, aufgegangen sei, berichtete nachmals die Urahne ihren Urenkeln. Zirr habe den Finger auf eine Illustration in dem Buch gestemmt und gefragt, wer dieser "Zeus" denn eigentlich gewesen sei, und welche Bewandtnis es mit dem Stier und dem Weibsbild drauf habe. Es sei das aber eine Zeichnung oder Wiedergabe eines alten Holzschnitts gewesen, der die Entführung der Europa durch Zeus in Gestalt eines Stiers darstellte. Das Ganze im Zusammenhang mit den Tierkreiszeichen und deren Bedeutung für die Erstellung von Horoskopen. Das war nun gleich ein ganzes Bündel unbekannter Begriffe und Vorstellungen für Zirr, die ihr zu erläutern, sie, die Erzählende, zunächst, weil viel zu schwierig, wenig Lust verspürt habe. Doch das inständige Drängen Zirrs und das Aufleben von Erinnerungen aus der Zeit, als sie selbst sich noch mit Horoskopen, Träumen und dergleichen beschäftigte, habe sie allmählich dazu gebracht, "auszupacken" aus der geheimnisvollen Kiste der angeblichen Zusammenhänge zwischen dem Lauf der Gestirne und dem Menschenschicksal einerseits, sowie den Träumen und ihrer Deutung anderseits. Beides habe die Menschen von alters her beschäftigt, – sogar in der Bibel sei ja des Öfteren die Rede von Träumen und ihrer Deutung – aber was da nun wirklich dahinterstecke, das könne niemand mit Sicherheit sagen.

Bis spät in die Nacht habe Zirr keine Ruh gegeben, sei immer wieder auf den "Stier" zurückgekommen, insbesondere darauf, ob tatsächlich e r es gewesen sei, der "Europa" verführt habe, nicht aber sie ihn?! Nicht einmal der Hinweis auf die übrigen Verwandlungs- und Verführungskünste des Zeus, – sei's bei Leda als Schwan, sei's bei Danae als goldener Regen oder gar als vermeintlicher Gatte Alkmenes – nicht einmal diese vermochten sie davon abzubringen, dass das "Miststück" von Weib die Hauptschuld trage, dieweil s i e es doch gewesen sei, die den Stier ihr abspenstig gemacht und zum Wäldchen verführt habe! Also hat der absurde Traum die Zirr so verbiestert, dass sie keiner vernünftigen Überlegung mehr fähig ist, habe sie sich gedacht, aber keine weiteren Folgerungen daraus gezogen, und dann sei man zu Bett gegangen.

Als anderen Tags, dem letzten des Jahrmarkts, Zirr um Ausgang gebeten habe, da habe sie ihn gewährt in der Hoffnung, dass sie dadurch auf vernünftigere Gedanken kommen werde. Oinz hatte sich für ihren Treff eine Überraschung ausgedacht: Er hatte sich bei einem Straßenfotografen ein paar Fotos in voller Uniform anfertigen lassen, um sie in solche bunte Vordrucke, wie sie damals zur Erinnerung an die Militärdienstzeit üblich und erhältlich waren, einzukleben. Da schwebte über ihm, dem "Reservisten", der er demnächst werden würde, sein "Oberster Kriegsherr" Kaiser Franz Josef, im Schmuck aller Orden auf der weißen Generaluniform, zwischen den Fahnen und Wappen all seiner Länder, fast wie Gottvater inmitten seiner Engel, überdies noch umrahmt von Trommeln, Trompeten und sonstigem militärischem Krimskrams.

Oinz hätte sich's übrigens sparen können, sich extra deshalb in Gala zu werfen, denn es kam ja nur sein Kopf in den freigelassenen Fleck über dem Uniformkragen der jeweiligen

Waffengattung, der er angehörte: War er Kavallerist, so wurde sein Kopf einem stolz dahin galoppierenden Husaren oder Ulanen aufgesetzt; war er Artillerist, so einem steif neben einer Kanone stehenden Kanonier, usw. Solche Erinnerungsdrucke prangten an der Wand fast jeder "guten Stube" unserer "gedienten" Bauern und Handwerker neben den Familienfotos von Hochzeit oder Konfirmation.

Ein solches Bild also hatte Oinz ursprünglich nun seiner Zirr verehren wollen (damit er auch in den Monaten nach seinem Abrüsten bis zur Hochzeit bei ihr sei!). Dann hatte sich aber allmählich das Techtelmechtel mit Julcsa entwickelt, anfangs harmlos und kaum ernst genommen, sich sachte aber – wenn ihm auch noch unbewusst – zu einem Schwelbrand steigernd, der nur noch eines Hauches bedurfte, um in helle Flamme auszubrechen, und so war er in seinem arglosen Gemüt darauf verfallen, auch sie mit solch einem Geschenk zu überraschen – freilich ohne dabei an etwa mögliche Empfindlichkeiten Zirrs zu denken.

Ja, auch an etwas anderes hatte er nicht gedacht, nämlich, dass eine dienstliche Abkommandierung es ihm unmöglich machen könnte, seine Verabredung mit Zirr einzuhalten. Als sie diese Nachricht und dass er erst am späten Abend abkömmlich sein werde, durch einen Kameraden von ihm erhielt, fehlte nicht viel, dass sie in einem Wutanfall jenen verflucht und das große Kuchenherz, drauf in rosa Zuckerguss und umrahmt von Papiervergißmeinnicht "Auf ewig Dein!" prangte, zu Boden geschmettert hätte. Nach langem Wählen zwischen ähnlich sinnigen Geschenken hatte sie sich für diese bedeutungsschwere Süßigkeit entschieden und schon im Voraus darauf gefreut, Überraschung und Dank in seinen Zügen aufleuchten zu sehen. Wie sollte das nun aber im Dunkel des Torgangs möglich sein?! Und überhaupt... der gemeinsame Nachmittagsbummel war futsch! Aber stimmte das mit dem plötzlichen "Dienst" wohl wirklich? Warum hatte der "Kamerad" sie so hämisch, hinterhältig gemustert?! Und – als Julcsa zufällig an ihnen vorbeilief – dieser so wohlgefällig grinsend und durch die Zähne pfeifend nachgeblickt?! Julcsa schien auch Ausgang zu haben; bunt wie ein Distelfink war sie davongewippt!

Immerhin bracht Zirr es noch fertig, Enttäuschung, Misstrauen und Groll vorläufig hinabzuwürgen und sich aufzuraffen, nunmehr allein sich durch das Gewühl des Kehrausrummels zwischen all den Buden und Zelten zu drängeln, um sich die Wartezeit zu verkürzen.

Dabei stieß sie auf einen Mann, der nicht nur für den Trödelkram seines Bauchladens billigste Lose anzubieten hatte, sondern auch durch einen Kakadu verschiedenfarbige und mit Voraussagen und Ratschlägen bedruckte Zettelchen für die Zukunft seine Kunden aus einem Kästchen ziehen ließ. Im Gegensatz zum marktschreierischen Gehabe seiner Umgebung stand er still abseits, einen Turban bis zu den buschigen Brauen, den grauen Bart bis zum Gürtel des dunklen Kaftans herab reichend, und es war nicht zu erkennen, ob seine Augen das Gewimmel um ihn her wahrnahm oder nach innen gekehrt waren.

Von dieser seltsamen Erscheinung und den Worten auf dem Kästchen (bleich schimmernd sich abhebend vom dunklen Grund unter Sonne, Mond und Sternen): "Ein Blick in deine Zukunft! (Zehn Heller)" magisch angezogen, trat Zirr an ihn heran und zeigte auf den Zettelkasten. Der Alte wandte ihr seine Augen zu, schien durch sie hindurch zu schauen und gab dann dem Kakadu ein Zeichen. Der ruckte auf seiner Stange entlang des Kästchens, anscheinend unschlüssig, starrte mit seinen Greisenaugen Zirr kurz an und pickte dann ein rotes Zettelchen heraus, das ihm der Alte abnahm. Es war noch zusammengefaltet, so dass nicht zu lesen war, was darauf stand. Er wog es in der Hand und brachte, während er es ihr überreichte, in harten, kehligen Lauten hervor: "Für dik gratis! Du viel zu rasch! Mit Misstrauen... Nix gutt!" und wies das Geld, das sie ihm bot, mit schlichter Würde zurück.

Auf dem Zettel aber stand: "Der falschen Freunde gibt es viel, drum halt die Augen offen!

300

Zertritt der Schlang beizeit den Kopf, dann kannst du wieder hoffen!"

Zirr war wie im Traum heimgekehrt, in einem Wirbel von Gefühlen, noch schlimmer, als jener, der sie vom Haus getrieben! Die Worte des Zettels schürten die Glut ihres Misstrauens, die des seltsamen Alten aber warnten davor! Wer hatte recht? Wie sich verhalten? Was tun?! Spätere Aussagen von Zeugen, die diese ganze Szene beobachtet hatten, bestätigten, dass sie wie eine Schlafwandlerin, steif und unnahbar, davongeschritten sei.

Dann war es endlich soweit. Als die letzten Sonnenstrahlen den Zinnenfelsen vergoldeten und die Dämmerung hinanzukriechen begann, da hatte auch die Menge begonnen, sich zu verlaufen, die Budenbesitzer ihren Kram einzupacken und die Buden abzubrechen. Auch der "Bildermann" hatte seine Bilder abgeklaubt, seine Traktätchen eingesammelt, in seine Kisten verstaut und sich selbst, als er das Tor verschlossen, todmüde in seinen Schafspelz gewickelt und darauf zur Ruhe gelegt.

Vater hatte noch die verlängerte Sperrstunde der Apotheke abwarten und die Kasse machen müssen, bevor er, auch todmüde, hatte heraufkommen, mir den Gutenachtkuss geben und sich zum Abendbrot hatte setzen können. Dann raschelte die Zeitung, Mutti klapperte noch in der Küche und vom Stall her drang das verwehte schwermütige Tönen von Jancsis Maultrommel, sacht an- und abschwellend.

Da, in mein Verdämmern, urplötzlich ein fürchterlicher Schrei! Schrill, blitzend! Durch Mark und Bein stechend! Ich fahr' entsetzt im Bettchen hoch... Stimmengewirr unten im Hof... Gerenne, Fensterklirren... ich höre Vater nebenan aufspringen, das Fenster aufreißen... ich raus aus dem Bett, hin zur Tür... eh ich noch draußen, stürzt schon Mutti mir aus der Küche entgegen, Vater, nach einigen Rufen aus dem Dunkel des Hofes, rafft die Apothekenschlüssel auf und poltert die Treppen hinunter... ihm entgegen und zur Küchentür herein stolpert Julcsa, kreidebleich, Haar wüst zerrauft, Hemd, Arme, Schürze rot bespritzt... Blut?!... Entsetzt aufgerissene Augen... uns stockt der Atem, wie ihr... Rufe im Hof... nach Arzt, nach Polizei! Das Tor knarrt auf, Getrappel... Da klappt Julcsa zusammen vor Mutti, die mich umklammert hält, auf die Knie, tränenüberströmt, von Schluchzen geschüttelt stammelt sie: "Umgebracht hat sie ihn!... Abgestochen... mit dem langen Messer!... Die Zirr den Oinz!... Aber mir... mir galt der Stich! Mich wollt sie treffen, die Hex!" Mit Mühe macht Mutti sich frei, weist auf das Blut, fragt... Da schüttelt Julcsa den Kopf: nein, das sei nicht ihr Blut, sondern das von Oinz... dem armen Jungen! Der sich zwischen sie und Zirr geworfen habe, die Rasende mit dem Messer! Die Verfluchte! – Ja, und dann kam noch allerlei wirres Zeug, bruchstückweise, hervor, etwas von einem Erinnerungsbild, das Oinz ihr habe schenken wollen, was offenbar Zirrs Wutanfall ausgelöst habe... und dann etwas von einem Kuchenherzen, das auch eine Rolle gespielt habe und dabei zu Bruch gegangen sei.

Viel mehr kam auch später bei den Verhören nicht zum Vorschein, da aus Zirr kein Wort herauszukriegen war. Stumm und starr ließ sie alles über sich ergehen; keine günstige oder abfällige Äußerung einstiger Dienstgeber oder sonstiger Personen ihres Bekanntenkreises konnte auch nur die geringste Veränderung ihrer versteinerten Gesichtszüge bewirken. Nur einmal, bei der ersten Gegenüberstellung Julcsas entfuhren ihr die hasserfüllten, aber sonst für alle rätselhaften Worte von einem Stier, der nicht verführt werden sollte, und von einer Schlange, deren Kopf zertreten werden müsse. Die Mordwaffe, das lange dünne Messer, erkannte sie, durch leichtes Kopfnicken, als das ihre an, ebenso das zerbrochene Kuchenherz. Tränen entquollen ihren Augen nur einmal: Als ihr das Erinnerungsbild, blutbesudelt und zerknittert Oinzens Züge darauf, vorgelegt und sie gefragt wurde, ob man es ihr aufbewahren solle. Nachdem sie es eine Weile aufmerksam betrachtet, schüttelte sie nur stumm den Kopf. Da sie Julcsas Aussage, der Stich habe ihr gegolten, und nur Oinzens Dazwischenspringen habe ihr das Leben gerettet, das seine aber durch den Stich in Kehle und Schlagader gefordert, nicht bestritt, wurde sie nur wegen Totschlags im Affekt zu x Jahren Gefängnis verurteilt – obgleich sie das Messer, unter der Schürze und dem Kuchenherz verborgen, vorsorglich mitgebracht hatte. Gezückt hatte sie es erst, als Oinz sein Gedenkblatt auch Julcsa überreichen wollte.

Da dergleichen damals und dort – außer bei Raufereien – nicht zum Alltag gehörte, ist's begreiflich, dass dies düstere Geschehen noch wochenlang Zungen und Gemüter in Bewegung setzte, und zwar nicht nur innerhalb unsrer Hofgemeinschaft, sondern auch ringsum in der Stadt, in den Familien, an den Stammtischen, in den Dienstbotenkreisen, ja sogar bis hinaus in die Dörfer drang der Wellenschlag, ging es doch um Reiser aus ihrem Boden. Nicht wenig trug dazu das bei, was allmählich mit durchsickerte, von den seltsamen Begleitumständen und Verflechtungen, die auf ein geheimnisvolles Walten übernatürlicher Mächte hinzudeuten schien. Träume, Wahrsagerei – welche Rolle hatten die gespielt?! Das Geraune über diese Dämmerwelt drang mit seinem Pro und Contra bis in die Damenkränzchen, und dass Mariechen, wenn auch vor allem durch eigenes Erleben, zur Bejahung solcher Zusammenhänge neigte, und mit den Berichten der "Urahne" immer wieder Gesprächsstoff für den Hof lieferte, gab ja den Anstoß zu dem eingehenderen Bericht über dies Ereignis.

Ich bekam davon schon damals mehr mit, als man – bei meinem damaligen Alter – für möglich halten sollte und mehr, als für mich gut war. In diesem Fall war es nicht so sehr Mord und Tod an sich – den ich ja nicht zu sehen bekam, sondern nur als Ohrenzeuge miterlebte – der mir zu schaffen machte, sondern das, war ihm vorangegangen war und folgte. Diesmal ging es doch um Menschen, die ich zu kennen vermeint hatte (nicht um Wildfremde, wie bei jenem

Erlebnis vor der Schiffsschaukel), und die sich nun auf einmal so unbegreiflich benahmen.

Die steife, kalte Zirr, die so hoheitsvoll mit Gesangbuch, gesticktem Taschentuch und Sträußchen zur Kirche hatte schreiten können – wer hätte das gedacht! Freilich, die Sache mit dem langen Messer und den Hühnern – ritsch! durch den Hals, dass das Blut spritzte – wie nun das auf Julcsas Hemd! Mich schauderte! Und Julcsa selbst, die ich nur prall von Lebenslust, Scherz und Liedern kannte – sie war nicht wieder zu erkennen, schlich mit verweinten Augen umher, magerte sichtlich ab und verließ uns noch vor Ablauf des Jahres. Nicht sie war's, die der Todesstoß getroffen, nicht ihrem Herzen, war das Blut entflossen, das ihr Hemd gefärbt hatte, doch war's, als habe es sich eingefressen und ihre Seele vergiftet. Ihr Schrei in jener Nacht – er schreckte mich noch Monate nachher des Öfteren aus dem Schlaf. –

Nun, verwunderlich war dies wohl nicht; es hatte dies auch früher schon gegeben und geschah auch später noch bisweilen, selbst ohne erkennbaren Anlass, – was vielleicht auf ein besonders schreckhaftes, ängstliches Gemüt hätte schließen lassen. Diese Vermutung scheint auch die Tatsache zu bestätigen, dass ich aufgrund verschiedener Erlebnisse und Erfahrungen in meiner nächsten Umgebung, ja innerhalb der eigenen vier Wände, das Gefühl des Belauertwerdens und Bedrohtseins oft nicht loswerden konnte. Die Vision an der Schlafzimmerwand und der Schwelbrand im Türstock sind ja nur zwei Beispiele aus einer Menge anderer, schwerer erklärbarer, wie etwa die nicht deutbaren Geräusche im Kamin, auf dem Boden, im Keller, das Knacken und Knistern in Dielen und Schränken usw., was den Großen wenig auszumachen schien.

Der Tod: Was ist das?

Was aber musste das sein, was, was auch sie verstörte, wovon auch nur zu sprechen sie sich scheuten, was imstande war, ihnen Tränen abzuzwingen?! Noch nie hatte ich Mutti so fassungslos entsetzt und dann schluchzend zusammenbrechen gesehen, wie damals, als die Nachricht vom plötzlichen Tod ihrer Schwester, von Mitzitante, eintraf! Was war, was bedeutete das: Tod? Und Sterben?! Da war eines Morgens der kugelrunde, immer zu allerlei Ulk aufgelegte Onkel Löw, "Tantchens" Mann, dem "Paperl" das Gurgeln beim Zähneputzen, sein sich Räuspern und allerlei Redewendungen abgelauscht hatte und nachzuahmen verstand – ja, der war also, fidel wie immer, zu seinem Morgenspaziergang aufgebrochen und – nicht mehr zurückgekommen! Erst anderen Tags fand man ihn im Wald, bei den "Fuchsbänken", verstummt für immer.

Und wie war das mit der "Urahne"? Am Abend hatte ich sie noch mit ihrer Trompetenstimme nach Rosi, ihrer neuen Dienstmagd, in den Hof rufen hören; am Morgen aber stürzte diese, kreidebleich zu uns herein und auf Vater zu, der eben hinab zur Apotheke wollte, kaum verständlich stotternd, er solle, um Gottes willen, doch gleich hinüber kommen – die Alte liege neben ihrem Bett, rühre sich nicht, starre sie nur unheimlich an, ganz grausig sei's! – Ja, so war das Ende der "Urahne", bei der ich ab und zu, wenn Mutti und die Magd plötzlich fort mussten, "abgestellt" wurde und dann unter ihren belustigten Augen in allerlei Seltsamkeiten stöbern und nach Herzenslust Fragen stellen durfte, über die sie oft genug herzhaft auflachen musste. Dort lernte ich Dominosteine und Whist-Karten kennen, mit denen sich allerlei bauen ließ; dort stand unter einem Glassturz in einem Gehäuse zwischen Alabastersäulen ein goldenes Männchen in hohen Stiefeln und einen Degen an der Seite und hieß Napoleon, und im Kabinett, neben dem großen Zimmer, das Salon genannt wurde, schimmerte und blitzte, wenn der Waschtisch aufgeklappt wurde, all das, was einst zur vornehmen Toilette gehört hatte: Waschbecken, Wasserkannen für heiß und kalt, Becher, Bürste und Seifentiegel, alles aus eitel Silber, und neben dem Bett hing ein Klingelzug, buntbestickt mit Goldfäden, Perlen und Muschelchen. Jahre später erst erfuhr ich, bei welch einer "grande dame" ich da zu Gast gewesen und welche Bewandtnis es mit jenem Geschirr (zu dem übrigens auch ein silberner Nachttopf gehörte) hatte.

Besuch bei Comes Walbaum 1915

Da die Familie Walbaum zu den angesehensten der Stadt gehörte und sowohl ihre Umgangsformen als auch ihre Wohnung für erstklassig galten, hatte es sich so gefügt, dass schon des Öfteren hochgestellte Persönlichkeiten ("Standespersonen"), die in der Stadt zu tun hatten, wenn sie aus irgendwelchen Gründen weder beim Bürgermeister noch beim Stadtpfarrer unterkommen konnten (Hotels gab's dazumal noch keine in der Stadt), bei Walbaums einquartiert wurden. Die waren weit gereist, hatten u.a. noch Goethe in Weimar, kurz vor seinem Tode, sehen können und beherrschten nicht nur die hiesigen Landessprachen und Umgangsformen, kurz, man konnte sicher sein, dass auch anspruchsvolle Gäste dort gut untergebracht waren und kein "Faux pas" zu befürchten war. Überdies soll Frau Walbaum jenerzeit nicht nur eine Schönheit, sondern auch eine außergewöhnlich geistvoll schlagfertige und gebildete Frau gewesen sein. So war es nicht zu verwundern, dass – um für die Stadt "schönes Wetter" zu machen – im Revolutionsjahr 1848/49 General Bem, der Sieger des ungarischen Revolutionsheeres in der Schlacht bei Zeiden (an der, gegen ihn, auch mein Burggässer Großvater teilgenommen), bei ihnen einquartiert wurde. Wenige Jahre später war dann, gleichsam als Gegengewicht, ein Erzherzog, der die Garnison inspizieren sollte, bei ihnen zu Gast. Ihm zu Ehren wurde damals das oben erwähnte Geschirr angeschafft und gehörte fortab quasi zu den "Reliquien" der Familie, das natürlich schnödem Gebrauch entzogen war und dem vielleicht nächsten illustren Gast vorbehalten blieb. Es soll nach dem Tode der alten Dame in den Besitz des nachmaligen "Comes" (Sachsengraf) der Sachsen, Fritz Walbaum (von dem ich nicht weiß, in welchem verwandtschaftlichen Verhältnis er zu ihr stand, ob Enkel oder Neffe) übergegangen sein. Er war übrigens der letzte Sachsencomes; der Zusammenbruch der Monarchie nach dem ersten Weltkrieg fegte auch dies höchste Amt unseres Völkchens, wie so vieles andere geschichtlich Gewachsene und für uns Wertvolle, ja für unsern Fortbestand Lebensnotwendige, auf den Kehrichthaufen der Geschichte.

Wäre mir damals auch nur das leiseste Ahnungswölkchen davon aufgestiegen, was uns schon in den nächsten Jahren bevorstand, hätte ich die Gelegenheit meiner Vorsprache bei ihm wohl besser genutzt, um noch Einiges von dem mitzubekommen, was es mit seinem Amt und dem Raum, dessen Fenster auf den "Großen Ring"[44] – damals noch mit dem Nepomuk-Denkmal – hinausschauten, auf sich hatte.

Es war das im Sommer 1915, als ich – zum Offiziers-Aspirantenkurs für etliche Wochen nach Hermannstadt abkommandiert – von meinem Vater den Auftrag erhielt, Comes Walbaum ein Päckchen zu überbringen, das einem "Fresspaket" an mich beigelegt war.

Walbaum Fritz und mein Vater waren seinerzeit am Honterus-Gymnasium Schulkameraden gewesen; das Leben hatte sie dann für lange Jahre auseinander, schließlich aber doch wieder einander näher gebracht, als Vater die Apotheke im Eder-

[44] *Hauptplatz im Zentrum von Hermannstadt*

Walbaumschen Haus auf der Kornzeile übernahm. Wenn Walbaum ab und zu nach Kronstadt kam, sei's dienstlich, sei's um mit der Urahne oder mit Eders etwas zu besprechen, sah er

Offiziersaspirant E.N., Juli 1915

meist auch bei uns, oder doch wenigstens bei Vater in der Apotheke, herein, so dass "Onkel Walbaum" mir als Mensch zwar von Kind auf bekannt, hinsichtlich seiner Stellung aber reichlich nebulös war. Als mir dann allmählich durch den Geschichtsunterricht und das Lesen unsrer heimischen Schriftsteller (Traugott Teutsch, Michael Albert u.a. ..) ein Licht aufzugehen begann über das, was der "Comes" oder "Sachsengraf" für unser Völkchen bedeutete, da wollt' es mir nicht so recht in den Kopf, dass er sich hinsichtlich Auftreten, Kleidung usw. so gut wie gar nicht von unseren Durchschnittsbürgern unterschied. Vermutlich geisterten bei diesem Vergleichen die tragischen Gestalten des Markus Pempflinger oder Sachs von Harteneck durch meine Phantasie, von denen ich – ob zu Recht oder Unrecht weiß ich nicht – annahm, ihre Erscheinung, ihr Auftreten müsse sich von dem ihrer Mitbürger durch eine gewisse amtliche Distanz, Würde, Prachtentfaltung abgehoben haben. Ebenso die Einrichtung ihrer Amtsstuben.

Was ich da nun aber gelegentlich meiner Vorsprache zu sehen und hören bekam, warf meine zu jugendlich romantischen Vorstellungen über den Haufen und entließ mich mit recht zwiespältigen Gefühlen.

Wenn ich nach so vielen Jahren, begreiflicherweise, auch nicht mehr imstande bin, eine genaue Schilderung weder seiner Amtsstube, noch seiner Kleidung oder gar den Wortlaut der Unterredung zu geben, so hat sich mir doch etwas eingeprägt, was ich vielleicht am besten mit "Atmosphäre" oder "Stimmungsbild" bezeichnen könnte. Das Zusammenspiel recht verschiedener Elemente bewirkte dies. Da war zunächst das mich etwas befremdende Vorspiel: Als ich aus dem blendenden mittäglichen Sonnenschein und

Lärm des Marktplatzes in den dämmerigen Torgang unter dem Hause getaucht und die breiten, dunkelrot gestrichenen Eichenstiegen des Treppenhauses zum ersten Stock hinaufgetappt war, stieß ich auf eine Milchglaswand, die den Hausflur der Länge nach teilte, und zwar so, dass diesseits der Wand ihn rechts und links je eine hohe weiße Tür abschloss; was jenseits der Wand war, konnt' ich nicht erkennen, es sei denn, dass dort Fenster sein mussten, durch die der Gang sein Licht erhielt, und die, dem Lärm nach zu schließen, auf den Markt hinausgingen. Ansonsten war es im Hause selbst totenstill. Mir, bzw. dem Aufstieg gerade gegenüber eine Glastür, statt der Klinke ein weißer Emailleknopf, daneben ein ebensolches ovales Schildchen, darauf in schwarzer Zierschrift: Walbaum, ohne jeden Titel und etwa handbreit darüber ein birnenförmiger Porzellangriff für einen Glockenzug und ein Zettel: 3 mal läuten! Da stand ich nun, der knapp der Schul- und Coetus-Disziplin entwachsene, nun in Militärdisziplin gedrillte k.u.k. Einjährig-Freiwillige Korporal E.N. und sollte dem höchsten Vertreter und Beamten unseres Völkchens, der zugleich bisher "Onkel Walbaum" war, ganz privat ein Päckchen, das er bei Vater bestellt hatte, überbringen! Wie benahm man sich da?! Welche Anrede gebührte ihm? Exzellenz? Wie einfach war das doch beim Kommiss! Da brauchte man nur nach den Sternen oder Streifen am Kragen zu gucken und schon war die Sache klar!

Da nichts im Haus sich rührte, musste wohl ich mich bemerkbar machen; also tief Atem geschöpft und die Glocke gezogen! Irgendwo, fern, wohl gedämpft durch etliche Türen, hörte ich's scheppern, dann sachte Schritte und ein Schatten hinter der Glasscheibe, ein Riegel schnappte, die Türe wurde einen Spalt weit geöffnet, ein Graukopf mit rosigrunzligem Gesicht und misstrauisch verschmitzten Augen lugte heraus. Als er meine Uniform erblickte, schwand das Misstrauen aus dem Blick, die Tür ging auf, ein stämmiger Sechziger in einer Art Livree: schwarze Ärmelweste, schwarze Reithosen, schwarze Halbstiefel, machte eine einladende Bewegung, einzutreten: "Der Herr Einjährige wünschen?" "Ich habe dem Herrn Comes etwas zu übergeben – persönlich!" "Sehr wohl! Wen darf ich melden?" "Den Sohn des Apothekers N. aus Kronstadt!" Da glitt ein Schmunzeln über sein Gesicht: "Den von der Kornzeile? Da durft ich den Herrn Comes manchmal hinfahren! Braut einen vorzüglichen Enzian!" Ich stutzte... Tatsächlich! Wenn der den schwarzen steifen Hut aufhätte, hoch oben auf dem Bock thronend... das musste der Kutscher Misch sein! Das Faktotum, von dessen lustigen Streichen so mancherlei auf dem Hof umging! Der jetzt hier würdevoller Hausdiener?!... Doch bevor mein Erinnern so weit gelangt war und sich in Worte fassen ließ, hatte er mich schon hineinkomplimentiert auf den inneren Gang, mir zugenickt: "Einen Augenblick, junger Herr!" und war hinter einer Tür am Schmalende des Ganges verschwunden. Ich hatte gerade nur Zeit durch eines der Fenster einen Blick auf den Marktplatz hinunter und zum Brukenthal-Palais[45] drüben zu werfen, als Misch schon zurückkehrte und mich höflichst aufforderte, ohne Anklopfen, einzutreten, – ich werde erwartet.

So trat ich denn aus dem Licht des Ganges ins Dämmer eines durch schwere Vorhänge abgedunkelten Vorraumes, in dem hochlehnige Stühle wie Wartende schattenhaft an den Wänden standen und durch eine schalldicht gepolsterte Doppeltür in des Comes Amtsstube.

Der Türe gegenüber, in der Mitte des Raumes, wuchtete ein breit ausladender Schreibtisch, hinter dem hervor nun die einst so rundliche Gestalt mit dem meist gesund geröteten Gesicht eines reifen Apfels – jetzt mit Hängeschultern, als trüge sie eine Last, den einstigen Maßanzug nicht mehr ausfüllend, alles herbstlich geschrumpft, mir entgegen kam. Bevor ich einen Ton herausbrachte, begrüßte er mich, den ich

---

[45] *Barockpalais des Samuel von Brukenthal, in den Jahren 1777–1787 Gouverneur von Siebenbürgen,*

in "Habt acht!" – Stellung Erstarrten, mit einem freundlichen: "Willkommen in Hermannstadt! Was führt Sie – oder dich? ... Erwin, wenn ich nicht irre, her?" (Die Stimme war noch die gleiche, gedämpft behagliche, fast wie das Schnurren eines Katers.) Ohne aber eine Antwort abzuwarten, fuhr er, mich von Kopf bis Fuß musternd und mir zugleich die Hand entgegenstreckend, fort: "Wahrhaftig, hätte nicht Misch Sie angemeldet ... erkannt hätt' ich in Ihnen den Jungen, der anno dazumal nach den Maulbeeren im Hofe warf und die Scheiben der Gusti-Tante gefährdete, nicht!" Dies herzliche Entgegenkommen enthob mich nun zwar der Formalitäten, drängte mich aber zur Bitte, er möge nur beim "Du" bleiben, mir aber das "Sie" gestatten, das seinem Rang und Alter zukomme, worauf er mich etwas belustigt anblinzelte: "Rang und Alter... ? Sieh mal an! Na, meinetwegen, wenn's dir so leichter fällt. Aber hat da Misch nicht was von einem Päckchen gesagt?" "Jawohl!" atmete ich wie befreit auf. "Ein Päckchen und ein Begleitschreiben Vaters!" und überreichte beides mit der angedrillten leichten Verbeugung. "Herzlichen Dank! Sehen wir mal, was dein alter Herr in seiner Alchimistenküche da wieder mal zusammengebraut hat! Der kann mehr als Pillendrehn! Hat mir schon mehr als einmal gut geholfen mit altbewährten Mitteln! Nicht alles, was hochgelobt fertig aus Fabriken kommt, ist zuverlässig, so vielversprechend die Verpackung auch sein mag!" Während er nun das Päckchen öffnete und las, sah ich mich um: Ein seltsamer Raum! Der Schreibtisch in der Mitte, so mächtig er auch war, wurde fast erdrückt von den bis zur Decke ragenden Bücher- und Aktenschränken und Regalen. Wo sie die Wände freigaben, verdeckten hochlehnig-steife Lehnstühle und darüber Gemälde und Stiche alter Meister in prunkvollen Rahmen das matte Goldgrün einer barocken Seidentapete. Den Parkettboden deckten teilweise abgetretene Orientteppiche, ähnlich denen, die bei uns in der Kirche hingen. Zwischen zwei Fenstern aber, unter einem Baro-Thermo-Meter: ein Telefon! Dann, als ich den Blick seitwärts wandern ließ, auf einmal zwei Dinge, die mich anheimelten: Ein wundervoller mit Perlmutt, Elfenbein und Gold ausgelegter Rokoko-Sekretär und darauf die "Napoleon-Uhr", golden-funkelnd unter dem Glassturz, aber leblos! Das Sonnenscheiben-Pendelchen rührte sich nicht mehr! Das waren doch die beiden Dinge aus dem Salon der Urahne, die seinerzeit mich so angelockt und beschäftigt hatten! Alles in Allem: Museumsatmosphäre, Weltabgeschiedenheit, Stille, versunkene Welt,... der einzige, dünne Verbindungsfaden zu der dort draußen: Das Telefon!

Als Walbaum das Briefblatt sinken ließ und den Blick hob, schien der zunächst durch mich hindurch in irgendeine Ferne zu gehen ohne mich wahrzunehmen. Dann wie erwachend und aufs Päckchen hinabschauend, murmelte er: "Entschuldige, bitte! Aber was da dein Vater schreibt, das gibt mir sehr zu denken! Wichtige Rohstoffe aus Übersee benötigt, für Medikamente, können nicht mehr beschafft werden... Darum müssen x Rezepte umgestellt, neu ausprobiert werden... Darunter auch das für mich da... Auswirkungen der Blockade... !" Ein tiefer Seufzer hob seine Brust. Dann aber machte er eine abwehrende, abschließende Handbewegung: "Na lassen wir das!" und begann, sich zunächst nach dem Leben in Kronstadt auf dem Apothekerhof zu erkundigen, ging dann aber zu immer bestimmteren, eindringlicheren Fragen über, die mich persönlich, das Verhalten des staatlichen Inspektors bei der Matura und insbesondere meine Erfahrungen als Sachse in einem kernungarischen Regiment betrafen. Als ich ihm diesbezüglich nichts Nachteiliges zu berichten wusste, nebenher aber erwähnte, dass es manchmal mit etlichen Einjährigen rumänischer Herkunft und solchen des Szeklerregiments (Nr. 82) zu Reibereien, ja Tätlichkeiten komme, wenn jene sich in ihrer Muttersprache unterhielten, die diese nicht verstanden, horchte er sichtlich auf, wiegte bedenklich den Kopf und fragte dann tastend, wie Einer, der sich auf brüchiges Eis begibt, wie es um die deutsche

Kommandosprache stehe? Ob die von den fremdsprachigen Offiziersanwärtern – denn das seien die "Einjährigen" doch – noch widerspruchslos hingenommen werde? Da stutzte ich! Wie war das ihm zu Ohren gekommen?! Den Vorfall betreffend war doch strengstes Stillschweigen, bei Strafe der Degradierung, befohlen worden! Die paar Szekler[46], die bei ihrem Zug die ungarischen Kommandos, wie bei den Honvéd, versucht hatten, die hatte man doch umgehend, als ungeeignet zu einem k.u.k. Offizier, heim zu ihrem Kader geschickt! Wie war das durchgesickert?! Wie hatte ich mich jetzt zu verhalten?

Aber mein Zögern, meine betretene Miene hatten Walbaum schon genügt, zu erraten, was er wissen wollte. Er nickte vor sich hin: "Also stimmt's! Es knistert im Gebälk! Wie lange noch wird diese Klammer, die deutsche Kommandosprache, das Heer zusammenhalten? Wie lange wird's noch dauern, bis die auseinanderstrebende Vielfalt der Nationen durch die Unterdrückung ihrer Muttersprache ihrer selbst bewusst werden?! Fürs Heer ist die Kommandosprache das, was fürs Volk die Muttersprache... Die Lunten sind gelegt und glimmen schon... " Da er dieses nur mit halber Stimme, fast in einer Art Selbstgespräch und abwesenden Blicks vorbrachte, und ich mir keineswegs im Klaren war, weder ob ich recht gehört hatte, noch wie das zu verstehen war, zog ich es vor zu schweigen und überlegte, ob es an ihm sei, mich zu verabschieden, oder ob ich etwas dazutun müsse?

Da, als sein wandernder Blick zum Fenster hinausging, schien er an etwas hängen zu bleiben, sich gleichsam dran zu entzünden, und mit einem Wink des Kopfes zog er auch meinen mit sich hinaus auf den Großen Ring, jetzt menschenwimmelnd im Sonnenschein, und sagte, diesmal ganz deutlich vernehmbar: "Ja, dort draußen begann es .. vor rund zweihundert Jahren ... 5.12.1703... als kaiserliche Soldaten den Großen Ring säumten, damit die Bürger die Hinrichtung des Mannes nicht behinderten, dem sie, die

---

Kaiserlichen, nicht zum wenigsten es zu verdanken hatten, dass sie überhaupt so weit nach Siebenbürgen und innerhalb der Mauern der Haupt- und Hermannstadt hatten kommen können! Weißt du, von wem ich spreche? Wer dort hingerichtet wurde?" "1703? War das nicht der Comes Sachs von Harteneck?" "Jawohl! Der war es! Schön, dass du das weißt! Zu wenig weiß man, was dazumal gespielt wurde, zu wenig auch, was gegenwärtig gespielt wird.... Seit damals und solange unsere Regimenter hier deutschen Kommandos folgen, sind wir sicher ... Damals wurde persönlicher Fehler und Ränke wegen die Person des Comes beseitigt, nicht das Amt. Heute ist das Amt missliebig und, anscheinend, unzeitgemäß geworden; da wird die Sache anders erledigt werden, als damals, dort unten... "

Nun, sie wurde erledigt! Und zwar endgültig... 1918/19... Wie ich damals mit diesen Worten im Ohr und auf dem Herzen verabschiedet wurde, hinaus aus dem stillen Haus ohne jeden Parteienverkehr und Amtsbetrieb und zurück in die Kaserne zum "Menage-Appell" kam, weiß ich nicht mehr.

Honterusfest

Beim Durchblättern des bisher Geschriebenen muss ich zu meiner Überraschung feststellen, dass ich bei der Aufzählung der "Sensationen" meiner Kindheit zwei Ereignisse, die doch gewiss dazugehörten, und zwar nicht nur für mich als Einzelwesen, sondern für die meisten Volks- und Zeitgenossen unserer Stadt, zu erwähnen vergessen habe: Das "Honterusfest" und welche Rolle die "Noua" damals im Ferienleben vieler Kroner Bürger und Kinder spielte. So wenig diese beiden Begriffe: das ursächsische Fest und der kleine rumänische Weiler (ca. 5 km südöstlich der Stadt) miteinander zu tun zu haben scheinen, so verbindet sie doch zumindest das eine: dass beide Jahr für Jahr erst zu Beginn der Großen Ferien "aktuell" wurden.

Jetzt erst, da ich dran gehen soll übers Honterusfest zu berichten, wird mir bewusst, an welch schwieriges, vielschichtiges Unterfangen ich mich damit heranwage. Und dies nicht etwas nur darum, weil das Fest als solches sehr vielseitig war oder von sehr verschiedenen Gesichtspunkten her gesehen werden kann, sondern vor allem weil ich es ja nicht nur einmal, sondern etwa ein dutzendmal und auf ganz verschiedenen Altersstufen erlebt habe: als quasi unbeschriebenes Blatt und kaum flügge gewordenes Volksschülerchen, als lausbubenhaft abenteuerlustiger Pennäler, als völkisch, studentisch und tanzstundenhaft gedrillter "Coetist", und schließlich noch als Erwachsener, der hinter all dem zur Schau getragenen Gepränge und in Lied und Rede lauthals Verkündeten schon allerlei des Hintergründigen und Unsagbaren erspürte. Wie sollte oder konnte ich diese Vielfalt auseinanderfieseln?! War das nicht ähnlich dem Problem, einen mehrmals belichteten Film zwar vom selben Motiv, aber zu verschiedenen Tageszeiten oder von verschiedenen Seiten her aufgenommen, als quasi "Dokument" zu entwickeln und auszugeben?!

Je nun, solche Skrupel scheinen Symptome des Alters zu sein oder aber des Chronistengewissens; wie sonst wäre die Entstehung des Gedichts "Lied vom Honterusfest" vor rund 50 Jahren binnen weniger Stunden, unmittelbar aus dem Erlebnis heraus zu erklären?! Wär' es nicht gescheiter, es dabei bewenden zu lassen, besonders da es nach dem Urteil vieler "Sachverständiger", d.h. solcher Landsleute, die den Rummel noch miterlebt haben, das Wesentliche richtig und nacherlebbar wiedergibt? Wahrscheinlich wär's vernünftiger, aber da ist noch so mancherlei, was heraus möchte, um das eigenartige Verwobensein dieses Festes in unser aller damaliges Volksleben erahnen zu lassen.

Da war z.B. schon Wochen vorher, wenn das Schuljahr sich seinem Ende näherte, d.h. Ende Juni, genauer: um "Peter und

Paul", 29. Juni, eine geradezu knisternde Spannung in allen unseren Kreisen zu spüren, und zwar nicht nur der bevorstehenden Prüfungen und Zeugnissen wegen. Dies Fest nämlich, ursprünglich nur als Veranstaltung unserer Schulen (zur Ehrung ihres Organisators und Reformators in evg.-luth. Sinne) gedacht, hatte sich seit der Feier seines 400. Geburtstags (1898) und der Errichtung seines Denkmals (gegenüber der Schule) immer mehr zu einer Art Demonstration unseres völkischen Lebenswillens und unserer Einheit gegenüber den Mitnationen entwickelt. Immer weitere Kreise wurden hineingezogen, bürgerliche Vereine, Gewerbetreibende, Arbeiter, die Bartholomäer Bauern, Stammtische, freien Berufe, kurz alles, was sich zum Sachsentum bekannte, und mir war es vergönnt, diese ganze Entwicklung, die damals erst so richtig einsetzte mitzuerleben.

Da sich bei der Rückschau die einzelnen Phasen dieser Entwicklung gleichsam perspektivisch übereinanderschieben, so dass ich nicht mehr genau unterscheiden und sagen kann, was wann dazukam, oder sich veränderte, bleibt mir nichts anderes übrig, als das, was im Netz meines Gedächtnisses überhaupt hängen blieb, auszusondern und in eine gewisse Ordnung zu bringen, etwa nach den Gesichtspunkten: Vorbereitungen, Ausmarsch, Festplatz usw.

Sobald also das Ende des Schuljahres sich zu nähern begann und für uns Schüler sich durch Wiederkäuen des Lernstoffes einerseits, durch Pauken der für die Abschlussprüfung (damals noch öffentlich) ausgewählten Paradefragen anderseits, teils mit Ängsten, teils mit Ferienvorfreuden ankündigte, da begann auch in Kreisen, die eigentlich weder mit Schule noch Sachsentum unmittelbar etwas zu tun hatten, eine für Nichteingeweihte wohl etwas absonderlich anmutende Geschäftigkeit, so z.B. beim Forstamt, bei der Trambahndirektion, bei der FF (Freiwilligen Feuerwehr), bei der Polizei, bei den Brauereien, Schnapsfabriken, Fuhrunternehmen u. u. – von dem, was sich in den sächsischen Familien tat, vorerst noch gar nicht zu reden. Das abgenützte Bild vom aufgestörten Ameisenhaufen hier nicht zu gebrauchen, fällt etwas schwer, kommt aber deshalb nicht in Betracht, weil sich damit immer die Vorstellung von einem schädigenden gefährlichen Anlass verbindet. Mir selbst enthüllte und entwirrte sich das Warum dieses zunächst so rätselhaften Ineinandergreifens so verschiedener Kreise erst sehr allmählich im Lauf der Jahre.

Vieles davon war durch die äußeren Umstände, unter denen dies Fest gefeiert wurde, bedingt. Der wohl wichtigste war, dass es nicht in der Stadt, sondern eine gute Wegstunde zu Fuß von ihr entfernt auf einer großen Waldwiese, dem sogenannten "Honterusplatz", stattfand, wo – bis auf eine recht dürftige Waldschänke – weit und breit nichts war, das einem solchen Menschenandrang Unterkunft und Verpflegung hätte bieten können. Damit es nun am Festtag nicht ein allgemeines Gerenne und Gedrängel gebe, um sich einen möglichst guten Platz zu sichern, d.h. einen in der Nähe des Honoratiorenzeltes, wo man vielleicht etwas von den Reden, sicher aber die Stadtkapelle hören konnte und nicht allzu weit von der Holzfleisch- und Würstelbude, dem Baumstriezelstand und dem Bierausschank war, hatten die fürsichtig-weisen Stadtväter es für nötig erachtet, im Einvernehmen mit den Nachbarschaften und Vereinen, sowie Gewerbe- und Handeltreibenden, einen Plan zu entwerfen, gemäß welchem jedem sein Platz auf der Festwiese zugewiesen wurde. Das wurde, vernünftigerweise, von der Mehrzahl der Betroffenen nicht als Einschränkung der persönlichen Freiheit empfunden, sondern so, wie es gemeint war: Möglichst Jeden zu seinem Recht kommen zu lassen, – ähnlich wie heutzutage etwa durch die Verkehrsregeln; dieser Eindruck wurde noch dadurch verstärkt, dass es Jedem freigestellt war, sich außerhalb jenes verhältnismäßig engen Bereichs nach Belieben ein Plätzchen nach seinem Geschmack zu suchen, wenn er die Vorteile eines günstigen und gesicherten Platzes innerhalb des Nachbarschafts- oder Vereinszeltes nicht nutzen wollte.

Außer dieser Platzzuteilung für die Erwachsenen musste auch noch die für die Sammel-, Spiel- und Sportplätze der verschiedenen Schulen vorgenommen werden. So war es denn eine ganz stattliche Schar von Fachleuten verschiedenster Art, die eines schönen Tages ungefähr Mitte Juni zur "Begehung" der Festwiese ausrückte, um an Ort und Stelle die Entscheidungen zu treffen und durch Latten und Pflöcke zu markieren. Eine zweite "Begehung", diesmal nur von den "Wetterpropheten", zwei bis drei Tage vor dem 29. Juni unternommen, sollte feststellen, in was für einem Zustand die Wiese war: ob gemäht, ob nicht zu feucht oder stellenweise sogar versumpft, und je nach diesem Befund und auf Grund jahrzehntelanger Erfahrung in puncto örtlicher Witterungseigenheiten wurde dann orakelt, ob man "grünes Licht" zur endgültigen Festsetzung des Festtermins geben könne. Fiel die Entscheidung positiv aus, so verbreitete sich die Kunde wie ein Lauffeuer durch die Stadt, bevor noch die "Kronstädter Zeitung" durch ein Extrablatt die Nachricht und das "Festprogramm" herausbringen konnte.

Auf diese Nachricht hin geriet nun all das, was bisher nur quasi unter Vorbehalt "für alle Fälle" vorbereitet oder geübt worden war, in geradezu fieberhafte Bewegung, sozusagen ins "Endspurt"-Stadium. Wenn nicht schon bisher, so wurden spätestens jetzt die Fahnen und Trommeln der Schulen und Vereine aus ihren Hüllen gezogen, ebenso die Armbrüste und ihre Ziele und Bolzen, gleichviel ob in Privatbesitz oder im Schulmagazin; Turnlehrer und Preisrichter liefen reihum die Läden ab, um Preise für die Sieger bei den Wettkämpfen zu beschaffen; Eltern mussten für ihre Sprösslinge, gleichviel ob Bub oder Mädel, blaurote Bänder oder gar Schärpen und vielleicht auch noch neue Schulmützen beschaffen, wenn sie es geschafft hatten, in die nächsthöhere Klasse aufzurücken. In den Läden und "Gewölben" herrschte Hochbetrieb, fast so wie vor Weihnachten. In Familien, die von

Festplatzangeboten unabhängig sein wollten, oder sich solche Preise nicht leisten konnten, wurden die "Kochkisten" gerichtet, in denen sich das Gulasch oder Süßkraut auch einen ganzen Tag lang warm hielt. Das Forstamt schickte Arbeiter, die Nachbarschaften und Vereine Abordnungen oder Freiwillige, der Coetus den "Studenten-Nitze" (einen rumänischen "hordar" = Lastenträger aus der Obern-Vorstadt, dessen Familie schon seit Generationen bei Veranstaltungen des Coetus einen Arbeiter zur Erledigung von Schwerarbeit zu stellen pflegte) die "Bierwarte" und etliche kräftige Kameraden, die allesamt die Bäumchen und Äste für die Zelte zu beschaffen und zu verflechten hatten. Wem es zufiel, die schweren Bänke und Tische für das "Lehrer- oder Honoratioren-Zelt" zu stellen und herbeizuschaffen, weiß ich heute nicht mehr; die Girlanden, Blumensträuße und Fähnchen zu dessen Ausschmückung besorgte die Weiblichkeit, vermutlich der Frauenverein und die höheren Klassen der Mädchenschule. Diese sammelten nämlich auch die dafür benötigten Blumen in den Gärten der Bürger; Blumenhandlungen gab es nur in den letzten Jahren; bis dahin wurden Blumen nur auf der "Blumenzeile", meist von Bäuerinnen aus der Langgasse oder Bartholomä verhökert.

Ihre Männer aber, sofern sie Besitzer von Pferd und Wagen waren, sowie die Fiaker und die Kutscher herrschaftlicher Equipagen, deren es damals, als das Auto noch Rarität war, ebenfalls als "Statussymbol", nicht wenige gab: all diese begannen ein mächtiges Striegeln, Stutzen, Kämmen der Gäule und Spritzen, Schrubben und auf Hochglanzbringen ihrer Fahrzeuge. Warum? Nun die Bauern wollten auf ihren Gäulen im Kirchenstaat gegen die paar Reiter in Patriziertracht von Einst nicht zu sehr abstechen, wenn sie im "Banderium" dem Festzug voranritten; den "Großkopfeten" aber war es doch nicht zuzumuten, zu Fuß zum Festplatz hinauszumarschieren, die mussten dort hochherrschaftlich vorfahren, das letzte Stück womöglich im Wettrennen mit Nebenbuhlern! Ja, jetzt hätte ich beinahe eine der

Hauptsensationen des Umzugs vergessen: Die prachtvollen, mit silberbeschlagenen Kummeten geschmückten Gespanne der Brauereien, die mit ihren majestätisch – wuchtig dahinschreitenden Kaltblutrossen vor den mit Fässern hochgetürmten flachen, kleinrädrigen Lastwagen Jahr für Jahr Bewunderung erregten.

Und über all dies vielfältig-emsige Treiben hin rollten die Trommelwirbel der auf der Burgpromenade oder dem Turnschulplatz übenden Trommlerschar, der anzugehören der Ehrgeiz jedes Jungen zwischen zehn und fünfzehn Jahren war. Das Üben der verschiedenen Blasmusik und Chöre, sowie die Seufzer der an ihren Ansprachen arbeitenden Stadtgrößen, angefangen vom Bürgermeister und Stadtpfarrer, über Rektor und Präfekt des Honteruscoetus bis hin zu den Vereinsvorständen drang nicht so zu Ohren und Gemütern, da es meist hinter abgedichteten vier Wänden stattfand.

Wenn die Sonne dann sich allmählich gegen Rabenspitz und Hangestein hin sich zu neigen und statt des gewohnten Vesperglöckleins der mächtige Klang der Großen Glocke über die Dächer der Stadt und die Waldhänge der Berge ringsum hinan zu branden begann, an und ab schwellend im Widerhall: Dann wusste Jedermann Bescheid, und es gab ein großes Atemholen zum letzten Anlauf in all den Haushalten, wo man noch nicht so recht der Kunde hatte glauben wollen. Wenn die Große Glocke sprach, dann gab es keine Zweifel mehr, und die letzten Kuchen wurden in die Backrohre geschoben, Würste oder Hähnchen in die Bratpfanne; Körbe, Ranzen, Festkleider wurden bereitgelegt, die Kaufläden geschlossen und die Angestellten heimgeschickt, um sich auch noch alles richten zu können.

Wenn dann um 6 Uhr früh die Wirbel der Trommlerschar durch die noch nachtkühlen Gassen der Innenstadt rumpelten, um im Marschtakt der Landsknechte die "Tagwache" zu verkünden, war – bis auf wenige unverbesserliche Schlafmützen – alt und jung meist schon längst auf den

Beinen und hatte zur Zinne hinaufgeäugt, ob der Zinnenwirt sein Schönwetterfähnchen ausgesteckt habe. Der war nämlich nicht nur der letzte, sondern auch der "höchste" Wetterprophet, – allerdings ohne Garantie, denn den Tücken der Junigewitter um Kronstadt herum auf die Schliche zu kommen, ihre tückischen Überfälle vorauszuahnen, war eine Gabe, die nicht jedem zuteil wurde. Deshalb fiel es auch niemand ein, ihm zu grollen, wenn der Prophet nach einem Rundblick vom Zinnengipfel aus nach den Wetterecken: dem Bodzauer-Paß im Osten bis hin zum Zeidnerberg und Königstein im Westen eitel Sonnenschein verkündet hatte, dann aber unversehens über Spiel und Tanz und Schmaus unter Blitz und Donner und Böen, die alles durcheinander warfen, eine wahre Sintflut hereinbrach, der man nur triefend und zähneklappernd heimwärts zu entrinnen trachtete.

Da ist mir nun, ganz unbeabsichtigt, dieser Hinweis auf den Zinnenwirt und sein Fähnchensignal entschlüpft und hat den Fluss des Geschehens abgelenkt. Ich halte dies zwar für unstatthaft, glaube es aber in diesem Falle rechtfertigen zu können, da ich sonst wohl kaum dazugekommen wäre, auf diese Sehenswürdigkeit des damaligen Kronstadt hinzuweisen.

Um nicht missverstanden zu werden: Ich meine natürlich nicht, dass der Zinnenwirt die Sehenswürdigkeit war, sondern das Drum und Dran, das es ihm – damals! – ermöglichte, dort oben eine Gastwirtschaft zu betreiben! Dies "damals" ist wichtig, da es einen "Tourismus" mit Reklame in irgendeiner Form ebenso wenig gab wie bequeme Personen- oder Vorratsbeförderung und telefonische Bestellung von Nachschub aus der Stadt oder eines Tisches und Menüs oben. Was also mag es gewesen sein, das jemand veranlasste, dies fragwürdige Unternehmen zu starten? Es musste jemand sein, der ein gewisses Abseits- und Über-dem-Alltag-Leben dem Eingeschachteltsein in enge Straßen und ebensolche Betriebsamkeit vorzog, jemand der nicht unbedingt auf Gewinn aus war, sondern auf etwas Abenteuerlichkeit, die er durch sein etwas kauziges Gehabe und die Einrichtung seiner "Grotte" nicht nur betonte, sondern anscheinend auch bei seinen Mitmenschen als vorhanden oder erwünscht annahm. In meiner Kindheit hieß es, der erste, der darauf kam, die Zinnenhöhle oder Grotte nutzbar, d.h. zu einem Köder für Neugierige, Schaulustige und Durstige zu machen (heute: umzufunktionieren!), sei ein ehemaliger Matrose der einstigen k.u.k. Marine gewesen. Es spricht manches dafür: nicht nur seine Vorliebe für einen Blick in die Weite, – unterstrichen durch Anbringung eines Fernrohrs, mit dem man ohne weiteres jemand unten auf dem Marktplatz oder drüben bei der "Hohen Warthe" erkennen konnte (Benutzungsgebühr zehn Heller!), sondern auch seine Neigung, "Seemannsgarn" zu spinnen, meist anhand der an den Wänden hängenden exotischen Vögel, Seesterne und dergleichen, sowie seine Kenntnis der Flaggensignale, als Mittel der Verständigung – und zwar nicht nur Schönwetterfähnchen betreffend, sondern auch den Nachschub von Getränken und Nahrungsmitteln, je nach Vereinbarung mit verschiedenen Lieferfirmen, die zu festgesetzten Zeiten hinaufzugucken hatten, ob ihr Fähnchen draußen stak und wie oft es geschwenkt wurde. Möglich allerdings, dass er sich diesbezüglich vom Wächter des Rathausturmes hatte inspirieren lassen, der mit seinem roten Fähnchen vom Umgang aus der Feuerwehr die Richtung zum Brand hin wies.

Nun, wie dem auch gewesen sein mag, und wie es – je nach Gemütsart – als praktisch gepriesen oder als primitiv belächelt worden sein mag: es gehörte zum damaligen Kronstadt. Die Wirte wechselten, und mit ihnen die Gepflogenheiten des Betriebes, er passte sich dem "Fortschritt" an, statt der vermorschenden Balken wurden als Stützen des Balkonraumes Eisentraversen eingeführt und statt der Winkflaggen das Telefon. Während der beiden Weltkriege wurde der Wirtschafts- und Vergnügungsbetrieb "umfunktioniert" für militärische Zwecke, d.h. zu einer

Beobachtungs- und Sendestation, sowie Befehlszentrale für Abwehrbatterien. In der Zeit durfte niemand sich dem Zinnengipfel nähern; Posten und Stacheldraht nebst Warnungstafeln hielten einen schon weit unterhalb der Gipfelzone von weiterem Anstieg ab. Was dann nachher kam und wie es heute dort aussieht, weiß ich nicht.

Soweit das leicht Feststellbare, Vordergründige, kurzfristig Veränderliche. Wie steht es aber darum, dass sich etwa 50 m unter dem Gipfel der Zinne (300 m über dem Marktplatz) in einem scheinbar massiven Felsblock, innerhalb der Höhle eine Quelle befand? Eine Quelle, die zwar nicht gerade sprudelte, aber immerhin so viel Wasser, und zwar bestes klares, kaltes Trinkwasser, lieferte, dass damit eine Wirtschaft geführt werden konnte? Woher kam das? Da der Gipfelfels nach allen Seiten hin steil abfällt und keinen nennenswerten Pflanzenwuchs aufweist, kann höchstens langsam schmelzendes Schnee- und Eiswasser einsickern; könnte das aber auch über Sommer und Herbst hin ausreichen? Regenwasser rinnt zu schnell ab, um beträchtlich auffüllen zu können.

Und noch etwas wirft weitere Fragen auf. Es ging das Gerücht um, die Höhle setze sich hinter einem Tropfsteinvorhang in einem Geheimgang bis zum Gipfel hinan fort und sei ursprünglich mit der Brassoviaburg in Verbindung gestanden. So abenteuerlich das zunächst auch scheinen mag, zwei Tatsachen aus der Geschichte Kronstadts und seiner Umgebung lassen es als nicht unmöglich erscheinen, zumal beide ähnlichen Voraussetzungen und Erfordernissen entspringen: Hochgelegene Befestigungen mussten, um längere Zeit Widerstand leisten zu können, für ihre Besatzungen für Wasser sorgen. Was unsere Vorfahren in dieser Hinsicht nun mit primitivsten Mitteln zu leisten imstande waren, beweisen a) der Brunnenschacht plus Geheimgang im Schloss von Kronstadt bis hinab zur Talsohle, d.h. dem heutigen Stadtpark, bei dessen Anlage der Geheimgang zum Vorschein kam. Jener ca. 80 m tief, dieser ca. 150 m lang, fast mannshoch und ausgemauert. Und b) der etwa ebenso tiefe Brunnen in der Rosenauer Burg, der heute noch als Sehenswürdigkeit gezeigt wird. Der einzige, aber doch wohl wesentliche Unterschied zwischen diesen beiden Anlagen und jener auf der Zinne, dass dort das lebensnotwendige Nass aus der Tiefe geholt wurde, hier aber aus der Höhe. Da das vom Zinnengipfel aber für die Besatzung und flüchtige Bevölkerung samt Vieh aber wohl nicht ausreichte, hatten die Verantwortlichen sich auch noch nach anderen Möglichkeiten umgetan, und zwar mit Erfolg. In den 20-er Jahren wurde auf dem Hang zum Zinnensattel, aber noch innerhalb des Mauergürtels, bei Grabungen unter dem Estrich der einstigen, längst vergessenen Burgkapelle ein Brunnen entdeckt, der zwar noch etwas Wasser enthielt, das meiste aber durch Felsspalten in eine gegen den Burggrund gelegene kleine Höhle versickern ließ. Ob dieser Brunnen wohl jemals in Anspruch genommen werden musste? Ich weiß es nicht... Nein, weder von diesem, noch von anderem weiß ich... Diese von Berggras und Holunder oder Wildrosenbüschen überwucherten verwitternden Mauersteine und eingesunkenen Gelasse sind dem gegenüber stumm, der sie auf beweisbares Wissen hin vermisst und befragt, raunen aber dem dort im Grase Liegenden und Träumenden allerlei von den Ängsten und dem Hoffen und Mühen derjenigen zu, deren Hände diese Steine aus den Felsen schlugen, sie heranschleppten und aufschichteten...

Doch nach dieser Abschweifung in eine andere Dimension nun zurück zu jenen, die zum Schönwetterfähnchen zwar hinaufäugten, seiner Verheißung aber nicht trauend, lieber, für alle Fälle, ihrem Gepäck noch einen Schirm oder wetterfesten Umhang hinzufügten.

Schon lange bevor der Uhrzeiger sich der Sieben näherte, begann es aus allen Gassen und Gässchen in Richtung Kirchhof zu tröpfeln, quellen, strömen von Schuljugend der Inneren Stadt, der dann bedächtiger, würdevoller die Mitglieder des Presbyteriums, der Stadtkapelle und Vertreter städtischer Behörden folgten. Um sieben Uhr, wenn abermals die Große Glocke ihre gewaltige Stimme ertönen ließ, um die Morgenfeier einzuläuten, war der Kirchhof gerammelt voll. Vor dem Alten Gymnasium, auf das des Reformators Bronzegestalt mit ausgestrecktem Arm wies, da es sein Werk war, stand Stadtpfarrer, Presbyterium, Bürgermeister (solange dieser ein Sachs war), dann der Coetus, die "Höhere Töchterschule", "jener in schwarzem "Flaus", weißen Hosen, blauer Mütze, Ziegenhainer in der Hand, jene – in verschiedenen Jahren verschieden, aber – überwiegend weiß gekleidet. Im ersten Stock des Gymnasiums im Fenster, über dem Eingang, stand der Rektor. Wenn der letzte Ton des Geläutes verklungen war und die aufgescheuchten Turmtauben zurück zu ihren Gurr- und Nistplätzen gefunden hatten, erbrauste zunächst, begleitet von der Stadtkapelle, der Eingangschoral, entweder "Lobe den Herrn… " oder "Ein feste Burg... ", dann folgte die Ansprache des Rektors, und dieser das Lied "Heil Honterus, preist ihn alle... ". Wo und wann die beiden folgenden Lieder "Schütze, Gott, dein Volk der Sachsen ..." und "Ich bin ein Sachs, ich sag's mit Stolz… " gesungen wurden, ob auf dem Marktplatz oder erst draußen auf dem Festplatz oder bei der "Honterusquelle", das weiß ich heute nicht mehr zu sagen.

Nach dem Schlusslied erfolgte der Abmarsch, voran die Stadtkapelle, Presbyterium, Lehrkörper, Coetus, Schulen über den Rossmarkt auf den Platz zwischen Rathaus und Kornzeile, wo schon die Schulen der Vorstädte, die Vereine, das "Banderium" der Langgässer und Barholomäer Bauern, manchmal auch Abordnungen aus den Dörfern des Burzenlandes, sowie die Gruppe in Kronstädter Patrizierkleidung, mit Dolman und Kalpak, alle hoch zu Ross, entlang der Zeilen, Front gegen das Rathaus, warteten.

Marktplatz, Blick zum Rossmarkt

Vor all diese schwenkte nun der Zug, kurz vor der Kloster-Gasse zur Kornzeile abbiegend, ein und nahm unterhalb der einstigen Amtsstube des Rates Aufstellung. Hier hielt nun der Bürgermeister eine kurze Ansprache, ebenfalls eingerahmt von Liedern, von denen – wenn ich nicht irre! – das eine unsere Hymne "Siebenbürgen, Land des Segens..." und das andere "O trauteste Stadt, die so voll und ganz gewachsen ins Herz deiner Söhne..." waren.

All die Läden rings um den Marktplatz und meist auch in den Straßen, durch die sich der Festzug bewegen sollte, waren geschlossen, die Fenster der Häuser aber weit offen und voll von Schaulustigen und auf den Gehsteigen, hinter den Reihen der Schulen und Vereine, drängte sich so ziemlich alles der Kroner Bevölkerung, was nicht gerade bettlägerig oder dienstlich verhindert war. Solche gab's aber nur wenige, da dieser Tag wie ein gesetzlicher Feiertag gehalten wurde, ohne als solcher anerkannt zu sein.

War der letzte Ton verklungen, begann der Ausmarsch zur Festwiese, dem Honterusplatz. Voran die Gruppe der berittenen Patrizier, gefolgt von Hufgeklacker der

"Banderien" in den – je nach Gemeinde – verschiedenfarbigen, hochgeschlossenen Kirchenröcken, dann das Presbyterium, der Lehrkörper, der endlose Zug der Schulen, beginnend mit den Kleinsten, die Coeten, die Vereine, jeweils unterspickt mit Blasmusikkapellen von den Dörfern, deren Horngeschmetter und dumpfes Trommelgedröhn von den Häuserwänden der engen Gassen mächtig widerhallte. Schließlich der lange Schwanz derjenigen, die schon ihre Ausflugskleidung angelegt und ihr Ränzel mit Mundvorrat, vielleicht auch Wetterschutz, bei sich hatten.

Neben jeder sächsischen Fahne musste auch eine "Staatsfahne", und zwar rechts von jener getragen werden; vor dem ersten Weltkrieg die ungarische, rotweißgrün, nach ihm die rumänische, rotgelbblau, jeweils bewacht von einem Polizisten, und wehe, wenn sie niedriger getragen wurde und der Strauß, der ihre Spitze schmückte, dürftiger aussah als der auf der sächsischen!

Der Ausmarsch war immer der gleiche: Klostergasse, Michael-Weißgasse, Schwarzgasse, in der das Geburtshaus Honterus, neben dem Kniegässchen, von jeder geschlossenen Gruppe mit Heilruf und Abnehmen der Kopfbedeckung gegrüßt wurde. Am Ende der Schwarzgasse, vor der Ziganie und dem Anstieg zum "Burghals", löste der Zug sich auf; die Fahnen wurden eingerollt, die Berittenen drehten um und klackerten den heimischen Ställen zu; die Honoratioren eilten schweißtriefend heimwärts, ihre Bratenröcke und Zylinder gegen Alltags- oder Ausflugsklamotten zu vertauschen.

Hatten die Herrschaften sich umgezogen, begaben sie sich, je nach Geldbeutel oder Beziehungen, entweder zu einem der überfüllten Trambahnzügle, die – gemäß Sonderfahrplan – fast jede Stunde fuhren, oder per Firmenlieferwagen, Fiaker oder, wenn man zu den "Großkopfeten" gehörte, mit der Privatequipage hinaus zum Honterusplatz. Kein Wunder, dass manche von ihren früher draußen eintrafen, als die Spitze des Zuges, da dessen Marschtempo sich nach den

Kleinsten richten musste. Nur der Coetus hatte das Recht, den ganzen Zug zu überholen, um den "Lehrkörper" und "Höheren Töchter" beim Eintreffen auf dem Festplatz mit allerlei Jux und Spottliedchen begrüßen zu können.

Festordner, kenntlich durch blaurote Armbinden, nahmen die eintreffenden Gruppen jeweils in Empfang und führten sie zu den ihnen bestimmten Rast oder Spielplätzen, die meist nahe beieinander lagen, – wenigstens für die Kleinen.

In späteren Jahren, als es auch eine Handelsschule und K.B.A. gab, und auch diese Coeten hervorbrachten, wurde eingeführt, dass diese in breiter Front vom Rande der Wiese ab in einer Art Parademarsch mit flatternden Fahnen, Pauken und Trompeten bis vor das Lehrerzelt und die Rednerkanzlei zogen, wo sie mit einer Ansprache empfangen wurden. Bis zehn Uhr war dann Rast und Jausenzeit. Punkt 10 Uhr rief dann ein Hornsignal zum Beginn der Spiele und Ausscheidungswettkämpfe. Für die Kleinen: Blinde Kuh, Töpfe zerschlagen, Dritten Mann abschlagen, Ballspiele, Reigen; für die Größeren: Armbrustschießen, Barlauf, Schlagball; für die obersten Klassen: Wettlauf, Hoch- und Weitsprung, Barren, Pferd, Schleuderball... Um 11 Uhr abermals Hornsignal: Aufbruch zur Feier an der "Honterusquelle", die etliche hundert Meter weit am Rande einer Lichtung inmitten des dichten Laubwaldes entsprang. Einen richtigen Weg dorthin gab es eigentlich nicht; es war nur ein schmaler, von Wurzelwerk, Buckeln und Rillen überquerter Pfad, der am Rande eines sumpfigen Bächleins, dem Abfluss der Quelle, entlanglief. So war denn ein geordneter Anmarsch kaum möglich; jeder musste nur trachten, seine Gruppe nicht zu verlieren und möglichst nicht in den Sumpf abzurutschen, der selbst bei sonnigem Wetter nie ganz austrocknete.

Welche Bewandtnis es mit der Quelle eigentlich hatte, d.h. warum sie mit dem Reformator in Verbindung gebracht wurde, weiß ich nicht mehr, glaube aber, dass ihm da irgendetwas angedichtet wurde, um seinem Wirken sinnbildhaften Hintergrund zu verschaffen. Jedenfalls kamen die "Quellenredner" (Rektor und Präfekt des Coetus) nicht drum herum, immer auf den "aus der Tiefe sprudelnden Born der Jugend oder Erneuerung" zu sprechen. Nun, ob das mit dem "sprudeln" früher mal stimmte, bleibe dahingestellt; zu meiner Zeit jedenfalls entquoll dem moosigen Hang nur noch ein dünner Faden, so dass es etwas lange dauerte, bis diejenigen, die wenigstens einen Schluck dieses Wunderwassers sich gönnen wollten, dran kamen. Lieder wurden auch dort gesungen, – ich glaube "Blau und rot... ("Wenn ich durch die Felder schreite...") und "Bäm Hontertstreoch... "

Damit war dann der offizielle Teil des Festes überstanden, es war Mittag geworden, Gaumen und Magen verlangten ihr Recht, die Lustbarkeiten konnten beginnen, alles strömte zurück auf die Festwiese, über die schon die Schwaden von Gebratenem (Holzfleisch) und Gebackenem (Baumstriezel), vermischt mit Holzkohlenrauch dahinzogen, und den Duft der blühenden Akazien und Linden verdrängten.

Nun wurde die Szene hemdsärmelig, ja geradezu brueghelisch-bunt und derb: Vor den Ständen der Brauereien, der Bratereien, der Back- und Süßwaren, drängten sich die Schlangen der Hungrigen und Durstigen, die entweder nichts eingesackt hatten oder ihre Mitbringsel ergänzen wollten. Wie in einem Ameisenhaufen wuselte es durcheinander von solchen, die Lagerplätze oder Bekannte suchten, und rings um die Wiese und am Waldesrand erblühten um ausgebreitete Tischtücher als leuchtende Mittelpunkte bunte Picknickgruppen auf dem grünen Untergrund von Rasen und Moos. Bevorzugt war der Waldrand nicht nur weil er einigen Schatten bot, sondern auch Gelegenheit, notfalls möglichst rasch und unbemerkt hinter dem Buschwerk verschwinden zu können, denn bei der einzigen Latrine zeitgerecht dranzukommen, war riskante Glückssache.

Aus dem Studentenzelt tönten Studentenlieder, vom Tanzplatz daneben Tanzmusik und Schrammelschlager, vom

Honoratiorenzelt her feierlichere Klänge der Stadtkapelle, all dies immer häufiger untermischt von Drehorgelgedudel und Ziehharmonikagequieck, Trillerpfeifen und Geschrei verschiedenster Verkäufer von Jahrmarktstand, Glückslosen und Wahrsagungskärtchen, herausgezogen von einem Kakadu oder Papagei, dazu Zigeunergefiedel, kurz: ein wüstes Durcheinander oder: Die Invasion der Nichtsachsen, der Vorstädter, der Dienstboten und allerlei Landfahrer hatte begonnen, und damit die Gefährdung des Festcharakters und Festfriedens.

Wenn um drei Uhr das Signal zum Antreten zu den sportlichen Endkämpfen und zur Preisverteilung geblasen wurde, hatten die Ordner ihre liebe Not, die Rennbahnen, Sprunggruben und Spielplätze freizuhalten, und nicht selten mussten Coetisten mit ihren Ziegenhainern zu Hilfe kommen, um mit Randalierern fertig zu werden und den friedlichen Ablauf zu sichern.

Hatte nicht bedrohliches Donnergrollen oder gar wirklich plötzlich losbrechendes Gewitter verfrühten Aufbruch erzwungen, so mahnte dazu das letzte Hornsignal um 6 Uhr, bevor die letzten Sonnenstrahlen die zerstampfte Waldwiese verließen.

Die wohl einzige geschlossene Formation unter all den stadtwärts Ziehenden war der Coetus, denn dieser hatte noch für den feierlichen Abschluss des Tages zu sorgen: Durch die Übergabe der Amtsvollmachten der alten an die neuen "Würdenträger" vor dem Portal der Honterus-Schule. Die "alte" Oktava trat der neuen gegenüber in Reihe an, eingerahmt von der neuen Septima und Sexta. Präfekt, Centurio, Kantor, Fuchsmajor traten vor und jeder übergab seinem Nachfolger seine blaurote Schärpe mit einem passenden Sinn- oder Leitspruch; das Gleiche taten dann die beiden Fahnenträger; die "Neuen" hatten die Fahnen zusammenzurollen, in die Hüllen zu schieben und im Magazin zu verstauen. Die Füchse der Fahnenträger aber hatten die Blumen der Sträuße von den Fahnenspitzen an die ringsum stehende Weiblichkeit zu verteilen. Dann erbrauste, vom gesamten Coetus und vielen aus der Menge gemeinsam gesungen in Wehmut und jugendlichem Durchhaltewillen das letzte Lied des Tages, das uralte Burschenlied: "Gaudeamus igitur...!"

8.9.49

Skizze E.N., Blick vom Zinnensattel gegen Rencze und Csukás[47]

---

[47] *rumänische Bezeichnungen: Renţea und Ciucaş*

Erwin Neustädter, Kurzbiografie

Erwin Neustädter, Dr.phil., siebenbürgischer Dichter und Schriftsteller, geb. am 1. Juni 1897 in Tartlau (rum. Prejmer) in Siebenbürgen, gest. am 4. Mai 1992 in Kaufbeuren/ Deutschland.

Nach dem 1. Weltkrieg, den er nach mehreren Verwundungen überlebte, studiert er zunächst Architektur (Dresden), dann Germanistik, Anglistik und Theologie in München, Freiburg (Breisgau), Marburg a.d.Lahn und Wien. 1921 heiratet er Margarethe Plesky, die schon 1935 verstirbt. Aus dieser Ehe stammt die Tochter Inge.

Der Debutroman „Der Jüngling im Panzer" entsteht 1930 – 1933, erscheint aber erst 1938 im Hohenstaufen Verlag in Stuttgart.

Der zweite Roman, „Mohn im Ährenfeld", erscheint 1943, ebenfalls im Hohenstaufen Verlag. (Der Roman wird 1974 bei Orion-Heimreiter, Heusenstamm, noch einmal aufgelegt)

Nach dem 2. Weltkrieg wird Erwin Neustädter mehrmals inhaftiert und vom kommunistischen Regime zu Zwangsarbeit und Haft verurteilt, die Familie enteignet, der Schriftsteller mit Arbeits- und Schreibverbot belegt, seine Werke für verboten erklärt.

1954 heiratet er in 2. Ehe Ingeborg, geb. Reiner.
1965 gelingt ihm und seiner Gattin die Ausreise in die Bundesrepublik Deutschland. Am 23.September 1969 werden alle Verurteilungen vom Obersten Kriegsgerichtshof der Sozialistischen Republik Rumänien aufgehoben.

1976 erscheint ein kleiner Gedichtband „Dem Dunkel nur entblühen Sterne", Druck bei Wilhelm Röck.

Am 7. Juni 1981 wird ihm in Dinkelsbühl der Siebenbürgisch-Sächsische Kulturpreis verliehen.

2015 erscheint ein Werk aus dem Nachlass, „Mensch in der Zelle – ein Erlebnisbericht", herausgegeben vom Enkel Klaus-Ortwin Galter, evangelischer Pfarrer in Linz-Dornach.

2019 erscheint ein weiteres Werk aus dem Nachlass, „Im Glanz der Abendsonne – Wie ich wurde was ich bin" herausgegeben ebenfalls vom Enkel Klaus-Ortwin Galter, evangelischer Pfarrer in Linz-Dornach.

Nachwort des Herausgebers

Vor etwa zwölf Jahren habe ich „Im Glanz der Abendsonne" zum ersten Mal gelesen, ich war damals schon beeindruckt, eigentlich begeistert. Jetzt beschäftige ich mich bereits seit einem Jahr mit dem Text.

Das Konzept des Werkes hat mich schon beim ersten Kennenlernen fasziniert: aus zeitlicher und räumlicher Distanz zurückzusehen, mit der den Lebensjahren (meistens) eigenen Milde, mit der Weisheit und Einsicht des Alters, mit der Distanz zu dem Erlebten.

Ich finde es überaus erstaunlich, wie exakt die Erinnerungen des Erzählers sind, wie sich Eindrücke, Gefühle, Beobachtungen und Empfindungen zu einem Gesamtbild zusammenfügen, das die Zeit, das gesellschaftliche und öffentliche Leben und das Kronstadt von damals unmittelbar lebendig werden lassen.

Faszinierend auch die äußerst genaue und bildhafte Beschreibung von Orten, Häusern, Bauwerken, Personen, Ereignissen, Zusammenhängen – so dass man meint, wirklich dabei zu sein: etwa im Pfarrhaus in Tartlau, bei den Spielen der Knaben, bei den Festen im Kreislauf des Jahres. Und wenn man die Stadt und die Umgebung ein bisschen kennt wird das alles noch viel plastischer und die Vergangenheit wird fast wieder lebendig.

Dass dieses Buch nun vorliegt geht auch auf den Wunsch meiner Mutter Inge Galter zurück, die als geborene Neustädter, also als Tochter von Erwin Neustädter, ein besonderes Interesse daran hat, dass möglichst viel von seinem Werk erhalten bleibt bzw. einer breiteren Öffentlichkeit zugänglich ist.

Im Besonderen widme ich dieses Buch den direkten Nachfahren, den Enkeln, den Urenkeln und den Ururenkeln von Erwin Neustädter.

Mein Vater Heinz Galter hat das Erscheinen des Buches leider nicht mehr erlebt, er ist am 14. August 2019 verstorben. Dass an der Herausgabe gearbeitet wird hat er aber noch zur Kenntnis genommen. Meiner Mutter wünsche ich damit viel Freude – es ist ein weiterer Beitrag dazu, das literarische Schaffen des Schriftstellers Erwin Neustädter bekannt(er) zu machen.

Vorgehensweise bei der Herausgabe

Das mir vorliegende Typoskript trägt die handschriftliche Notiz 3.80/13.10.76, es wird sich also um die Fassung März 1980 handeln, wobei wahrscheinlich das erste Typoskript im Oktober 1976 fertiggestellt wurde.

Es sind 188 eng beschriebene A4-Seiten mit ganz schmalen Seitenrändern, vielen Streichungen, Hinzufügungen, hand- und maschinenschriftlichen Ergänzungen, Umstellungen sowie Korrekturen.

Der ursprüngliche handschriftliche Text des Werkes befindet sich ebenfalls im Nachlass, er wurde vom Autor in mehreren DIN A4-Heften mit karierter Lineatur notiert, und ist mit 1975 datiert.

Das Typoskript trägt in Klammer die handschriftliche Angabe: Durchschlag I, bis Seite 188, dazu in Klammer den Vermerk: Besuch bei Comes Walbaum 174-178 und 179-188 Honterusfest)

Die ersten zwei Seiten enthalten eine Art Inhaltsverzeichnis mit 101 stichwortartigen Eintragungen, die sich auf jeweils eine bis zu 3-5 Seiten beziehen.

Am Schluss des Typoskriptes, befindet sich, mit Bleistift eingefügt, der fast gleiche Vermerk wie am Beginn:
„Besuch bei Comes Walbaum 1915" und „Honterusfest"

Auf den Seiten 84 – 96 enthält das Typoskript zwei Exkurse: In **Exkurs I**, mit der Überschrift **„Literarisches Schaffen"** stellt E. Neustädter chronologisch dar, welche seiner Werke bereits veröffentlicht wurden, und was er bereits geschrieben oder noch geplant hatte. Dieser Exkurs umfasst im Typoskript 7 Seiten. Ich habe ihn in dieser Ausgabe weggelassen, er bleibt einer zukünftigen literar-wissenschaftlichen Aufarbeitung und Auswertung vorbehalten.

Nach Exkurs I folgt ein Abschnitt **Exkurs II**, mit der Überschrift **„Zeichnerisches Werk"**; E. Neustädter berichtet kurz über seine zeichnerische Entwicklung. Der Umfang des Exkurses lässt sich nicht so genau definieren, es gibt zwar die Überschrift, aber kein erkennbares Ende. In dieser Ausgabe geht es weiter mit dem Kapitel, das ich, der „Inhaltsangabe" im Typoskript folgend, mit „Nackte Tatsachen" betitelt habe.

Die bereits vorliegende digitale Version des Textes (siehe Impressum) habe ich Blatt für Blatt und Satz für Satz mit dem Typoskript verglichen. Mancher Fehler war zu korrigieren, fehlende Buchstaben, Sätze, ja sogar ganze fehlende Passagen waren zu ersetzen bzw. einzufügen oder nachzutragen.

Folgende Anpassungen/Änderungen am originalen Text habe ich als Herausgeber vorgenommen:

- Die neue Rechtschreibung wurde angewendet.

- Aus Gründen der Übersichtlichkeit wurde ein eigenes Inhaltsverzeichnis erstellt, wobei jeweils größere Abschnitte zusammengefasst sind; „originale" Überschriften wurden möglichst beibehalten, zum Teil aber ebenfalls zusammengefasst.

- Rumänische Bezeichnungen oder Namen wurden, anders als im Typoskript, mit den korrekten rumänischen Buchstaben geschrieben.

- Notizen von Erwin Neustädter oder Anmerkungen des Herausgebers sind *kursiv* und in Klammer geschrieben.

- Wo es mir sinnvoll schien habe ich ein Binnen-„e" eingefügt (statt ...in der Innern Vorstadt heißt es jetzt.....in der Inneren Vorstadt...)

- Mancher der verwendeten Begriffe und Ausdrücke sind heute nicht mehr so geläufig, bzw. sind in der rumänischen oder sächsischen Sprache benannt, dann wurde eine erklärende Fußnote eingefügt.

- Auch wenn sich der Autor in seiner Erzählung auf literarische Werke oder Zeitschriften der Zeit bezieht gibt es eine erklärende Fußnote.

Zum Schluss danke ich allen, die mich mit Tipps, Korrekturlesen, sachlichen Hinweisen und bei der Auswahl und Bearbeitung der Bilder und Skizzen unterstützt haben. Ein besonderer Dank gilt meiner Mutter Inge Galter und allen anderen, die mich ermutigt haben, das Buch herauszugeben.

2022 habe ich den Text nochmals überarbeitet:

Fußnoten wurden korrigiert bzw. weitere hinzugefügt:
Worterklärungen wo es mir nötig schien, Sacherklärungen,
wo ich inzwischen auf neuer Erkenntnisse gestoßen bin, zum
Beispiel jene über die Bezeichnung "Mexikaner" für die
Bewohner des Viertel Bartholomä Seite 132

Manche Formatierung habe ich verändert, gefundene Fehler
ausgebessert, Bilder und Skizzen zum Teil umgestellt.
Ich hoffe, dass damit die Lesbarkeit besser geworden ist.

Ortwin Galter, Frühjahr 2022

Angaben zu Fotos und Skizzen

1. Das **Coverfoto** wurde im Juli 2019 in Pelmberg, Oberösterreich, privat aufgenommen.

2. Die **Fotos von Kronstadt** befinden sich im Nachlass von Erwin Neustädter, in einer Mappe mit folgender Aufschrift: *"27 Fotos aus Alt-Kronstadt, ca. 1860 – 70, vermutlich von meinem Großvater aufgenommen. Dazu 14 Bildnisfotos unbekannter Bürger aus der gleichen Zeit, Originale bei meiner Tochter. Wertvoll!"*

3. Die **Portraitfotos von Erwin Neustädter** Seite 7 und Seite 308 stammen aus einer Mappe mit Familienbildern.

4. Die **Skizzen** sind unterschiedlichen Skizzensammlungen aus dem zeichnerischen Nachlass von Erwin Neustädter entnommen:

Seite 39: Einzelblatt, beschriftet: "Hof hinter der Apotheke, Eingang vom Rosenanger", datiert: 17.6.72

Seite 115: aus Skizzenbuch „1913-1915", datiert 10.VIII./13

Seite 132: beschriftet: „Blick von unterer Burgpromenade gen Rathaus und Weißen Turm (r.)", datiert 1949, aus: Sammlung von fotografischen Reproduktionen.

Seite 134: beschriftet: „Blick vom Presbyterialsaalgarten zum „Gespreng" und Bartholomä", datiert 8.8.49, aus: Sammlung von fotografischen Reproduktionen.

Seite 331: beschriftet: „Blick vom Zinnensattel gegen Rencze u. Csukás", datiert 8.9.49, aus: Sammlung von fotografischen Reproduktionen.

Die Qualität der erhaltenen Bilder und Skizzen ist recht unterschiedlich:

Viele Originale sind nicht mehr so gut erhalten, manche Blätter sind bereits vergilbt; zum Teil gibt es überhaupt keine Originale mehr, sondern nur „fotografische Reproduktionen"; hier hat die Digitalisierung teilweise Verbesserungen bringen können.
Um das Erzählte anschaulicher und besser vorstellbar zu machen wurden trotzdem auch Skizzen und/oder Fotos minderer Qualität eingefügt.

Jedenfalls wünsche ich allen Leserinnen und Lesern viel Freude mit dem Buch.